한 권 으 로   끝 내 는

부동산 경매의
바이블

KB078832

한 권 으 로   끝 내 는
부동산 경매의
바이블

ⓒ 최재근 · 임성균, 2023

초판 1쇄 발행 2023년 5월 8일
　　2쇄 발행 2023년 9월 12일

지은이　　최재근 · 임성균
펴낸이　　이기봉
편집　　　좋은땅 편집팀
펴낸곳　　도서출판 좋은땅
주소　　　서울특별시 마포구 양화로12길 26 지월드빌딩 (서교동 395-7)
전화　　　02)374-8616~7
팩스　　　02)374-8614
이메일　　gworldbook@naver.com
홈페이지　www.g-world.co.kr

ISBN　979-11-388-1831-5 (13320)

한 권으로 끝내는

부동산 경매의 바이블

최재근 · 임성균 공저

성공적인 부동산 경매투자를 위한

단 하나의 경매 지침서

BIBLE

좋은땅

머리말

부동산업은 도시의 성장과 팽창이 지속되면서 급속한 증가를 하고 있으며, 그 중요성이 날로 커지고 있습니다. "급변하는 사회"라는 진부한 말이 될 정도로 이미 우리 사회는 급변해 있고 계속 급변 중입니다. 이러한 시대적 상황 속에 부동산업에 있어서 '부동산 경매·공매'는 급속히 증가하고 있습니다.

본 서는 부동산 연구자 및 부동산 실무에서도 유용할 것으로 예측되어 이론과 실무 분야까지 망라하여 많은 자료를 정리하였습니다. '부동산 투자 경매·공매에 관심을 가진 분들에게 좋은 참고서가 되기를 희망하며, 이해를 넓히는 데 조금이나마 도움을 줄 수 있기를 바라는 마음으로 집필하였습니다.

그동안의 연구와 실제 강의 현장에서의 노하우를 바탕으로 최재근 부동산학 박사(Ph. D.), 서울중앙지법 매수신청대리인이자 현직 공인중개사인 임성균 대표의 실전 노하우를 담은 경매 책을 출간하였습니다.

'경매로 어떻게 돈을 벌 것인지, 경매로 나는 얼마를 벌었네'와 같은 무용담이 아닌 실제 매각물건을 고르고 입찰하고 명도하는 과정 등에서, 권리분석에서 문제가 생겼거나,

취소, 취하, 변경 등 경매과정에서 예상치 못한 일이 발생했을 때, 경매 관련 법률적 근거가 궁금할 때 등 언제든 해답을 제시해 줄 수 있는 성격의 책입니다.

경매 투자 과정에서 뭔가 안 풀리고, 예기치 못한 일이 생겼을 때 유튜브, 구글, 네이버블로그, 카페, 각종 커뮤니티 등을 먼저 찾아보기 마련인데, 출처 불명의 무근거 논리들, 여기저기 다른 얘기들, 무엇이 진짜 맞는 말인지 헷갈리고 궁금하고 확신이 서지 않는 경우가 많을 것입니다. 그럴 경우, 이 책은 부동산 경매에 대한 명확한 방향성과 근거, 해답을 제시해 줄 수 있을 것입니다.

부동산 경매란?
〈공권력〉이 〈채무자의 부동산〉을 〈환가〉하여 〈채권자의 금전채권〉을 회수하고 〈낙찰자는 부동산 취득〉하는 절차입니다.

이렇게 '부동산 경매'를 5개의 키워드를 활용해 '정의'하고 각 5개의 키워드에서 꼭 살펴봐야 할 경매 관련 내용을 6개의 CHAPTER로 정리하여 부동산 경매 그 시작과 끝의 긴 과정에서 궁금한 내용을 키워드별로 쉽게 찾아볼 수 있게 구성했습니다.

또한 책 후반에서는 절약과 저축을 통해 부자가 되는 길은 사실상 불가능한 2023년 대한민국 사회에서, 가장 빠른 시세차익을 통해 자본 증식을 추구할 수 있는 재개발·재건축에 관한 부분을 다루었습니다. 재건축·재개발 투자가 돈이 된다는 것은 잘 알지만 투자경험이 없는 분들에게는 어렵고, 두려울 수도 있는 분야가 바로 정비사업 분야의 투자입니다. 재개발/재건축 정비사업 투자 과정에서 문제가 생겼을 때 해결 방법과 근거자료를 제시해 주고, 투자의 방향성을 찾을 수 있는 책이 되었으면 합니다.

부족한 글이지만 경매를 시작하고, 경매 투자를 하는 분, 재개발·재건축 등 정비사업 투자를 고민하는 분들께 지침서가 되었으면 하는 마음으로 이 책을 출간합니다.

　이 책을 펼치는 모든 분의 성공적인 투자를 기원하며, 〈경매〉〈재개발〉〈재건축〉 부동산 부자로 가는 부의 3대 추월차선에 올라타신 것을 진심으로 환영합니다.

　마지막으로 이 책을 정리하는 데 이 책의 내용 구성에 있어서 참고한 참고문헌들과 저술의 저자들에게 심심한 사의를 표합니다. 또한 여기에 이름을 모두 거론할 수 없지만 깊은 애정과 관심을 가지고 협조하여 주신 모든 분께 지면을 빌어 진심으로 감사를 드립니다. 아울러 깊은 애정을 가지고 최선을 다해 준 출판사 편집부의 노고에 고마움을 표합니다. 부족한 책 임에도 불구하고 많은 독자분들의 관심으로 최초 출간한 물량이 매진되었습니다. 관심과 사랑에 보답하고자 일부 내용을 수정 보완하여, 2쇄를 출간하게 됨에 이 글을 빌려 독자 여러분들께 진심으로 감사하다는 말씀을 전하고 싶습니다.

2023년 8월

최재근, 임성균 공저자 올림

차례

─────────────────── PART 1 ───────────────────
부동산 경매와 권리분석

부동산 경매 : 〈공권력〉이 '채무자의 부동산'을 '환가'하여 '채권자의 금전채권'을 회수하고
'낙찰자 부동산 취득'하는 절차

CHAPTER 3 '채무자의 부동산'

부동산 경매 : 공권력이 〈채무자의 부동산〉을 '환가'하여 '채권자의 금전채권'을 회수하고
'낙찰자 부동산 취득'하는 절차

CHAPTER 4 '환가'　　　147

부동산 경매 : 공권력이 '채무자의 부동산'을 〈환가〉하여 '채권자의 금전채권'을 회수하고
'낙찰자 부동산 취득'하는 절차

CHAPTER 5 '채권자의 금전채권'   179

부동산 경매 : 공권력이 '채무자의 부동산'을 '환가'하여 〈채권자의 금전채권〉을 회수하고
'낙찰자 부동산 취득'하는 절차

CHAPTER 6 '낙찰자의 소유권 취득'   285

부동산 경매 : 공권력이 '채무자의 부동산'을 '환가'하여 '채권자의 금전채권'을 회수하고
〈낙찰자 부동산 취득〉하는 절차

- 부동산소유권이전등기촉탁신청서

- 매각대금 완납증명원

- 매각기일 변경/연기 신청서

- 채권계산서

- 부동산 등에 대한 경매절차 처리지침 〈재판예규〉(2004. 4. 20.)

PART 4

부동산 부의 3대 추월차선 재개발 | 재건축 | 경매

PART 1

부동산 경매와
권리분석

부동산 경매는 채무자가 약속한 채무변제 기일까지 채무변제를 하지 않을 경우, 채권자가 자기 채권을 회수하기 위하여 국가 기관인 법원에 강제집행을 신청하여 채무자의 부동산을 강제로 매각하여 자신의 채권을 회수하는 강제집행의 방법이다.

따라서 채무자나 물상보증인 소유의 부동산을 압류·환가하여 그 매각대금으로 채권자의 채권 만족을 얻을 목적으로 행한다. 자력구제가 아닌 합법적인 법 집행절차에 의해 채권자는 채무자로부터 채무변제가 이루어지도록 하는 행위이며, 이는 개인 재산의 법률적 보호뿐만 아니라 취득금액이 완전히 노출되기 때문에 달세할 수 없다는 점에서 부동산시장의 투명성을 제고하는 등의 사회적 순기능에 기여하는 역할도 매우 크다.

부동산권리분석업의 대상으로서 중요한 자리를 차지하는 분야가 부동산 경매 분야이다. 부동산 거래 관계에 있어 채권자로부터 채무자가 빌려 간 현금 또는 물품대금·공사대금 등 계약서의 조건대로 이행되어 거래가 종료될 경우에는 별다른 문제가 발생하지 않는다. 하지만 계약조건대로 이행되지 않아 분쟁이 발생할 경우에는 계약 당사자들은 채권자와 채무자로 지위를 달리하게 된다.

채무자가 불가피하게 채무를 상환할 수 없는 경우에 채권자는 채권회수를 위해 여러 가지 방법을 모색하게 되는데, 이 채권회수절차의 대표적인 방법이 바로 경매이다. 보통 경매하면 일정한 재화를 놓고 다수의 수요자가 수요의 정도에 따라 적합한 가격으로 구매하는 판매의 한 수단으로 인식하고 있다.

그러나 그중에서도 법원경매(法院競買)나 한국자산관리공사(KAMCO)의 공매(公賣) 등은 판매보다는 채권자의 채권을 회수하기 위한 수단으로 경매를 하기 때문에 순수 판매 수단이라기보다는 부실채권의 회수라는 측면이 강하다.

그러므로 경매에 참여하는 사람들은 법률적·금융적 및 실무적 측면에 대하여 조사·분석할 수 있는 폭넓은 지식을 쌓는 것이 중요할 뿐만 아니라 재산적 손실을 방지하는 차원에서도 필수적 과제라고 할 수 있다.

부동산 경매란?

부동산 경매를 한 문장으로 표현하면, '공권력(집행법원)이 채무자 소유의 부동산을 환가하여 채권자의 금전채권을 회수하고 낙찰자는 부동산소유권 취득을 목적으로 하는 절차'이다.

경매의 정의는 다음 5개의 키워드로 설명이 되며, 이 5개의 키워드별 경매에서 우리가 공부해야 할 부분들은 다음 표와 같이 정리가 된다.

이 책은 '부동산 경매'를 5개의 단어로 정의하고 각 5개의 단어에서 꼭 살펴봐야 할 경매 관련 내용을 '키워드'별로 정리하여, 경매 시작과 끝 그 긴 과정을 지금부터 시작해

보고자 한다.

<공권력> <채무자의 부동산> <환가> <채권자의 금전채권> <낙찰자의 부동산 취득>

공권력	채무자의 부동산	환가	채권자의 금전채권	부동산의 취득

• 집행법원
• 경매의 종류
• 경매절차
• 경매개시 결정등기
	• 경매물건 찾는 방법
	  - 네이버경매
	  - 대한민국 법원 경매정보
	  - 유료경매사이트
	  - 블로그 등 SNS
	• 경매물건의 종류
	• 특수물건
		• 매각기일
		• 감정평가서
		• 최저매각가격
		• 매각물건명세서
		• 현황조사서
		• 등기사항증명서
		• 공적장부
		• 매각허가/불허가
		• '기일입찰' 절차 등
			• 권리분석
			• 말소기준권리
			• 배당순서 및 절차
			• 소멸주의인수주의
			• 물권과 채권
			• 전세권
			• 임차인 분석
			• 임차권
				• 대금납부
				• 취득세 등 세금납부
				• 소유권이전 등기촉탁
				• 인도명령
				• 명도소송

※ 환가(換價) : 집이나 토지 따위를 바꿀 때 치르는 값.

'프로와 아마추어의 공정한 게임' 부동산 경매

경매(공개경쟁매각)는 시중에서 거래되는 부동산 시세보다 대개 20~30%는 싸게 살 수 있다. 우리나라에서는 합법적인 가격할인 시장은 바로 법원경매(法院競買)와 한국자산관리공사(KAMCO)의 공매이다. 또한 경매는 국가에서 운영하기에 일반거래와 같이 거래사기가 있을 수 없기 때문이다.

'경매의 묘미는 아마추어와 프로가 따로 없는 공정한 게임'이다. 때로는 수년 경력의 프로도 실수요자인 아마추어에게 질 수도 있는 머니게임이고, 경매는 꼭 많은 자금이 있어야만 할 수 있는 것도 아니다. 내 자금에 맞게, 내가 접근할 수 있는 적은 금액부터 시작해서 점차 투자 규모를 키워 갈 수 있는 장점이 있다.

경매는 각종 거래규제로부터 벗어난다. 토지거래허가나 신고제도에서도 제약 없이 자유로이 매수할 수 있는 것이 바로 경매시장이다.

일반부동산시장은 공급자가 가격을 좌우하지만, 경매는 매수자인 입찰자가 가격을 결정하는 수요시장이 바로 경매시장이다. 수요자 위주의 시장이 합리적이고 선진적인 시장구조이다. 왜냐하면 경매에 나온 물건은 응찰자인 매수자가 없으면 유찰되어 가격이 내려가기 때문이다.

경매시장 VS 일반부동산시장

일반부동산시장의 경기가 침체하여 가격이 내려가고 거래량이 줄어들면 저당에 잡혀 있는 많은 부동산이 경·공매 시장에 내몰릴 수밖에 없기 때문에 경매시장이 활성화되기 마련이다. 이렇게 경매시장과 일반부동산시장은 서로 역발상 관계에 있다. 일반부동산시장은 수요자와 공급자가 만나 가격이 결정되는 곳으로 일반부동산시장에서는 매도인이 가격을 주도하는 시장이다.

반면, 경매시장은 경매 입찰자가 없으면 자동으로 유찰되어 다른 차수로 넘어가기 때문에 매수자인 입찰자가 가격을 결정하는 시장이다. 수요자가 시장을 좌우하는 시장의 대표적인 것이 바로 경매시장이다. 이러한 수요자 시장의 시장이 가장 합리적이고 선진적인 시장구조이다.

지금 경매시장에서 거래되고 있는 부동산은 적어도 6개월 이전에 감정이 되었던 물건이므로 시차를 생각하며 입찰하여야 한다. 비록 현재의 부동산시장이 불경기라 하더라도 경매개시결정이 되어 감정평가 된 시점인 과거의 "가격시점"은 가격이 높은 호경기의 시점에 감정된 물건일 수도 있기 때문이다. 왜냐하면 부동산 경매시장은 주식시장과 달리 후행성의 성질이 있기 때문이다. 아파트는 실수요자가 있는 시장이기에 전세라도 놓을 수 있지만, 토지는 불황에 약한 부동산이기에 투자한 자금이 묶일 수밖에 없다. 개발정보만 믿고 타인자본을 얻어 투자한 경우에는 치명타가 될 수도 있다. 상가나 아파트는 사용수익이 나오기에 타인자본으로 투자를 해도 이자를 감당할 수 있지만, 토지는 보유에서 나오는 수익이 거의 발생하지 않기에 토지 투자는 반드시 여유자금으로 해야 한다.

낙찰자 우선주의로 진화하는 부동산 경매

경매에서 대부분의 투자가들은 경매하면 떠올리는 것이 권리분석인 것 같다.

그러나 종전의 민사소송법을 적용하던 2002년 7월 이전의 시대와는 달리 지금의 민사집행법에서는 경매에서 차지하는 권리분석은 필요조건은 될 수 있어도 충분조건은 아니다.

민사소송법(民事訴訟法)을 적용하던 구법 당시에는 경매사고의 대부분은 권리분석의 실패에 있었으나, 2002년 7월 1일 민사집행법 시행 이후부터는 주로 물건분석의 실패에서 경매사고가 발생하고 있다.

즉, 민사집행법(民事執行法) 실시 이후 잔금납부를 하지 않아 재경매가 나오는 물건의 70% 이상이 권리분석을 잘못하여 재경매가 나오는 것이 아닌 물건분석의 실패(지역분석·개별분석·투자가치·미래가치의 오판)에서 나오기 때문이다.

민사집행법이 구법인 민사소송법과 다른 점은, 항고 남용을 방지하기 위해서 모든 항고인은 항고 시에 항고보증금을 공탁하게 하였고, 낙찰자에게 대항할 수 없는 모든 점유자는 명도소송이 아닌 인도명령대상이 되게 하였고, 경매의 안전성을 위하여 배당요구종기일을 첫 매각기일 이전으로 하였고, 대금납부를 기일제에서 기한제로 하여 낙찰자가 불이익을 당하지 않도록 하였다.

또한 2023년 4월 1일 이후 매각허가결정 되는 경매부터, 주택임대차보증금에 대한 국세우선원칙 적용의 예외조항이 신설되었다. 임차인의 확정일자보다 법정기일이 늦은 당해세 배분 한도만큼은 주택임차보증금이 우선변제 되도록 국세기본법이 개정 시행됨으로써, 입찰자 입장에서 대항력 있는 임차인의 보증금을 추가로 인수하게 되는 일이 덜하게 될 것이다.

(2023년 3월 기준 지방세 기본법 당해세 관련 규정은 현재 입법 준비 중)

부동산 경매 권리분석이란?

권리분석이란 경매과정에서 최고가매수신고인(낙찰자)의 기준에서 어떤 권리는 소멸하고 어떤 권리는 인수하게 되는지를 파악하는 총체적인 과정을 말한다. 부동산 경매에서 입찰자가 사전에 파악 가능한 모든 공신력 있는 법원 문서(감정평가서, 매각물건명세서, 현황조사서, 등기사항전부증명서, 건축물대장, 토지대장 등)를 통하여 해당 경매물건에 대한 모든 권리를 파악하고 입찰에 참여할지 안 할지를 판단해 나가는 과정이다.

대한민국 법원은 경매에서 인수주의와 말소주의를 택하고 있기 때문에 매각물건명세서상 '말소기준권리'(최선순위 설정등기)를 기준으로 낙찰자의 인수/말소 여부를 결정하며, 임차인의 경우 대항력 유무와 배당요구 유무에 따라 낙찰자가 낙찰대금 이외에 추가로 인수하여 부담할 보증금액의 유무 등을 파악하는 것들이 권리분석의 과정이다.

따라서 부동산 경매 권리분석을 위해서는 민사집행법, 주택임대차보호법, 상가건물 임대차보호법 등의 법률을 늘 가까이 두고 공부해야만 하며 현장임장을 통해 문서상으로 파악이 어려운 권리와 실체 등에 대해서 파악하는 과정 역시 권리분석의 한 부분이라고 할 수 있겠다.

경매사건은 민사사건으로서 당사자 간에 해결되지 아니한 채권을 법원이 강제집행 민사절차에 따라 분쟁을 해결해 주는 것이므로 경매 입찰 시 권리분석이 잘못되었다 해도 법원에서 결코 책임을 져 주지 않는다.

그러므로 모든 책임은 경매참여자의 자신에게 있으므로 본인이 알아서 권리분석을 하여야 한다. 권리분석을 하기 위해서는 분석에 필요한 최소한의 법 이론을 알고 있어야 한다. 즉 민법상의 물권과 채권, 민사특별법인 주택임대차보호법과 상가건물임대차보호법, 경매절차 및 보존처분(가압류 등)을 정해 놓은 민사집행법, 등기사항전부증명서의 구성 및 소유권이전등기 절차 등을 정하고 있는 부동산등기법 등에 대한 전반적인 내용을 이해하고 있어야 권리분석이 가능한 것이다.

경매의 꽃은 낙찰 후의 명도라고 대부분의 경매인이 말하고 있지만 누가 뭐라 해도 경매의 기본이며 출발점은 권리분석이므로 이 부분을 게을리하면 영원히 경매를 정복할 수가 없다. 경매 부동산의 권리분석에는 물건분석과 권리분석이 있다.

물건분석은 그 부동산의 현재가치와 장래의 발전 가능성을 파악하는 작업이다. 즉, 그 물건이 돈이 되겠는가에 대한 분석이다. 반면에 권리분석은 경매 부동산의 모든 권리 상호 간의 관계에 의해 매수인에게 미치는 법률적 효력 및 부담 등을 파악하는 작업이다. 다시 말하면 매각으로 인하여 소멸하는 권리, 인수되는 권리 등을 파악·분석하여 목적 부동산의 옥석을 가리는 일이다.

경매에 있어서 가장 중요한 부분이고, 어려운 작업이 바로 권리분석이다. 권리분석은 분석실패로 인한 결과가 즉각적이고, 경제적 손실이 크기 때문에 가장 주의하여야 하는 부분이다.

권리분석은 어려운 물건과 쉬운 물건이 있다. 권리분석이 어려운 물건, 즉 특수물건은 어렵고 위험하니 손대지 않는 것이 현명하다. 일반물건은 10분이면 권리분석을 끝낼 수 있고, 수익도 충분히 낼 수 있다. 일반물건 권리분석에 필요한 공부는 무척 쉽다. 쉬운 물건에 맞는 쉬운 공부를 먼저 시작하는 것이 좋다.

알쏭달쏭 경매 Q&A
판매와 법률근거 기반한 질의 응답 실전사례

경매 십계명

1. 법원감정가 대비 매매 시세와 전월세 시세를 정확히 파악하라.
2. 권리관계를 철저히 분석해야 나중에 발목 잡히는 일이 없다.
   '말소기준권리'와 '임차인의 대항력'만 알아도 경매사고는 막을 수 있다.
3. 입주 시기는 넉넉하게 잡는다. 예상치 못한 변수는 항상 발생하기 마련이다.
4. 낙찰 후 45일 이내에 잔금을 내야 한다. 부대비용도 미리 생각하고 있어야 한다. (원하는 금액만큼 대출이 안 나올 수도 있음을 유의하라!)

5. 부동산은 임장활동이 시작이요 끝이다. 최대한 손품 발품을 팔아라.

6. 경매는 토지를 제외하곤 명도과정 없는 경매 없다. 명도비용과 시간을 고려하여야 한다.

7. 특별매각조건을 반드시 확인하라.

   ※ 토지별도등기, 법정지상권, 유치권, 보증금 20%(재매각사건), 농지취득 자격증명 등

8. 시장 흐름에 귀를 기울여라. 어리석게 정부의 정책에 맞서지 마라.

9. 입찰 법정 분위기에 휩쓸리지 마라. 입찰 법정은 투자자로 넘쳐난다. 문제는 이 모든 사람이 실투자자가 아니고 연습하는 모의 투자자도 많다는 점이다.

10. 재경매, 연기, 변경이 잦은 물건에는 마음을 비우고 시작하라.

한권으로 끝내는
부동산 경매의 바이블

부동산 경매 사이클 6단계

경매를 처음 시작하려고 하는 대부분의 사람은 접해보지 않은 일에 대한 두려움이 있을 것이다. 하지만 경매과정만큼 명확한 일도 없을 것이다.

부동산 경매 사이클 6단계

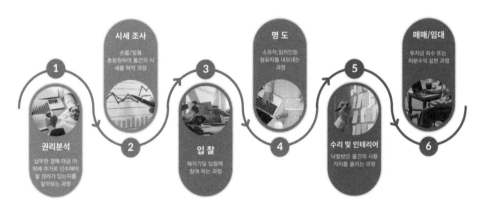

일단 경락(경매 낙찰)을 받았다면 민사집행법(경매절차법)에 따른 각 과정에 따라 상황에 맞는 일만 하면 된다. 중요한 것은 낙찰받기 전의 입찰자가 해야 하는 사전 작업이다.

부동산 경매 권리분석에서 말하는 '권리란' 낙찰자의 권리가 아니라 낙찰자가 인수해야 할 권리이다. 즉 권리분석이란 낙찰자가 낙찰받고 추가로 인수해야 할 권리가 있는지를 알아보는 것이다.

1단계 : 권리분석

자신의 투자 성향에 맞는 물건을 찾았다면 "권리분석"을 해봐야 한다.

권리란 : 낙찰자의 권리가 아니라 낙찰자가 인수해야 할 권리이다.

즉, 권리분석이란 낙찰자가 낙찰받고, 납부한 경매 대금 이외에 추가로 인수해야 할 권리가 있는지를 알아보는 것으로 생각하면 된다.

1) 등기사항전부증명서상 말소기준등기를 찾는다.

2) 낙찰로 소멸하지 않는 권리가 있으면 다른 물건을 찾고, 모든 권리가 소멸하면 다음 단계로 넘어간다.

3) 임차인이 있는 경우 전입세대열람을 신청하여 전입일자를 한번 확인한다.

4) 말소기준등기와 임차인의 전입일자를 비교해서 인수사항 체크한다.

   (1) 임차인의 전입일이 늦으면 : 낙찰자 인수사항 없다.

   (2) 임차인의 전입일이 빠르면 :

     [임차인이 확정일자와 배당요구종기일 이전 배당요구를 한 경우]

     ① 낙찰금액에서 임차보증금 전액을 배당받으면 : 낙찰자 인수사항 없다.

     ② 낙찰금액에서 임차보증금 일부를 배당받으면 : 낙찰자 일부 인수한다.

     ③ 낙찰받은 후에 추가로 인수할 권리사항이 있는지 없는지를 먼저 분석해 봐야 한다. 종종 재매각되는 매각물건들이 있는데 십중팔구 권리상의 하자를 발견하지 못하고 단독으로 입찰받는 경우가 대부분이다. 이런 경우 입찰보증금 10%를 환급받지 못하며 보증금은 배당재단에 흡수되어 채권자들의 채

권변제에 충당된다.

2단계 : 시세 조사

낙찰 후 추가 인수할 권리가 없다면 "물건의 시세를 파악"하는 일이다.

1) 인터넷을 통한 대략적인 시세와 가격 추이를 알아본다.
2) 물건 소재지의 부동산 중개업소를 통해 매수, 매도 희망가를 확인한다.
3) 급매로 나온 물건이 있는지 체크한다.
4) 매매 시세는 물론 전세와 월세 시세를 조사한다.
5) 국토교통부에서 실거래 금액을 확인 후 낙찰가를 결정한다.

부동산 경매는 시세보다 싸게 낙찰받는 것이 목표다. 만약 낙찰을 받았다 하더라도 급매와 비슷하거나 시세보다 높은 가격이라면 투자에 실패한 것이다. 이 일은 다른 무엇보다도 중요한 일 중 하나이다. 이런 사람의 대부분은 다시는 경매시장에 뛰어들지 않는다. 똑똑한 소비자는 마트에서도 가격을 비교하며 물건을 사는데 하물며 작게는 수천만 원에서 많게는 수억 원 이상이 투자되는 부동산 물건을 임장활동이 귀찮다는 이유로 전화 몇 통으로 부동산 시세를 알아보고 낙찰가를 선정하는 사람들이 있다. 참 어리석은 일이다. 요즘은 해당 물건지의 부동산 전화번호를 쉽게 인터넷을 통하여 찾아볼 수 있고 로드뷰 등을 통하여 물건지에 가 보지 않고도 주변의 환경을 파악할 수 있기 때문이기도 하지만 이런 사람들이 놓치는 것이 있다.

해당 물건지의 시세 파악을 위해서는 부동산 사무실에 전화 몇 통으로 알아보는 것보다는 직접 현장을 찾아가서 중개업소에 방문하여 탐문하는 것이 더 나은 방법이다. 매각물건의 특성상 낙찰 전에 해당 물건의 내부를 확인할 방법은 없다. 그렇지만 현장에서는 중개업소를 통하면 주변 유사한 물건의 시세를 파악하기 쉽고 전화로 부동산

사장님들과 통화하는 것보다는 얼굴을 마주 보기 때문에 좀 더 많은 현장 이야기를 들을 수 있다. 해당 물건이 경매로 나왔는데 시세가 어떻게 형성되는지 주변 유사한 물건의 거래가는 얼마였는지 전세나 월세로 임대할 경우 얼마나 받을 수 있는지 등을 조사해야 한다. 그런 현장 조사 과정을 거쳐야 낙찰가 대비 은행대출금에 대한 이자 비용과 전·월세를 놓을 경우 총 투자되는 금액이 얼마인지 예측할 수 있기 때문이다. 요즘은 국토교통부에 공동주택(아파트, 다세대, 연립주택)의 실거래가와 과거에 거래됐던 내용뿐만 아니라 단독, 다가구주택도 실거래 금액이 공개되어 있으니 이것도 참고하면 좋을 것이다.

3단계 : 입찰

권리분석과 시세 파악이 끝났으면 입찰일에 입찰에 참여하면 된다.

입찰할 때는 현장 분위기에 휩쓸리지 마라.

무슨 일이 있어도 흔들림 없이 본인이 판단했던 최초 그 금액으로 입찰을 해야 한다. 연휴 다음 날이 입찰기일이었던 경매법정에서 마감 시간이 다 되어 가는데 입찰함에 봉투는 거의 없고, 법정은 한산해서 마음먹은 낙찰가를 500만 원 내려 입찰했다가 패찰한 경험. 그 물건은 1억이 채 안 되는 돈으로 월 수익 300만 원 이상을 확보할 수 있었던 보석 같은 물건이었다.

또한, 해당 물건에 많은 입찰자가 모여 웅성웅성하는 현장 분위기에 휩쓸려 마음먹은 낙찰가보다 이천만 원 높게 입찰해 단독 입찰로 고가 입찰한 경험 등 법정의 현장 분위기에 휩쓸리면 이와 같은 실패의 쓴맛을 보게 되기도 한다.

1) 입찰 게시판을 확인한다 : 주민등록증, 도장, 입찰보증금
2) 사건기록열람 : 매각물건명세서, 현황조사서, 감정평가서, 서류 확인

3) 입찰표 작성 : 매수신청보증금, 봉투작성, 입찰 봉투작성

4) 입찰 : 패찰될 경우 신분증을 보여 주고 입찰보증금을 돌려받는다.

입찰 법정에 도착하면 먼저 입찰 게시판에서 해당 경매사건이 기일이 변경되거나, 유치권이 추가되었는지 확인하고 입찰 개시 절차가 시작되면 법대 앞에 놓여있는 매각물건명세서와 현황조사서를 살펴보고 자신이 조사한 내용과 다른 것이 있는지 다시 한번 확인하고 변동사항이 없다면 입찰가를 산정하여 입찰에 참여하면 된다.

낙찰을 받았다면 지금부턴 정해진 순서에 따라 일을 하나씩 처리하면 된다.

낙찰을 받고 입찰 법정에서 나오면 따라 나오는 사람들이 있다. 바로 각 금융기관의 대출 모집인들이다. 통상 전화번호를 묻는다. 전화번호를 알려 주면 몇 시간도 안 돼서 낙찰물건에 대해 시중 은행부터 새마을금고, 농협에 이르기까지 낙찰물건의 대출 예상 금액과 금리 등의 문자가 쉴 새 없이 날아온다. 그중에서 낙찰자는 자신에게 맞는 조건을 선택하면 된다. 통상 낙찰받고 낙찰허가결정(낙찰받고 7일)이 떨어지면 미리 대출을 신청하고 잔금일에 맞춰서 입찰보증금과 은행대출금을 뺀 나머지 낙찰 잔금을 법원에 완납하면 된다. 낙찰대금을 납부하는 날 사전에 은행 대리 법무사에게 해당 매각물건의 인도명령대상자에 대하여 인도명령 신청서를 같이 접수해 달라고 하는 것이다. 통상 은행에서 대출금을 은행 대리 법무사에게 위탁하여 소유권이전 신청과 은행 저당권을 설정을 신청한다. 그때 낙찰자는 해당 매각물건에 거주하는 이해관계인에 대하여 인도명령 신청을 같이 접수해 달라고 하면 된다. 인도명령대상자 건당 3만 원 정도의 저렴한 비용으로 법무사가 대신 신청해 준다. 인도명령 신청을 개인이 하면 수입인지 값만 들지만 본인이 인도명령 신청서도 작성해야 하고 오고 가는 번거로움도 있어 대출은행 법무사에게 부탁하는 것이 비용을 절약하는 것이다.

4단계 : 명도

"안녕하세요. 저는 금일부로 소유권을 취득한 ○○○입니다. 금일 인도명령을 신청하였고, 배당기일이 지나면 인도명령 결정문을 받게 됩니다. 세입자와 다투고 싶지 않습니다. 소정의 이사 비용을 드릴 테니 이사를 준비해 주십시오." (내용증명)

1) 낙찰대금 완납 및 인도명령 신청
2) 세입자, 소유자 등 점유자와 만남
3) 보증금액 전액 배당·보증금 일부 배당·보증금 한 푼도 못 받는 사람 등 각 상황에 맞게 협의 후 명도 집행
4) 명도 → 협의 → 이사 비용 or 계고장 강제집행

대금지급기한 안에 낙찰대금을 완납하고 인도명령 신청을 한 뒤 경매사건 부동산에 거주하는 임차인이나 소유자, 점유자 등을 만나기 위해 방문하는 과정이다.

거주하는 임차인 중에서도 여러 경우가 있다.
첫 번째 경우는 자신의 보증금 전액을 배당받는 사람,
두 번째 경우는 보증금 중 일부만을 배당받는 사람,
세 번째 경우는 보증금을 한 푼도 배당받지 못하는 임차인 등이 있다.

각각의 경우에 따라 명도의 접근 방법이 다르다.

첫 번째 경우는 세입자가 보증금 전액을 배당받으므로 문제가 되지 않는다.
두 번째 경우는 세입자가 자신의 보증금 중 일부만 배당받고 일부는 못 받는 경우에도 사정은 딱하나 어쩔 수 없는 일이며 낙찰자와 다툴 일이 없다.
왜냐하면, 첫 번째, 두 번째 경우 모두 세입자들은 자신의 보증금 전부나 일부를 법원

에서 배당받으려면 낙찰자의 인감증명서와 낙찰자의 인감이 날인된 명도확인서를 법원에 제출하여야 배당받을 수 있으므로 낙찰자와 다툴 일이 없는 것이다. 칼자루는 낙찰자의 손에 있다.

문제는 세입자가 보증금을 한 푼도 배당받지 못하는 경우이다.

이 경우에도 낙찰대금을 완납하는 날 세입자를 찾아가

"금일부로 소유권을 취득한 ○○○입니다. 금일 인도명령을 신청하였고 배당기일이 지나면 인도명령 결정문을 받게 됩니다"라는 멘트와 함께, 임차인과 다투고 싶지 않고 소정의 이사 비용을 지급조건으로 이사를 준비해 달라고 하면 된다. 대개 합의가 되며 임차인 입장에서도 강제집행 당하는 것보다는 이사 비용이라도 일부 받고 나가는 것이 낫다.

협의가 안 될 시에는 강제집행절차를 진행하면 된다. 본서의 서두 '경매의 정의'에서 설명했듯이, 부동산 경매는 '공권력'이 개인의 채권-채무 관계에 개입하는 강제집행과정이기 때문에 '공권력'이 낙찰자가 소유권을 취득하고 온전히 재산권을 행사할 수 있도록 하는 과정에도 개입하는 것이다.

5단계 : 수리 및 인테리어
1) 주변 인테리어 업체에 의뢰한다.
2) 확인 필수(화장실 변기, 샤워기, 수도꼭지)
3) 기본 인테리어(도배, 장판, 싱크대)
4) 최대한 이른 시일 안에 공사 완료한다.

☞ 도배·장판은 기본으로 교체해야 하며, 싱크대는 쓸 만한지 교체해야 하는지 화장실의 부속물들은 온전한지 먼저 체크한다. 그리고 물건지 주변의 인테리어 업체 등을 확인하고 견적을 비교하여 수리 및 인테리어 작업을 하면 된다.

낙찰자 본인이 살고 싶은 집이어야만 세입자 역시 살고 싶은 집인 것이다. 낙찰된 부동산을 수리 또는 인테리어를 해서 임대차를 진행할 때는 '역지사지(易地思之)' 사자성어를 반드시 명심해야 할 것이다.

6단계 : 매매/임대

1) 처음부터 매매·임대 수요가 풍부한 곳의 물건을 낙찰받는 것이 좋다.
2) 양도소득세 일반과세율이 적용되는 2년 뒤에 처분하는 것을 원칙으로 한다. 2년 보유가 원칙이지만, 시장의 흐름을 읽고 가장 좋은 타이밍에 매도하는 것이 좋다. 낙찰받은 매각물건을 단기 매도하여 수익을 낼 것인지, 장기 임대하여 임대수익을 얻을 것인지 시장 상황에 따라 판단해야 한다. 매수가 '기술'이라면 매도는 '예술'이라는 말이 있다.

경매로 시세보다 1억 원 싸게 낙찰받았다고 해서 그 차익분은 결코 나의 것이 아니다. 주식 잔고 평가액이 내 돈이 아닌 것처럼 말이다. 낙찰받은 부동산을 매도하여 현금으로 내 통장에 입금되거나, 전세(임대차)를 잘 맞춰 납부한 대금의 일부가 전세보증금으로 회수되어야, 진정한 내 수익이 되는 것이다.

이와 같이 권리분석에서 시작해 최종 매도 또는 임대 과정을 통해 투자한 자본을 회수하고 수익을 실현했다면, 부동산 경매의 한 사이클이 완성이 되는 것이다.

'공권력'

경매의 정의에서 시작되는 부동산 경매의 모든 것

〈공권력〉〈채무자의 부동산〉〈환가〉〈채권자의 금전채권〉〈낙찰자의 부동산 취득〉

부동산 경매 제도는 부동산 활동의 하나로서 자본주의 국가에서, 없어서는 안 될 필수 불가결한 제도이며 경매 제도로 인하여 개인과 국가의 경제 발전에 공헌하며, 순조로운 자본의 흐름을 돕고 있다.

돈을 빌려 간 사람(채무자)이 도무지 돈을 안 갚으니 돈을 빌려준 사람(채권자) 입장에서는 최종적으로 '공권력'의 힘을 빌릴 수밖에 없는 것이다.

개인 간의 채권, 채무 관계에 있어서 변제 시기가 지났음에도 채무자의 채무이행이 없으면 채권자는 자기 채권을 실현하기 위하여 민사집행법(民事執行法)상 부동산 강제집행 규정에 의한 절차에 따라 법원에 대하여 채무자의 부동산을 매각하여 그 대금으로부터 채권을 회수할 수 있게 해 달라고 신청할 수 있다.

이와 같은 강제집행의 한 절차로서 채권자의 신청에 의하여 채무자 소유 부동산등기사항전부증명서 "갑"구란에 "경매개시결정 기입등기"가 등재됨으로써 경매가 시작된다.

공권력인 '집행법원'이 개인 간의 채권채무관계에 개입을 시작한 것이다!

집행법원

민사집행법에서 규정한 집행행위에 관한 법원의 처분이나 그 행위에 관한 법원의 협력사항을 관할하는 집행법원은 법률에 특별히 지정되어 있지 아니하면 집행절차를 실시할 곳이나 실시한 곳을 관할하는 지방법원이 된다.

집행법원은 원칙적으로 지방법원이며 단독 판사가 담당하며, 경매로 나온 부동산 물건 소재지 기준 관할 집행법원이 결정된다.

[서울특별시의 집행법원]

법원명	관할 구역	법원 위치
서울동부지방법원	강동구, 광진구, 성동구, 송파구	송파구 법원로 101
서울서부지방법원	마포구, 서대문구, 용산구, 은평구	마포구 마포대로 174
서울중앙지방법원	강남구, 관악구, 서초구, 동작구, 종로구, 중구	서초구 서초중앙로 157
서울남부지방법원	강서구, 구로구, 금천구, 양천구, 영등포구	양천구 신월로 386
서울북부지방법원	도봉구, 강북구, 성북구, 노원구, 동대문구, 중랑구	도봉구 마들로 749

경매의 분류

집행권원이 있는 채권자나 담보물권자가 채권이 변제기에 도래했음에도 변제하지 않을 경우 법원에 매각을 신청하여 채권을 회수 목적 달성하기 위한 수단으로 채권자의 채권 성격에 따라 '임의경매'와 '강제경매'로 구분된다.

1. 임의경매(담보권실행 경매)

은행이나 개인의 담보권실행을 위한 경매이다. 즉, 저당권이나 근저당권 등의 담보물권자가 법원에 경매를 신청하는 것을 말한다. 보통 3개월 이자가 연체되면 은행에서는 이 채권을 부실채권으로 분류하고 채무자의 부동산에 대해 임의경매를 신청하게 된다.

2. 강제경매

채권자가 채무자에게 신용으로 금전을 빌려주었는데 채무자가 금전을 갚지 않았을 경우에 채권자는 채무자 소유의 부동산에 가압류 이후에 본안소송을 통해 승소 판결문을 가지고 법원에 경매를 신청하여 채무자의 부동산을 처분하여 빌려준 금전을 변제하게 하는 것을 말한다.

※ 강제경매를 신청할 수 있는 '집행권원'의 종류
확정된 이행판결/지급명령/화해조서/조정조서/공증된 금전채권

※ 공증(공정증서, 公正證書)
공정증서는 공증사무소 직원이 어떠한 사실에 대해 법률에 관한 내용을 증명하기 위해 작성되는 문서라고 할 수 있다. 공정증서는 공적으로 증명하는 문서로 충분한 증거가 되며, 강제로 집행할 수 있는 집행권의 효력도 가질 수 있다.

Q. 입찰자가 강제경매와 임의경매를 구분해야 하는 이유?

투기과열지구 이상의 규제로 묶여있는 지역의 재건축/재개발구역의 경우 특정 시점 이후에는 조합원 지위 양수양도를 금지하고 있습니다. 2023년 1월 5일 기준 투기과열지구 이상 규제 지역인 서울 강남, 서초, 송파, 용산구의 재건축 단지의 경우 **조합설립인가 이후에는 해당 재건축 정비구역의 조합원 지위 양수양도가 금지**되어, 일반 매매를 통한 취득은 사실상 불가능합니다.

그런데 재건축 관련 법률인 도시 및 주거환경정비법 시행령 제37조5항에서 '국가 · 지방자치단체 및 금융기관(「주택법 시행령」 제71조제1호 각 목의 금융기관을 말한다.)에 대한 채무를 이행하지 못하여 재개발사업 · 재건축사업의 토지 또는 건축물이 경매 또는 공매되는 경우'는 예외로 조합원 지위 양수양도를 허용하고 있습니다.

여기서 금융기관의 채무를 이행하지 못하여 경매되는 경우는 '임의경매'로 해석함이 타당하며, 따라서 집행권원에 의한 강제경매사건의 경우 경매로 취득하더라도 조합원 지위 양수양도가 불가능하다는 해석이 가능합니다.

대표적인 사례로, 2020타경100339사건의 경우 강제경매사건으로 낙찰자는 임의경매/강제경매 구분 없이 경매로 취득 시 조합원 지위를 취득할 것으로 보고 입찰에 참여했다가 임의경매가 아닌 강제경매사건인 이유로 조합원 지위 취득이 불가능해 대금을 미납하고 보증금을 몰수당한 것으로 추정되는 사건입니다.

사건번호	2020타경 100339
주소	서울 서초구 잠원동 70외1필지 신반포아파트 _동 _호
감정가액	2,920,000,000원
경매 종류	강제경매(공유물 분할을 위한 경매)
입찰 결과	2022. 6. 23. 4,114,880,490 최고가매수인신고 있었으나, 대금 미납

▶ 영웅아빠의 부동산연구소 네이버블로그 (https://blog.naver.com/mathmaster7668) 실제 상담사례

경매절차(요약)

공권력인 집행법원은 민사집행법과 민사집행규칙 등 법률에 근거하여 공권력을 행사하게 되며 법률을 위반한 경매절차 진행 시 그 경매는 취소 사유가 된다.

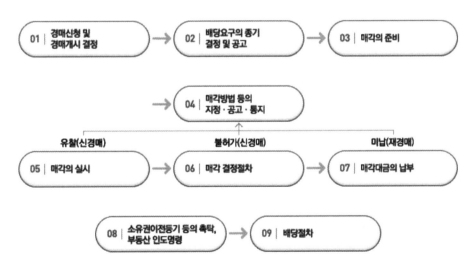

출처 : 대한민국법원 법원경매정보 홈페이지

1. 매각 준비

법원이 부동산(건물 및 토지)을 매각할 준비를 한다.

(감정평가서, 현황조사서, 매각물건명세서)

1) 감정평가법인에서 감정평가를 한다.

2) 법원 집행관이 실사를 나가 현황을 조사한다.

3) 법원은 부동산에 관한 사항을 매각물건명세서에 작성한다.

2. 입찰일과 매각방법 공고

1) 0월 0일 00구 00동의 아파트를 매각하겠다.

2) 입찰 14일 전·입찰일과 매각방법 공고한다.

3) 법원이 매각 준비가 끝나면 매각기일을 공고한다.

4) 처음 경매가 접수된 때부터 실제 입찰일까지 빠르면 4~6개월 늦으면 1년 이상 시간이 걸린다.

3. 매각물건명세서 등장

1) 입찰자들이 경매 관련 서류 중 일부를 볼 수 있다.

2) 입찰 7일 전·매각물건명세서 등장·권리분석을 시작한다.

3) 법원이 작성한 매각물건명세서가 공개된다.

4. 현장 시세 조사

1) 현장 답사를 나간다.

2) 가장 중요한 것은 시세다.

3) 급매가격부터 월세, 전세의 시세가 중요하다.

4) 보증금과 월세를 꼭 알아본다.

한권으로 끝내는
부동산 경매의 바이블

5. 낙찰

1) 낙찰! 최고가매수인! 입찰 당일! 최고가매수인이라면 낙찰된다.

2) 입찰 → 개찰 → 낙찰

3) 유찰될 경우 서울은 20%, 지방은 30%씩 최저매각가격이 저감된다.

6. 매각허가결정

1) 하자가 없으니 매각을 허가한다.

2) 입찰 7일 후 매각허가결정

3) 부동산을 낙찰받은 날로부터 7일 후에 매각허가결정이 내려진다.

7. 매각허가결정의 확정

1) 이해관계인의 이의가 없다면 매각을 확정한다.

2) 매각허가/불허가 선고일로부터 7일, 입찰일로부터 14일 후 매각허가를 확정한다.

3) 매각허가결정으로부터 7일이 지나도록 그 경매사건의 이해관계인들로부터 항고
   가 없으면 매각허가 확정한다.

8. 잔금납부

1) 매각허가 확정 뒤 1개월 안에 납부한다.

2) 매각허가가 나면 바로 잔금 준비를 했다가 잔금을 납부해 버리는 것이 좋다.

3) 잔금을 납부하고 소유권을 이전하면 드디어 내 부동산이 된 것이다.

9. 명도와 강제집행

1) 명도 : 기존에 사는 점유자를 내보내는 과정이다.

2) 싸울 일이 전혀 없다. 일부나 전부 배당받아 가는 세입자는 문제가 안 된다. 전혀
   못 가져가는 세입자도 강제집행보다는 이사 비용으로 처리하면 된다.

10. 임대 후 단기매매

1) 집수리(도배, 장판, 싱크대)

2) 임대보증금으로 투자금을 회수하고 월세로 이자를 충당한다.

3) 매매는 전속 중개로 하고, 월세는 모든 중개사에게 내놓아라.

경매(競買) 준비단계 및 진행절차

입찰예정자가 매각기일에 입찰 법정에서 매각부동산을 만나기 전까지의 단계는 다음과 같다.

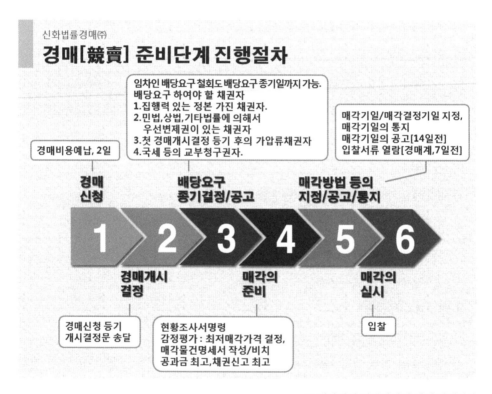

신화법률경매㈜

경매[競賣] 준비단계 진행절차

임차인 배당요구 철회도 배당요구 종기일까지 가능.
배당요구 하여야 할 채권자
1. 집행력 있는 정본 가진 채권자.
2. 민법,상법,기타법률에 의해서 우선변제권이 있는 채권자
3. 첫 경매개시결정 등기 후의 가압류채권자
4. 국세 등의 교부청구권자.

매각기일/매각결정기일 지정,
매각기일의 통지
매각기일의 공고[14일전]
입찰서류 열람[경매계,7일전]

경매비용예납, 2일

경매 신청 — 1

경매개시 결정 — 2
경매신청 등기 개시결정문 송달

배당요구 종기결정/공고 — 3

매각의 준비 — 4
현황조사서명령
감정평가 : 최저매각가격 결정,
매각물건명세서 작성/비치
공과금 최고,채권신고 최고

매각방법 등의 지정/공고/통지 — 5

매각의 실시 — 6
입찰

※ 매각기일 이전까지의 경매 진행절차

1. 경매신청 및 개시결정

채권자의 경매신청으로 법원의 경매개시결정(통상적으로 접수일로부터 3일 이내 결정)이 된다. 그러나 경매개시결정은 반드시 채무자에게 송달이라는 고지가 있어야 하기에 송달 불능 등 송달이 되지 아니하면 경매절차는 더 진행되지 않는다. 경매개시결정(2일 이내)은 채무자에게 고지되지 아니하면 효력이 없기 때문에 적법한 송달 없이 진행된 경매절차는 매각대금을 납부하고 배당절차까지 종료된 후라도 채무자(소유자)가 이를 이유로 불복하면 이미 진행된 경매절차 모두가 취소된다. 따라서 다음의 방법으로 반드시 송달하여야 한다.

1) 등기 송달의 일반 송달
2) 위 송달 불능 시 "재송달"
3) 위 송달 불능 시 "특별 송달"(주간, 야간, 휴일 송달)
4) 1)~3) 모두 송달 불능 시 "유치송달"(서류를 송달받을 자가 주소에 거주하면서 정당한 사유 없이 송달받기를 거부할 때는 법원 집행관은 우편물을 유치송달할 수 있다.)
5) 1)~3) 또는 1)~4) 모두가 불능일 때는 "공시 송달"

2. 권리신고 및 배당요구

경매개시결정으로부터 70일 내 배당요구종기일을 정한다. 배당요구종기일까지만 배당요구가 가능하다. 따라서 배당요구종기일 이후 배당요구는 할 수 없고 종기일 이전에 한 배당요구도 종기일 이후에 철회하지 못한다.

1) 배당요구 여부는 반드시 확인해야 할 사항이다.
2) 임차인이 배당요구를 했는지 확인하여야 한다.
3) 배당요구 안 하면 낙찰자가 인수하여야 하기 때문에 경매사고로 이어질 가능성이

커진다.

4) 최우선변제금도 배당요구하지 않으면 권리행사를 할 수 없게 된다.

5) 배당요구를 해야 받는(배당) 채권자 : 주택 및 상가임차인

6) 배당 여부는 낙찰자 입장에서 반드시 확인 사항이다.

3. 배당요구의 종기 결정 및 공고

채권자들 간의 배당순위를 정하기 위해 배당요구의 종기를 결정하고 이를 공고한다. 채권자가 배당요구를 할 수 있는 종기는 첫 매각기일이다.

배당요구의 종기는 경매개시결정에 따른 압류의 효력이 생긴 때부터 1주일 이내에 결정하되, 첫 매각기일 이전의 날로 정하게 된다.

4. 매각의 준비

부동산의 현상 및 점유 관계 임차 관계 기타 현황조사와 감정평가로 평가액을 참작하여 최저매각(최저입찰가격)을 정한다.

1) 현황조사서

2) 부동산의 평가 및 최저매각가격의 결정

3) 매각물건명세서의 작성·비치

4) 공과를 주관하는 공무소에 대한 최고

5) 이해관계인에 대한 채권신고의 최고

5. 매각방법 등의 지정·공고·통지

매각물건명세서(감정평가서, 현황조사서 등)를 작성하여 매각기일(입찰일) 7일 전부터 입찰일 전까지 일반인이 열람이 가능하도록 비치하고, 매각기일(매각결정기일)을 지정하고 공고한 후 통지한다.

한권으로 끝내는
부동산 경매의 바이블

6. 매각기일 실시

1) 입찰표 작성, 입찰 봉투 투입, 입찰보증금(최저가 10% 현금, 수표) 개찰, 최고가매
   수인 결정, 차순위매수인 결정, 공유자 우선매수신고인 결정 매각기일에 유찰되면
   20~30% 저감하여 다시 매각 공고한다.
2) 경매 부동산의 매각실시로 최고가매수신고인을 정한다.

매수인이 없으면 새로운 매각기일을 정한다. 차순위 입찰자는 최고가 낙찰자 이외에 입찰자 중에서 최고가에 그 입찰보증금을 뺀 액수 이상으로 입찰가를 쓴 입찰자 중에서 한 사람이 할 수 있다.

(1) 최고가매수신고인 결정

개찰 결과 최고의 가격으로 입찰한 사람을 최고가매수신고인으로 정한다.「부동산 등에 대한 경매절차 처리지침 제34조제1항 본문」최고의 가격으로 입찰한 사람이 두 사람일 경우에는 그 입찰자들만을 상대로 추가 입찰을 해서 최고가매수신고인을 정한다. 그러나 추가 입찰의 자격이 있는 사람 모두가 추가 입찰에 응하지 않거나 또는 종전 가격보다 낮은 가격으로 입찰한 경우에는 그들 중에서 추첨을 통해 최고가매수신고인을 정하며, 두 사람 이상이 다시 최고의 가격으로 입찰한 경우에는 그들 중에서 추첨을 통해 최고가매수신고인을 정한다. 이때 입찰자 중 출석하지 않은 사람 또는 추첨하지 않은 사람이 있는 경우에는 법원의 서기관, 법원사무관, 법원주사, 또는 법원주사보 등 상당하다고 인정되는 사람이 대신 추첨하게 된다.「민사집행규칙 제66조 및 부동산 등에 대한 경매절차 처리지침 제34조제3항」

(2) 제114조(차순위매수신고)

최고가매수신고인 외의 매수신고인은 매각기일을 마칠 때까지 집행관에게 최고가매수신고인이 대금지급기한까지 그 의무를 이행하지, 아니하면 자기의 매수신고에 대하

여 매각을 허가하여 달라는 취지의 신고(이하 "차순위매수신고"라 한다.)를 할 수 있다. 차순위매수신고는 그 신고액이 최고가매수신고액에서 그 보증을 뺀 금액을 넘는 때에만 할 수 있다.

(3) 차순위 신청 가능 금액 범위

① 최고가매수신고금액 : 90,000,000원

② 입찰보증금 : 7,500,000원

③ 최고가매수금액에서 입찰보증금을 뺀 금액 : 82,500,000원

④ 차순위매수인의 자격은 최고가매수신고인의 입찰금액 90,000,000원에서 입찰보증금 7,500,000원을 뺀 82,500,000원이 된다.

⑤ 차순위매수신고를 하기 위해서는 82,500,000원에서 90,000,000원 사이에 입찰한 사람만이 차순위매수신고 자격이 있다.

(4) 우선매수신고

공유물지분의 경매에서 채무자가 아닌 다른 공유자가 매각기일까지(집행관이 매각기일을 종결한다는 고지를 하기 전까지) 최저매각가격의 10분의 1에 해당하는 금액(법원이 달리 정할 때에는 그 금액)을 매수신청보증으로 제공하고 최고가매수신고가격과 같은 가격으로 채무자의 지분을 우선 매수하겠다는 신고를 하는 것을 말한다. 「민사집행법 제140조제1항, 민사집행규칙 제63조 및 제76조제1항」

(5) 공유자의 매수신고가 있으면, 최고가매수신고를 한 사람은 어떻게 되는가?

공유자의 우선매수신고가 있으면 법원은 최고가매수신고가 있더라도 공유자에게 최고가매수신고가격과 같은 가격으로 매각허가해야 하며, 다른 매수신고가 없으면 최저매각가격으로 매각을 허가해야 한다. 「민사집행법 제140조제1항, 제2항 및 민사집행규칙 제76조제2항」의 경우 최고가매수신고인은 차순위매수신고인으로 보게 되는데, 그

매수신고인은 집행관이 매각기일을 종결한다는 고지를 하기 전까지 차순위매수신고인의 지위를 포기할 수 있다.

「민사집행법 제140조제4항 및 민사집행규칙 제76조제3항」

7. 매각결정기일절차(허가/불허가)

매각결정(낙찰허가) 절차로서 법원은 매각결정기일에 이해관계인의 의견을 들은 후 매수인에게 매각(낙찰)허가결정을 한다. 매각허가의 결정에 대해 이의가 있는 이해관계인은 낙찰허가결정일로부터 7일 이내에 즉시 항고할 수 있다.

이러한 절차를 둔 것은 입찰에 따른 경매절차를 주관하는 사람은 판사가 아닌 집행관이며 이에 따라 담당 판사는 입찰절차 등에 문제가 없는지와 이해관계인의 이의신청 등을 알아보고 결정하기 위해 기간을 두는 것이다. 농지면 농지취득자격증명원 제출, 상계신청서를 제출해야 한다.

8. 매각 확정 기일(즉시 항고)

법원은 7일 이내 매각허가결정의 확정, 이해관계인 즉시 항고 시 항고보증금을 매각대금의 10분의 1에 해당하는 금전을 법원에 공탁하여야 하며, 항고 기각 시 항고보증금은 배당금에 포함한다. 즉시 항고는 법원 결정을 고지받은 날로부터 1주일 이내 항고장을 원심법원에 제출해야 한다.

9. 매각대금의 납부

법원은 매각허가결정이 있으면 낙찰자인 매수인은 매각대금을 낸다.

경매는 낙찰일(매각기일)로부터 약 45일 후에 잔금을 내야 한다. 경매는 부동산 취득의 한 방법일 뿐이다. 따라서 경매로 주택을 취득할 때의 대출 역시 일반 매매와 동일하게 적용됨을 명심해야 한다. 이런 부분을 착각해서 대금 미납으로 입찰보증금을 몰수당하는 사례가 많이 발생하고 있으니 경락잔금대출은 반드시 입찰 전에 꼼꼼하게 알아보고 자금계획을 세워야 한다.

1) 대금 집행계획을 세워라

(1) 대금지급기한 : 대금지급기한을 정하여 매수인에게 이를 통지한다.

(2) 매각대금의 지급절차 : 매수신청보증금으로 제공한 금액을 뺀 나머지 금액을 은행에 납부한다.

(3) 매각대금 지급의 효과 : 권리를 확정적으로 취득한다.

(4) 매각대금 미지급에 따른 법원의 조치 : 차순위매수신고인에 대한 매각허가결정, 재매각을 결정한다.

2) 매각대금 지급 효과

매수인은 매각대금을 다 낸 경매의 목적인 권리를 취득한다.
「민사집행법 제135조」

매각대금이 지급되면 법원서기관, 법원사무관, 법원주사 또는 법원주사보는 매각허가결정의 등기사항전부증명서를 붙여 다음 각호의 등기를 촉탁해야 한다.
「민사집행법 제144조제1항」

(1) 매수인 앞으로 소유권을 이전하는 등기

(2) 매수인이 인수하지 않은 부동산의 부담에 관한 기재를 말소하는 등기

(3) 경매개시결정등기를 말소하는 등기

3) 재매각 절차가 취소되는 경우

재매각결정이 있더라도 매수인이 재매각기일 3일 전까지의 대금과 매각대금의 지급기한이 지난 뒤부터 실제로 매각대금을 지급한 날까지의 대금에 대한 지연이자 및 절차 비용을 지급하면 재매각 절차가 취소되고, 매수인은 매각물건의 권리를 취득할 수

있다. 한편 차순위매수신고인이 매각허가결정을 받고도 대금지급기한까지 매각대금을 지급하지 않으면 최고가매수신고인과 차순위매수신고인 중 위 금액을 먼저 지급한 매수인이 매각물건의 소유권을 취득하게 된다.

「민사집행법 제138조제3항 및 민사집행규칙」

10. 소유권이전등기 등의 촉탁, 부동산 인도명령

소유권 및 기타권리 이전 및 말소등기는 매수인은 대금을 모두 납부하면 부동산의 소유권을 취득한다. 법원은 매수인이 필요한 서류를 제출하면 관할 등기소에 매수인 명의의 소유권이전등기, 매수인이 인수하지 아니하는 부동산에 관한 부담의 말소등기를 촉탁하게 하면 된다. 매수인은 대금을 모두 납부한 후에는 부동산 인도명령을 신청할 수 있다.

11. 배당절차

각 채권자에게 배당기일을 정해 이해관계인과 배당을 요구한 채권자에게 통지를 하고 배당을 한다.

배당이의를 제기한 채권자는 배당이의소를 제기하고 배당기일로부터 1주일 이내 집행법원에 소 제기한 사실을 증명하는 서류를 제출해야 한다.

무잉여로 인한 경매 취하

'무잉여 제도'를 둔 이유는 경매신청권자에게 전혀 이익이 되지 않는 경매를 계속 진행할 필요가 없고, 경매신청권자보다 우선하는 선순위 권리자들을 보호하기 위해 만든 것이다.

법원은 매각절차의 처음부터이거나 매각 진행 도중에, 경매신청자인 압류채권자의 채권에 우선하는 채권과 경매절차 비용을 합한 금액이 최저경매가격에 미달하면 경매신청자에게 '무·잉여 통지'를 하여 경매신청자가 통지를 받은 날로부터 7일 이내에, 우선 채권 총액을 변제하고 잉여가 있을 가격을 정하여 신청하게 하고, 그 가격 이상의 다른 매수신고가 없을 때는 스스로 그 가격으로 매수할 것을 신청하게 하여 만일 충분한 보증을 하면 경매절차를 속행한다.

그러나 수 개의 부동산을 동시에 경매하는 경우에는, 각 부동산에 대하여 잉여의 가망이 있는지를 심사하여야 한다. 다만 수 개의 부동산이 공동담보의 목적으로 되어 있고 동시에 경매되는 경우에는, 일괄경매 여부와 관계없이 전체로 판단하여 배당을 받을 가능성이 있으면 잉여의 가망이 없다는 통지를 하지 않는다.

채권자 매수신고(무잉여)

경매에서 매각절차의 시초부터 또는 매각절차 진행 중에 법원은 최저매각가격으로 압류채권자의 채권에 우선하는 부동산의 모든 부담과 절차 비용을 변제하면 남을 것이 없겠다고 인정하는 경우가 있다. 이 경우 압류채권자에게 이를 통지하고, 압류채권자가 제1항의 통지를 받은 날부터 1주 이내에 제1항의 부담과 비용을 변제하고 남을 만한 가격을 정하여 그 가격에 맞는 매수신고가 없을 때에는 자기가 그 가격으로 매수하겠다고 신청하면서 충분한 보증을 제공할 수 있는데, 이를 '채권자 매수신고제도'라고 한다.
「민사집행법 제102조(남을 가망이 없을 경우의 경매취소)」

무잉여 통지를 받은 경매신청채권자는 통지를 받은 날로부터 7일 이내에 '경매절차 비용과 우선하는 채권 총액을 변제하고 남을 만한 가격'을 정하여 경매 당일 그 가격 이상으로 매수신고한 자가 없을 경우에는 스스로 그 가격으로 매수할 것을 신청하고 보증을 제공하면 무잉여로 인한 경매취소 없이 경매절차가 계속 진행되게 된다.

이렇게 채권자 매수신고가 있는 경우에 입찰기일에 아무도 응찰하지 않았다면 당연히 채권자가 최고가매수신고인(낙찰자)으로 선고되고, 채권자의 매수신고액보다 고가로 신고한 입찰자가 있다면, 그 입찰자가 최고가매수신고인이 된다.

매각불허가

"낙찰받았는데, 매각불허가결정이 되었어요. 그 이유는요? 입찰보증금 반환받을 수 있나요?"라는 질문 등을 많이 받게 된다. 민사집행법상 일정 사유 발생 시, 최고가매수인에 대해 매각불허가 선고를 하고 보증금을 반환해 주는 절차를 마련하고 있다.

우리가 흔히 말하는 입찰일(매각기일)에 법원에서 낙찰자(최고가매수신고인) 선고 후 해당 부동산에 대해 매각기일을 종결을 선고하게 되고, 그로부터 7일 후 매각기일(낙찰)의 종료 후에 이해관계인의 진술을 듣고 법적으로 이의 사유가 있는지 여부를 조사한 후에 경매대상 부동산을 최고가매수인(낙찰자)에게 '매각하겠다' 또는 '매각하지 않겠다'는 결정을 내리게 된다. 이것을 법원의 '매각허가, 매각불허가결정 선고'라고 하는데, 이때 생각보다 많은 경우 '매각불허가'결정이 선고되게 된다.

법원에서 경매 부동산의 매각 여부 최종 결정 전, 이해관계인 등을 보호하기 위한 일종의 확인 절차라고 보면 되는데, 채권자, 채무자, 최고가매수인(낙찰자) 모두 매각불허가를 신청할 수 있다.

매각허가 또는 불허가결정신청은 누군가가 이의, 의견을 담은 문서를 법원에 제출했기 때문이다.

본인 부동산을 지키기 위한 채무자 쪽에서는 강제집행정지결정이 되었다거나, 채무자가 매각불허가결정신청서 제출했다거나, 강제집행정지결정문 제출, 임의경매정지신청서 제출, 집행정지신청서 제출, 임의경매절차중지명령결정서 제출 등이 있을 수 있고, 낙찰자(최고가매수인) 입장에서는 중대한 권리하자나, 인수해야 할 추가권리가 발생하는 등의 이유로 매각불허가신청을 할 수 있다.

1. 매각불허가 사유 1호
1) 경매 매각 과정에서 나오는 오류 흠결이 있었을 때
2) 경매가 정지되거나 취소되는 경우
3) 경매신청자가 경매를 취소하는 경우
4) 경매개시결정이 채무자에게 통보되지 않았을 경우
5) 무·잉여 경매인 경우
6) 선순위 근저당 존재로 후순위 임차인이 대항력이 소멸하는 줄 알았으나 선순위 근저당 소멸로 임차권의 대항력이 존속하게 되는 것으로 변경될 때

2. 매각불허가 사유 2호
1) 미성년자 : 만 19세 미만(성년후견인 제도 통합)
2) 금치산자 : 판단능력이 없는 심신상실의 상태
3) 한정치산자 : 심신박약 재산 낭비로 가족생활을 궁박하는 자
4) 재매각에서 전 매수인
5) 농지경매에서 농지취득자격증명서, 외국인 토지매수에서 허가서와 신고필증을 제출하지 않는 경우

3. 매각불허가 사유 3호

부동산을 매수할 자격이 없는 자가 최고가매수인신고를 내세워 신고할 때

4. 매각불허가 사유 4호

매각장소 질서 문란자

제108조(매각장소의 질서유지)

집행관은 다음 각호 가운데 하나에 해당한다고 인정되는 사항에 대하여 매각장소에 들어오지 못하도록 하거나 매각장소에서 내보내거나 매수의 신청을 하지 못하도록 할 수 있다.

1) 다른 사람의 매수신청을 방해하는 사람

2) 부당하게 다른 사람과 담합하거나 그 밖의 매각의 적정한 실시를 방해한 사람

3) 제1호 또는 제2호의 행위를 교사한 사람

4) 민사집행절차에서의 매각에 관하여 제136조. 제140조. 제140조의2. 제142조, 제315조 내지 제137조에 규정된 유죄판결을 받고 그 판결 확정일부터 2년이 지나지 아니한 사람

5. 매각불허가 사유 5호

최저매각가격결정·일괄매각결정 또는 매각물건명세서 작성에 중대한 흠이 있을 때

1) 대항력 있는 임차인 정보가 누락된 경우

2) 선순위 근저당권의 존재로 후순위 임차권의 대항력이 소멸하는 것으로 알고 매각받았으나 선순위 근저당권의 소멸로 임차인의 대항력이 존속하는 것으로 변경될 경우

3) 기타 매각물건명세서상의 누락된 사항이 매각결정에 중대한 영향을 끼치는 경우

6. 매각불허가 사유 6호

1) 부동산이 현저하게 훼손, 중대한 권리관계 변동

2) 천재지변, 그 밖에 자기가 책임을 질 수 없는 사유로 부동산이 현저하게 훼손

7. 매각불허가 사유 7호

경매절차에서 그 밖의 중대한 잘못이 있는 때

이 외에도 법원은 여러 개의 부동산을 매각하는 경우에 한 개의 부동산의 매각대금으로 모든 채권자의 채권액과 강제집행비용을 변제하기에 충분하면 다른 부동산(다만, 일괄매각의 경우는 제외)에 대해 매각불허가결정을 한다. 「민사집행법 제124조」

위의 사유로 매각을 허가하지 않고 다시 매각을 명하는 경우에는 법원이 직권으로 새 매각기일을 정해 매각절차를 새롭게 진행하게 된다. 「민사집행법 제125조제1항」

한편, 매각불허가결정이 선고되면 매수인과 매각허가를 주장한 매수신고인의 매수에 관한 책임이 면제되므로(민사집행법 제133조), 매수인과 매수신고인은 매수신청보증금의 반환을 요구할 수 있다.

8. 매수신고인의 경매물건 보호 조치

1) 가격감소행위 등의 금지 청구

압류채권자 또는 최고가매수인은 경매의 실효성을 확보하기 위해 채무자·소유자 또는 부동산의 점유자가 부동산을 훼손하는 등 부동산의 가격을 현저히 감소시키거나 우려가 있는 행위(이하 "가격감소행위 등"이라 함)를 하면 법원에 신청해서 매각허가결정이 있을 때까지 그 행위를 하는 사람에 대해 가격감소행위 등을 금지하거나 일정한 행위를 하도록 할 수 있다. 「민사집행규칙 제135조」

2) 담보제공

부동산을 점유하는 채무자·소유자 또는 부동산의 점유자로서 그 점유권을 압류채권자·가압류채권자 또는 「민사집행법」 제61조제2항부터 제4항까지의 규정에 따라 소멸하는 권리를 갖는 사람에 대해 대항할 수 없는 사람이 위의 가격감소행위 금지 등 명령을 위반하거나 가격감소행위 등을 하는 경우에 위 명령으로는 부동산 가격의 현저한 감소를 방지할 수 없다고 인정되는 특별한 사정이 있는 때에는 법원은 압류채권자 또는 최고가매수인의 신청에 따라 매각허가결정이 있을 때까지 담보를 제공하게 하고 그 명령에 위반한 사람 또는 그 행위를 한 사람에 대해 부동산의 점유를 풀고 집행관에게 보관하게 할 것을 명할 수 있다. 「민사집행규칙 제44조2항」

이에 관할 법원의 결정은 상대방에게 송달되기 전에도 집행할 수 있지만, 신청인에게 고지된 날부터 2주가 지나면 집행할 수 없다. (민사집행규칙 제44조7항 및 제8항) 이러한 법원의 결정에 대해서는 즉시 항고할 수 있으며, 추후 사정이 변경되면 그 취소 또는 변경을 신청할 수 있다. 「민사집행규칙 제44조4항 및 제5항」

알쏭달쏭 경매 Q&A
판매와 법률근거 기반한 질의 응답 실전사례

Q. 낙찰받았는데, 매각불허가결정이 되었어요. 그 이유는? 입찰보증금 반환받을 수 있나요?

A. 민사집행법상 일정 사유 발생 시, 최고가매수인에 대해 매각불허가 선고를 하고 보증금을 반환해 줍니다.

우리가 혼히 말하는 낙찰일(매각기일)에 법원에서 낙찰자(최고가매수신고인) 선고 후 해당 부동산에 대해 매각기일을 종결을 선고합니다.

그로부터 7일 후, 매각기일(낙찰)의 종료 후에 이해관계인의 진술을 듣고 법적으로 이의 사유가 있는지 여부를 조사한 후에 경매대상 부동산을 최고가매수인(낙찰자)에게 '매각 하겠다.' 또는 '하지 않겠다.'는 결정을 내리게 됩니다.

법원의 '매각허가, 매각불허가결정 선고'라고 하는데, 이때 생각보다 많은 경우 '매각불허 가'결정이 선고되게 됩니다.

법원에서 경매 부동산의 매각 여부 최종 결정 전, 이해관계인 등을 보호하기 위한 일종의 확인 절차라고 보시면 되는데, 채권자, 채무자, 최고가매수인(낙찰자) 모두 매각불허가 를 신청할 수 있습니다.

본인 부동산을 지키기 위한 채무자 쪽에서는 강제집행정지결정이 되었다거나, 채무자가 매각불허가결정신청서 제출했다거나, 강제집행정지결정문 제출, 임의경매정지신청서 제출, 집행정지신청서 제출, 임의경매절차중지명령결정서 제출 등이 있을 수 있고, 낙찰 자(최고가매수인) 쪽에서는 중대한 권리하자나, 인수해야 할 추가권리가 발생하는 등의 이유로 매각불허가신청을 할 수 있습니다.

낙찰된 기쁨도 잠시, "법원의 '매각불허가'결정은 생각보다 많이 발생합니다."

법원은 낙찰자의 이익도 존중해야 하지만, 본인의 재산을 끝까지 지키기 위한 '채무자'의 간절함도 지켜줘야 하기 때문입니다.

한권으로 끝내는
부동산 경매의 바이블

[근거법률 및 판례]

민사집행법

제120조(매각결정기일에서의 진술)

① 법원은 매각결정기일에 출석한 이해관계인에게 매각허가에 관한 의견을 진술하게 하여야 한다.

② 매각허가에 관한 이의는 매각허가가 있을 때까지 신청하여야 한다. 이미 신청한 이의에 대한 진술도 또한 같다.

제121조(매각허가에 대한 이의신청 사유) 매각허가에 관한 이의는 다음 각호 가운데 어느 하나에 해당하는 이유가 있어야 신청할 수 있다.

1. 강제집행을 허가할 수 없거나 집행을 계속 진행할 수 없을 때
2. 최고가매수신고인이 부동산을 매수할 능력이나 자격이 없는 때
3. 부동산을 매수할 자격이 없는 사람이 최고가매수신고인을 내세워 매수신고를 한 때
4. 최고가매수신고인, 그 대리인 또는 최고가매수신고인을 내세워 매수신고를 한 사람이 제108조 각호 가운데 어느 하나에 해당되는 때
5. 최저매각가격의 결정, 일괄매각의 결정 또는 매각물건명세서의 작성에 중대한 흠이 있는 때
6. 천재지변, 그 밖에 자기가 책임을 질 수 없는 사유로 부동산이 현저하게 훼손된 사실 또는 부동산에 관한 중대한 권리관계가 변동된 사실이 경매절차의 진행 중에 밝혀진 때
7. 경매절차에 그 밖의 중대한 잘못이 있는 때

제124조(과잉 매각되는 경우의 매각불허가)

① 여러 개의 부동산을 매각하는 경우에 한 개의 부동산의 매각대금으로 모든 채권자의 채권액과 강제집행비용을 변제하기에 충분하면 다른 부동산의 매각을 허가하지 아니한다. 다만, 제101조제3항 단서에 따른 일괄매각의 경우에는 그러하지 아니하다.

② 제1항 본문의 경우에 채무자는 그 부동산 가운데 매각할 것을 지정할 수 있다.

▶ 영웅아빠의 부동산연구소 네이버블로그 (https://blog.naver.com/mathmaster7668) 실제 상담사례

취소되는 사유

경매 '기일연기'나 '취하'가 아닌 '취소'되는 경우도 경매에서 자주 보게 된다.

취소된 법률행위는 처음부터 무효인 것으로 보기 때문에, 압류되었던 채무자의 부동산은 경매개시 되기 전의 상태로 원상회복된다.

취소되는 대표적인 사유로는 다음의 6가지가 있다.

1. 채무자가 채무를 상환할 경우
2. 한국자산관리공사의 공매가 경매에 앞서 진행될 경우
3. 경매신청권자에게 아무런 신청이익이 없는 경우(무·잉여 금지원칙)
4. 부동산이 동일성을 상실할 정도로 멸실된 경우
5. 목적 부동산이 채무자 소유자가 아님이 판명된 경우
6 강제집행 집행권원 등이 무효가 된 경우

Q. 경매절차 '변경'? 취하? 연기? 계속 기다려야 할까요?

입찰기일만 오매불망 기다리고 기다리던 경매물건이 어느 날 갑자기 '변경'!
매각기일 당일 입찰보증금 10%까지 수표로 준비하고 법원으로 향했는데, 공고문에 '변경', '연기', '취소', '취하' 등 이러한 공고를 보고 실망한 적이 한두 번은 있을 것입니다.

부동산 경매를 하다 보면 취하, 변경, 연기 취소 등은 허다하기 때문에 그러려니 하고 받아들이고 기다리셔야 합니다.

경매는 채무자의 부동산을 공권력이 환가하여, 채권자의 금전채권을 변제해 주는 부동산 매각절차이기 때문에 채권자, 채무자, 이해관계인 등에 의해서 충분히 변경, 연기, 취하 등이 될 수 있음을 인지하고 '부동산 경매'에 임해야 합니다.

경매기일이 변경된 이유는 집행법원이 공지하지 않습니다.
해당 경매계에 전화를 해 봐도 이해관계인이 아닌 이상 거의 알려 주지 않습니다.

그렇다면 어떻게 알아봐야 할까요?
경매절차 '변경' 사유와 파악하는 방법 크게 4가지로 나눠 살펴보겠습니다.

1) 대부 회사나 유동화 회사가 근저당 채권 양수를 한 경우
근저당권 등 부실채권을 양수받은 채권자인 대부 회사나 유동화 회사가, 본인의 수익을 극대화하기 위해서 매각기일 변경을 진행하는 경우입니다.

2) 채무자 등이 연기 신청을 하는 경우

채무자 등(소유자)이 일정한 사유, 문서 등을 근거로 집행법원에 '매각기일 연기 신청'을 제출하는 경우입니다.

채무자가 '채무를 상환하고자 요청'한다는 등 사유가 있을 수 있습니다.
통상 2회에 한해 연기되는 것이 원칙이나 실무에서는 그 이상도 가능합니다.
"그만큼 본인 재산을 지키고 싶다, 그래서 좋은 물건일 수 있다는 반증이기도 합니다."

3) 채권자 등이 채무자 등과 협상 여지가 있어 연기 신청한 경우

채권자가 본인이 배당받을 금액이 없거나 작거나 하여 해당 물건의 감정평가가 과소평가를 주장하는 경우, 채권자가 채무자와의 협상의지가 있는 경우 등입니다. 통상 2회에 한해 연기되는 것이 원칙이나 실무에서는 그 이상도 가능합니다.

4) 법원의 문건송달 오류

- 보정 등으로 인한 직권 기일 연기
- 절차상의 흠결, 경매기록의 보정 또는 중대한 새로운 사항의 추가
- 매각조건의 변경 등 권리관계의 변동 사유가 있는 경우 등
- 중요 문건 등의 송달 오류 및 공고 오류 등

법원 직권으로 '경매절차의 흠'을 만들지 않기 위해 직권으로 변경하는 경우입니다.

경매를 하다 보면 경매에서 언제든 만날 수 있는 일들이 바로 변경, 연기, 취하, 취소, 기각 등이며, 경매절차에서 이러한 예기치 못한 변동 사유들은 언제든 만나게 됩니다. 입찰예정자에겐 '실망'이지만, 누군가에겐 빼앗기고 싶지 않은 '간절함'일 수도 있습니다.

변경, 연기는 경매절차의 종국이 아니라, 빠르면 2개월 이내 아니면 몇 달 이내 다시 매각기일이 지정되어 경매절차가 진행됩니다. 참을 인자를 새기면서 기다리시면 됩니다.

[근거법률 및 판례]

민사집행법

제110조(합의에 의한 매각조건의 변경)

① 최저매각가격 외의 매각조건은 법원이 이해관계인의 합의에 따라 바꿀 수 있다.

② 이해관계인은 배당요구의 종기까지 제1항의 합의를 할 수 있다.

제111조(직권에 의한 매각조건의 변경)

① 거래의 실상을 반영하거나 경매절차를 효율적으로 진행하기 위하여 필요한 경우에 법원은 배당요구의 종기까지 매각조건을 바꾸거나 새로운 매각조건을 설정할 수 있다.

② 이해관계인은 제1항의 재판에 대하여 즉시 항고할 수 있다.

③ 제1항의 경우에 법원은 집행관에게 부동산에 대하여 필요한 조사를 하게 할 수 있다.

제266조(경매절차의 정지)

① 다음 각호 가운데 어느 하나에 해당하는 문서가 경매법원에 제출되면 경매절차를 정지하여야 한다.

  1. 담보권의 등기가 말소된 등기사항전부증명서

  2. 담보권 등기를 말소하도록 명한 확정판결의 정본

  3. 담보권이 없거나 소멸되었다는 취지의 확정판결의 정본

  4. 채권자가 담보권을 실행하지 아니하기로 하거나 경매신청을 취하하겠다는 취지 또는 피담보채권을 변제받았거나 그 변제를 미루도록 승낙한다는 취지를 적은 서류

  5. 담보권실행을 일시정지 하도록 명한 재판의 정본

② 제1항제1호 내지 제3호의 경우와 제4호의 서류가 화해조서의 정본 또는 공정증서의 정본인 경우에는 경매법원은 이미 실시한 경매절차를 취소하여야 하며, 제5호의 경우에는 그 재판에 따라 경매절차를 취소하지 아니한 때에만 이미 실시한 경매절차를 일시적으로 유지하게 하여야 한다.

③ 제2항의 규정에 따라 경매절차를 취소하는 경우에는 제17조의 규정을 적용하지 아니

한다.

이중경매

하나의 부동산 경매사건에 여러 명의 채권자가 경매를 신청한 것을 이중(중복, 병합) 경매라 하는데, 이런 경우는 먼저 신청한 경매사건의 번호로 경매를 진행한다. 그러나 앞선 경매사건의 경매신청이 취하되거나 그 절차가 취소된 경우에는 앞선 경매절차에서 사용된 현황조사나 감정평가 등은 뒤에 그대로 원용한다.

이중경매를 신청하는 이유는, 먼저 신청한 채권자의 채권액이 소액이어서 취소될 가능성이 있거나, 무·잉여 경매로 인하여 경매절차가 취소될 것을 우려하여 다른 채권자가 또 경매를 신청하는 경우이다.

이중경매신청자도 압류의 효력이 생기면 당연히 배당에 참여할 수 있으나, 앞선 경매사건의 배당요구종기일 이내에 경매신청한 경우에 한하며, 배당요구종기일 이후에 경매신청을 한 경우는 배당에 참여할 수 없다.

'채무자의 부동산'

경매의 정의에서 시작되는 부동산 경매의 모든 것
〈공권력〉〈채무자의 부동산〉〈환가〉〈채권자의 금전채권〉〈낙찰자의 부동산 취득〉

채무자의 부동산

경매의 대상이 되는 객체는 바로 부동산이다.

물론 일반적인 부동산이 아닌, 채무(빚)를 갚지 못한 채무자의 부동산을 국가 공권력을 통해 강제적으로 채권자의 채권을 변제해 주는 절차가 민사집행절차이고 그 형식이 바로 '경매'이다.

채무자란 특정인에게 일정한 빚을 갚아야 할 의무를 가진 사람을 말하며, 채권자의 반대말이다.

경매의 대상이 되는 부동산이란 '토지와 그 정착물'을 의미하며(민법 제99조제1항),

특히 토지는 정당한 이익이 있는 범위 내에서 그 지상과 지하까지도 포함한다.

1. 토지

대지, 농지, 산지 등의 토지는 부동산 경매의 대상이 될 수 있다.

2. 토지의 정착물 : 건물

도랑이나 돌담 등의 건축물은 토지의 본질적인 구성 부분이 되는 정착물로서 토지와 분리해서 경매될 수 없다. 그러나 주택, 상가건물 등의 건물은 토지와 별개의 독립된 부동산으로 취급되므로(부동산등기법 제14조제1항) 부동산 경매의 대상이 될 수 있으며, 건물이 독립된 부동산의 요건을 갖추기 위해서는 최소한의 기둥, 지붕, 그리고 주벽이 있어야 한다.

건축이 어느 정도 완성되었거나, 이미 완성되었음에도 불구하고 준공검사를 받지 않아 보존등기를 경료하지 못한 건물은 부동산 경매의 대상이 될 수 있다.

3. 토지의 정착물 : 수목(樹木)

토지 위에 자라고 있는 수목이 미등기된 경우에는 그 수목을 토지의 일부로 보기 때문에 토지와 분리해서 경매될 수 없으나, 소유권보존등기를 한 수목, 즉 입목은 부동산으로 보기 때문에 토지와 분리해서 경매될 수 있다.

따라서 경매대상 부동산인 '채무자의 부동산'이란,

특정인(채권자)에게 일정한 빚을 갚아야 할 의무를 가진 사람이 일정 기간 내에 빚을 갚지 못하여 압류되는 모든 토지 및 그 정착물을 말한다. 근저당 등 담보권실행을 통한 임의경매의 경우 담보권이 설정된 해당 부동산에 대해서만 경매가 진행되지만, 집행권원에 의한 강제경매의 경우 채무자 소유의 모든 부동산이 경매대상이 된다.

경매 부동산 정보의 수집

일반 부동산 매매처럼 원하는 지역, 원하는 아파트 동호수를 찾아 법원경매 입찰에 참여하는 것은 사실상 불가능하다. 하지만 기다리다 보면 원하는 입지 원하는 부동산이 경매로 나오는 행운을 만나기도 한다. 법원경매정보 사이트를 인터넷 브라우저 즐겨찾기에 추가해 두고 수시로 물건을 체크해야 한다.

'손품'과 '발품'이 모두 필요한 투자가 바로 경매이며, 발품 팔기 전 최대한 온라인에서 얻을 수 있는 사전정보를 파악하는 것이 좋다.

입찰에 참여하려면 먼저 어떤 부동산이 매각될 예정인지 파악해야 하는데, 매각 예정 물건에 대한 정보는 법원 게시판, 관보·공보 또는 신문이나 대한민국 법원 법원경매정보 사이트(https://www.courtauction.go.kr)를 통해 얻을 수 있다.

[경매 부동산 법원 공고 확인 사항]
1. 부동산의 표시
2. 강제집행 또는 임의경매로 매각한다는 취지와 그 매각방법
3. 부동산의 점유자, 점유의 권원, 점유해서 사용할 수 있는 기간, 차임 또는 보증금약정 및 그 액수
4. 매각기일의 일시·장소, 매각기일을 진행할 집행관의 성명 및 기간입찰의 방법으로 매각할 경우에는 입찰기간·장소
5. 최저매각가격
6. 매각결정기일의 일시·장소
7. 매각물건명세서·현황조사보고서 및 평가서 사본을 매각기일 전에 법원에 비치해서 누구든지 볼 수 있도록 제공한다는 취지

8. 등기부에 기입할 필요가 없는 부동산에 대한 권리를 가진 사람은 채권을 신고해야 한다는 취지

9. 이해관계인은 매각기일에 출석할 수 있다는 취지

10. 일괄매각결정을 한 경우에는 그 취지

11. 매수신청인의 자격을 제한한 경우에는 그 제한의 내용

12. 매수신청의 보증금액과 보증제공 방법

☐	서울중앙지방법원 2020타경109589	1 다세대	서울특별시 서초구 방배천로34길 23, (방배동,두연빌) 🏃 [집합건물 철근콘크리트구조 83.03 m²]	-재매각임. 매수신청보증금 20%.	689,000,000 440,960,000 (64%)	경매2계 💬 2023.03.16 유찰 2회
☐	서울중앙지방법원 2020타경110312	1 상가 오피스텔 근린시설	서울특별시 중구 장충단로 263, 2층 호 (을지로6가,밀리오레) 🏃 [집합건물 철골,철근콘크리트조 3.84 m²]		40,000,000 13,107,000 (32%)	경매2계 💬 2023.03.16 유찰 5회
☐	서울중앙지방법원 2020타경110695	1 기타	서울특별시 종로구 가회동 🏃 [토지 도로 154.2m²]	현황 도로임	570,540,000 233,694,000 (40%)	경매1계 💬 2023.03.14 유찰 4회
☐	서울중앙지방법원 2020타경110992	3 기타	서울특별시 강남구 역삼동 🏃 [토지 도로 507.7m²]	현황 도로임	2,497,884,000 1,023,134,000 (40%)	경매1계 💬 2023.03.14 유찰 4회
☐	서울중앙지방법원 2020타경110992	4 기타	서울특별시 강남구 역삼동 🏃 [토지 도로 511.5m²]	현황 도로임	2,542,155,000 1,041,266,000 (40%)	경매1계 💬 2023.03.14 유찰 4회
☐	서울중앙지방법원 2021타경290	1 근린시설	서울특별시 종로구 종로 183, 지1층제이지 호 (인의동,효성주얼리시티) [집합건물 철골철근콘크리트조 4.95 m²]		60,000,000 19,661,000 (32%)	경매2계 💬 2023.03.16 유찰 5회

출처 : 대한민국 법원 경매정보 www.courtauction.go.kr ※ 동호수 및 지번 삭제

경매 부동산 찾는 방법

1. 대한민국 법원 법원경매정보 사이트(www.courtauction.go.kr)

2. NAVER 부동산 경매(https://land.naver.com/auction/)

'유료경매사이트'에서 제공하는 정보를 한 달에 3건 무료로 열람하고 확인이 가능하다. 법원 사이트에 비해 사용이 편리하다.

3. 경매유료사이트(https://www.auction1.co.kr, https://www.ggi.co.kr/)

일, 월, 년 단위/지역별 등으로 구분하여 유료 결제를 한 후 이용해야 하며, 대표적인 사이트로 '옥션원'과 '지지옥션'이 있다. 법원의 경매정보를 한눈에 보기 쉽게 잘 정리해 놓았고 권리분석 등 전문가의 코멘터리를 제공한다. 유료사이트를 이용하더라도 반드시 법원문건은 법원경매정보사이트에서 반드시 다시 한번 확인해야만 한다.

출처 : 옥션원 법원경매정보사이트 www.auction1.co.kr

4. 영웅아빠 블로그(https://blog.naver.com/mathmaster7668)

법원에 나오는 경매물건 중 투자가치가 있는 경매물건을 엄선하여 공동저자인 영웅 아빠가 법원문건 기반으로 경매물건을 소개하는 네이버블로그이다.

현장 답사 시 체크 사항

1. 관공서 서류조사

관공서를 통해서는 각종 공부상 서류를 발급받는 것만이 아니라, 대상 물건에 대한 민원사항까지 확인할 수 있다. 기관별로 발급받을 수 있는 서류는 다음과 같다. 특히 전답 등의 농지는 농지취득자격증명을 발급받아야 하는지 여부를 확인해야 한다. 온라인에서 얻을 수 정보는 웹사이트를 최대한 활용하면 좋다.

1) 등기소 : 토지, 건물 부동산등기사항전부증명서(인터넷등기소)
2) 시, 군, 구청 : 토지, 건축물대장, 토지이용계획확인원, 지적도, 임야도, 농지의 경우 농지취득자격증명 발급 가능 여부(정부24 인터넷사이트)
3) 법원 : 감정평가서, 임대차현황조사서, 경매물건의 전반적인 사항들(대한민국 법원 경매정보)
4) 동사무소 : 세입자 전입 여부 및 전입일자 체크

한권으로 끝내는
부동산 경매의 바이블

2. 경매대상 물건의 직접 확인

입찰할 물건을 결정했다면 반드시 '발품'을 열심히 팔아야 한다.

물건의 하자 여부 및 위치 등의 물건의 가치를 평가하고, 법원에서 확인한 감정평가서, 현황조사서 등의 사항 및 구청, 등기소 등의 공부상 서류와 현황이 일치하는지, 또는 별도의 문제가 없는지 등을 확인하기 위해 반드시 물건지 방문 답사를 해야 한다.

1) 점유자 확인 : 법원에 기록된 점유자(임차인) 외의 별도 임차인이 있는지, 실제 점유하고 있는지 여부를 확인한다.

임차인이 허위로 답변해 주거나 협조를 하지 않을 것을 대비해 우편물 수취인, 전기, 수도 검침기 등을 확인하며, 통·반장 집이나 인근 구멍가게에 확인할 수도 있다.

2) 물건 상태 확인 : 현재의 점유자(임차인)가 동의할 경우 내부 구조를 꼼꼼히 살펴보아야 한다. 경매가 진행 중인 물건 중 관리가 불량한 경우도 있으며, 구입 후 개조 및 수선비용을 가늠할 필요가 있기 때문이다.

경매물건의 특성상 일반물건처럼 물건의 상태 등을 상세하게 조사하기엔 어려움이 있지만, 직접 노크하고 확인을 시도해서 손해 볼 것은 없다. 시도해서 실패할 경우, 연립이나 아파트의 경우 위·아래층에 양해를 구하고 내부 구조를 보는 것이 좋다.

3. 부동산 중개업소 방문

최소한 인근 2~3곳의 중개업소를 방문하여 주변 시세 파악 및 매매, 전월세 거래 가능 여부와 거래 동향을 분석한다. 뿐만 아니라 현재의 거주자 현황이나 경쟁자들을 파악하여 입찰가를 결정하는 데 크게 도움이 된다.

4. 분석하고 공부하고 조사하자

임장의 목적은 그 물건에 대한 궁금한 것을 모두 없애는 방식으로 하면서 빠짐없이 조사해야 한다.

임장 전 물건에 대해서 사전 조사를 하면서 궁금했던 것들을 모두 체크해서 임장 중에 확인하고 확인하면서 생긴 궁금증도 추가 임장을 통해 체크해서 자신의 임장에 신뢰를 더해 가야 한다. 임장활동을 할 때 최우선으로 체크해야 할 것은 수요이다. 이것은 사전 조사로 충분히 체크할 수 있고 임장으로 어떠한 영향을 끼칠지 알아볼 수 있다.

부동산 뉴스를 보다 보면 호재 예상 지역들에 대한 브리핑이 나온다. 그중에 관심 있는 지역이 있다면 적어도 한 달에 한 번씩은 살펴보는 습관을 들여야 시야를 키울 수 있다.

[아파트 관련 유용한 정보 플랫폼]
- 호갱노노 : 매매, 전월세시세 및 실거래가 등 제공
- 부동산지인 : 아파트 관련 빅데이터 정보제공
- 아실(아파트 실거래가) : 국토부 아파트 실거래가 등 정보제공

임장(臨漳)활동

1. 임장활동이란
부동산에 현장이나 현물에 대한 확인 및 조사 활동을 말한다.

2. 임장의 중요성
부동산 경매 입찰에서 임장이 차지하는 부분은 매우 크고 중요하다.

부동산 가치판단으로 입찰 여부 및 낙찰 후 초과비용을 판단함에 매우 중요한 활동이며, 점유자나 세입자의 면담으로 인해 명도의 난이도를 파악할 수 있다.

3. 임장활동

1) 많은 정보 획득 : 신문, 인터넷, 지인, 전문가, 중개사무소, 지역신문, 투자대상지 바로 옆 부동산 주인, 오래된 음식점

2) 고급 정보는 인간관계에서 나온다.

3) 땅에 대한 정보는 관련 부동산 공부를 먼저 확인하고 땅을 보러 가야 손실을 막을 수 있다.

4) 실패하지 않기 위한 최고의 전략은 타이밍 선택(호황과 불황의 반복 순환 속에서 타이밍을 선택하는 것은 최고의 투자 행위이다.)

5) 투자하고자 하는 장소 1~2㎞를 걸어서 크게 둘러보아라.
   (투자대상지에 대한 총체적인 분석을 통해 넓은 시야를 가진 분명한 그림이 완성되었을 때 투자지로 결정한다.)

6) 지역발전과정(주거, 상업, 업무, 도로), 인구유입유출동향, 주변 지역과의 관련, 거래 동향을 체크한다.

7) 타인자본(저당권)을 이용해서 자기자본의 수익률을 높여라.

8) 세상만사 눈에서 멀어지면 마음에서도 멀어지는 법, 어떤 일이든 자주 접해야 몰입할 수 있다. 집중과 몰입의 과정을 거쳐야 가능하다.

9) 부동산과 부동산시장에 흥미를 가져야 한다. 부동산 투자로 성공하기 위해서는 언제나 시장 안에 있어야 한다. 비가 오나 눈이 오나 바람이 불어도 발품을 팔아야 한다.

4. '토지' 임장활동 잘하는 비법

특히 땅 투자에는 함정이 많다. 입지 여건 점검, 각종 인ㆍ허가 사항, 전원주택 또는 펜션 건축, 관리 및 운영 위탁 등 절차가 길고 복잡하다.

주말이나 휴가철에 틈틈이 짬을 내 현장을 돌아다니면서 땅 보는 눈을 갖춰야 제대로 땅 투자를 할 수 있다. 토지 투자 전문가들이 제공하는 효과적인 현장 답사 요령을 살펴본다.

1) 사전준비를 철저히 한다.

2) 오전 4~5시에 길을 떠나자.

3) 갈 땐 고속도로, 올 땐 국도를 이용한다.

4) 지역 주민에게 정중하고 순진하게 대한다.

5) 값싼 땅은 다 사연이 있다.

6) 30년 이상 된 나무숲이 우거진 곳은 피한다.

7) 인·허가 사항은 설계사무소에서 교차 확인한다.

8) 자녀와 함께 답사한다.

9) 겨울에도 가 보자.

10) 현장에서 투자 결정을 하지 말자.

지분(持分)경매

많은 경매사건이 지분경매로 진행되고 있으며, 다른 사람과 부동산을 공유하고 있는 경우에 그 공유지분은 독립해서 부동산 경매의 대상이 될 수 있다. 「민사집행법 제139조」

지분경매는 '상속' '부부공동명의' '공동명의투자' 물건들의 지분 일부에 대해서만 진행되는 경매이다. 물건 전체에 대한 완벽한 소유권 취득이 아니기 때문에, 상대적으로 지분경매의 경쟁률은 낮고, 낙찰가율 역시 낮은 편이다. 지분경매는 수익이 높은 매력적인 경매투자임에는 분명하다. 그러나 지분 취득 후 다른 지분권자와의 협상 과정을 거치거나,

공유물분할청구소송으로 집행권원을 확보한 후 다시 경매신청을 통해 지분만큼 배당받아 수익 실현하기까지는 '길고 험난한 과정'이 기다리고 있음을 명심해야 한다.

[지분 경매 예시]

소 재 지 서울특별시 서초구 양재동 ○○아파트 ○○동 ○○호

대 지 권 전체: 90.188㎡(27.28평)중 1/2지분 지분: 45.09㎡(13.64평)

건물면적 전체: 145.65㎡(44.06평)중 1/2지분 : 72.83㎡(22.03평)

소 유 자 김○○ 박○○ 부부공동 소유

No	접수	권리종류	권리자	채권금액	비고
1(갑2)	2005.09.21	소유권이전 (매매)	김○○ 박○○		각 1/2
2(을5)	2013.08.14	근저당	○○은행	208,000,000원	말소기준등기
4(을7)	2014.10.02	김○○ 지분 전부근저당	(주)○○○○대부	115,000,000원	
5(갑5)	2022.03.30	김○○ 지분 강제경매	(주)○○○○대부	청구금액: 197,524,111원	2022타경 ○○○○

---

1. 공유지분이란?

공유물에 대한 각 공유자의 권리, 즉 소유 비율을 말하는 것으로서 공유지분은 각 공유자 간의 합의에 따라 법률의 규정에 정하여진다.

공유자는 그 지분을 처분할 수 있고 공유물 전부를 지분의 비율로 사용 및 수익할 수 있으나, 공유자는 다른 공유자 동의 없이 공유물을 처분하거나 변경하지 못한다. 공유물의 관리에 관한 사항은 공유자의 지분의 과반수로써 결정하게 되는데, 각 공유자는 공유물 전부를 자신의 지분비율로 사용 및 수익할 수 있다.

그렇지만 공유자 전원의 동의가 없는 한 1인의 공유자는 그 목적물 전체를 자유로이 처분할 수는 없다. 반면에 자신의 지분은 다른 공유자의 동의나 허락 없이 자유로이 처분이 가능하다.

토지나 건물의 소유자가 다수의 명의로 된 경우를 공유라고 하는데 지분의 전부가 아닌 일부분의 소유자 지분만 매각하는 경우 이를 지분매각이라고 한다.

따라서 지분매각인 토지나 건물을 매수하게 되거나, 지분을 낙찰받게 되면 타 지분권자와 공유를 하게 되는 것이다.

2. [사례] 甲1/2 · 乙1/2 → 경매신청으로 丙이 낙찰

1) 지분경매 목적 부동산은 일반 경매 부동산보다 대체로 유찰되는 횟수가 많다. 이는 일반 경매 목적 부동산에 비해 저렴하게 살 수 있다고도 볼 수 있다.
2) 乙의 토지를 낙찰받은 丙은 이후 공유물 분할 청구소송으로 자신의 지분만큼의 땅을 저렴하게 살 수 있다.

1) 乙1/2 지분에 대해서만 경매 진행

2) 丙이 乙1/2 지분 낙찰

3) 甲1/2 丙1/2 소유로 변경

3. [사례] 甲1/2 · 乙1/2 → 경매신청으로 丙이 낙찰

1) 아파트 등 건물의 경우 <u>물리적인</u> 공유물 분할은 현실적으로 불가능하다.
2) 분할로 인해 공유물의 경제적 가치가 현저히 저하될 경우에 해당되어, 공유물 전부

를 경매신청하여 자신의 지분만큼 환가대금에서 변제받을 수 있을 뿐이다.

3) 공유물 분할 청구를 신청한 공유자는 우선매수신청을 할 수 없다.

1) 乙1/2 아파트 지분에 대해서만 경매 진행
2) 丙이 乙1/2 지분 낙찰
3) 甲1/2 丙1/2 소유로 변경
4) 丙은 공유물 분할 청구소송 가능
5) 공유물분할을 위한 형식적 경매 진행

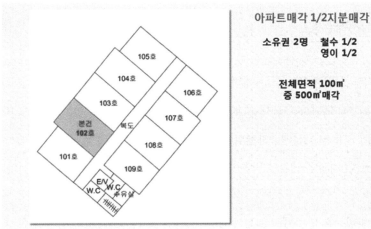

4. 지분 취득 후 출구 전략

1) 협의 : 상대 지분권자와 협의를 통해 매도를 요구하거나 매수 요구 협상

2) 보유 : 상대 지분권자 등에게 지료, 임대료를 청구함

3) 현금 분할 : 1) 2) 모두 여의치 않을 경우 일반 매매를 통한 현금 분할 요구

4) 1) 2) 3) 모두 안 될 경우, 공유물 분할 청구소송 제기

5. 지분경매의 특징

1) 지분경매는 1금융권에서 대출금 받기가 쉽지 않다. 금리가 높은 2금융권을 이용해야 하며 이자율이 높다.
2) 낙찰을 받더라도 사용·수익·처분하기가 어렵다.
3) 대개의 경우 공유 지분권자에게서 권리를 사 오거나 내 지분을 처분해야 하는데 공유자인 상대방이 자금 여력이 없는 경우 처분이 곤란하다.
4) 지분경매의 경우 장기간 자본이 묶이게 될 수 있으니 주의해야 한다.

공유자 우선매수신고

공유물지분의 경매에 있어서 채무자 아닌 다른 공유자는 매각기일까지, 최저매각가격의 10분의 1에 해당하는 금액을 보증으로 제공하고 최고매수신고가격과 같은 가격으로 채무자의 지분을 우선매수하겠다는 신고를 할 수 있는 것으로, 우리나라에서만 시행하는 제도로 더 이상의 분할을 막아 합리적인 토지이용을 위해서 도입한 것이다.

이 경우에 법원은 입찰자의 최고가매수신고가 있더라도 우선매수를 신고한 공유자에게 매각을 허가하여야 한다. 이때 최고가매수신고인이 원할 경우 차순위매수신고인의 지위를 부여받을 수 있다.

공유자는 경매 입찰법원에서 '매각기일을 종결한다.'는 말을 고지하기 전까지, 즉 최고가매수신고인의 이름과 가격을 부르고 매각의 종결을 고지하기 전까지는, 공유자는 공유자라는 신분증과 입찰보증금을 제공하고 최고매수신고가격으로 채무자의 지분을 우선매수할 것을 신고할 수 있다.

즉, 공유자 우선매수는 경매 당일인 입찰 현장에서도 신청할 수 있다.

그러나 매각기일 종결의 고지 전까지 보증금을 제공하지 않으면 공유자우선 매수권 행사의 효력이 발생하지 않는다.

미리 우선매수신고를 하였으나 다른 '매수신고인'이 없는 때에는 그 매수가격을 최고 매수신고가격으로 본다.

입찰 당일에 최고매수신고가 있으면, 공유자는 말로 매수신청을 하게 되면, '최고가매 수신고인'은 자동으로 '차순위매수신고인'이 되며 이런 경우 차순위매수신고인(최고가 매수신고금액에서 그 입찰보증금을 공제한 금액 이상으로 입찰한 사람만 해당됨)은 매 각종결 전까지 차순위를 원하지 않을 경우에는 그 지위를 포기할 수 있다.

판례에 따르면, 공유자가 이렇게 '우선매수신청권을 행사한 경우에 최고가 입찰자는 더 높은 입찰가격을 제시할 수 없다'고 함으로써, 공유자는 우선매수신청권을 안정적으 로 행사할 수 있다. 이 제도를 둔 것은 경매절차를 신속하게 진행하기 위해 도입한 제도 로 때로는 다른 경쟁자를 막기 위해서 서류로 입찰 전에 신청하기도 한다.

이러한 경우에는 그 기일에 정한 최저매각금액으로 우선매수가격이 정해진다. 또 여 러 명의 공유자가 매수를 신고할 경우에는 공유지분의 비율에 따라 매수하게 된다.

담보책임

1. 담보책임

가등기는 소유권이전 청구권 가등기인지, 담보 가등기인지, 등기사항전부증명서에는 전부 소유권이전 청구권 가등기로 등기가 된다. 따라서 선순위 가등기인 경우 법원에서는 가등기권자에게 담보 가등기인지 소유권이전 청구권 가등기인지를 신고하는데 이를 최고절차라고 한다. 이처럼 법원으로부터 최고서를 받은 가등기권자는 자신의 가등기가 담보 가등기일 경우에는 배당요구신청서 또는 채권계산서를 제출하고, 소유권이전 청구권 가등기일 때는 권리신고만을 하거나 아무런 신고도 하지 않은 경우이다. 담보 가등기일 때는 말소기준권리가 되기 때문에 입찰하여도 무방하다.

그러나 소유권이전 청구권 가등기일 경우에는 말소기준권리가 되지 않고 낙찰자가 인수하기 때문에 입찰하여서는 안 된다.

2. 물건의 하자에 대한 담보책임

물건 자체의 하자는 낙찰자 책임이다.

즉, 건물 벽에 금이 갔다는 등 외관상의 하자나 수돗물이 잘 나오지 않는 것 등 물건 내부의 기능상 하자는 전적으로 낙찰자의 책임이다.

3. 권리의 하자에 대한 담보책임

1) 권리의 하자 예시

- 입찰기록의 임대차현황에 "없음", "확인 안 됨" 등으로 되어 있으나 입찰 후 임차인이 나타나 보증금을 인수해야 할 경우
- 후순위 권리자(임차인)이 선순위 근저당을 대위변제하여, 보증금을 인수해야 할 경우

- 입찰기록상의 임대보증금과 실제보증금이 달라 보증금을 추가로 부담해야 할 경우

2) 구제 방법
- 매각허가결정 전이면 법원에 '낙찰불허가' 신청을 한다.
- 낙찰허가결정 후 대금납부 전이면 '낙찰허가 취소신청'을 한다.
- 배당기일 후면 민법상의 담보책임 규정에 따라 일차적으로 채무자 또는 담보제공자에게 인수금액의 반환을 청구하되, 만일 반환능력이 없다면 이차적으로 반환무능력을 입증하여 배당받은 채권자에게 청구한다.

법인 소유의 부동산

학교법인이나 사회복지법인, 사찰 소유 부동산「전통사찰 보존법 제6조1항」, 각종 장학재단의 부동산이 경매에 나왔을 때에는 반드시 해당 주무관청의 허가서가 첨부되어 있는가를 확인하여야 한다.

만일 허가서가 첨부되어 있지 않다면 낙찰을 받아도 소유권이전은 효력이 없다.

왜냐하면, 사회복지법인의 기본재산을 매각하거나 담보 제공 시에는 반드시 주무관청의 허가를 받아야 한다는 법규「사립학교법 28조1항」을 위반한 경우에 소유권이전은 효력이 없다는 것이 법원판결의 요지이기 때문이다. 그 등기는 적법한 원인을 결여한 등기로써 낙찰자는 소유권을 잃게 된다.

여기서 관할청의 허가는 낙찰자가 받는 것이 아니라, 경매신청채권자가 받아야 한다. 따라서 집행기록에 관할청의 허가서가 첨부돼 있지 않으면 미련을 버려야 한다.

그러나 유치원의 경우는 두 가지로 나누어서 판단한다.

현재 운영되고 있는 유치원 중에서 상당수는 교육청의 유치원 설립인가를 받지 않고서 운영하는 유치원이 있는데, 이름만 유치원에 불과한 이른바 '어린이집'인 경우이다.

어린이집의 경우는 각 관할 구청에서 운영에 관한 인·허가를 받아 운영하므로 교육청과는 관련이 없다. 그러므로 유치원이 경매의 목적물인 경우에는 해당 주소지의 교육청에 '사립학교법'에 해당하는 학교인지의 여부를 확인하고 입찰 여부를 결정해야 한다.

☞ 특수법인 물건
1. 학교법인, 사회복지법인, 종교법인, 장학재단법인
   (허가서 제출 유무 확인)
2. 주무관청의 허가서를 늦어도 매각허가결정기일까지 집행법원에 제출
   (보증금몰수·채무자 겸 소유자가 감독관청에 신고하고 발급받아야 한다.)
3. 저당권설정 행위에 관한 소속법인 이사회의 처분(설정)행위 동의서가 첨부되지 않으면 금융기관 융자 불가
4. 유치원 건물의 경우에는 유치원 경영자의 소유라면 저당권이 설정될 수 없으므로 유치원 경영자의 소유가 아닐 때 한하여 입찰해야 한다.

종중 소유의 부동산

1. 종중이란
공동 선조의 분묘를 보존하고 제사를 지내며 후손 간 친목을 다지기 위해 자연스럽게 형성된 가족 단체로 성과 본이 같은 하나의 종족 전체를 총괄하는 대(大)종중(宗中) 안

에, 크고 작은 분파로 나누어진 소(小)종중이 있는데, 민사소송의 당사자로 인정되고 종중 명의로 부동산등기도 할 수 있다.

이러한 종중이란, 공동 선조의 후손 중 성년 이상의 남자를 종원으로 하여 구성되는 종족의 자연 발생적 집단을 말하고, 문중(門中)이란 비교적 작은 종중을 가리키는데 성질상 아무런 차이가 없고 규모의 차이만 있다.

2. 종중 재산

종중이 종중 본래 목적인 선조의 제사와 분묘의 수호·관리 등을 위해 소유하는 재산을 말한다. 이러한 종중 재산이 경매에 나오는 경우는 원래 종중의 땅이 개인토지소유자로 명의신탁되어 있는 경우, 종친회의 동의 없이 근저당이 설정되고 후에 해당 토지가 경매에 나오는 부동산이다.

이런 부동산은 낙찰이 되더라도 종중은 법원에 '적법하지 않은 결의에 의해 근저당이 설정된 것이므로 근저당을 말소해 달라'는 내용으로 근저당권자를 상대로 '근저당권 말소청구의 소송'을 제기하여 승소하면, 결국 경매의 원인이 된 근저당권이 말소되고 낙찰자는 아무런 권원 없이 소유권을 취득한 것이 되어 소유권을 박탈당할 수도 있다.

3. 소유권을 박탈당하는 경우

대부분 경매실행의 원인이 된 근저당권이 불법하게 등기된 것이 대부분이다. 따라서 경매 부동산의 등기사항전부증명서상에 강제경매가 아닌 담보권실행 경매로 된 경우라면, 담보권실행 경매의 원인이 된 권리가 정당하게 설정된 것인지의 여부를 확인해 봐야 한다. 그러나 강제경매의 경우는 일반 채권자가 채권을 증명할 수 있는 '법원의 확정판결'에 기해서 경매가 신청된 것이므로 즉, 채권의 진정성이 재판과정에서 검증이 된 것이어서 담보권실행 경매보다 문제되는 경우가 적다.

제시 외 권리분석

1. 제시 외 권리분석

건물 등기사항전부증명서상에 기재되어 있지 않으나 건축물 관리대장에 등재되어 있거나 또는 담보물권 당시에 소유자의 소유물건으로 판명된 물건으로서 건물의 증·개축된 부분 또는 미등기되어 있는 부속물 등을 말한다.

제시 외 물건은 통상 경매목적물에 부합된 물건 또는 종물이므로 이들 물건은 경매목적물을 포함해 경매를 진행하고 있으며 매수신청가액에 포함하여 감정평가한 것으로 매수자가 매각대금을 완납함으로써 매수자의 소유 부동산이 된다.

2. 제시 외 건물의 의의

제시 외 건물이란 경매목적물인 토지 위에 있으나 경매목적물이 아닌 건물로서 경매신청자가 신청하지 않은 건물이나 현재 미등기 상태인 건물이어서 제시 외 건물이거나, 그리고 제삼자의 소유로 등기된 건물이기 때문에 제시 외 건물인 것이다.

3. 제시 외 건물의 종류

1) 제시 외 건물이 토지소유자의 건물로서 주물의 처분에 따르게 되는 종물 또는 부합물에 해당하는 건물
2) 제시 외 건물이 감정평가가 되지 않은 이유가 토지소유자의 독립한 건물 때문에 매각에서 제외된 제시 외 건물
3) 제시 외 건물이 제삼자 소유의 등기된 건물
4) 제시 외 건물이 제삼자 소유의 미등기건물

4. 제시 외 건물이 있는 경매 부동산을 입찰하여야 할 경우

법원에서 감정평가서 등의 법원 기록을 잘 열람하여 제시 외 건물이 매각에 포함되었는지의 여부와 포함되지 않았다면 토지 위의 건축물 관리대장과 건물 등기사항전부증명서(미등기건물에 대하여는 등기사항전부증명서상 확인이 되지 않음)를 발급받아 제시 외 건물의 소유자가 누구인지의 여부를 현장 조사를 통하여 점검해 보아야 한다.

이때 제시 외 건물이 매각에서 제외된 채 경매로 나온 물건으로서 법정지상권의 성립이 안 되는 물건은 취득 후 대지인도청구소송이나 건물철거소송을 통하여 정리할 수 있는 건물이라고 권리분석이 되거나 아니면 경매취득 후 건물소유자와 합의가 도출될 정도의 건물이면 입찰을 해야 할 것이다.

5. 부합물

부동산 경매에 있어 제시 외 건물이 부합물에 속한다면 경매로 건물까지 온전히 소유권을 취득하게 되나 제시 외 건물이 독립성을 지녀 부합물, 또는 종물이 아니라면 설사 제시 외 건물이 경매가격에 포함되었더라도 낙찰자는 소유권을 취득할 수 없다.

6. 부합물과 관련한 내용

1) 토지상에 타인의 권원(전세권, 지상권, 임차권 등)에 의하여 수목에 식재되어 있다면 그 수목은 토지에 부합되지 않는다. (소유권 취득 불가)
2) 토지상의 미등기 수목이 토지소유자의 것이라면 이는 부합물에 해당한다. (소유권 취득)

7. 부합물인 미등기 수목과 관련한 내용

1) 미등기 수목을 평가하지 않은 상태에서 경매가 진행 : 최저가매각 가격결정의 중대한 하자 → 매각불허가결정

2) 미등기 수목의 소유자가 이의를 제기하지 않을 경우 : 매각절차 진행 → 대금 완납
　→ 낙찰자는 온전히 소유권 취득

3) 농작물 : 토지의 부합물에 불인정 (토지소유자 모르게 경작한 경우에도 해당한다.)

8. 종물

1) 독립한 물건임에도 주물의 상용에 이바지하는 관계에 있는 것을 말한다.

2) 주물의 소유자나 이용자의 상용에 있더라도 주물 그 자체의 효용과 직접적인 관계
　가 없는 물건은 종물이 아니라 할 수 없다. 「대판97다 9750」

3) 책상, TV, 난로 등은 가옥의 종물이 될 수 없다.

4) 종물은 주물의 구성 부분이 아니며, 법률상 물건이다.

5) 예컨대 배와 노, 주택과 딴 채의 창고는 각각 독립한 물건이며, 주물과 종물의 관계
　가 있다 할 것이다. 그런데 정화조는 건물의 구성 부분이지 종물은 아니다.

9. 종물의 특징

1) 종물은 주물의 처분에 따른다.

2) 경매를 통하여 주물의 소유권을 취득하면 종물에 대한 소유권도 취득한다.

3) 지상권에 기하여 타인의 토지 위에 있는 건물이 경매된 경우 건물의 소유권뿐만 아
　니라 지상권도 함께 취득한다.

4) 저당권의 효력은 저당부동산에 부합된 물건이나 종물에도 미친다.
　따라서 공장 건물이나 토지에 관하여 민법상의 일반저당권이 설정된 경우, 그 저
　당권의 실행으로 경락받은 자는 그 공장 건물이나 토지의 종물 또는 부합물의 소
　유권도 취득한다.

Q. 경매 권리분석 시 '제시 외 건물' 입찰 시 주의할 점은?

A. 건물 등기사항전부증명서상에는 기재되어 있지 않으나, 건축물대장에 등재되어 있거나, 담보물권설정 당시에 소유자의 소유물건으로 판명된 물건으로서, 건물의 증축, 개축된 부분 또는 미등기되어 있는 부속물, 종물 등을 말합니다.

아파트 경매에서는 거의 볼 수 없고, 단독주택, 상업용 건물, 상가주택, 원룸 다가구주택 등에서 흔히 접하게 되는 권리분리분석 사례가 바로 '제시 외 건물'입니다.

'제시 외 건물' 정의
건물 등기사항전부증명서상에는 기재되어 있지 않으나, 건축물대장에 등재되어 있거나, 담보물권설정 당시에 소유자의 소유물건으로 판명된 물건으로, 건물의 증축, 개축된 부분 또는 미등기되어 있는 부속물 등을 말합니다.

'제시 외 건물'은 어떤 의미?
제시 외 건물은 크게 두 가지로 의미로 판단해 볼 수 있습니다. 경매목적물의 토지 위에 있으나 경매목적물이 아닌 건물로 경매신청자가 신청하지 않은 건물 또는 건축물이지만 미등기 상태인 경우 또는 제삼자의 소유로 등기된 건물 또는 건축물인 경우입니다.

실무에서 제시 외 건물은 근저당권자 등 채권자 입장에서는 배당금액의 범위가 달라질 수도 있고, 낙찰자 입장에서는 추가 인수할 권리발생 유무, 온전한 소유권 행사 가능 불가능 여부가 달린 중요한 의미를 갖게 됩니다.

'제시 외 건물' 종류는?

크게 4가지로 정리해 볼 수 있습니다.

1) 제시 외 건물이 토지소유자의 건물로서 주물의 처분에 따르게 되는 종물 또는 부합물
   인 경우
2) 제시 외 건물이 토지소유자 등의 독립한 건물로 감정평가에 불포함되어 매각제외된
   건물인 경우
3) 제시 외 건물이 제3자 소유의 등기된 건물인 경우
4) 제시 외 건물이 제3자 소유의 미등기된 건물인 경우

'제시 외 건물' 입찰 시 고려 사항

매수희망자는 입찰 전 제시 외 물건이 감정평가액에 포함되어 있는지 여부에 대해 법원
서류 등을 잘 검토하여야 합니다.

감정가 포함 여부, 매각제외 여부, 부합물·종물 여부 등을 종합적으로 판단하셔서 입찰
에 참여를 해야 합니다.

1) 제시 외 건물 감정가 포함

제시 외로 표시된 부분이 부합물 또는 종물이고 감정가에 포함되었다면 낙찰자는 제시
외에 대하여서 경락으로 인한 소유권을 취득할 수 있습니다.

그러나, 부합물·종물이 아닌 독립된 건물일 때에는 감정평가서에 포함되어 있다 하더라
도 독립물로 인정받는 경우에는 낙찰자가 소유권을 취득하지 못하는 경우도 종종 있습
니다.

2) 제시 외 건물 매각제외

제시 외 건물에 대한 건축물대장 존재 여부와 무허가나 불법 건축물이라면 이와 관련된

한권으로 끝내는
부동산 경매의 바이블

해당 구청이나 군청 건축과의 건축물대장 여부, 근저당 등 담보권 설정 당시의 해당 건축물의 존재 여부 등을 해당 시, 군, 구청과 채권자(근저당권자) 등에 방문하시어 실제 소유권추적에 따른 법정지상권 성립 유무 등을 확인하는 권리분석 판단 후 입찰 여부를 판단해야 합니다.

[제시 외 건물 관련 판례]

대법원 1986. 5. 23. 자 86마295 결정
등기부상 등재되지 아니한 제시 외 건물인 부엌 6.3평방미터, 변소 1.8평방미터, 주택 11.2평방미터 부분이 그 자체가 독립된 건물이 아니고 근저당의 목적이 된 주택 및 부속건물에 연이어 설치한 것으로서 본 건물에 부속된 그 건물의 일부에 불과하다면 이는 민법 제358조에 따라 근저당권의 효력이 미치는 대상이 되고 따라서 위 건물을 경매목적에 포함시킨 경매법원의 조치에 아무런 위법이 없다.

대법원 1983. 8. 23. 선고 83다177 판결
저당건물의 부속건물이나 종물로 볼 수 없는 별개건물이 설사 일괄경매에 의하여 경락자에게 경락되었다 하더라도 그 별개건물에 대한 경락은 당연 무효이다.

대법원 1999. 8. 9. 자 99마504 결정
등기부에 등재되지 않은 제시 외 건물이 존재하는 경우에는 소유자가 건축하여 소유하는 것으로 판명되어 경매신청인이 대위에 의한 보존등기를 하여 일괄경매신청을 하거나 그것이 경매대상 부동산의 종물이거나 부합물임이 명백한 경우가 아닌 한 입찰물건에 포함시켜서는 안 된다. 경매신청인의 제시 외 건물에 대한 경매신청이 없는 이 사건에서 재항고인이 위 제시 외 건물이 경매대상 부동산의 종물이거나 부합물이라는 주장·입증이 없는 이상 (위 제시 외 건물은 그 구조와 면적만 보더라도 경매대상 부동산의 종물이나 부합물이 아닌 것으로 보여진다.), 경매법원이 제시 외 건물을 포함하여 경매절차를 진행한 것은 입찰물건명세서의 작성 및 절차 진행에 하자가 있다고 하여 낙찰을 불허가한 것은 적법하다고 판단하였다.

▶ 영웅아빠의 부동산연구소 네이버블로그 (https://blog.naver.com/mathmaster7668) 실제 상담사례

매각제외

주택이나 토지 경매 시 매각조건에 매각에서 제외되는 것들이 있어 입찰예정자들을 난감하게 만드는 경우가 있다. 매각물건명세서와 감정평가서 등을 꼼꼼히 검토하여 매각에서 제외되는 물건이 있는지를 확인해야 한다.

1. 종물 : 주택을 주물이라 한다면 주택에 딸린 이동식 화장실, 정자, 대문, 창고, 주차장(차고) 등을 말한다.
   → 대부분의 종물은 모두 매각에 포함
      다만, 탐문해서 타인 소유의 물건으로 밝혀지면 매각에서 제외

2. 부합물 : 주물인 주택(건물)과 붙어서 일체(하나)를 이룬 것을 말한다.
   싱크대, 보일러실, 증축된 건물, 새시, 가추(지붕이나 벽에서 이어져 나온 부분)를 말한다.
   → 대부분의 부합물은 모두 매각에 포함
      다만, 탐문해서 타인 소유의 물건으로 밝혀지면 제외

3. 토지의 부합물 : 전원수, 전원석, 석등, 수목 등은 대표적인 토지의 부합물이다.

→ 타인이 심은 정원수, 수목 등은 매각에서 제외

4. 타인 소유의 제시 외 건물(공부에 등록 안 된 물건), 정자 등을 말한다.
  → 타인의 소유로 밝혀지면 매각에서 제외

5. 컨테이너, 비닐하우스 등
  → 이동이 가능하기 때문에 매각에서 제외

6. 농작물(보리, 무, 배추, 고구마, 감자, 옥수수 등)
  → 누군가 몰래 심어 놓은 농작물이라도 매각에서 제외
    함부로 훼손하면 안 된다. (1년생의 경우)

7. 수목(감나무, 대추나무 등)
  → 타인이 심어 놓은 수목은 매각에서 제외

대지권 미등기

부동산 경매 입찰을 참여하다 보면 매각물건명세서상에서 생각보다 많이 만나게 되는 문구가 바로 '대지권 미등기' 또는 '대지권 없음'이다.

말 그대로 일반 경매물건과는 분명 다른 부분이 있기 때문에 법원 매각물건명세서상에 특별매각조건으로 고지를 하고 있는 것이다. '대지권 없음'은 해당 부동산(건축물)의 대지권이 없다는 얘기이고, 대지권 미등기는 대지권이 있으나 어떠한 연유(緣由)로 인하여 아직 등기가 되지 않았다고 해석하면 된다.

대지권 이슈와 관련해 실제 경매에서 만나는 집합건물 대부분은 '대지권 미등기' 형태인데, 공중에 떠 있는 아파트를 법적으로 토지에 붙어 있게 해 주는 법적 개념이 바로 대지권이다. 대지권 없이는 아파트 전유부분이 존재할 수 없기 때문에 실제 아파트, 오피스텔, 다세대 등 경매에서 '대지권 없음' 사건은 찾아보기 힘들며, 대부분 '대지권 미등기' 형태로 경매에 나오게 된다.

대지권이란?

아파트, 빌라, 오피스텔과 같은 집합건물의 구분소유자가 건물 전유부분을 소유하기 위하여 대지에 대하여 갖는 권리가 대지사용권인데, 건물과 분리하여 처분할 수 없는 대지사용권을 '대지권'이라고 한다.

집합건물 등기사항전부증명서 표제부상에서 확인 가능하고, 대지권의 형태는 소유권, 법정지상권, 무상사용권의 형태로 존재하게 되며 현업에서는 대부분 '소유권대지권' 형태로 주어지게 된다.

【 표 제 부 】 (전유부분의 건물의 표시)				
표시번호	접 수	건 물 번 호	건 물 내 역	등기원인 및 기타사항
1	2017년 12월 5일	제22층 제2201호	철근콘크리트구조 99.5986㎡	도면 제2017-85호
(대지권의 표시)				
표시번호	대지권종류		대지권비율	등기원인 및 기타사항
1	1 소유권대지권		57548.5분의 65.5778	2019년 12월 3일 대지권 2019년 12월 3일 등기

1. 대지권 미등기 의미

대지권이 처음부터 없는 경우(사유지와 국유지에 건축한 경우)와 달리, 실제 대지권이 있으나 아파트와 같은 대규모 집합건물의 경우 대지의 분, 합필 및 환지절차의 지연,

각 가구당 지분비율의 결정지연, 건설업체의 내부 사정, 타 전유부분 소유자의 분양대금 완납지연에 따르는 문제 등으로 인하여 전유부분에 대한 소유권이전등기만 수분양자(분양받은 자)에게 경료되어 머물거나 그 후 부동산이 양도될 경우에는 전유부분에 대한 소유권이전등기만 경료되고 대지지분에 대한 소유권이전등기는 상당 기간 지체되는 상태를 의미한다.

신축아파트 경매에서 '대지권 미등기' 사례를 많이 볼 수 있는데, 아파트와 같은 집합건물에서 대지사용권이 있으나 토지구획정리, 환지처분, 지적정리 등이 완료되지 않은 경우 대부분 '대지권 미등기'상태로 경매가 개시된다.

2. 대지권 없음의 의미

결론부터 보면 "대지지분이 없는 아파트"를 의미한다. 대지권이 없는 공동주택을 낙찰받는 경우 건물의 철거를 요구할 권리를 갖고 있는 대지권 소유자가 구분소유권 매도청구를 행사하면 이에 응해야 하며, 건물의 소유권을 잃을 수 있다는 점에 유의하여 신중하게 입찰하여야 한다.

대지지분이 없는 아파트일지라도 감정평가서상 대지권 가격이 포함되어 있다면 향후 대지권에 대한 소유권을 행사하는 데에는 문제가 없다.

3. 대지권 미등기

표제부에는 대지권 비율과 건물의 전용면적이 표시되어 있다.

공동주택 재건축, 재개발사업에서 감정평가에 중요한 영향을 미치는 것 중의 하나가 대지권 비율이다. 대지권 비율은 표제부에서 "대지권 목적인 토지의 표시" 대지면적과 "대지권 표시" "대지권 비율"을 확인해야 한다.

재개발사업지 중에서는 간혹 "대지권 목적인 토지의 표시", "대지권 비율"이 다르게 표시된 경우가 있다.

입찰 시 대지권 비율만 보고 투자하게 되면 낭패를 보는 경우가 생길 수 있으므로 확인을 해야 한다.

4. 대지권 미등기 사유

1) 아파트와 같은 대규모 집합건물의 경우 대지의 분·합필 및 환지절차의 지연

2) 각 세대당 지분비율 결정의 지연

3) 타 전유부분 소유자의 분양대금 완납지연

4) 채권자가 근저당, 경매신청을 위해 대위등기

5) 대지에 대한 소유권이전청구권이 가압류된 경우

5. 대지권 미등기건물 입찰방법

1) 입찰희망자는 반드시 법원 감정평가서와 매각물건명세서 등을 면밀히 검토하여 대지사용권이 감정가에 포함되어 있다면 입찰을 고려해도 좋다. 단, 이 경우 역시 매수희망자는 대지권 미등기 원인을 사전 임장 등을 통해 철저히 조사하여 면밀한 권리분석 후 입찰에 참여하는 것이 좋다.

2) 해당 집합건물 단지 대지의 분필 합필 절차가 지연되거나, 환지처분 지연, 건물 준공 당시 토지구획정리사업 미완료로 건물 등기만 먼저 한 경우, 구분소유자별 대지권 비율이 확정되지 않아 미등기된 경우, 지적정리 미완료 등의 명확한 대지권 미등기 사유가 확인되었다면 입찰을 고려해도 좋다.

3) 신규아파트 단지의 경우 '대지권 미등기' 사유가 분양대금 미납인 경우 따라 추가적

으로 금액을 부담해야 하는 경우도 있으니, 각별한 주의가 필요하다. 해당 아파트 시공사, 시행사, 조합 사무실(재개발재건축 조합 아파트인 경우)에서 수분양자의 분양대금 미납으로 인한 '대지권 미등기'라면 낙찰 후 추가로 대지권에 대한 추가 인수 대금이 발생할 수 있으니 이 부분은 반드시 입찰 전 확인해야 한다.

4) '대지권 미등기' 감정가액 포함 물건을 낙찰받았는데, 알고 보니 수분양자가 분양대금을 내지 않았다거나 하는 경우 낙찰 후 불허가나 허가 취소, 낙찰대금감액신청 등이 가능하지만 많은 시간과 노력이 소요될 수 있음을 명심해야 한다.

6. 대지권 성립요건 및 시점

1) 대지권 성립요건

(1) 구분건물 존재

(2) 대지사용권 존재

(3) 소유권과 대지사용권 시점 관계없이 동일인에게 1회 동시 존재

2) 대지권 성립 시점

(1) 대지에 대한 사용권을 이미 확보한 자가 집합건물을 신축할 때

(2) 기존 건축물을 구분하여 집합건물로 구분했을 때

(3) 대지에 대한 사용권이 없는 구분소유자가 사후적으로 사용권을 취득한 때

○○ 지방법원

2023타경 ○○○○

매각물건명세서

사 건	2023타경 ○○○○	매각 물건번호	1	작성 일자	2023. 3. 1.	담임법관 (사법보좌관)	홍길동 (인)
부동산 및 감정평가액 최저매각가격의표시	별지 기재와 같음	최선순위 설정	2017. 3. 4. 근저당권			배당 요구종기	2023. 1. 10.

부동산의 점유자와 점유의 권원, 점유할 수 있는 기간, 차임 또는 보증금에 관한 관계인의 진술 및 임차인이 있는 경우
배당요구 여부와 그 일자, 전입신고일자 또는 사업자등록신청일자와 확정일자의 유무와 그 일자

점유자의 성명	점유부분	정보 출처구분	점유의 권원	임대차 기간 (점유기간)	보증금	차임	전입신고일자, 사업자등록 신청일자	확정 일자	배당요구 여부
임안나	전부	권리신고	임차권	2020. 2. 25.부터	300,000 ,000		2020. 2. 25.		

〈비고〉

※ 최선순위 설정일자보다 대항요건을 먼저 갖춘 주택·상가건물 임차인의 임차보증금은 매수인에게 인수되는 경우가
발생할 수 있고, 대항력과 우선변제권이 있는 주택·상가건물 임차인이 배당요구를 하였으나 보증금 전액에 관하여 배
당을 받지 아니한 경우에는 배당받지 못한 잔액이 매수인에게 인수되게 됨을 주의하시기 바랍니다.

등기된 부동산에 관한 권리 또는 가처분으로 매각으로 그 효력이 소멸되지 아니하는 것

매각에 따라 설정된 것으로 보는 지상권의 개요

비고란

1. 대지권 등기가 경료되지 아니하였으나, 건물 소유자 ○○○ 이 대지사용권까지 취득한 것으로 확인됨
2. 이 사건 매각가격에는 대지사용권까지 포함되었으며, 건물 매수인이 대지사용권까지 취득함

주1 : 매각목적물에서 제외되는 미등기건물 등이 있을 경우에는 그 취지를 명확히 기재한다.
   2 : 매각으로 소멸되는 가등기담보권, 가압류, 전세권의 등기일자가 최선순위 저당권등기일자보다 빠른 경우에는 그
      등기일자를 기재한다.

알쏭달쏭 경매 Q&A
판매와 법률근거 기반한 질의 응답 실전사례

Q. 경매물건 '대지권 미등기' 입찰 시 주의할 점은?

일반 경매물건과는 분명 다른 부분이 있기 때문에 법원 매각물건명세서상에 특별매각조
건으로 '대지권 미등기', '대지권 없음' 고지를 하고 있는 것입니다.

대지권 없음? 대지권 미등기?
'대지권 없음' : 해당 부동산(건축물)의 대지권이 없다는 얘기이고,
'대지권 미등기' : 대지권이 있으나 어떠한 연유(緣由)로 인하여 대지사용권은 있는데 아
직 등기가 되지 않았다고 해석하면 됩니다.

대지권 이슈와 관련해 실제 경매에서 만나는 집합건물 대부분은 '대지권 미등기' 형태입
니다.

왜냐하면 공중에 떠 있는 아파트를 법적으로 토지에 붙어 있게 해 주는 법적 개념이 대
지권인데, 대지권 없이 아파트전유부분만 존재할 수 없기 때문에 실제 아파트, 오피스텔,
다세대 등 경매에서 '대지권 없음' 사건은 찾아보기 힘들고, 대지권 미등기의 형태로 경매
에 등장하게 됩니다.

대지권이란?
아파트, 빌라, 오피스텔과 같은 집합건물의 구분소유자가 건물 전유부분을 소유하기 위
하여 대지에 대하여 갖는 권리가 대지사용권인데, 건물과 분리하여 처분할 수 없는 대지
사용권을 대지권이라고 합니다.

집합건물 등기사항전부증명서 표제부상에서 확인 가능하고, 대지권의 형태는 소유권, 법정지상권, 무상사용권의 형태로 존재하게 되며 현업에서는 대부분 '소유권대지권'형태로 주어지게 됩니다.

대지권 미등기 사유 6가지

신축아파트 경매에서 많이 볼 수 있는데, 아파트와 같은 집합건물에서 대지사용권이 있으나 토지구획정리, 환지처분, 지적정리 등이 완료되지 않은 경우 대부분 '대지권 미등기'상태로 경매가 개시됩니다.

대표적인 대지권 미등기 사유는 다음 6가지와 같습니다.

1) 아파트와 같은 대규모 집합건물의 경우 대지의 분필 합필 및 환지절차의 지연

2) 각 세대당 지분비율 결정의 지연

3) 전유부분 소유자의 분양대금 완납지연

4) 구획, 대지권 비율 정리 완료로 대지권 등기가 가능은 한데 수분양자가 등기를 안 하고 있을 경우(아파트 집단 대지권 등기 시 등록비용 미납 등)

5) 채권자가 근저당, 경매신청 등을 위해 대위 등기한 경우

6) 대지에 대한 소유권이전등기청구권이 가압류된 경우

대지권 미등기건물 입찰 시 고려 사항 4가지

1) 입찰희망자는 반드시 법원 감정평가서와 매각물건명세서 등을 면밀히 검토하여 대지사용권이 감정가에 포함되어 있다면 입찰을 고려해도 좋습니다. 단, 이 경우 역시 매수희망자는 대지권 미등기 원인을 사전 임장 등을 통해 철저히 조사하여 면밀한 권리분석 후 입찰에 참여하는 것이 좋습니다.

2) 해당 집합건물 단지 대지의 분필 합필 절차가 지연되거나, 환지처분 지연, 건물 준공

당시 토지구획정리사업 미완료로 건물 등기만 먼저 한 경우, 구분소유자별 대지권 비율이 확정되지 않아 미등기된 경우, 지적정리 미완료 등의 명확한 대지권 미등기 사유가 확인되었다면 입찰을 고려해도 좋습니다.

3) 해당 집합건물 단지 대지의 분필 합필 절차가 지연되거나, 환지처분 지연, 건물 준공 당시 토지구획정리사업 미완료로 건물 등기만 먼저 한 경우, 구분소유자별 대지권 비율이 확정되지 않아 미등기된 경우, 지적정리 미완료 등의 명확한 대지권 미등기 사유가 확인되었다면 입찰을 고려해도 좋습니다.

4) '대지권 미등기' 감정가액 포함 물건을 낙찰받았는데, 알고 보니 수분양자가 분양대금을 내지 않았다거나 하는 경우 낙찰 후 매각불허가나 허가 취소, 낙찰대금감액신청 등이 가능하지만 많은 시간과 노력이 소요될 수 있습니다.

[근거법률 및 판례]
집합건물의 소유 및 관리에 관한 법률
[법률 제16919호, 시행 2021. 2. 5.]
제20조(전유부분과 대지사용권의 일체성)
① 구분소유자의 대지사용권은 그가 가지는 전유부분의 처분에 따른다.
② 구분소유자는 그가 가지는 전유부분과 분리하여 대지사용권을 처분할 수 없다. 다만, 규약으로써 달리 정한 경우에는 그러하지 아니하다.
③ 제2항 본문의 분리처분금지는 그 취지를 등기하지 아니하면 선의(선의)로 물권을 취득한 제3자에게 대항하지 못한다.
④ 제2항 단서의 경우에는 제3조제3항을 준용한다.

※ 대지권 미등기와 경매 관련된 판례
대법원 2004. 7. 8. 선고 2002다40210 판결

【판시사항】

[1] 대지권에 대한 지분이전등기를 해 주기로 하는 약정 하에 수분양자에게 전유부분에 대한 소유권이전등기를 경료하였으나, 대지에 대한 소유권이전등기가 되지 않은 상태에서 제3자가 경매절차를 통하여 전유부분을 경락받은 경우, 경락인이 대지사용권을 취득하는지 여부(적극)

[2] 구분건물의 소유권이 대지권 등기가 되지 않은 채 수분양자로부터 전전 양도되고 이후 분양자가 대지사용권을 취득한 경우, 구분건물의 현소유자가 분양자를 상대로 부동산등기법시행규칙 제60조의2에 의한 대지권변경등기를 직접 청구할 수 있는지 여부(적극)

【판결요지】

[1] 분양자가 지적정리 등의 지연으로 대지권에 대한 지분이전등기는 지적정리 후 해 주기로 하는 약정 하에 우선 전유부분만에 관하여 소유권보존등기를 한 후 수분양자에게 소유권이전등기를 경료하였는데, 그 후 대지에 대한 소유권이전등기가 되지 아니한 상태에서 전유부분에 관한 경매절차가 진행되어 제3자가 전유부분을 경락받은 경우, 그 경락인은 본권으로서 집합건물의 소유 및 관리에 관한 법률 제2조 제6호 소정의 대지사용권을 취득한다.

[2] 분양자가 전유부분의 소유자인 경락인을 위하여 하는 부동산등기법시행규칙 제60조의2에 의한 대지권변경등기는 그 형식은 건물의 표시변경등기나 실질은 당해 전유부분의 최종 소유자가 그 등기에 의하여 분양자로부터 바로 대지권을 취득하게 되는 것이어서 분양자로부터 전유부분의 현재의 최종 소유명의인에게 하는 토지에 관한 공유지분이전등기에 해당되고, 그 의사표시의 진술만 있으면 분양자와 중간소유자의 적극적인 협력이나 계속적인 행위가 없더라도 그 목적을 달성할 수 있으므로, 전유부분의 소유권자는 분양자로부터 직접 대지권을 이전받기 위하여 분양자를 상대

로 대지권변경등기절차의 이행을 소구할 수 있다.

대법원 2006. 10. 26. 선고 2006다29020 판결
민법 제100조제2항의 종물과 주물의 관계에 관한 법리는 물건 상호 간의 관계뿐 아니라 권리 상호 간에도 적용되고, 위 규정에서의 처분은 처분행위에 의한 권리변동뿐 아니라 주물의 권리관계가 압류와 같은 공법상의 처분 등에 의하여 생긴 경우에도 적용되어야 하는 점, 저당권의 효력이 종물에 대하여도 미친다는 민법 제358조 본문 규정은 같은 법 제100조제2항과 이론적 기초를 같이하는 점, 집합건물의 소유 및 관리에 관한 법률 제20조제1항, 제2항에 의하면 구분건물의 대지사용권은 전유부분과 종속적 일체불가분성이 인정되는 점 등에 비추어 볼 때, 구분건물의 전유부분에 대한 소유권보존등기만 경료되고 대지지분에 대한 등기가 경료되기 전에 전유부분만에 대해 내려진 가압류결정의 효력은, 대지사용권의 분리처분이 가능하도록 규약으로 정하였다는 등의 특별한 사정이 없는 한, 종물 내지 종된 권리인 그 대지권에까지 미친다.

대법원 2005. 4. 14. 선고 2004다25338 판결
분양자가 지적정리 등의 지연으로 대지권에 대한 지분이전등기는 지적정리 후 해 주기로 하는 약정 하에 우선 전유부분만에 관하여 소유권보존등기를 한 후 수분양자에게 소유권이전등기를 경료하였는데, 그 후 대지에 대한 소유권이전등기가 되지 아니한 상태에서 전유부분에 관한 경매절차가 진행되어 제3자가 전유부분을 경락받은 경우, 그 경락인은 본권으로서 집합건물의 소유 및 관리에 관한 법률 제2조제6호 소정의 대지사용권을 취득한다(대법원 2000. 11. 16. 선고 98다45652, 45669 전원합의체 판결 참조).

따라서 경락 후 경매법원의 등기촉탁 이전에 대지지분에 대하여 전유부분의 소유자 명의로 소유권이전등기가 경료되었다면 전유부분과 아울러 대지지분에 대하여도 경매법원의 등기촉탁에 의하여 경락인 앞으로 소유권이전등기가 경료된다 할 것이나, 만일 등기촉탁 시까지 대지지분에 대한 소유권이전등기가 경료되어 있지 아니한 경우에는 경락

인으로서는 전유부분에 대하여서만 등기촉탁의 방법으로 소유권이전등기를 경료할 수 있고, 그 대지권에 대하여는 분양자가 경락인을 위하여 부동산등기법시행규칙 제60조의 2에 의한 대지권변경등기를 하거나 경락인이 분양자로부터 수분양자를 거쳐 순차로 대지의 지분소유권이전등기를 경료한 후 전유부분의 대지권변경등기를 하는 방법에 의하여야 한다. 그리고 분양자가 전유부분의 소유자인 경락인을 위하여 하는 부동산등기법시행규칙 제60조의2에 의한 대지권변경등기는 그 형식은 건물의 표시변경등기이나 실질은 당해 전유부분의 최종 소유자가 그 등기에 의하여 분양자로부터 바로 대지권을 취득하게 되는 것이어서, 분양자로부터 전유부분의 현재의 최종 소유명의인에게 하는 토지에 관한 공유지분이전등기에 해당되고, 그 의사표시의 진술만 있으면 분양자와 중간 소유자의 적극적인 협력이나 계속적인 행위가 없더라도 그 목적을 달성할 수 있으므로, 전유부분의 소유권자는 분양자로부터 직접 대지권을 이전받기 위하여 분양자를 상대로 대지권변경등기절차의 이행을 소구할 수 있다(대법원 2004. 7. 8. 선고 2002다40210 판결 참조).

▶ 영웅아빠의 부동산연구소 네이버블로그 (https://blog.naver.com/mathmaster7668) 실제 상담사례

토지별도등기

대한민국은 토지와 건물을 별개의 부동산으로 인정하고 있기 때문에 등기사항전부증명서는 토지 등기사항전부증명서와 건물 등기사항전부증명서로 나뉘어 등기가 이루어지고 있다.

단독주택의 경우에는 토지 등기사항전부증명서와 건물 등기사항전부증명서 둘 다 존재하지만, 집합건물의 경우 "부동산등기법, 집합건물의 소유 및 관리에 관한 법률" 등에

의해 토지와 건물이 일체로 거래되도록 하나의 등기사항전부증명서만 존재한다.

1. 정의

집합건물에서만 볼 수 있는 것으로 건물에 없는 권리관계가 토지에 설정되어 있다는 것을 알리기 위해 집합건물임에도 따로 토지 등기사항전부증명서를 만들어 등기한 것을 의미한다.

2. 집합건물 등기사항전부증명서의 구성

1동 전체의 표제부, 전유부분의 표제부, 갑구, 을구로 구성되어 있으며 이때 1동 건물 전체의 표제부에 대지권의 목적이 되는 토지에 대한 "대지권의 목적인 토지의 표시"가 기재되며, 전유부분의 표제부에 토지에 대한 권리인 대지권이 "대지권의 표시"로 등기되고, 대지권의 표시 아래 대지권 비율이 기재된다. 이러한 이유로 집합건물에는 토지 등기부가 없다.

3. 토지별도등기가 발생하는 이유

건축주가 건축할 때 토지를 담보로 먼저 대출을 받은 후 건물을 신축하고 준공이 되면 분양대금으로 대출금을 상환하고, 세대별로 토지 등기를 해 줘야 하는데 이것이 제대로 진행되지 않은 경우이다.

4. 토지별도등기가 존재하는 경우 유의사항

1) 토지가 대지권으로 정리되기 전에 토지에 가압류나 저당권이 설정된 경우, 구분건물의 저당권자가 경매를 신청하더라도 토지의 저당권은 말소되지 않는다.
2) 구분소유건물을 낙찰받아 소유권이전등기를 경료했더라도, 토지의 저당권자나 채권자는 구분소유자에게 지료청구를 할 수 있으며, 구분소유권을 가진 낙찰자가 이를 거절할 경우, 건물에 대한 강제경매를 신청할 수 있다.

3) 토지별도등기 물건이 경매절차가 개시되면, 토지저당권자는 배당을 받게 되고, 근저당권은 소멸한다. 낙찰 후 말소라는 원칙과 낙찰자의 사용·수익을 최대한 보호하는 것을 경매법원이 지향하고 있다.

4) 법원은 경매로 인해 잔금이 납부되었을 때에는 대지권 성립 전부터 토지별도등기로 설정되어 있던 근저당권은, "낙찰자가 인수한다는 취지의 특별매각조건"이 정해져 있지 않은 이상 소멸한다고 판시하고 있다.

5) 토지별도등기가 있는 물건은 토지 등기부상 "채권자가 배당 신고를 했는지 확인하고" 특별매각조건이 붙은 물건의 경우에는 문제의 실마리가 없는 한 입찰에 신중해야 한다.

6) 토지별도등기가 존재하는 집합건물에 입찰하는 경우 임차인과의 관계에서 말소기준권리는 반드시 건물 등기사항전부증명서에서 찾아야 한다.

토지별도등기가 존재하는 경우에는, 경매 부동산에 거주하고 있는 임차인이 선순위 또는 후순위인가의 여부에 대해서는 토지 등기사항전부증명서에서 말소기준권리를 찾지 말고, 반드시 건물 등기사항전부증명서에서 말소기준권리를 찾아 판단하여야 한다.

7) 토지별도등기가 있는 물건의 경우 배당을 할 때, 토지와 건물부분으로 분리한 후에 토지의 매각가격은 토지 등기권자에게 전부 배당된다.

이때 집합건물이라 하더라도 선순위 임차인이 토지 매각대금으로부터 배당을 받지 못하고, 건물 매각대금에서만 배당을 받는 경우에 매수인이 인수하여야 하는 임차인의 보증금이 더욱더 많아지게 된다.

또한 인수하는 보증금이 어느 정도인가를 입찰 전에 예상 배당표를 작성해 보고 판단하는 것이 좋다.

5. 토지별도등기 물건 입찰 시 주의사항

	YES	NO
1) 건물과 토지가 동시에 감정이 되어 있는가?	입찰 가능	입찰 불가
2) 토지별도등기를 낙찰자가 인수한다는 특별매각조건이 있는가?	입찰 불가	입찰 가능
3) 토지별도등기권자가 채권신고를 했는가?	입찰 가능	입찰 불가
4) 선순위 지상권, 가처분, 가등기가 있는가?	입찰 불가	입찰 가능

특별매각조건

1. 특별매각조건이란

법원이 경매 부동산을 매각하여 그 소유권을 매수인에게 이전시키는 조건을 말하며, 특별매각조건이란 각 개인의 경매절차에서 특별히 정한 매각조건을 말하는 것으로 법정매각조건 외에도 이해관계인의 합의 또는 법원이 직권으로 변경한 조건을 특별매각조건이라 한다.

2. 합의에 의한 매각조건 변경

1) 최저매각가격 외의 매각조건은 법원이 이해관계인의 합의에 따라 바꿀 수 있다.

2) 이해관계인은 배당요구종기일까지 매각조건의 변경에 대한 합의를 할 수 있다.

3. 직권으로 한 매각조건 변경

1) 거래의 상실을 반영하거나 경매절차를 효율적으로 진행하기 위하여 필요한 경우에 법원은 배당요구종기일까지 매각조건을 바꾸거나 새로운 매각조건을 설정할 수 있다.

2) 이해관계인은 위 1항의 재판에 대하여 즉시 항고할 수 있다.

3) 위 1항의 경우에 법원은 집행관에게 부동산에 대하여 필요한 조사를 하게 할 수 있다.

4. 가장 많이 활용되는 특별매각조건

1) 농지취득 자격증명을 매각결정기일까지 미제출 시 매각을 불허하고, 입찰보증금을 몰수한다는 내용의 조건

2) 매수인이 매각대금 지급을 지연하는 경우 그 지연 이자율은 연 20%로 한다는 내용의 조건

3) "토지별도등기"가 있는 집합건물에 관하여 경매신청이 있는 경우 토지(대지권)에 대한 저당권을 인수할 것을 내용으로 하는 조건

4) 매수신청보증금 최저매각가격의 20% (재매각 사건) - 이전 매각기일의 최고가매수신고인이 경락잔금을 미납한 경우이다. 사연이 있는 사건일 수 있으니, 미납사유에 대한 꼼꼼한 체크가 필요하다.

위반건축물 경매

1. 위반건축물

위반건축물은 건축허가 사항에 위반되어 이의 시정명령을 허가관청으로부터 받은 건물을 말하는 것이다. 건축주 등이 이미 허가관청으로부터 이의 시정명령을 받고도 이행하지 않으면 이행강제금이 건축주 등에게 부과되어 있을 것이다.

따라서 이런 경우의 위반건축물을 경매로 취득하게 되면 이의 위반건축물에 대하여 내려진 시정명령을 이행하여야 한다. 따라서 시정명령대로 매수인이 원상회복해야 하므로 원상회복에 따른 시간과 비용이 추가로 들게 됨을 잘 유념해야 한다.

연체 금액을 경매 낙찰자에게 인수하라는 때도 있을 수 있다. 이행강제금 연체금은 전소유자가 납부하며 소유권을 인수해 온 시점부터 낙찰자가 부담한다.

이런 물건에 입찰하려면 입찰예정자는 관할 관청의 건축과에 위반사항의 상세내용과 시정명령의 내용 등을 잘 확인하여야 하고, 건축사 등의 상담을 통하여 매수 후 시정명령 이행 또는 원상복구 등에 관한 비용을 산출하는 등 어느 정도의 대책을 세워 놓고 입찰에 응해야 한다.

「제79조 위반건축물 등에 대한 조치 등」, 「제80조 이행강제금」

2. 위반건축물 처리 방법(건축물대장에 위반건축물 기재)

1) 경매 진행 물건 중 건축물대장에서 위반건축물이 기재되어 있다면 건축물대장 하단에 변경 내용 및 원인에 위반건축물의 표시를 확인하고 시·군에 확인하여 이행강제금을 확인해야 한다.

2) 연체 금액을 경매 낙찰자에게 인수하라는 경우도 있을 수 있다. 이행강제금 연체금은 전 소유자가 납부하며 소유권을 인수해 온 시점부터 낙찰자가 부담한다.

3) 「건축법 제80조」의 규정에 따라 이미 부과 처분된 이행강제금은 당초 부과 처분을 받은 자가 납부해야 할 것이며, 소유권이전으로 소유자가 변경된 경우에는 새로운 소유자에게 다시 시정명령을 하고 시정명령 이행 여부에 따라 이행강제금 부과 여부를 결정해야 한다.

4) 「건축법 제121조」에 의거 이행강제금을 위반건축물 소유자에게 부과하며, 이행강제금은 5년간 해마다 2회 이내 부과된다.

5) 위반 건축물은 강제철거 및 형사 고소당하는 경우도 있지만 현 실무에서는 단속보다는 신고가 들어오는 경우가 적발 건수가 많은 편이다.

6) 위반건축물의 경우 경락잔금대출이 불가한 경우도 많으니, 이 점에 특히 주의해야 한다.

3. 건축물이 다른 토지에 걸쳐 있는 경우

1) 건축물이 남의 토지에 침범하여 다른 토지에 걸쳐 있는 물건을 매수하게 되면 향후 타 토지소유자의 건물철거소송으로 인하여 멀쩡한 건물을 철거하거나, 안착하여 있는 타인 소유의 토지를 추가로 매입하여야 하는 문제가 발생할 수 있다.

이런 물건에 입찰하려는 입찰예정자는 현장 확인 시 건축물이 타인 소유의 토지에 침범하고 있는 면적, 위치 등을 점검해 보아야 하고, 침범한 건축물 부분을 건축법에 맞게 했더라도 큰 상관이 없거나 개축이나 신축을 생각하는 것이라면, 이 역시 건축사 등의 전문가와 입찰 전에 반드시 상담한 후 입찰에 응해야 한다.

2) 토지의 경계가 공부내용과 실제 면적이 차이가 나는 지적 불부합지인 경우

지적 불부합지는 정리에 관한 민원은 지적과 담당 공무원과 협의하여 처리해야 하며, 건축 등 재산권 행사에 지장을 주기 때문에 지적 재조사 사업을 통해 지적 정리 사업을 하고 있지만, 예산상 어려움으로 시간이 상당기간 소요되고 있다.

만약 실무에서 토지를 취득 잔금까지 지급 후 측량해 보니 공부상 면적은 1,000평인데 실제 측량 후 확인한 면적이 900평일 경우 100평의 값을 돌려받을 권리가 있을까 생각해 봐야 한다. 특약을 하지 않았다면 지적 불부합의 문제로 이런 경우가 발생이 되더라도 토지 자체를 1개의 거래대상으로 보아 매수한 것으로 보이기 때문에 대금 감액 청구를 할 수 없다고 할 것이다. 계약서 작성 시 향후 증감 부분은 정산하기로 한다는 특약을 해야 한다.

지적 불부합지는 건축을 하지 않는 경우에는 부담이 크지 않지만, 건축할 경우 지적 불부합지를 정리하여야만 건축허가가 나는 경우가 많아 부담이 크다.

경매로 낙찰받을 경우 사전 측량을 하고 낙찰받기도 어려운 상황이므로 현장 조사 시 지적도와 현장 토지 모양이 많이 불일치할 경우 지적과 및 인근 토지주에게 확인 작업을 거쳐야 피해를 줄일 수 있다.

또한 위반건축물의 경우 경락잔금 대출이 불가능하거나, 가능하더라도 상당 부분 감액되는 경우가 있으니, 경매대상 물건의 건축물대장 확인은 반드시 필수이다.

이행강제금 부과 횟수는 위반 사항에 대해 최초의 시정명령이 있었던 날을 기준으로 달라지는데, 5회 납부로 완납되고 끝날 수도 있고, 아니면 시정이 있을 때까지 무제한 반복 납부해야 할 수도 있다.

건축법과 서울시건축조례가 계속 개정되었고, 그 시행일에 따른 경과조치로 여러 경우의 수가 발생할 수 있으니, 반드시 해당 구청 건축과 등에 확인해야 한다.

위반건축물 관련해서 가장 중요한 날짜는, 2019년 4월 23일이다. 이날 건축법 이행강제금 규정이 개정 시행되고, 이에 발맞춰 서울시조례는 2019년 7월 18일 개정 시행되었다.

따라서 본법과 조례가 개정됨에 따라 보수적으로 해석해 보면, 2019년 4월 23일 이후 최초 적발되고 시정명령을 받은 위반건축물에 대해서는, 기존 5회 제한되었던 이행강제금 부과 횟수가, 횟수 제한 없이, 매년 2회 무제한 부과할 수 있음을 유의해야 한다.

또한 이행강제금 납부가 종료되었다고 위반건축물이 해제되는 것이 결코 아니다. 이행강제금 부과만 멈췄을 뿐이다.

체납관리비

1. 체납관리비 중 공용관리비만 매수자가 인수

전 소유자나 사용자가 아파트 관리비에 대한 매수자의 부담 여부에 대하여 대법원은 전원합의체 판결에서 "아파트의 전 입주자가 체납한 관리비 중 공용부분에 대한 것은 낙찰자가 납부할 의무가 있다"고 판시함으로써 전용관리비를 제외한 공용부분 관리비에 대해서는 매수자가 매각 받은 후 부담하여야 한다.「대법원판결 2001다8677」

1) 전용관리비 : 전기료, 수도료, 하수도료, TV, 수신료 등
2) 공용관리비 : 청소비, 오물 수거비, 소독비, 승강기 유지비, 수선 유지비, 화재보험료, 장부 기장료, 위탁 수수료, 일반관리비(장기수선 충당금)

2. 공용관리비 원금만 인수, 공용관리비 연체료는 인수 안 함

대법원은 관리비 납부를 전 사용자가 연체할 경우 부과되는 연체료는 위약·벌의 일종이고 전 구분소유자의 특별승계인(경락받은 매수인)이 체납된 공용부분 관리비를 승계한다고 하여 전 구분소유자가 관리비 납부를 연체하므로 인해 이미 발생하게 된 그 법률효과까지 그대로 승계하는 것은 아니라 할 것이므로 공용부분 관리비에 대한 연체료는 특별승계인에게 승계되는 "공용부분 관리비에 포함되지 않는다."고 판시하고 있다.「대법원 2004다3598, 3604판결」

3. 3년 이내의 공용관리비만 인수

공용관리비는 인수 여부에 대해서는 민법 제163조제1호에 근거하여 관리비 채권의 소멸시효는 3년이므로 매수인은 매각대금납부 시점을 기준으로 하여 3년이 지난 공용관리비는 부담하지 않아도 된다.

다만, 예외적으로 어떤 물건의 관리사무소는 연체된 관리비를 이유로 가압류를 설정하는 경우가 있는데, 이때 가압류는 시효중단의 효력이 있으므로 3년이 지난 연체된 공용관리비에 대해서도 인수하는 경우가 있다.

따라서 매수자는 연체된 관리비를 근거로 가압류가 설정되어 있는지를 입찰 전에 꼭 확인하는 것이 바람직하다.

4. 관리사무소의 입주 방해 시 대응 전략

1) 관리사무소의 불법행위 성립

단전, 단수 및 엘리베이터 운행정지 조치 등 관리사무소에서 연체된 관리비를 이유로 불법행위를 계속한 경우 형사상 업무방해죄나 공갈 협박죄 등으로 고소 대상이 될 수 있으며, 민사상 임대료 상당의 손해배상청구를 할 수 있다. 불법행위 기간(단전, 단수, 엘리베이터 운행정지) 조치 등으로 불법적인 사용방해로 인하여 그 기간에 발생한 관리비 채무는 부담하지 않는다.

2) 명도 시 관리소의 이삿짐 반출 방해

강제집행 실시 :

매수인이 연체된 관리비를 납부하지 아니하면 관리소에서 전 소유자 및 사용자의 이삿짐 반출을 막고 매수자 입주를 방해하는 경우, 이 경우에는 합의에 의한 명도를 선택하지 말고 법원에 강제집행을 신청하여 집행관이 강제집행을 실행하게 하는 것이 한 방법이다. 관리소가 집행관의 강제집행을 막게 되면 강제집행 효용 침입죄에 해당하므로 집행관의 강제집행까지는 방해하지 못한다.

3) 관리비 대납 후 소송을 통하여 반환

어쩔 수 없이 연체된 관리비를 납부하는 경우에는 관리소의 압박 때문에 불가피하게 납부하나 추후 소를 제기하겠다는 점을 명시한 내용증명을 보낸 후 납부하여야 한다. 이러면 관리사무소의 강박에 의해서 어쩔 수 없이 관리비를 납부한 것으로 되어 "부당이득반환청구소송"을 통해서 납부한 관리비를 반환받을 수 있다.

4) 연체된 공과금 처리

매각대금 완납 후부터 매수자 부담 :

매수자는 전기요금, 수도요금, 도시가스 요금 등 전 소유자 또는 임차인 등 사용자가 연체한 공과금은 부담하지 않는다. 매수자는 위와 같은 공과금에 대하여 매각대금을 완납한 후 "소유권이전등기 후"부터 부담한다.

5) 근거자료

(1) 도시가스(서울특별시 도시가스 공급 규정 제9조) :

법원경매로 취득한 물건의 경우 소유권이전일 이전 사용자의 체납요금은 변경된 가스 사용자에게 승계되지 않는다.

(2) 수도요금(서울특별시 수도 조례 제30조) :

건물 또는 토지의 매매 등으로 수도 사용자 등이 변경되는 경우에 신규수도 사용자와 기존의 수도 사용자 등은 수도요금을 정산하여 신규수도 사용자가 납부하여야 한다. 다만, 경매·공매처분에 따라 명의변경된 경우에는 그러하지 아니한다.

(3) 전기요금(대법원판결 92다16669) :

한국전력 공사의 전기 공급 규정에 신 수용가구가 구 수용가구의 체납전기요금을 승계하도록 규정되어 있다 하더라도 이는 공사내부의 업무지침을 정하는 데 불과할 뿐 국민에 대하여 일반적 구속력을 갖는 법규의 효력은 없고, 수용가가 위 규정에 동의하여 계약의 내용으로 된 경우에만 효력이 발생한다.

농지경매와 농지취득 자격증명

1. 농지란?

1) 농지라 함은 전, 답, 과수원 기타 그 법적 지목과 관계없이 실제 토지현상이 농작물의 경작 또는 다년생 식물 재배지로 이용되고 있는 토지를 말한다.

2) 지적법에 따른 지목이 전, 답, 과수원이 아닌 토지이지만 농작물 경작지 또는 다년생 식물 재배지로 3년 이상 이용되는 토지도 농지다.

3) 지적에 관한 법률에 의한 지목이 전, 답, 과수원이 아닌 토지로서 농작물의 경작이나 다년생 식물의 재배지로 계속하여 이용되는 기간이 3년 미만인 토지는 농지가 아니다.

4) 지적에 관한 법률에 의한 지목이 임야인 토지로서 그 형질을 변경하지 아니하고 다년생 식물의 재배에 이용되는 토지는 농지가 아니다.

5) 초지법에 의하여 조성된 초지는 농지가 아니다. (수용 시 농업 보상이 없다.)

2. 농지 소유 제한

농지에는 소유 제한이 있는데 농지법 제6조에 직접 농사를 지을 자가 아니면 소유하지 못하게 되어 있다. 하지만 예외적으로 다음 사항에 소유할 수 있다.

1) 개인이 주말 체험 영농을 하기 위해 1,000㎡ 미만의 농지를 소유하는 경우
2) 상속으로 농지를 취득하여 소유하는 경우
3) 국가나 지방자치단체가 농지를 소유하는 경우

3. 농업법인 가능

직접 농사를 짓는다고 일반법인, 종중, 동창회는 농지를 취득할 수 없다. 법인 중에서 농업법인은 가능하다. 개인은 직접 농사를 짓는다면 주거지에 상관없이 취득이 가능하

다. 개인은 1,000㎡ 미만은 주말 영농이므로 비자경이 가능하며, 1,000㎡ 이상은 반드시 자경해야 한다.

구분	세분	내용	토지이용
농업진흥지역	농업진흥구역	농업의 진흥을 도모 하여야 지역으로서 농림축산식품부 장관이 정하는 규모로 농지가 집단화 되어 농업 목적으로 이용할 필요가 있는 지역	공익적 목적 외에는 토지를 1차적 목적으로만 이용 [농업인 주택가능]
	농업보호구역	농업 진흥구역의 용수원 확보, 수질보전 등 농업환경을 보호하기 위하려 필요한 지역 대체적으로 자연경관이 좋다.	1차적 목적 이용 원칙 [제한적 개발 허용]
농업진흥지역 외 지역	농지법에서 예외적으로 정하는 사항을 제외하고 농지법이 아닌 국토의 계획 및 이용에 관한 법률에 따라 개발가능		

4. 농지를 취득하고자 하는 자는 원칙적으로 농지취득 자격증명을 발급받아야 한다 「농지법 제8조제1항」

1) 농업경영계획서 등 농지취득 자격증명을 발급하고자 하는 자는 다음의 사항이 포함된 농업계획서를 작성하여 농지의 소재지를 관할하는 시, 구, 읍, 면장에게 그 발급을 신청하여야 한다.

2) 법원에서 최고가매수인(낙찰)으로 선정되시면 최고가매수인 증명서와 신분증만 가지고 해당 물건 농지의 소재지(읍사무소, 면사무소)에서 담당 공무원에게 보여주고 신청서(1장)만 작성해서 제출하면 심사를 거쳐 4일 이내에 발급해 준다. 빠르면 하루 만에도 나온다.

5. 농지취득 자격증명 발급 절차

1) 농지가 1,000㎡ 이상이면 농업경영계획서(1장) 작성하여야 한다.

취득자 및 세대원의 농업경영능력란에는 부인이나 남편 등 가족을 쓰면 된다.

2) 장비는 트랙터, 경운기, 관리기 등을 쓰고 부모님이나 가족·친지 아무나 소유자로 기재하면 된다.

6. 농지취득 자격증명 없이 농지취득

1) 국가 또는 지방자치단체가 농지를 취득

2) 상속에 의한 농지를 취득

3) 농지저당권자인 금융기관이 농지저당권의 행사를 위한 매각기일을 2회 이상 진행 하여도 매수인이 없을 때는 그 후의 경매에 응하여 그 담보 농지를 취득

7. 도시계획 내의 농지

농지전용에 관한 협의를 주거, 상업, 공업지역 및 도시계획시설 예정지로 지정 또는 결정된 농지를 취득하는 경우, 토지이용계획 확인서로 확인 가능하다.

8. 녹지지역, 개발제한구역 안의 농지

개발행위허가를 받거나 토지형질 변경 허가를 받는 농지를 취득하는 경우, 그 외 지역에서는 개발행위허가를 받았더라도 농지취득 자격증명 발급 대상이다.

9. 농업경영계획서 작성하지 않고 농지취득 자격증명을 발급받아야 하는 사유

1) 학교, 농림 축산식품부령이 정하는 공공단체, 농업연구기관, 농업생산자단체 또는 종묘 기타 농업 기자재를 생산하는 자가 그 목적사업을 수행하기 위하여 필요로 하는 시험, 연구, 실습지 또는 종묘생산용지로 농지를 취득하여 소유하는 경우

2) 주말, 체험 영농을 하고자 농지를 소유하는 경우

3) 농지전용허가를 받거나 농지전용신고를 한 자가 당해 농지를 소유하는 경우

4) 한국농어촌공사 및 농지관리기금법에 의한 농지의 개발·사업지구 안에 소재하는

농지로서 대통령령이 정하는 1,500㎡ 미만의 농지 또는 농어촌정비법 규정에 의한 농지를 취득하여 소유하는 경우

10. 농지취득 자격증명 발급이 안 될 때

1) 첫 번째 방법

이미 낙찰된 경매법원 물건을 검색해서 불법으로 전용된 농지가 매각되었는지 확인한다. (농지인데 제시 외 건물이 있다면 불법 전용된 농지다.) 그리고 낙찰허가가 떨어졌는지 확인한다.

불법 전용된 농지임에도 불구하고 낙찰허가가 떨어졌다는 것은 이 법원에서는 이런 농지도 낙찰허가를 내주는 곳이다. 이 경우 법원문건송달내역에 보면 최고가매수신고인은 대게 농지취득 자격증명 반려서를 제출했을 것이다.

2) 두 번째 방법

대법원등기예규(농지의 소유권이전등기에 관한 사무처리지침)를 이용하는 것이다.

지목이 농지이나 토지의 현상이 농작물의 경작 또는 다년생 식물 재배지로 이용되지 않음이 관할 관청이 발급하는 서면에 의하여 증명되는 토지만 소유권이전등기를 신청하는 경우에는 농지취득 자격증명을 첨부할 필요가 없다고 적혀 있다.

농지취득 자격증명 발급 담당 공무원에게 사유를 이렇게 써 달라고 해서 법원에 제출하면 된다. 농지의 소유권이전등기에 관한 사무처리지침 첨부하여 경매계에 제출하면 된다.

(반려 사유를 이렇게 작성하여 면사무소 면장 직인이 찍힌 것으로 하면 효과가 더 좋다.)

3) 세 번째 방법

부산고등법원 항소심판례가 있다. 부산 강서구 대저1동장이 불법 형질 변경된 농지에 대해 농지취득 자격증명을 반려한 처분에 대해 법원은 낙찰자는 불법 전용된 농지의 원상회복 등의 조치를 할 아무런 권한이 없고 불법적으로 형질 변경된 농지에 대해 농지취득 자격증명 발급을 거부한다면 농지의 소유자가 농지를 금융기관에 담보로 제공한 후 농지를 불법 변경하면 제삼자가 이를 경락받지 못하므로 담보물권자가 손해를 본다는 사유로 반려 처분은 취소되어야 한다고 판결한 바 있다. 이 판결문을 농취증 발급 담당자에게 제출하면서 농지취득 자격증명 발급을 설득해 보면 된다.

11. 「2006누1797 농지취득자격증명신청서 반려처분 취소」

1) 토지의 불법 형질 변경을 이유로 농지취득 자격증명의 발급을 거부할 수 있는지를 보건대, 경매절차를 통하여 위 토지를 낙찰받기 위하여 농지취득 자격증명을 발급받으려 하는 자는 위 토지를 낙찰받아 소유권을 취득하기 전에는 원상회복 등의 조치를 할 아무런 권원이 없으므로 그에게 형질 변경된 부분의 복구를 요구한다는 것은 법률상 불가능한 것을 요구하는 것으로 본다.

2) 불법적으로 형질 변경된 농지에 대하여 농지취득 자격증명의 발급을 거부한다면, 농지의 소유자가 농지를 금융기관에 담보로 제공한 후 농지를 불법으로 형질 변경하거나 지상에 무허가건물을 짓는 경우에는 스스로 원상회복하지 않는 한 제3자가 이를 경락받지 못하므로 담보물권자는 농지를 환가할 수 없게 되는 점 등을 참작하면, 불법으로 형질 변경된 위 토지에 대하여는 농작물의 재배가 가능한 토지로 원상복구된 후에 농지취득자격증명의 발급이 가능하다는 피고(동사무소 동장)의 처분 사유는 적법한 것이라고 할 수 없다.

3) 문제는 신청대상 농지가 농지법 위반하여 불법으로 형질을 변경한 농지(주택, 묘

지 등)일 경우 농지취득 자격증명 반려증을 경매법원에 제출할 경우 경매법원에 따라서 허가가 안 나오고 입찰보증금을 떼일 수 있다.

4) 반려 내용은 신청대상 농지는 불법으로 형질 변경한 부분에 대한 복구가 필요하며 현 상태에서는 농지취득 자격증명을 발급할 수 없다.

여기서 불법이란 건축법상의 불법을 일컫는 것이 아니라 농지법상의 농지 전용허가 없이 이루어진 불법을 말한다. 따라서 건축물대장이 있고 재산세를 납부하였다고 해도 불법인 것이다. (농지전용허가를 받아 건축한 경우라면 당연히 불법이 아니고 지목이 대지 등으로 바뀌었기 때문에 농지취득 자격증명 발급 대상이 아니다.)

(1) 원칙은 원상복구 후 신청해야 하나 경매의 경우 소유자도 아닌데 사실상 불가능 하다.

(2) 원상복구를 조건으로 계획서를 제출하고 담당자의 검토를 받는 것이 현실적이다.

(3) 담당자가 그 복구계획서대로 이행할 수 있다고 판단되면 농취증을 발급하지만, 만약 복구할 수 없다고 판단되면 반려 통보를 한다. 담당자의 자의적인 해석에 의한다.

(4) 원상복구계획서는 농업경영계획서 특기사항에 복구 의사를 적어도 되며, 관계인 의 합의서 등이 포함된 별도의 계획서를 별첨하는 것이 효과적이다.

(5) 경매신청 전 먼저 해당 면사무소에 농지취득 자격증명을 신청 후 반려받은 반려 증을 경매계에 제시하고 이 반려증으로 매각허가결정이 나겠는가를 확인하는 방 법이 가장 좋다.

12. 농지의 소유권이전등기에 관한 사무처리지침 「대법원 등기예규 제1236호」

1) 농지취득 자격증명을 첨부할 필요가 없는 경우

다음의 경우에는 농지취득 자격증명을 첨부하지 아니하고 소유권이전등기를 신청할 수 있다.

(1) 국가나 지방자치단체가 농지를 취득하여 소유권이전등기를 신청하는 경우

(2) 상속 및 포괄유증, 상속인에 대한 유증, 취득시효완성, 공유물 분할, 매각, 진정한 등기명의 회복, 농업법인의 합병을 원인으로 하여 소유권이전등기를 신청하는 경우

(3) 「공익사업을 위한 토지 등의 취득 및 보상에 관한 법률」에 의한 수용 및 협의 취득을 원인으로 하여 소유권이전등기를 신청하는 경우 및 「징발재산정리에관한특별조치법 제20조」, 「공익사업을 위한 토지 등의 취득 및 보상에 관한 법률 제91조」의 규정에 의한 환매권자가 환매권을 근거로 하여 농지를 취득하여 소유권이전등기를 신청하는 경우

(4) 「농지법 제16조」의 규정에 의한 농지 이용증진사업 시행계획에 의하여 농지를 취득하여 소유권이전등기를 신청하는 경우

(5) 도시지역 내의 농지에 대한 소유권이전등기를 신청하는 경우, 다만 도시지역 중 녹지지역 안의 농지에 대하여는 도시계획시설사업에 필요한 농지에 한한다. 「국토의 계획 및 이용에 관한 법률 제83조제3호 참조」

(6) 지목이 농지나 토지의 현상이 농작물의 경작 또는 다년생 식물 재배지로 이용되지 않음이 관할 관청이 발급하는 서면에 의하여 증명되는 토지에 관하여 소유권이전등기를 신청하는 경우

산지경매

산지는 농지처럼 특별한 절차가 필요 없을 뿐만 아니라 농지전용과 같이 허가를 받은 후 2년 이내에 집을 지어야 하는 규정도 없다.

산지는 토목공사 준공 후 집을 지을 수 있으며 지목도 바로 대지가 된다.

1. 산지란? (법 제2조1항)

"산지"란 다음 각 목의 어느 하나에 해당하는 토지를 말한다.

1) 입목(立木)·죽(竹) 집단으로 생육(生育)하고 있는 토지

2) 집단으로 생육한 입목·죽이 일시 상실된 토지

3) 입목·죽의 집단적 생육에 사용하게 된 토지

4) 임도(林道), 작업로 등 산길

5) 가목부터 다목까지의 토지에 있는 암석지(巖石地) 및 소택지(沼澤地)

2. 산지에서 제외 토지

1) 농지, 초지, 주택지(지목이 대로 변경된 토지), 도로

2) 과수원, 차밭 또는 접순의 채취원(採取圓)

3) 입목·죽이 생육하고 있는 건물 담장 안의 토지

4) 입목·죽이 생육하고 있는 논두렁·밭두렁

5) 입목·죽이 생육하고 있는 토지로서 「하천법」에 따른 하천

6) 입목·죽이 생육하고 있는 토지로서 「측량·수로 조사 및 지적에 관한 법률」에 따른
   제방(制防)·구거(溝渠) 및 유지(溜池)

산지 구분 (법 제4조)

구 분	세 분	내 용	토지이용
보전산지	공익용 산지	임업생산과 함께 재해 방지, 수원보호, 자연환경생태계 보전, 자연경관 보전, 국민보건휴양 증진 등의 공익 기능을 위하여 필요한 산지로서 산림청장이 지정하는 산지	법에서 정한 예외적인 사항을 제외하고 토지를1차적으로만 이용 가능이 원칙
	임업용 산지	산림자원의 조성과 임업경영기반의 구축 등 임업생산 기능의 증진을 위하여 필요한 산지로서 산림청장이 지정하는 산지	
준 보전산지		보전산지 이외의 산지	보전하는 것이 원칙이지만 제한적 개발을 허용

한권으로 끝내는
부동산 경매의 바이블

☞ 보전산지(保全山地) : 보전산지일지라도 산지전용제한지역이 아니라면 보전산지 중 임업용산지에서는 약 300평 부지 이내에서 농림어업용 주택 및 부대시설 설치는 할 수 있다. 농업어업용 생산가공시설과 농어촌휴양시설, 약 5000평 부지 규모의 종교시설도 가능하다. 부지 3000평 규모로 병원이나 사회복지시설도 가능하다.

3. 산지를 전용하려면 허가를 득해야 한다

"산지전용"(山地轉用)이란 산지를 조림(造林), 숲, 가꾸기, 벌채, 토석 등 임산물의 채취, 산지 일시사용 용도 외로 사용하거나 이를 위하여 산지의 형질을 변경하는 것을 말한다. 산지전용을 하려는 자는 그 용도를 정하여 산림청장의 허가를 받아야 하며, 허가받은 사항을 변경하려는 경우에도 같다.

농지와 산지의 비교

항 목	농 지	산 지
농취증	농지취득자격증명 요함	농지취득자격증명 불요
면적제한	농지는 최대면적 제한 상속,이농 10,000㎡ 주말체험영농 999㎡	산지는 최소면적 제한 660㎡ 이하 전용제한
부담금	부담금이 많음 개별공시지가 X 30% X 전용면적 (상한가 50,000원)	부담이 농지의 6분의 1정도 대체산림자원 조성(2016년) 준 보전산지: 4,010원/㎡ 보전산지: 5,210원/㎡ 산지전용제한지역: 8,020원/㎡
양도세	자경과 대토시 양도세 감면	감면 없음, 부재지주양도세 60%중과
규제완화	농지는 규제완화 추세	산지는 규제강화 추세

농지와 산지의 비교

농지		산지	
농업진흥지역	농업 진흥구역	보전산지	공익용 산지
	농업 보호구역		임업용 산지
농업진흥지역 밖		준 보전산지	

4. 투자 시 유의점

다음 1)~6) 임야는 피하는 것이 좋다.

1) 보전 목적이 강한 임지
2) 분묘기지권이 인정되는 묘지가 있는 임야
3) 개발허가가 어려운 급경사인 경우(경사도가 45도 이하)
4) 보전 가치가 있는 나무 등이 있는 경우
5) 암반 등이 많고 공사 시 재해 발생이 우려되는 임야
6) 진입도로가 없어서 건축허가가 어려운 맹지

5. 산지전용 시 대체 산림자원 조성비 부과(법 제19조)

산지전용과 산지 일시사용에 따른 대체 산림자원 조성에 드는 비용을 미리 내야 한다.

1) 산지전용허가를 받으려는 자
2) 산지일시사용허가를 받으려는 자
3) 다른 법률에 따라 산지전용허가 또는 산지일시사용허가가 의제되거나 배제되는 행정처분을 받으려는 자

6. 산지는 용도지역부터 확인해야 한다.

국토를 경제적이고 효율적으로 이용하기 위해서 국토의 계획 및 이용에 관한 법률에서는 전 국토를 도시지역, 관리지역, 농림지역, 자연환경 보전지역으로 중복되지 않게 구분하여 지정하고 있다. 이 중 도시지역은 인구와 산업이 밀집되어 있거나 밀집할 것으로 예상되어 토지의 체계적, 계획적 이용이 필요한 지역이며 관리지역 중 계획·관리지역은 도시지역의 편입이 예상되어 처음부터 제한적인 개발행위를 허용하겠다는 지역으로 잠재력이 높아 투기자들의 관심이 높고 난개발이 염려되는 미래의 도시지역 성

격을 가진 지역으로 개발규제를 풀어줌으로써 이 지역 안에 있는 산지(임야)를 개발하기가 쉬워져서 토지의 가치가 높다.

생산관리지역은 건물의 용도와 규모를 농림지역에 준하여 관리하는 지역으로 보전관리지역은 자연환경 보전지역에 준하여 관리하는 지역이다. 이렇게 농림지역이나 자연환경 보전지역과 비슷한 성격을 가진 생산관리지역이나 보전관리지역에서는 대지면적이 600㎡인 건물은 거리 제한 없이 건축할 수 있다.

7. 산지 투자에 있어서 주의사항

임야 투자의 경우 가장 중요해야 할 사항은 해당 임야의 소유권자를 확인하는 것이다. 이는 임야의 경우 개인 명의로 등기가 되어 있다고 하더라도 사실상 종중의 소유로 되어 있는 사례들이 많다. 종중 소유 임야를 종중총회의 동의 없이 등기명의자로부터 매수할 경우 소유권이전등기를 하더라도 그 등기가 무효로 인정되는 사례가 많기 때문이다.

따라서 임야를 살 때는 해당 임야에 인접한 마을을 방문하여 임야의 실질적인 소유자가 종중이라면 해당 종중총회에서 정한 규약이 있으면 그 규약에 의해서, 규약이 없으면 종중총회(종중원이 모두 모인 회의)에서 임야 매각에 대한 결의를 받아야 한다.

임야의 경우 임야에 묘지가 있는지를 반드시 확인해야 하며, 묘지가 있으면 반드시 묘지를 이장하는 조건으로 거래계약을 체결해야 한다. 만약 해당 묘지가 20년 이상 평온 공연하게 설치되어 있거나 묘지 설치 당시 동의를 받아 설치한 것은 분묘기지권이 인정된다.

만약 분묘기지권이 인정되는 묘지가 있는 경우 그 분묘기지권은 묘지에 대해 자손들이 관리하는 한 수십 년 또는 수백 년의 기간까지도 인정되는 것으로, 결국 임야의 소유자 임의대로 묘지를 이장하지도 못하고 사용 기간의 임대료도 청구하지 못하는 경우가 많다.

임야의 경우 다른 토지와는 달리 경계의 판정이 어렵다. 통상 임야의 경계는 능선이나 계곡을 따라 설정되는 것으로 임야도와 현장의 산봉우리와 능선. 계곡을 대조해보면 개략적인 판단이 가능할 것이다. 그렇지 않은 임야라면 측량 등의 방법으로 판단할 수밖에 없는 경우도 있음을 유의해야 된다.

특히 우리나라의 임야는 대부분 방치되는 경우가 많아 임야의 소유자도 그 경계를 명확하게 알지 못하는 경우나 인접 임야의 소유자가 경계를 명확하게 알지 못해 경계로 인한 분쟁이 발생할 가능성도 있다. 상당수 임야의 경우 진입도로가 없는 맹지가 많아, 해당 임야를 개발할 경우 다른 토지를 높은 가격으로 매수해야 하는 사례들도 발생한다. 만약 도로에 접하지 않은 맹지인 임야를 개발 목적으로 살 경우에는 진입도로를 건설할 수 있는 방법을 사전에 판단해 보아야 할 것이다.

나무가 울창하거나 과수 등이 식재된 임야의 경우에는 해당 수목의 소유자가 누구인지, 거래대상물에 해당 수목이 포함되는지 여부를 반드시 판단해 보아야 한다. 임야에 있는 수목들이 입목에 관한 법률에 의해 별도로 임목 등기가 되어 있을 경우나 수목의 집단에 대해 명인방법에 의한 소유권자가 명시되어 있는 경우에는 임야를 구입한다고 해도 해당 토지에 있는 수목은 입목등기부나 명인방법에 의한 소유자의 명의로 존속할 가능성이 크기 때문이다.

명인방법이란 수목의 집단에 대해서 팻말이나 나무껍질에 표시하는 방법 등 제삼자가 보기에 소유권자가 누구라는 것을 명확하게 알 수 있도록 표시하는 방법을 의미하는 것으로, 명인방법이 되어 있는 수목의 집단은 토지소유권과는 별개의 소유권의 객체로 인정된다.

도시민 소유나 부동산매매업자로부터 임야를 살 때는 매도자나 중개업자의 말만 믿지 말고 임야 인근 지역의 중개사무소 등을 통하여 정확한 시세를 판단해 보는 것이 바람직하다. 임야는 거래사례가 많지 않아 시세를 분석하기 어려운 점을 악용하여, 과거 부동산 전문 투기자들은 큰 면적의 임야를 구입하여 임의대로 분할해 매각하는 과정에서 허위의 개발계획을 유포하면서 구매가격에 비하여 수십 배까지 가격을 높여 매각하는 사례들도 발견되었기 때문이다.

임야는 경사의 방향이나 경사도가 그 활용 가능성을 좌우하는 경우도 많다. 과다하게 급한 경사도나 북향의 경사를 가진 임야의 경우에는 그 활용 용도가 매우 낮은 편이며, 경사도가 높은 임야는 집중호우로 인한 산사태의 위험도 배제할 수 없기 때문이다.

8. 산지 구입 시 검토사항

1) 대상 임야가 특별한 목적이 없다면 보전임지가 아니어야 한다. 즉, 산지관리법상 준 보전임지가 활용도가 많다. 보전임지는 공익목적 등 특별한 경우가 아니면 개발허가가 나지 않는다.

보전임지는 대개 백두대간 보호지역, 문화재 보호구역, 공원지역, 계곡보전, 관광지역, 희귀식물 및 천연기념물 보존지역, 상수원보호구역 등 산림을 보전하기 위한 지역이다.

2) 산지전용제한지역이 아니어야 한다. 즉, 산림청의 산지전용제한지역으로 고시되어 있지 않아야 된다. 산지전용제한지역에서는 원칙적으로 개발행위가 엄격하게

제한되어 있다.

3) 산림법상 보안림이나 사방지로 지정되어 있지 않고 또 과거 국고보조를 받아 조성한 조림지가 아니어야 한다. 홍수피해가 났던 임야인지도 조사해 보아야 한다.

4) 산의 경사도가 25도를 넘지 않아야 한다. 종전에는 경사도가 45도까지 개발을 허용했으나 이제는 준보전임지라도 경사도 25도 이상의 가파른 산은 개발허가를 받기 어렵다.

5) 산에 있는 나무의 상태를 살펴보아야 한다. 산에 자라는 나무의 수종과 밀도나 크기도 산지전용허가의 한 가지 기준이 된다. 산에 있는 나무의 수종(나무종류)을 "임목구성"이라고 하며 나무 평균 나이가 50년 이상이나 활엽수림이 50% 이하이어야 한다(50% 이상인 경우는 드물다). 또 나무의 밀도와 크기를 "입목축적"이라고 하며 임야소재 시 군의 평균치보다 50% 넘게 울창하거나 나무가 크면 허가가 안된다.

6) 연접개발제한으로 임야 500m 이내의 다른 산지에서 10,000평 이상의 개발허가가 이미 있는 경우 연접개발로서 금지된다. 다만 그 개발허가는 2003년 10월 31일 이후 허가분에 한한다(2003년 11월에 바뀐 산지 개발법).

7) 임야 내에 묘지가 없거나 적어야 한다. 남의 땅에 쓴 묘지도 함부로 훼손하거나 이장할 수 없으므로 후일 개발 시에 시간과 돈이 추가로 지출된다. 너무 많은 묘지를 쓴 임야는 좋지 않다.

8) 진입도로 문제이다. 토목공사나 임야 개발 시 건축물을 짓기 위해서는 진입로는

필수적인 것이다. 따라서 임야는 국도나 지방도 등 기존 도로에 붙는 것이 좋다. 특정 목적을 위한 매입이라면 그 사업에 해당하는 규제가 없는지 추가로 검토해야 된다. 산지는 특성상 일반 토지보다 검토해야 할 부분이 많다.

산지를 사는 사람은 산지의 특성상 보이지 않는 복병을 만날 수 있기 때문에 산 전체의 숲만 보는 것이 아니라 산의 등고, 묘지 등을 꼼꼼히 살피는 등 발품을 파는 것이 가장 중요하다.

특히 산지는 계절 때마다 모습이 다르기 때문에 적어도 1년은 지켜보고 그 변화를 따져봐야 한다. 그리고 산지의 평당 단가는 낮지만 평수가 커 소액자금으로 투자하기 어렵기 때문에 투자 전략을 잘 짜야 낭패를 보지 않는다.

9. 농림지역

농림지역은 국토의 계획 및 이용에 관한 법률(이하 국토계획법)에서 정하는 용도지역이다. 국토계획법 제6조에서 용도지역의 지정에 대하여 명시하고 있다.

1) 도시지역 : 인구와 산업이 밀집되어 있거나 밀집이 예상되어 당해 지역에 대하여 체계적인 개발, 정비, 관리, 보전 등이 필요한 지역(주거지역, 상업지역, 공업지역, 녹지지역)

2) 관리지역 : 도시지역의 인구와 산업을 수요하기 위하여 도시지역에 준하여 체계적으로 관리가 필요한 지역(계획관리지역, 생산관리지역, 보전관리지역)

3) 농림지역 : 도시지역에 속하지 아니하고 농지법에 의한 농업진흥구역, 농업보호구역 또는 산지관리법에 따른 보전산지 등으로서 농림업을 진흥시키고 산림을 보전

하기 위하여 필요한 지역(국토계획법에서 농림지역은 산지관리법에 따른 보전산지 등으로서 농림업을 증진시키고 산림을 보전하기 위하여 필요한 지역 즉, 농림지역은 말 그대로 농업지역, 임업지역의 합성어라고 이해하면 된다.)

4) 자연환경보전지역 : 자연환경, 수자원, 해안, 생태계, 상수원 및 문화재의 보전과 수산자원의 보호·육성 등을 위하여 필요한 지역(개발행위 제한)

5) 농림지역 임야에서 단독주택을 건축하기 위해서는
(1) 농림어업인이어야 하고
(2) 자기 소유의 산지이어야 하며
(3) 농림어업을 경영해야 하며
(4) 부지면적은 660㎡ 미만(200평 미만)이어야 한다.

앞서 설명드린 사항은 행위 가능 여부에 대한 것이다. 즉 허가 가능 여부가 아니다. 농림지역 임야에서는 단독주택 행위가 가능하다고 해서 허가가 가능한 것은 아니다.

어떤 행위의 허가를 위해서는 허가 조건에 적합해야 한다. 즉, 도로기준, 임야경사도, 건축법, 건축조례 등 복합적인 요인들이 허가기준에 적합해야 된다. 따라서 행위 가능하다고 하여 토지를 매입하였다가 허가가 나지 않아 낭패를 보는 경우가 있으니 주의를 기울여야 한다.

도로경매

1. 도로입찰

주로 토지보상금을 주된 목적으로 하지만, 도로의 입찰에는 미리 도로의 종류(공도·사도)와 해당 관청에 도로폐지 여부나 수용보상, 손실보상(보상주체 확인) 등의 여부를 확인해야 한다.

2. 도로

나의 소유권인 사도라 하여도 일단 공공에 이용되면 공익이 개입하여 사적인 수익은 차단되기 때문에 주의해야 한다. 그러나 아직 지목이 도로가 아닌 종전의 지목이고, 수용되기 전이고, 토지대장에도 아직 소유자가 국가나 지방자치단체가 아닌 경우에는 개인의 소유권이 미치기에 투자하는 입장은 싸게만 구입한다면 호재가 되는 것이고, 이도로에 붙어 있는 토지를 매입하는 사람은 도로소유자의 지분을 인수하든지, 지역권을 설정하든지, 토지사용승락서와 인감증명을 첨부해야 건축이 가능하다.

사실상 도로란 주로 건축법에서 사용하는 용어이고, 현황도로란 지적도에 나타나지 않는 도로이지만 실제 이용현황이 도로라는 것이고 관습법상 도로란 민법 관련 용어이다. 모든 건축법 도로와 용어의 개념이 다르지만, 이런 도로도 건축허가를 받을 수 있는 건축법 도로가 될 수 있다.

즉, 사실상 도로, 현황도로, 관습상 도로를 공부할 필요는 결국 이런 도로로 건축허가를 받을 수 있느냐이고, 만약 건축허가를 받을 수 없다면 어떤 점을 보충하여 건축허가를 받을 수 있는 도로로 만들 수 있느냐를 공부하기 위함이다.

먼저 사실상 도로란 건축법 도로는 아니지만 실제 이용현황이 건축법 도로 수준으로 건축허가의 접도의무를 충족시킬 수 있는 통로인지를 검토할 필요가 있는 도로를 말하는데, 여기서 건축법 도로는 건축법 제2조1항11호 가목처럼 관련 법률에 의하여 도로개설계획을 수립하여 신설, 고시한 도로이거나, 나목처럼 토지소유자의 동의를 받아서 건축법 도로로 지정한 도로를 말하는데, 이때 가목의 도로 중 도시계획시설 및 도로법에 의한 도로이면 공도(公道)라고 한다.

그리고 사유지를 사도법에 의하여 건축법 도로로 만드는 것을 사(私)도라고도 한다. 이런 사도는 일반인의 통행을 막을 수 없다.

반면 사실상 도로란(건축법 관련 법률에 의하여 도로지정을 받지 않고) 토지소유자가 임의로 보행과 자동차 통행이 가능한 도로로 이용해왔거나, 타인이 토지주의 동의를 받아서 개인이 통로로 이용해왔거나, 주민들의 통행로로 오랫동안 사용해온 도로를 토지소유자가 묵인한 도로 등이 있다. 다시 말하면, 사실상 도로가 건축법 제2조1항11호의 너비 및 구조기준에 맞으나, 건축법 제45조에 따라 이해관계인의 동의가 없어 건축법 도로로 지정되지 못하여 도로관리대장에 등재 되지 않은 도로도 있고, 아니면 허가권자가 굳이 건축법 도로로 지정하지 않아도 건축물 이용에 지장이 없다고 판단되면 건축법 제44조 접도의무의 예외로 허가를 해 줄 수 있는 것이다.

정리하면 사실상 도로, 현황도로, 관습상 도로를 구분할 필요는 결국 이런 도로로 건축허가를 받을 수 있느냐고, 먼저 그동안 현황도로 소유자의 사용승락이 없어 건축법 도로로 지정하지 못했다면, 건축법 제45조1항 단서2호에 의하여 건축위원회의 심의를 거쳐 조례도로로 지정하는 방안이 있고, 제44조 단서1호에 의하여 해당 건축물의 출입에 지장이 없는 도로로 건축허가를 받을 수 있으며, 1976. 2. 1. 전에 이미 4m 이상의 현황도로는 건축법 도로이라는 건축법 조문을 활용하는 방안 등이 있을 것이다. (1976. 2. 1. 이후부터 모든 도로는 법으로 지정을 해야만 건축법상 도로라고 명시됨)

3. 도로는 이제 복잡하게 분석해야 하는 시대

도로라고 해서 다 도로가 아니다. 도로는 산업도로, 고속화도로, 자동차전용도로, 간선도로, 국도, 국지도, 지방도, 군도, 고속도로 등 여러 가지가 있으며, 대·중·소는 물론이요, 몇 차선이냐에 따라 역세권 여부에 따라 투자가치가 다르다. 가급적이면 차선이 많은 곳이 좋고, 역세권이 좋다.

4. 도로 폭도 필수 점검사항이다

건축법상 부지가 최소 4m 이상의 도로와 접해야 하고, 도로에 접한 대지 길이는 2m 이상이어야 한다. 또한 연면적이 600평 이상이면 6m 이상의 도로에 접해야 하고, 도로에 접한 대지의 길이는 6m 이상이거나 4m 이상 2곳에 접해야 건축허가를 받을 수 있다. 「건축법 제44조(대지와 도로의 관계)」

5. 건축허가에 필요한 지적도상 도로와 현황도로

1) 지적도상 도로가 존재하고 실제로는 도로가 존재하는 경우

실제 도로 폭과 지적도상 도로 폭이 같은가를 확인하고 도로의 지목과 소유자를 확인하면 된다. 지적상 문제가 없는 도로는 토지의 지적상 지목이 '도로'이며 지적도에 경계가 표시되어 있어야 하고, 소유자가 국(國) 또는 시(市), 군(郡)으로 되어 있어야 한다.

이러한 공(公)도로는 문제가 없지만 사(私)도로인 경우에는 도로부지를 매입하거나 또는 토지소유자의 토지사용승락서를 첨부해야 건축허가가 가능하다.

2) 지적도상 도로가 존재하나 실제로는 도로가 없는 경우

지적도상에는 도로가 표시되어 있으나 현재는 전이나 답 또는 임야 상태로 되어 있어 실제로는 전혀 도로의 형태가 없는 경우인데 이런 경우 '지적상 도로'라고 한다. 지적상 도로는 국가 또는 지자체 소유의 공(公)도로와 개인 또는 종중 소유의 사(私)도로가 있다. 공도로인 경우에는 문제가 없지만, 사도로인 경우에는 도로부지를 매입하거나 또는 토지소유자의 토지사용승락서를 첨부하여야 건축허가가 가능하게 된다.

지적상 도로는 도로 폭이 건축법상의 요건에 맞는지를 확인해 보아야 한다. 지적도상 도로가 현재 도로로 사용되고 있지 않으면 도로의 신규 개설이 되므로 지적상 도로 폭이 4m 이하일 경우 건축허가가 불가능하다. 공사를 위해서는 허가 시까지 도로를 실제로 '복원'할 수 있는가 하는 것을 검토해야 한다. 도로에 주민이 채소 등을 심어 경작하는 경우 땅 소유주라 할지라도 함부로 걷어낼 수 없기 때문에 민원이 발생하는 경우가 많이 생기므로 해당 지자체에 충분한 문의와 상담이 필요하다.

3) 지적도상 도로는 없고 현황도로만 있는 경우

지적도상에는 도로표시가 없는데 실제로는 오래전부터 마을 사람들과 트랙터나 차량이 다니는 길이 있는 경우로서 이것을 통상 현황도로(관습상 도로)라고 한다. 즉, 현황도로는 지목이 '도로'로 되어 있지 않고 '전', '답', '잡종지' 또는 '임야'나 '구거' 등으로 표기되어 별도로 도로경계가 없으나 현재 도로로 사용되는 것을 말한다.

다음에는 지적도상에는 없는 현황도로만을 이용하여 건축허가를 받고자 할 때는 지자체마다 다르지만, 다음의 조건을 충족해야 한다.

(1) 현황도로는 5가구 이상의 작은 마을의 실제 거주민이 사는 주택에서 일상 사용되는 도로이어야 한다.
(2) 도로부지로 사용하고 있는 토지의 소유자가 해당 관청에 도로 사용에 대한 이의를 제기하지 않아야 한다.
(3) 전에 이와 같은 현황도로를 이용하여 건축허가를 받은 사실이 있으면 쉽게 건축

허가를 받을 수 있다. 기본적으로 건축물의 대지는 4m 이상 너비의 도로에 2m 이상 접해야 하는데 모든 지역의 건축물 인·허가에 같은 규정을 들이대면 도시지역보다 열악한 시골의 토지에는 건축할 수 없다.

따라서 일정한 조건인 '도시지역 및 지구단위계획구역'이 아닌 곳과 '동 또는 읍의 지역이 아닌 곳'에 있는 '비도시지역인 면과 리' 지역들은 건축법의 일부 규정을 적용하지 않고 현황도로이어도 건축물을 지을 수 있다. 그러나 비록 현황도로일지라도 그 토지의 소유자가 새로이 통행을 방해 또는 저지하는 등 적극적인 보상요구가 있을 때는 민법상 주위통행요구권과 보상규정에 따라 적절한 합의 보상으로써 사용을 재개할 수밖에 없는 문제가 발생할 수 있다.

앞으로 국가나 지자체에서 현황도로에 대한 문제해결을 위해 적극적으로 수용 등 매입하여 지적도상 도로로 만들어야 할 것이다. 이상 현황도로와 지적도상에 관한 설명은 임야에 개설되는 임도(林道)인 경우에는 전혀 해당이 없다.

임도는 별도 산과 임야를 위한 도로이므로 건축법상의 건축을 위한 도로와 그 취지나 목적이 다르기 때문이다. 임도는 산림법에 의하여 산림의 효율적인 개발, 이용의 고도화 임업의 기계화 등 임업의 생산 기반 정비를 촉진하기 위하여 산림청장이 산림소유자의 동의를 받아 개설한 도로이기 때문에 개인의 다른 용도로 사용할 수 없으며 원칙적으로 건축허가 시에 요구되는 진입도로로 인정되거나 사용할 수 없다. 그러므로 원칙적으로는 임도를 이용한 건축허가는 불허된다. 그러나 해당 지방자치단체에 따라 임도를 진입도로로 허용하는 조례도 있어 때로는 지역에 따라 임도를 이용하여 건축허가를 받을 수도 있다.

이 내용처럼 전원주택이나 건축을 목적으로 토지를 매입할 때는 도로는 필수적인 확인 요건이며, 비록 도로가 없더라도 도로 개설이 가능한 토지를 매입하여 도로를 개설하여야 건축이나 개발이 가능하다는 점을 꼭 알아 두길 바란다.

미불용지 도로 부분 경매

1) 미불용지란 종전의 공익사업에 편입되었으나 보상을 받지 못한 상태에서 다른 공익사업에 편입되어 보상금이 산정되는 경우를 말하는 것이다.

   미불용지도로 현황은 도로로 사용하고 있지만 개인소유로 인해 경매에 나오는 경우 보상을 목표로 싸게 낙찰받는 경우 우리나라는 내 토지가 비록 도로로 현재 사용되고 있다고 하더라도 이에 대해서 보상을 실시하라고 요구할 권리는 없고, 그저 보상을 해 줄 때까지 기다리거나 사용료를 청구하는 수밖에 없다.

2) 실무에서는 미불용지 구별이 쉽지 않고 시청이나 구청에 문의를 해야 하며 과거 도로 등 공익사업에 편입되었으나 관리청으로 소유권이전등기가 안 된 토지 중에는 기 보상하였거나 자진 기부한 토지 등 미불용지가 아닌 토지가 상당수 있으나(민원신청건수의 약 70~80%로 추정), 현황 파악 및 소유권 취득절차 이행 등의 관리가 안 되고 있는 실정이다.

3) 미불용지 투자는 낙찰대상 토지가 현재 공익사업에 포함되어 보상을 앞두고 있고 행정기관에 문의하여 미불용지 해당 여부를 확인하고 토지를 취득해야 한다. 미불용지 보상은 2개의 감정평가사에 의뢰하여 산술평균하여 지급한다. 공시지가보다는 많으나 주변 시세보다는 저렴하다.

아파트

경매물건 중 가장 인기가 많은 분야가 바로 아파트 경매이다. 환금성도 좋고, 실거주 목적으로도 많이 찾기 때문이다. 인기가 많은 만큼 입찰경쟁자가 많이 몰리기도 한다. 2023년 초 수원 동수원 자이 1차 35평(2022타경59488, 2회 유찰, 3차 입찰기일 2023. 2. 3.)에서는 97명의 입찰자가 몰리기도 했으며, 별내 신안인스빌 34평(2022타경927, 2회 유찰, 3차 입찰기일 2022. 11. 24.)에서는 63명의 입찰자가 입찰하기도 했다.

경매 낙찰을 위해 아파트 임장을 갈 때는 일조권, 조망권, 수리 여부는 꼭 확인해야 한다. 경매로 아파트를 취득할 때는 부동산 전문플랫폼(호갱노노, 아실, 부동산지인)이나 다음, 네이버 지도 등을 활용할 필요가 있다. 경매에 나온 지번과 아파트 동호수를 파악하여 지도상에서 검색해 보면 기본적인 위치나 일조권, 조망권 등은 확인이 가능하다. 지도에서 위쪽은 북쪽을 가리키므로, 아파트 방향이 남쪽으로 얼마나 접해 있는지를 보면 햇빛의 양을 가늠해 볼 수 있다. 또한 직방과 같은 어플리케이션에는 3D 단지투어를 통해 집 구조, 조망, 일조량 등을 실제 현장에서 보는 것과 유사하게 확인이 가능하다.

일조권은 거실을 기준으로 햇빛이 어느 시간 동안 들어오는지를 보는데, 남향을 기준으로 아침에 햇빛이 많이 뜨는 남동향, 저녁 무렵에 햇빛이 드는 남서향으로 보면 된다. 아파트는 기본적으로 단지정비가 잘된 1,000세대 이상의 대단지나 지역을 대표하는 고층아파트가 좋다. 또한 대형 건설사의 유명브랜드 아파트나 역세권, 학교, 대학병원, 대형마트 부근의 아파트가 프리미엄이 있고, 매매도 쉬우므로 장래개발 예정 부근의 아파트를 구입하는 것도 좋다. 소규모일 경우에는 대단지와 가까우면 유리하나 1동짜리 아파트는 피하는 것이 좋다.

재건축대상 아파트가 아니라면 새로 지은 것일수록 좋고 대지지분이 넓어야 용적율이 낮아 주거환경이 쾌적하다. 저층과 고층에 대한 가격 차이도 있는데, 감정평가보다 실제 가격은 더 차이가 나기 때문에 입찰가 산정 시 고려해야 한다.

임장활동 시 공인중개사무소를 방문하여 시세 및 동선, 단지별 특징 등을 파악하여 국토교통부 실거래 사이트, KB시세 등을 통해 예상 낙찰가를 선정해 봐야 한다. 10년 이상 된 아파트의 경우 입주자의 성향에 따라 내부 인테리어를 바꾸기 때문에, 임장활동 시 새시, 거실 몰딩, 화장실, 부엌 등을 볼 수 있다면 꼼꼼하게 체크해야 한다.

실제 현장에서 경매물건 내부를 볼 수 있는 경우는 거의 드물기 때문에 외부에서 관찰하여 내부를 추측하고 상상하는 방법이 최선인 경우도 많으니 참고하기 바란다.

관리사무소를 방문하여 관리비 체납 여부를 확인하는 것도 좋다. 체납관리비 중 공용관리에 관한 비용은 낙찰 후에 추가로 드는 비용으로 초기 분양 후 한 번도 입주하지 않은 경우 상당액의 관리비가 체납될 수 있다.

※ 아파트 현장 임장 꼭 가야만 하나?
경매 컨설팅의뢰가 가장 많은 분야가 바로 '아파트 경매'이다. 네이버부동산, 호갱노노, 아실, 부동산지인, 직방 등의 어플리케이션으로 거래현황, 시세, 입지, 미래가치 등 다양하고 많은 정보 확인이 '손품'만으로도 가능하다. 그렇다 하더라도 반드시 해당아파트 현장 임장은 진행해야만 한다. '손품'으로 확인하지 못한 정보들이 반드시 현장에 있을 것이다. '발품'은 결코 배신하지 않는다.

[아파트 현장 발품 체크리스트]
◆ 관리상태 직접 확인 - 주차장/공원/놀이터/소음/단지관리상태 등
◆ 이웃주민탐문 - 층간소음, 도로소음, 단지 불편사항 등
◆ 아파트 관리실 - 미납관리비 확인
◆ 인근중개사무소 - 네이버 등 플랫폼 광고에 올라와 있지 않은 급매, 급급매 매물 시세

다가구

다가구주택은 한 필지의 대지 위에 여러 세대가 거주할 수 있는 주택으로 본인이 주거하면서 고정적인 수입이 보장되므로 노년층에서 선호하고 있다. 또한 건축업자나 개인투자자의 경우 오래되고 허름한 주택을 낙찰받아 이를 철거하고 다세대주택으로 전환하여 분양하는 투자도 늘고 있다.

상가에 비해 별도의 임대사업 신고를 하지 않아도 되고, 1주택의 경우 임대소득세나 재산세 등의 부담이 없거나 적기 때문에 경매에서도 각광을 받고 있다.

다가구주택의 경우 무엇보다도 대지면적이 중요한데, 최소 50~80평 정도는 되어야 한다. 대지형상은 정사각형이나 가로세로비가 1.5배 이내의 직사각형이 적당한데, 삼각형이나 마름모형은 대지활용도가 많이 떨어지기 때문이다.

대지의 경사도가 있다면 별도의 축대나 옹벽 등의 설치가 필요하기 때문에 이를 감안할 필요가 있다. 재건축을 감안한다면 4m 이상의 도로에 2m 이상이 접했는지 확인해야 하는데 주차 등을 감안할 때 최소 80평 이상은 되어야 무리가 없다.

건축 시 일조권이나 이격거리 제한, 차량의 접근성 등을 감안하여 물건을 선별할 필요가 있다.

경매에서는 다가구주택의 경우 낙찰가의 편차가 심한 편이다. 이는 감정평가에서 통상 낙찰까지 6개월에서 1년의 시차가 존재하며 각종 개발계획에 따른 지역적 편차, 개발행위 법적 규제가 풀리는 등 다양한 변수가 존재하는 데 반해 감정평가는 주변 거래 사례나 다양한 변수를 반영하지 못하고 있다.

이를 위해 여러 공인중개사무소를 방문하여 급매물을 비교하고, 여러 임차인에 대한 권리분석도 꼼꼼히 확인해야 한다.

특히 임차인이 다수인 경우 법원의 현황조사와 더불어 등기사항전부증명서, 전입세대열람내역 등을 체크하여 추가적으로 인수해야 되는 권리나 인수금액은 없는지를 확인해야 한다. 토지와 건물 각각의 권리가 존재한다면 배당의 순서나 배당비율에 차이가 있기 때문에 주의해야 한다.

다세대

다가구와 다세대주택의 비교되는 차이 중 하나는 부동산등기가 건물 전체에 하나만 된 경우와 호수별로 각각 구분된 경우로 이해하면 된다. 다세대는 각 호실별 구분등기가 되어 있으며, 각 호실별 소유자 역시 전부 다르다. '빌라'라 불리는 주택의 형태가 대부분 다세대주택이라고 보면 된다.

다세대는 신축 주택으로 단지를 형성하고 있는 것이 좋으며, 가구당 1대 이상의 주차가 가능해야 좋다. 다세대의 경우 매매가 아파트에 비해 쉽지 않기 때문에, 매매되지 않을 시를 감안하여 임대수요가 많은 역세권 주변을 추천한다.

다세대 지하의 경우 감정가에 50~60% 내외로 낙찰받을 수도 있는데, 감정평가의 기준이 층수에 대한 고려보다는 대지지분과 건물에 집중되다 보니 거래되는 시세와 감정평가액과는 괴리감이 있다.

2~3회 유찰되고 낙찰되는 경우가 많은데 입지가 좋은 곳은 투자 대비 월세 수익률이

높아 실제 매도는 힘들지만 임대수익이 목적이라면 괜찮다. 도시형생활주택도 경매에 나오는데 2009년 건설경기 활성화 및 1~2인 가구의 주거안정을 위해 주차장 설치 대수, 동간 간격 등을 완화되면서 수도권 중심으로 많이 지어졌다. (전국 35만 가구 추산) 그러나 주차장이 문제가 되자 설치 대수 규제를 강화하였지만 예전에 지어진 것이 문제가 되기도 하였다. 도시형생활주택도 엄연히 주택 수로 인정되고 소음, 화재 등에 취약한 편이다.

전용률과 전용면적에 대해 살펴보면 전용률은 "전용/공급면적×100%"로, 전용률이 높다는 것은 실사용면적이 높다는 의미이다.

상가는 전용률 산정 시 "전용/계약면적×100"로 전용률이 더 낮은 이유이기도 하다. 아파트의 경우 75% 내외로, 주상복합은 65% 내외로 보고 있다. 상가는 50% 내외, 오피스텔의 경우 55% 내외로 보지만 개별마다 차이는 있다.

전용면적은 베란다를 제외한 집 내부의 실제 사용하고 있는 면적을 의미하는데 등기사항전부증명서에 표시되며 보상평가의 기준이 된다. 주거공용면적은 계단, 복도, 엘리베이터, 1층 현관 등으로 관리비 산정의 기준이 된다.

공급면적은 분양면적을 말하며, "전용면적, 주거공용면적"이다. 평당 가격의 기준이 되기도 하며, "○○평형"의 표현을 쓴다.

계약면적은 "전용면적, 주거공용면적, 기타공용면적"으로, 기타공용면적은 관리사무소, 지하주차장, 노인정, 복지시설 등을 말한다. 서비스면적은 확장공사를 말하며 분양가에 일부 포함된다.

전용면적, 주거공용면적, 기타공용면적, 서비스면적을 합치면 총면적이 된다. 다세대 분양 시에는 사용면적이라고 표기도 하는데, 이는 "전용면적+서비스면적"만을 말하는 것이다.

다세대주택은 좋은 가격에 낙찰받아 그 상태 그대로 점유 또는 임대해도 좋지만, 서울시내에서는 재개발구역 내에 다세대주택을 취득한다면 더 많은 투자수익을 볼 수 있을 것이다. 이왕 경매 투자를 시작했다면, 서울 도심 재개발을 추진하는 허름한 주택에도 관심을 가질 필요가 있다. 일명 '썩빌(썩은빌라)'이라고 불리기도 하는 재개발구역의 다세대주택 낙찰은 엄청난 투자수익을 가져다줄 수 있다.

재개발구역 내의 경매물건을 낙찰받는 이유는 입주자격을 얻을 수 있는 입주권 때문이다. 무조건 입주권자격이 주어지는 것은 아니다. 때문에 추진위원회나 조합에 문의는 반드시 필요하다. 일반적으로 재개발구역에 주택(토지+건물)을 낙찰받았다면 면적에 상관없이 아파트 분양 자격이 주어지게 되고, 토지만의 경우 면적이 90㎡ 이상 되어야 한다. 재개발 입주권자격 등에 대해서는 책 후반부 〈**PART 4 부동산 부의 추월차선 재개발 | 재건축**〉에서 확인해 보길 바란다.

알쏭달쏭 경매 Q&A
판매와 법률근거 기반한 질의 응답 실전사례

Q. 토지거래허가구역인데 거래허가받아야 하나요?

급격한 지가상승이 예상되거나, 투기수요가 몰릴 곳으로 예상되는 지역들은 토지거래계약허가구역으로 지정 공고되고 있습니다.
「부동산 거래신고 등에 관한 법률 제10조(토지거래허가구역의 지정)」

특히 서울에서는 신통기획재개발, 공공재개발 등 개발호재가 예상되는 곳이라면 현 서울 시장이 선제적으로 토지거래계약허가구역으로 공고하여 투기수요를 원천봉쇄시키고 있습니다. 토지거래계약허가구역으로 지정되었다는 것은 사실상 거래가 불가능하다고 해도 과언이 아닙니다. 그러나 이러한 경우에도 경매로 인한 취득에는 토지거래허가를 따로 받지 않으셔도 되며, 토지거래허가에 관한 내용은 부동산 거래신고 등에 관한 법률에서 다루고 있는데, 여기서 명확하게 '경매'는 토지거래허가 예외로 규정을 하고 있습니다.

토지거래허가구역이지만 경매로 소유권 취득 시 허가 없이 취득은 가능하지만, 경락 취득 후 향후 매도 시 토지거래허가구역 내에서는 거래허가를 받아야만 매도가 가능하며, 토지거래허가구역 지정기간이 끝나는 허가구역을 계속하여 5년 이내 다시 허가구역으로 지정할 수도 있기 때문에 많은 향후 출구전략 수립 시 많은 제약이 따를 수도 있는 점은 참고하셔야 합니다.

[근거법률 및 판례]
부동산 거래신고 등에 관한 법률
제14조(국가 등의 토지거래계약에 관한 특례 등)
① 제11조제1항을 적용할 때에 그 당사자의 한쪽 또는 양쪽이 국가, 지방자치단체, 「한국토지주택공사법」에 따른 한국토지주택공사(이하 "한국토지주택공사"라 한다), 그밖에 대통령령으로 정하는 공공기관 또는 공공단체인 경우에는 그 기관의 장이 시장·군수 또는 구청장과 협의할 수 있고, 그 협의가 성립된 때에는 그 토지거래계약에 관한 허가를 받은 것으로 본다.
② 다음 각호의 경우에는 제11조를 적용하지 아니한다.
　1. 「공익사업을 위한 토지 등의 취득 및 보상에 관한 법률」에 따른 토지의 수용
　2. 「민사집행법」에 따른 경매
　3. 그 밖에 대통령령으로 정하는 경우

▶ 영웅아빠의 부동산연구소 네이버블로그 (https://blog.naver.com/mathmaster7668) 실제 상담사례

오피스텔

오피스텔은 보통 역세권을 중심으로 교통이 편리하거나 편의시설이 잘되어 있는 곳에 많다. 신혼부부 등이 이를 선호하는 경우가 많은데, 이를 반영하듯 냉장고, 세탁기, 등의 풀 옵션이 되어 있거나, 매입형 가구 등을 제공하는 경우도 많고 가변형 구조나 복층 구조를 통해 다양한 공간을 제공하는 등 주거기능을 강화시켜 분양 또는 임대하는 경우가 많다.

경매 투자를 목적으로 오피스텔을 낙찰받으려고 한다면 몇 가지 확인해야 한다. 먼저 오피스텔은 철저하게 임대수요를 파악해야 한다. 일반 주택에 비해 오피스텔의 매매가격은 잘 오르지 않기 때문에 교통편의와 주변 환경을 감안하여 임대가가 얼마나 되는지, 수익이 얼마나 되는지를 비교해 봐야 한다.

주거용으로 임대할지, 사무용으로 임대할지도 비교해 봐야 한다. 사무용으로 임대 시 추가적으로 임대사업자 등록도 필요하다. 오피스텔 투자는 무조건 싼 오피스텔보다는 주변 오피스텔의 가격과 비교하여 얼마나 상대적으로 우위에 있는지를 검토해야 한다. 또한 주변에 따른 오피스텔이 추가적으로 건축되거나 오피스텔을 대체할 업무시설이나 도시형생활주택 등이 있다면 이를 감안해야 한다.

오피스텔은 평당 관리비가 일반 업무시설과 거의 같기 때문에 주거용으로 입주하려는 임차인의 경우 동일한 조건의 아파트에 비해 2배 이상 높은 관리비를 내야 하므로 꺼릴 수 있다. 경매에 입찰 시 연체되어 있는 일반관리비를 낙찰받는 사람이 떠안게 될 수도 있기 때문에 관리비의 연체 유무와 그 금액을 반드시 확인해야 한다. 임차인이 현재 주거용으로 사용하고 있다면 주택임대차보호법이 적용될 수 있기 때문에, 권리관계도 문제가 없는지 다시금 확인을 해야 한다.

상가

상가는 크게 용도지역으로 보면 중심·일반 상업지역 내에 있는 상가나 유통상업지역이나 근린상업지역에 있는 상가로 구분된다. 이와는 별개로 지하철 주변이나 주택지역에 근접하게 모여 있는 근린상가, 아파트 단지 내에 있는 상가, 아비뉴프랑과 같은 테마상가로 구분 지어 말하기도 한다.

근린상가는 주택지 근처에 인접한 상가로 도로변 주변으로 형성되는 것이 일반적이므로 대로변 상가가 경쟁력이 높다.

또한 퇴근길에 고객 흡입력이 높은 상가가 매출이 좋기 때문에 입지 여건이나 유효수요 등을 감안하되 개발계획이 많은 지역에 투자하는 것이 좋다. 단지 내 상가는 거의 독점으로 운영이 가능하기 때문에 고정적인 임대수익을 얻을 수 있어 안정적이지만, 단지 주변에 새로운 상가가 지어진다면 수익에 손실이 날 수 있다.

테마상가는 상권에 따라 거액의 프리미엄과 권리금을 얻을 수 있지만, 최근 인터넷이나 앱을 이용한 소비로 인한 상가 매출의 축소되고 있고 경쟁적으로 다양한 형태의 쇼핑몰이 많이 생기고 있기 때문에 특별한 전략이 없다면 전체가 공실로 가득할 수 있어 투자에 주의가 필요하다.

좋은 상가에 대한 판단은 각자 다를 수 있다. 입지가 좋거나 노출이 많이 된다면 당연히 매매가나 임대가, 권리금이 높을 것이고, 반대라면 낮을 것이다. 여기서 적정선이 어디인지를 잘 찾는 것이 중요하다. 무조건 임대료가 싸다고 좋은 상가도 아니고, 목이 좋다고 다 좋다고 말할 수 없다.

개인의 사업능력에 따라 의미는 다르겠지만, 사업하는 업종이나, 본인의 재질 등에 따라 다른 상가를 골라야 된다고 본다. 편의점, 기존 프랜차이즈 업종의 정해진 메뉴라면 조금 비싸도 눈에 잘 띄는 것이 중요하다.

중심·일반상업지역이라면 유흥업소, 숙박업소가 잘되는지를 봐야 하고, 근린상업지라면 주변의 배후세력의 유효수요를 따져 봐야 한다.

공장

공장을 경매로 낙찰받으면 시간과 비용 면에서 상당한 이익이 된다.

공장을 설립해서 인·허가를 받으려면 최소 2년 이상 걸리는 데 반해, 경매를 받고 적절한 비용으로 인도 완료와 함께 공장허가권을 인계받으면 좋다.

현실적으로 공장입지를 선정하고 토지를 구입한 후 신축하는 과정이 쉽지 않고, 그 과정에서 들어가는 여러 비용과 노력을 생각한다면, 공장을 새로 짓는 것보다 여러모로 이점이 있다. 어떤 업종이냐에 따라 공장에 대한 입지가 달라질 수 있겠지만, 경부고속도로와 서해안고속도로, 영동고속도로 등의 도로 주변에 있는 지역을 선호한다.

또한 수도권에 근접하고, IC에서 반경 3km 범위 내에 있고, 가급적 4차선 이상(최소 8m 이상)의 도로에 접해 있는 지역을 선호한다.

주택이나 상가에 비해 공장의 경우 초보가 접근하기에는 어려울 수 있는데, 장비와 기계가 있는 경우 추가비용이 발생할 수 있고 공사와 관련된 유치권 등으로 분쟁이 생길 수도 있기 때문이다. 시세 파악이 어렵고 경매감정가가 시세와 차이가 나기 때문에 전문가와 상담을 통하여 진행하는 것이 좋다.

최근에는 아파트형 공장, 일명 지식산업센터의 분양이 눈에 많이 띈다. 지식산업센터를 많이 분양하는 지역은 서울 성동구 성수동, 송파구 문정동을 비롯하여 구로, 영등포, 인덕원, 동탄, 광명, 하남 등으로 IT산업을 기반으로 하고 있다.

제조업 법인도 수도권 교통이 편리한 곳에 소규모 공장을 직접 매입하여 안정적으로 사업을 하려고 한다. 대출과 관련해서는 분양가의 최대 75%까지 3년 거치, 5년 균등 분할 상환이 기본 조건이며 금리는 3~3.5% 내외로 책정하고 있다. 또한 법인세, 부가가치세 등도 감면 또는 면제되므로 선별하여 투자하는 것도 하나의 방법이다.

지식산업센터 공장시설의 입주 업종은 제조업의 경우 음식료, 섬유, 의복, 목재, 출판, 기계, 전기, 전자, 운송장비 등(한국표준산업분류 10~33번)이 가능하며, 지식산업의 경우 연구 개발업, 건축기술 및 엔지니어링 서비스업, 광고물 작성업, 영화 및 비디오 제작업, 전문디자인업, 경영컨설팅업, 기업부설 연구소 등이 가능하며, 정보통신산업의 경우 컴퓨터 시스템 설계 및 자문업, 소프트웨어 자문·개발 및 공급업, 자료처리업, 온라인정보제공업, 전기통신업 등이 가능하다.

공장 입찰 시에는 해당 공장용도에 맞는 토지이용계획, 폐기물 방치 여부, 토양오염 여부 등에 대한 검토가 반드시 필요하다.

토지

    토지는 투자 목적을 정하고 장래계획이 있거나 주변의 변화가 많은 땅을 사야 한다. 또한 토지 투자는 환금성이 떨어져 돈이 묶일 수 있기 때문에, 가급적 여윳돈으로 투자하는 것이 좋다. 입지에서는 고속도로 IC 부근 3km 부근의 8m 이상의 도로에 접해 있거나 역세권 예정지역으로 반경 1km 이내의 토지를 권한다. 투자 목적이 주말 영농을 위해 농지를 경매로 받을 것인지? 임대수익을 위해 근린주택을 지을 것이지? 다세대 건물을 지어 분양해 볼 것인지? 근린상가를 지어 장사를 할 것인지? 등에 따라 건축허가와 업종허가 등이 추가로 필요하기 때문에 사전에 확인할 필요가 있다.

    투자 목적이 시세 차라면 2~3년을 보는 것이 좋고, 개발이 목적이라면 5~10년을 보는 것이 좋다. 국책사업은 시간이 다소 걸릴 수도 있으나, 결과적으로 보면 언젠가는 어떤 식으로든 투자가 되기 때문이다. 어떤 개발사업이든 그 사업 주체가 국가나 공기업인지, 지자체인지, 기업인지에 따라 개발 가능성에 무게가 다르기 때문이다.

    토지 투자를 할 때 도로의 중요성은 가격 체감 법칙에 따라 평가할 수 있다. 그 가격 체감 법칙은 도로를 기준으로 도로에서 뒷면으로 4블록이 있다면 도로에서 가장 가까운 땅을 40%, 두 번째 가까운 땅을 30%, 세 번째 가까운 땅을 20%, 네 번째 가까운 땅을 10%로 토지 평가를 하는 것이다. 이른바 4·3·2·1 룰의 가격 체감 법칙이다.

    토지 경매 투자를 준비하고 있다면, 토지이음 등의 사이트에 접속하여 반드시 토지이용계획을 확인해야 한다. (https://www.eum.go.kr/)

건폐율과 용적률

1. 건폐율

대지면적에 대한 건축면적(대지에 건축물이 둘 이상 있는 경우에는 이들 건축면적의 합계)의 비율.

도시지역	관리지역	농림지역	자연환경 보전지역
가. 주거지역 : 70퍼센트 이하 나. 상업지역 : 90퍼센트 이하 다. 공업지역 : 70퍼센트 이하 라. 녹지지역 : 20퍼센트 이하	가. 보전관리지역 : 20퍼센트 이하 나. 생산관리지역 : 20퍼센트 이하 다. 계획관리지역 : 40퍼센트 이하	20퍼센트 이하	20퍼센트 이하

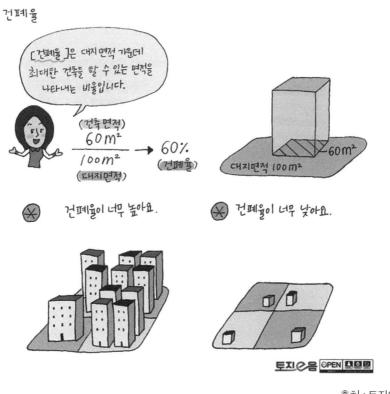

출처 : 토지이음

2. 용적률

대지면적에 대한 연면적(대지에 건축물이 둘 이상 있는 경우에는 이들 연면적의 합계)의 비율.

도시지역	관리지역	농림지역	자연환경 보전지역
가. 주거지역 : 500퍼센트 이하 나. 상업지역 : 1천500퍼센트 이하 다. 공업지역 : 400퍼센트 이하 라. 녹지지역 : 100퍼센트 이하	가. 보전관리지역 : 80퍼센트 이하 나. 생산관리지역 : 80퍼센트 이하 다. 계획관리지역 : 100퍼센트 이하	80퍼센트 이하	80퍼센트 이하

* 국토의 계획 및 이용에 관한 법률(국계법)
　제77조(용도지역의 건폐율) 제78조(용도지역에서의 용적률)

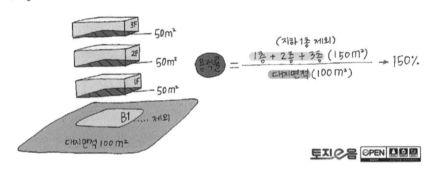

출처 : 토지이음

※ 해당 시의 조례로 건폐율과 용적률을 규제하고 있어 해당 경매물건지의 시, 도 조례 등을 반드시 확인
　하여, 해당 시, 도 조례로 용적률, 건폐율을 다시 한번 확인해야 한다.
　ex) 2종일반주거지역 용적률 국계법상 250%이지만, 서울시조례상 200%

'환가'

경매의 정의에서 시작되는 부동산 경매의 모든 것
〈공권력〉〈채무자의 부동산〉〈환가〉〈채권자의 금전채권〉〈낙찰자의 부동산 취득〉

경매로 나온 아파트, 오피스텔, 토지 등을 물리적으로 분할하여 채권자에게 변제해 주기가 불가능하기 때문에, 채무자의 부동산을 현금화하여 배당절차를 통해 채권자의 채권을 변제해 주게 된다. 경매의 공권력인 집행법원은 민사집행법, 민사집행규칙, 대법원재판예규를 통해 매각 과정, 절차, 결정 과정 등을 규정하고 있다.

'CHAPTER 4 환가과정'에서는 주로 실제 법원에서 입찰에 참여하는 과정 등에 대해서 주로 다룰 예정이며, 경매 입찰예정자라면 꼭 정독해야 하는 법원서류 3총사 감정평가서, 매각물건명세서, 현황조사서 등에 대해서도 설명하고자 한다.

매각기일 및 공고내용

1) 매각기일이란 집행법원이 매각부동산에 대한 매각을 실시하는 기일을 말하며, 법

원은 매각결정기일을 지정하고 공고하여야 한다.

2) 매각기일의 공고내용에는 다음 각호의 사항을 적어야 한다.

[민사집행법 제106조(매각기일의 공고내용)]

1. 부동산의 표시

2. 강제집행으로 매각한다는 취지와 그 매각방법

3. 부동산의 점유자, 점유의 권원, 점유하여 사용할 수 있는 기간, 차임 또는 보증금약정 및 그 액수

4. 매각기일의 일시·장소, 매각기일을 진행할 집행관의 성명 및 기간입찰의 방법으로 매각 할 경우에는 입찰기간·장소

5. 최저매각가격

6. 매각결정기일의 일시·장소

7. 매각물건명세서·현황조사보고서 및 평가서의 사본을 매각기일 전에 법원에 비치하여 누구든지 볼 수 있도록 제공한다는 취지

8. 등기부에 기입할 필요가 없는 부동산에 대한 권리를 가진 사람은 채권을 신고하여야 한 다는 취지

9. 이해관계인은 매각기일에 출석할 수 있다는 취지

서 울 중 앙 지 방 법 원
매각기일공고

사   건   2022타경   부동산강제경매

채   권   자

채   무   자

소   유   자   채무자와 같음

다음 기재와 같이 이 사건(별지 기재) 부동산을 기일입찰의 방법으로 매각합니다.
등기부에 기입할 필요가 없는 부동산에 대한 권리를 가진 사람은 그 채권을 신고하여야 하며, 이해
관계인은 매각기일에 출석할수 있습니다. 매각물건명세서, 현황조사보고서, 평가서의 사본이 매각기
일 1주일전부터 법원에 비치되어 일반인의 열람에 제공됩니다.

1. 매각 및 매각결정기일
   가. 제 1회
        매각기일 2023.03.14. 10:00
   매각결정기일 2023.03.21. 14:00
   나. 제 2회
        매각기일 2023.04.11. 10:00
   매각결정기일 2023.04.18. 14:00
   다. 제 3회
        매각기일 2023.05.16. 10:00
   매각결정기일 2023.05.23. 14:00
   라. 제 4회
        매각기일 2023.06.20. 10:00
   매각결정기일 2023.06.27. 14:00

2. 매각 및 매각결정장소 서 울 중 앙 지 방 법 원 (매각)경매법정 (제4별관 211호) (매각결정)
   제4별관 3층 7호 법정
3. 매각담당 집행관의 성명   대표집행관
4. 부동산의 점유자, 점유의 근원,점유 사용할 수 있는 기간, 차임 또는 보증금의 약정유무와 그 액
   수 및 최저매각가격 기타 : 민사집행과 사무실에 비치되어 있는 매각물건명세서와 같음
5. 매수신청보증방법 : 현금, 자기앞수표, 지급보증위탁체결문서

주의: 제2회 이후의 매각기일은 선행매각기일에서 허가할 매수가격의 신고가 없이 매각기일이 최종
적으로 마감된 때에 실시된다는 사실을 유의하시기 바랍니다.

2023. 2. 22.

법원사무관

법원경매(法院競買) 입찰 진행절차

실제 매각이 이루어지는 매각기일 입찰절차는 어떻게 될까?

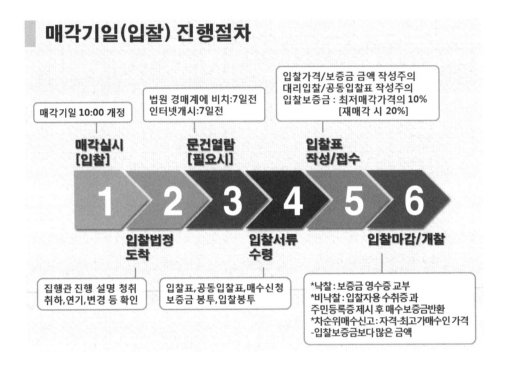

1) 경매법정에 따라 약간의 차이가 있으나 오전 10시를 전후로 입찰 법정이 열린다.

2) 매각기일(입찰기일)에 변경된 물건, 유치권 신고된 물건, 공유자우선매수신청이 들어온 물건, 기타 주의사항에 대해 집행관이 고지한다.

3) 입찰이 시작되면 입찰하고자 하는 매각물건에 대하여 사건기록을 열람한다.

4) 입찰 봉투를 받아 입찰할 내역을 꼼꼼히 확인하고 입찰한다.

   보증금액과 입찰가액을 바꿔 쓰는 사람도 있고, 입찰가액을 0을 하나 더 써서 보증금을 날리는 경우도 있으며, 대리인인 경우 위임장을 첨부하지 않아 낙찰받고도 낙찰 무효 처리가 되는 경우도 있다.

5) 입찰이 마감되면 개찰 준비를 한다. 대개의 오전 10시 10분에 입찰을 시작하면 11시 10분에 입찰이 마감되고 20분쯤 개찰 준비를 하고 11시 30분부터 개찰을 시작한다.

6) 사건번호를 부르고 해당 사건에 입찰한 사람들을 호명하고 그중 최고가매수신고를 하려는 사람이 해당 사건의 입찰절차가 종료되기 전까지 차순위신고를 하여야 한다.

7) 낙찰받지 못한 경우에는 보증금 수취증을 반환하고 매수신청보증금을 반환받는다.

입찰 전 점검 사항

1. 취하, 변경, 대금납부 등 진행 여부 확인

매각기일 당일 게시판을 통해서 매각 공고 후에 변경된 내용을 확인하고 만약 진행되지 않으면 다른 사건으로 입찰할 수도 있다.

2. 정정공고 확인 및 매각물건명세서 등 최종 확인

부동산매각물건에 대한 정정공고가 있었는지 다시 확인하고 매각물건명세서 사본 등을 다시 한번 확인한다. 매각기일에 집행관은 매각물건명세서, 현황조사보고서 및 감정평가서의 사본을 볼 수 있게 하고(112조), 매각기일조서서에 그 사실을 기재한다(116조 1항3호). 따라서 입찰에 참여하려는 사람은 입찰 법정에서 최후 순간까지 매각물건명세서 사본 등을 열람하여 매각조건의 변경, 유치권, 선순위 임차인의 변경사항 등을 꼼꼼히 확인하여야 한다.

3. 최고가매수신고가격 결정

매각물건명세 등 열람 결과 특별한 변동사항이 없으면 예상 최고가매수신고가대로 매수신고하고, 선순위 임차인이 존재, 유치권 신고 등으로 부담이 생겼으면 부담을 갈음해 매각절차 참가 여부와 매수신고가격을 새로이 정해 입찰에 참가해야 한다.

4. 입찰표 작성

입찰표는 금액을 제외한 부분은 미리 작성해도 된다. 그리고 매각기일 당일에 입찰표를 작성한 후에는 반드시 사건번호, 물건번호, 최저입찰가격과 신고입찰가격과 보증금 액수 등을 다시 확인해야 한다.

5. 매수신청 보증금액의 확인

입찰자는 매각물건의 최저매각가격의 10분의 1에 해당하는 금액(법원이 달리 정할 수도 있음)을 매수신청의 보증으로 제공해야 하는데, 대부분 현금 또는 자기앞 수표로 보증금을 준비한다.

입찰자와 은행 등 사이에 지급보증위탁계약이 체결된 사실을 증명하는 문서(보증서)로 대신하는 경우도 있다. 현금·자기앞 수표 제공한 금액이 정해진 매수신청보증금액에 미달하는 경우나 보증서상 보험계약자의 이름과 입찰표상 입찰자 본인의 이름이 불일치하는 경우는 무표 입찰이 되니 꼭 다시 확인해야 한다.

입찰 참여 자격

1. 입찰 참여가 불가능한 사람

1) 다음의 어느 하나에 해당하는 사람은 입찰에 참여할 수 없다.

(1) 법정대리인의 동의 없는 미성년자(대법원 1969. 11. 19. 69마989 결정)

(2) 채무자

(3) 매각절차에 관여한 집행관

(4) 매각부동산을 평가한 감정인(감정평가법인이 감정인인 경우에는 그 감정평가법인 또는 소속 감정평가사)

(5) 매각사건에 이해관계가 있는 법관 및 법원사무관

(6) 재매각 사건인 경우 전 매수인

2) 매각장소의 질서유지를 위해 집행관이 다음 어느 하나에 해당한다고 인정되는 사람에 대해서는 입찰을 하지 못하도록 할 수 있다. 「민사집행법 제108조」

(1) 다른 사람의 매수신청을 방해한 사람

(2) 부당하게 다른 사람과 담합하거나 그밖에 매각의 적정한 실시를 방해한 사람

(3) 위 제1호 또는 제2호의 행위를 교사(敎唆)한 사람

(4) 민사집행절차에서의 매각에 관해 다음의 죄로 유죄판결을 받고 그 판결 확정일부터 2년이 지나지 않은 사람

3) 위계 또는 위력이나 그 밖의 방법으로 경매 또는 입찰의 공정을 해한 사람은 2년 이하의 징역 또는 700만 원 이하의 벌금에 처해진다. 「형법 제315조」

이 외에도 법원은 법령의 규정에 따라 취득이 제한되는 부동산에 관해서는 매수신청을 할 수 있는 사람을 정해진 자격을 갖춘 사람으로 제한하는 결정을 할 수 있다. 「민사집행규칙 제60조」

입찰표 작성 및 서류의 구성

[입찰표]

(앞면)

기 일 입 찰 표

지방법원 집행관 귀하								입찰기일 : 년 월 일						
사건 번호			타 경			호	물건 번호	※물건번호가 여러 개 있는 경우에는 꼭 기재						
입 찰 자	본인	성 명					㉜	전화번호						
		주민(사업자) 등록번호				법인등록 번 호								
		주 소												
	대리인	성 명					㉜	본인과의 관 계						
		주민등록 번 호						전화번호	-					
		주 소												

입찰 가격	천 억	백 억	십 억	억	천 만	백 만	십 만	만	천	백	십	일		보증 금액	백 억	십 억	억	천 만	백 만	십 만	만	천	백	십	일	
												원														원

보증의 제공방법	□ 현금·자기앞 수표 □ 보증서	보증을 반환받았습니다. 　　　　　　　　입찰자　　　　　　㉜

1. 입찰표 작성

1) 사건번호 : 입찰할 매각물건의 사건번호를 기재한다.

2) 물건번호 : 물건번호가 있는 경우 이를 기재하지 않으면 무효가 된다.

　　입찰하고자 하는 경매사건의 물건번호가 여러 개인 경우 매각물건명세서에 기재된다.

3) 입찰자란 : 본인이 입찰하는 경우 본인의 인적사항을 기재하고, 대리인이 입찰하는

경우 입찰자 본인과 대리인의 인적사항을 기재한다.

4) 입찰가액 : 해당 물건을 낙찰받기 위한 입찰가액을 기재한다.

5) 보증금액 : 최저매각가의 10%에 해당하는 금액을 기재한다.

6) 보증금반환 : 낙찰받지 못한 경우 입찰보증금을 현장에서 반환받기 위해 기재한다.

7) 위임장 : 본인란의 날인은 본인의 인감도장을 찍어야 한다.

2. 입찰표 작성요령

1) 입찰가격을 고쳐 쓰면 무조건 무효가 된다.

2) 보증금 액수를 반드시 철저하게 확인해야 한다.

3) 사건번호, 물건번호를 정확하게 기입해야 한다.

4) 신분증, 도장, 위임장을 반드시 지참해야 한다.

[돌다리도 두들겨 보고 건너라]

입찰표 작성요령 및 주의사항에 대해서는 법원 곳곳에 잘 안내되어 있다. 특히 민사집행법원 입찰표를 작성하는 밀폐된 공간에 입찰표 샘플 및 주의사항이 잘 정리되어 있으니, 입찰봉투를 입찰함에 넣기 바로 직전까지 내용을 꼼꼼하게 확인해야 한다. 입찰가격 뒷자리에 '0' 하나를 더 추가로 기입한 순간 입찰보증금 몰수라는 악몽을 경험하게 될 것이다.

3. 입찰 당일 준비물

1) 본인이 입찰 시

(1) 매수자 신분증

(2) 도장(인감도장, 일반도장 상관없음)

(3) 매수신청 보증금(최저매각가의 10%)

2) 대리인 입찰 시

(1) 매수자 신분증

(2) 매수자 인감도장

(3) 매수자 위임장(입찰표 뒷면에 있음)

(4) 매수자 인감증명서 1부

(5) 매수신청 보증금(최저매각가의 10%)

(6) 대리인 신분증

(7) 대리인 도장(인감도장, 일반도장 상관없음)

4. 대리인이 입찰 시

본인 기재란의 날인은 꼭 본인의 인감도장이 날인되어야 한다.

5. 법인의 입찰 시

법인 인감증명서와 법인 등기사항전부증명서(제출용)를 제출한다.

6. 입찰 봉투(황색) 뒷면에는 입찰할 물건의 담당 계를 꼭 기재

공동입찰자가 있는 경우에는 공동입찰신고서와 공동입찰자 목록을 작성하여 입찰에 참여한다.

[입찰당일 준비물]

준비물/매수자	개 인		법 인	
	본인	대리인	대표이사	대리인
신분증	O	O	O	O
도장	O	O	O	O
위임장	X	O	X	O

인감증명서 (개인/법인)	X	O	X	O
등기사항전부증명서 (법인)	X	X	O	O

* 본인 직접 참석 시 도장은 일반도장이면 충분하다.
* 법원에 따라 법인 입찰 시 대표이사도장과 별도로 법인인감도장을 요구하는 경우도 있으니 입찰 전 해당 법원에 꼭 문의해야 한다. 법인 입찰 시 대표이사가 직접 참석하는 경우라 하더라도, 대표이사 본인 도장은 물론 법인인감도장도 함께 준비해 갈 것을 권장한다.

흠결사항	처리기준
입찰기일을 적지 않거나 잘못 적은 경우	입찰봉투의 기재에 따라 그 매각기일의 것임을 특정할 수 있으면 개찰에 포함
사건번호를 적지 않은 경우	입찰봉투, 매수신청보증봉투, 위임장 등 첨부서류의 기재에 따라 사건번호를 특정 시 개찰 포함
매각물건이 여러 개인데, 물건번호를 적지 않은 경우	개찰에서 제외. 다만, 물건의 지번·건물의 호수 등으로 적거나 입찰봉투에 기재가 있어 매수신청 목적물을 특정할 수 있으면 개찰에 포함
입찰자 본인 또는 대리인의 이름을 적지 않은 경우	개찰에서 제외. 다만, 고무인·인장 등이 선명해서 용이하게 판독할 수 있거나, 대리인의 이름만 기재되어 있으나 위임장·인감증명서에 본인의 기재가 있는 경우에는 개찰에 포함
입찰자 본인과 대리인의 주소·이름이 함께 적혀 있지만(이름 아래 날인이 있는 경우 포함), 위임장이 붙어 있지 않은 경우	개찰에서 제외
입찰자 본인의 주소·이름이 적혀 있고 위임장이 붙어 있지만, 대리인의 주소·이름이 적혀 있지 않은 경우	개찰에서 제외
위임장이 붙어 있고 대리인의 주소·이름이 적혀 있으나 입찰자 본인의 주소·이름이 적혀 있지 않은 경우	개찰에서 제외
한 사건에서 동일인이 본인인 동시에 다른 사람의 대리인이거나, 동일인이 2인 이상의 대리인을 겸하는 경우	쌍방의 입찰을 개찰에서 제외
입찰자 본인 또는 대리인의 주소나 이름이 위임장 기재와 다른 경우	이름이 다른 경우에는 개찰에서 제외. 다만, 이름이 같고 주소만 다른 경우에는 개찰에 포함
입찰자가 법인인 경우 대표자의 이름을 적지 않은 경우(날인만 있는 경우도 포함)	개찰에서 제외. 다만, 법인등기사항증명서로 그 자리에서 자격을 확인할 수 있거나, 고무인·인장 등이 선명해서 용이하게 판독할 수 있는 경우에는 개찰에 포함

입찰자 본인 또는 대리인의 이름 다음에 날인이 없는 경우	개찰에 포함
입찰가격의 기재를 정정한 경우	개찰에서 제외 정정인(訂正印) 날인 여부를 불문
입찰가격의 기재가 불명확한 경우(예, 5와 8, 7과 9, 0과 6 등)	개찰에서 제외
보증금액의 기재가 없거나 그 기재된 보증금액이 매수신청보증과 다른 경우	매수신청보증봉투 또는 보증서에 따라 정해진 매수신청보증 이상의 보증제공이 확인되는 경우에는 개찰에 포함
보증금액을 정정하고 정정인이 없는 경우	매수신청보증봉투 또는 보증서에 따라 정해진 매수신청보증 이상의 보증제공이 확인되는 경우에는 개찰에 포함
하나의 물건에 대해 같은 사람이 여러 장의 입찰표를 제출한 경우	입찰표 모두를 개찰에서 제외
보증의 제공방법에 관한 기재가 없거나 기간입찰표를 작성·제출한 경우	개찰에 포함
위임장은 붙어 있으나 위임장이 사문서로서 인감증명서가 붙어 있지 않은 경우, 위임장과 인감증명서의 인영이 틀린 경우	개찰에서 제외. 다만, 변호사, 법무사가 임의대리인으로 입찰하는 경우 인감증명서가 붙어 있지 않더라도 개찰에 포함

알쏭달쏭 경매 Q&A
판매와 법률근거 기반한 질의 응답 실전사례

Q. 법인이 경매에 참여하려면 어떤 서류를 준비해야 하나요?

개인이 주택을 취득할 경우 다주택자의 취득세중과, 양도세중과 등 각종 제한조치와 세금상 불이익으로 1인 법인, 부동산투자법인 등을 설립하여 입찰에 참여하는 사례가 늘고 있습니다. 이러한 법인이 경매 입찰에 참여할 경우 준비서류에 대해 알아보고자 합니다.

1. 법인명의로 '대표이사 본인' 입찰 참가 시

  - 대표자의 자격을 증명하는 문서[법인등기사항전부증명서(제출용)]

  - 대표이사 신분증/대표이사 도장(* 법인인감도장)

  - 입찰보증금(최저매각가의 10%)

* 민사집행규칙에서는 '대표자의 자격을 증명하는 문서'로 규정되어 있고, 이를 가장 공신력 있게 증명해 주는 문서가 법인등기사항전부증명서(제출용)입니다.

* 각 지방법원마다 다르지만, 경험상 어떤 지방법원에서는 '법인대표이사 직접 입찰, 낙찰 시' **법인인감도장을 추가로 요청**하는 경우도 있으니, 대표이사 본인 직접 입찰 시 대표이사 본인의 일반도장과 함께 법인인감도장을 함께 챙겨 갈 것을 추천합니다. 최고가매수인선고 후 1시간여 기다렸다가, 회사 직원이 법인인감 들고 와서 인감 추가 날인 후 법원영수증을 받아 귀가한 ○○지방법원 사례도 있었습니다.

2. 경매에 법인명의로 대리인 또는 회사 직원이 입찰 참가 시

  - 법인등기사항전부증명서(제출용)

  - 법인 인감증명서/법인인감도장/위임장(법인인감날인)

  - 대리인의 신분증과 도장 - 입찰보증금 (최저매각가의 10%)

[근거 법령]「민사집행규칙 제62조」/ 부동산 등에 대한 경매절차 처리지침(재판예규)

▶ 영웅아빠의 부동산연구소 네이버블로그 (https://blog.naver.com/mathmaster7668) 실제 상담사례

매각물건명세서 확인하기

1. 매각물건명세서 확인하기

매각물건명세서 확인할 수 있는 사항 「민사집행법 제105조제1항」

1) 부동산의 표시

2) 부동산의 점유자와 점유의 권원, 점유할 수 있는 기간, 차임 또는 보증금에 관한 관
   계인의 진술

3) 매각에 따라 설정된 것으로 보게 되는 지상권의 개요

4) 등기된 부동산에 대한 권리 또는 가처분으로서 매각으로 효력을 잃지 않은 것

(1) 최선순위 설정일자보다 임차인의 전입신고일자가 빠르다. → 최선순위 설정일자
    보다 대항요건을 먼저 갖춘 주택임차인의 임차보증금 중 전액 배당받지 못하는
    금액은 매수인에게 인수되는 경우가 발생할 수 있다

○○ 지방법원

2023타경 ○○○○

매각물건명세서

사 건	2023타경 ○○○○	매각 물건번호	1	작성 일자	2022. 12. 21.	담임법관 (사법보좌관)	홍길동 (인)
부동산 및 감정평가액 최저매각가격의시	별지 기재와 같음	최선순위 설정	2020. 6. 14. 근저당권			배당 요구종기	2022. 6. 21.

부동산의 점유자와 점유의 권원, 점유할 수 있는 기간, 차임 또는 보증금에 관한 관계인의 진술 및 임차인이 있는 경우 배당요구 여부와 그 일자, 전입신고일자 또는 사업자등록신청일자와 확정일자의 유무와 그 일자

점유자의 성명	점유 부분	정보 출처구분	점유의 권원	임대차 기간 (점유기간)	보증금	차임	전입신고일자, 사업자등록 신청일자	확정 일자	배당요구 여부
박지혜	전부	등기사항 전부 증명서	임차권	2020. 2. 25.부터	300,000 ,000		2020. 2. 25.	2020. 2. 25.	2022. 6. 18.

〈비고〉
박지혜 : 경매신청채권자이며 이 경매신청채권은 위 임차보증금반환채권과 동일함

※ 최선순위 설정일자보다 대항요건을 먼저 갖춘 주택·상가건물 임차인의 임차보증금은 매수인에게 인수되는 경우가 발생할 수 있고, 대항력과 우선변제권이 있는 주택·상가건물 임차인이 배당요구를 하였으나 보증금 전액에 관하여 배당을 받지 아니한 경우에는 배당받지 못한 잔액이 매수인에게 인수되게 됨을 주의하시기 바랍니다.

등기된 부동산에 관한 권리 또는 가처분으로 매각으로 그 효력이 소멸되지 아니하는 것

매수인에게 대항할 수 있는 을구 순위 9번 임차권등기(2022. 1. 13. 등기) 있음(임대차보증금 300,000,000원, 전입일 2020. 2. 25., 확정일자 2020. 2. 25.). 배당에서 보증금 전액 변제되지 아니하면 잔액을 매수인이 인수

매각에 따라 설정된 것으로 보는 지상권의 개요

비고란

주1 : 매각목적물에서 제외되는 미등기건물 등이 있을 경우에는 그 취지를 명확히 기재한다.
  2 : 매각으로 소멸되는 가등기담보권, 가압류, 전세권의 등기일자가 최선순위 저당권등기일자보다 빠른 경우에는 그 등기일자를 기재한다

(2) 법원문건처리내역 등을 추가적으로 확인하여 임차인의 보증금보다 먼저 배당되는 금액들을 반드시 확인하여야 한다. (당해세, 법정기일이 빠른 조세채권 등 확인)

예제 2) 매각물건명세서에서 인수권리 확인하기

○○ 지방법원

2022타경 ○○○○

매각물건명세서

사 건	2022타경 ○○○○	매각 물건번호	1	작성 일자	2022. 12. 21.	담임법관 (사법보좌관)		홍길동 (인)
부동산 및 감정평가액 최저매각가격의시		별지 기재와 같음	최선순위 설정	2021. 9. 7. 경매개시결정		배당 요구종기		2021. 11. 18.

부동산의 점유자와 점유의 권원, 점유할 수 있는 기간, 차임 또는 보증금에 관한 관계인의 진술 및 임차인이 있는 경우 배당요구 여부와 그 일자, 전입신고일자 또는 사업자등록신청일자와 확정일자의 유무와 그 일자

점유자의 성명	점유 부분	정보 출처구분	점유의 권원	임대차 기간 (점유기간)	보증금	차임	전입신고일자, 사업자등록 신청일자	확정 일자	배당요구 여부
안진수	전부	현황조사	주거 임차인	2021. 7. 8부터 2023. 7. 8. 까지	100,000 ,000	없음	2021. 7. 8.	2021. 6. 25.	

〈비고〉
안진수 : 임차인 안진수는 권리신고만 하고 배당요구는 하지 않음.

※ 최선순위 설정일자보다 대항요건을 먼저 갖춘 주택·상가건물 임차인의 임차보증금은 매수인에게 인수되는 경우가 발생할 수 있고, 대항력과 우선변제권이 있는 주택·상가건물 임차인이 배당요구를 하였으나 보증금 전액에 관하여 배당을 받지 아니한 경우에는 배당받지 못한 잔액이 매수인에게 인수되게 됨을 주의하시기 바랍니다.

등기된 부동산에 관한 권리 또는 가처분으로 매각으로 그 효력이 소멸되지 아니하는 것

매각에 따라 설정된 것으로 보는 지상권의 개요

비고란

주1 : 매각목적물에서 제외되는 미등기건물 등이 있을 경우에는 그 취지를 명확히 기재한다.
　　2 : 매각으로 소멸되는 가등기담보권, 가압류, 전세권의 등기일자가 최선순위 저당권등기일자보다 빠른 경우에는 그 등기일자를 기재한다

부동산 경매와 권리분석 | 163

(1) 최선순위 설정일자보다 임차인의 전입신고일자가 빠르다. → 최선순위 설정일자보다 대항요건을 먼저 갖춘 주택임차인의 임차보증금은 매수인에게 인수되는 경우가 발생할 수 있다.

(2) 대항력 있는 임차인이 배당요구를 하지 않았기 때문에, 임차인의 보증금 1억 원은 전액 매수인이 인수해야 한다. 이런 경우 수차례 유찰이 되어 보증금과 낙찰가를 합한 금액이 시세보다 저렴할 때 입찰해야 한다. 일명 '경매 갭 투자'라고 불리기도 하는 사례로 임차인의 보증금을 추후 반환해줘야 하는 시점과 금액을 판단해 낙찰가를 선정해 입찰에 참여해야 한다. 가장 많은 경매사고가 발생하는 사례가 대항력 있는 임차인이 배당요구를 하지 않는 경우이니, 조심하고 또 조심해야 한다.

현황조사보고서 내용 확인하기

1. 현황조사보고서란

채권자가 신청에 의한 경매개시결정이 떨어지면 법원은 집행관에게 경매대상 부동산의 현재 상황, 임대차, 및 점유 관계 조사를 명령하여 그 내용을 표기한다.

2. 부동산의 현황을 표시한다

부동산의 소재지, 용도, 구조, 면적과 실제 사용하고 있는 용도(서울시 용산구 같은 경우는 근린생활시설로 신축허가를 받아 주거용으로 개조하여 사용 이유 : 재개발 시 여러 개의 분양권을 노린 편법)를 표시한다.

☞ 입찰 시 이러한 물건의 주의가 필요하다. (저렴한 비용에 낙찰을 받았더라도 재개발이 진행될 시 수인이 하나의 분양권만을 받는 경우가 있을 수 있다.)

3. 점유 관계를 표시한다

경매대상 부동산에 소유자, 채무자, 점유자, 임차인 등 누가 거주하는지 점유 기간, 점유 권원 등을 조사하여 표기한다.

4. 임차목적물의 용도 및 임대차계약 등의 내용을 표시한다

임차인들의 보증금, 임차조건, 점유부분 등을 조사하여 표시한다.

법원의 집행관이 현장을 방문하여 조사한다고 하더라도 조사 내용을 100% 신뢰할 수는 없다.

반드시 전입세대열람명세서를 동사무소에서 확인하여 최선순위 설정일자와 비교하여야 한다.

현황조사보고서 활용

1. 매각불허가 판단

현황조사보고서와 현황이 상이하고 이를 바탕으로 매각물건명세서가 작성되었으며 그것이 매각물건명세서의 중대한 하자에 해당하면 매각불허가 사유가 된다.

2. 위장 임차인 판단

현황조사보고서와 신고서의 내용이 다르다면 위장 임차인일 가능성이 높다.

3. 유치권 판단

유치권자는 경매개시결정등기일 이전부터 점유해야 한다.

현황조사보고서상 점유에 대한 기록이 없는데 이후 유치권 신고자가 있다면 유치권 존재 여부에 대한 판단에서 유치권 주장자에게는 불리한 증거가 된다.

4. 법정지상권 판단

현황조사보고서상 최선순위의 저당권설정 당시에 건물이 없었거나 또는 토지와 건물이 공동담보로 제공되었다가 구 건물을 철거하고 현황 건물이 신축된 경우 저당권의 순위와 동순위로 건물에 저당권을 설정하지 않았다면 「민법 366조」의 법정지상권이 성립하지 않는다.

감정평가서 보는 방법

1. 감정평가란

경매개시결정 후 3일 이내에 법원은 감정평가 명령을 발하고 감정평가 기관에 감정평가를 의뢰한다. 의뢰받은 감정평가법인은 2주 이내에 감정평가를 완료하여야 한다. 이때의 감정평가 가격이 통상 최초 매각가격이 된다.

2. 감정평가 명세표에서 확인할 수 있는 사항

1) 감정평가 명세표상 토지와 건물의 감정평가금액이 각각 표시되어 있다. 매각물건 중 대지권 없음은 대지권의 표시가 없고 대지권의 평가금액도 기재되어 있지 않다.
2) 대지권이 없는 건물만을 낙찰받는 경우에는 법정지상권이 존재한다면 토지소유자에게 토지 사용료(지료)를 지불하여야 하며, 법정지상권이 없는 경우에는 토지소유자로부터 건물철거소송을 당할 수도 있으므로 입찰자는 이런 물건에 대해서는 입찰을 피하는 것이 좋다.
3) 대지권 표시가 없는 아파트라도 감정평가액에 대지권의 가격이 포함되어 있다면 소유권을 행사하는 데 문제가 없다.

※ 주의 : 감정평가표상의 가격조사 시점은 대개 매각기일 6개월~1년 전 감정평가금액이다. 반드시 감정평가서 감정평가 시점을 확인하여 그 당시 부동산 시장 현황과 해당 물건의 적정 시세 등을 판단해야 한다.

감정평가금액은 결코 시세가 아님을 명심해야 한다.

3. 부동산 상승기와 하락기

이때는 감정 시점 당시의 감정평가액이 현재 가격을 반영하지 못하므로 입찰 시에는 부동산 물건 소재지 부동산을 방문하여 매매현황과 전·월세 동향을 알아보는 것이 바람직하다. 또한 해당 물건지의 아파트 실거래내역은 국토교통부 실거래 조회(rt.molit. go.kr) 서비스를 참고토록 한다.

국토교통부 실거래가 조회 서비스에는 아파트뿐만 아니라 연립. 다세대. 단독. 다가구주택의 실거래가와 거래내역까지도 확인이 가능하다.

4. 감정평가 명세표상 토지와 건물의 감정평가금액이 각각 표시되어 있다

매각물건 중 '대지권 없음'은 대지권의 표시가 없고 대지권의 평가금액도 기재되어 있지 않다.

이 감정평가서는 감정평가에 관한 법규를 준수하고 감정평가이론에 따라 성실하고 공정하게
작성하였기에 서명날인합니다.

감 정 평 가 사   (인)

감정평가액	팔억원정(₩800,000,000.-)			
의 뢰 인	서울북부지방법원 사법보좌관	감정평가목적	법원경매	
채 무 자	-	제 출 처	서울북부지방법원	
소 유 자 (대상업체명)		기 준 가 치	시장가치	
		감정평가 조 건	-	
목 록 표시근거	귀 제시목록	기 준 시 점 2021.08.10	조 사 기 간 2021.08.09 ~ 2021.08.10	작 성 일 2021.08.10

감정평가내용	공부(公簿)(의뢰)		사 정		감 정 평 가 액	
	종 류	면적(㎡) 또는 수량	종 류	면적(㎡) 또는 수량	단 가	금 액
	구분건물	1	구분건물	1	-	800,000,000
		이	하	여	백	
합 계						₩800,000,000

감정평가액의 산출근거 및 결정의견

" 별   지   참   조 "

대지권미등기 아파트 감정평가서

5. 대지권 없는 건물만을 낙찰받는 경우

법정지상권이 존재한다면 토지소유자에게 토지사용료(지료)를 지불하여야 하며, 법정지상권이 없는 경우에는 토지소유자로부터 건물철거소송을 당할 수도 있으므로 입찰자는 이런 물건에 대해서는 입찰을 피하는 것이 좋다. 대지권 표시가 없는 아파트라도 감정평가액에 대지권의 가격이 포함되어 있다면 소유권을 행사하는 데 문제가 없다.

6. 대지권 미등기

이는 실제 대지권은 있으나 재건축, 재개발 시 공동주택 건립을 위한 토지의 합필, 환지 절차의 지연 등에 따른 문제로 대지권이 미등기된 것으로 소유권 취득에는 문제가 없다. 다만, 미등기되어 있는 대지권을 낙찰자 명의로 소유권이전할 때 경매 당시의 소유자 명의로 대위등기 후 이전등기 절차를 거쳐야 한다. 대지권 미등기 부동산은 감정평가서상에 대지권 가격이 포함되어 있다.

7. 감정평가 요항표에서 주의해서 볼 것

[감정평가서 감정평가 요항표 기재사항]

(1) 위치 및 주위환경

(2) 교통상황

(3) 건물의 구조

(4) 이용 상태

(5) 설비내역

(6) 토지의 형상 및 이용형태

(7) 인접 도로상태 등

(8) 토지이용계획 및 제한상태

(9) 공부와의 차이

(10) 기타참고사항(임대관계 및 기타)

(1) 위치 및 주위환경 : 주변에 혐오 시설이 없어야 추후 매도가 순조롭다.

(2) 교통상황 : 대중교통 및 접근성 등을 확인한다.

(3) 건물의 구조 : 철근콘트리트, 연와조 등 건물의 구조와 내외벽 마감 등을 확인한다.

(4) 이용 상태 : 해당 건물이 어떤 용도로 사용 중인지 등을 파악할 수 있고, 재개발 지

역의 경우에는 재개발 지정 전 건축업자나 소유자에 의해 재개발 후 다수의 분양권을 목적으로 근린생활시설로 건축 후 주택으로 불법 용도 변경하여 분양한 경우들이 있어, 주의해야 한다.

(5) 설비내역 : 난방, 위생, 소방, 승강기, 주차장 등이 대한 내용

(6) 토지의 형상 및 이용형태 : 토지 모양 부지이용형태 등

(7) 인접 도로상태 등 : 동서남북 접한 도로와 도로 폭에 대한 내용

(8) 토지이용계획 및 제한상태 : 각종 공법상의 규제가 기재된다. 입찰하고자 하는 물건의 토지이용계획 확인원을 확인하는 것도 잊지 말자.

(9) 공부와의 차이 : 건축물대장과 실제 사용 용도가 다른 경우 입찰을 피하는 것이 현명하다.

(10) 기타참고사항 : 건축물에 대한 행정처분 등이 기재될 수 있다. 위반건축물로 등재가 되면 매년 위반된 내용이 시정될 때까지 이행강제금이 부과된다.

법원문건·송달내역 확인하기

권리분석 시 대법원 법원경매정보에서 사건번호를 검색하여 입찰하고자 하는 경매물건의 사건내역과 문건송달내역을 확인해야 한다. 경매의 전체적인 흐름을 파악할 수 있고 감정평가서, 매각물건명세서에서 확인이 어려운 권리에 대해서도 유추판단이 가능하기 때문에 꼭 확인해야 할 사항이다. '문건처리내역'은 이해관계인이 법원에 제출한 서류와 관련된 내용이고, '문건송달내역'은 법원이 이해관계인에게 진행되는 과정을 알리는 내용으로 경매절차상 이해관계인에게 송달되지 않으면 중대한 하자로 추후 매각불허가 사유가 될 수도 있기 때문에 이 과정을 법원 기록에 남겨두어야 한다. 입찰예정자에게 문건송달 및 처리내역은 해당 사건의 당사자, 권리자, 이해관계인 등을 확인하고 권리분석의 근거가 되는 중요한 정보자료로 활용이 가능하다.

1) 사건내역에서는 당사자 내역을 확인한다.

2) 문건처리내역에서는 임차인의 권리신고일(배당요구일) 등 을 확인한다.

3) 송달내역에서는 이해관계인들의 송달 여부를 확인한다.

4) 낙찰을 받으면 사건내역에 매수신고금액, 매각허가 여부가 기재되고 즉시 항고가 들어오면 항고내역이 기재된다.

5) 낙찰자가 대금을 납부하고 인도명령을 신청하면 인도명령 사건번호 「2022타인 12340」가 기재된다.

6) 인도명령 사건번호가 부여되면 인도명령 신청 법원의 홈페이지에 사건번호를 검색하여 진행내역을 확인한다.

7) 교부권자, 압류권자, 교부청구서 제출 유무 등을 통해 임차인의 보증금 보다 먼저 배당되는 당해세, 법정기일이 빠른 조세채권 등에 대해서 유추판단이 가능하다.

소유자, 채무자에 대한 인도명령 신청은 통상 2주 안에 인도명령 결정이 인용된다. 대항력이 없는 임차인인 경우에도 심문기일을 거쳐 배당기일이 끝나고 인도명령 결정이 인용된다.

인도명령을 신청하는 당일 세입자를 만나 부동산 인도에 대한 부분을 협의한다. 임차인을 대면하기 전 유선상으로 통화를 먼저 해 보는 것도 방법이다.

임차인의 연락처는 낙찰 법원의 민사신청과에 낙찰받았다는 확인서류(입찰보증금 영수증·대금지급통지서와 신분증)와 함께 사건 열람 신청서를 제출하여 해당 경매계에서 사건을 열람하면 된다.

⬤ 문건처리내역

접수일	접수내역	결과
2019.03.08	등기소 서○○○○○○○ ○○○ 등기필증 제출	
2019.03.15	집행관 ○○ 현황조사보고서 제출	
2019.03.19	기타 ○○ 감정평가서 제출	
2019.03.21	근저당권자 주○○○ ○○○○ 주소/송달장소 변경신고서 제출	
2019.09.19	채무자겸소유자 ○○ 열람및복사신청 제출	
2019.09.24	채권자 ○○ 기일지정 신청서 제출	
2019.10.07	기타 세○○○ 공고료 제출	
2019.10.21	집행관 ○○ 기일입찰조서 제출	
2019.11.19	채권자 ○○ 보정서 제출	
2019.11.21	채무자겸소유자 ○○ 강제집행정지결정 제출 제출	
2019.12.06	최고가매수신고인 입찰보증금 환급신청서 제출	
2020.08.21	채권자 ○○ 경매속행 신청서 제출	
2020.10.08	이해관계인 소송대리인 ○○○ 의견서 제출	
2020.10.20	채무자겸소유자 ○○ 강제집행정지신청서 제출	
2020.10.28	근저당권자 주○○○ ○○○○ 열람및복사신청 제출	
2021.09.08	채권자 ○○ 의견서 제출	
2021.09.13	이해관계인 소송대리인 ○○○ 의견서 제출	
2022.10.28	채권자 ○○ 경매속행 신청서 제출	

[주요 문건처리 내역 관련 내용]

※ 이해관계인등의 이름은 앞 글자 한 글자를 제외한 나머지 부분은 비공개 처리됨

◆ 교부권자 교부청구서 제출 : 지자체 또는 관할세무서 세금 미납 배당 요청

◆ 채권자 보정서 제출 : 경매신청 내용(주소, 안적사항 등) 보정한 서면 제출

◆ 채권자 경매신청취하서 제출 : 신청한 경매사건을 취하해 달라는 요청

◆ 채권자 경매기일연기 신청서 제출 : 입찰 날짜를 일정 기간 미루어 달라는 요청

◆ 배당배제신청서 제출 : 채권자가 임차인배당을 제외시켜달라는 배제 요청

◆ 근저당권자 채권계산서 제출 : 근저당권자 우선변제권에 의한 배당 요구

◆ 임차인의 권리신고 및 배당요구서 제출 : 우선/최우선변제에 의한 배당 요구

◆ 최고가매수신고인 낙찰불허가신청서 제출 : 매각허가결정 시 불허가 요청

등기사항전부증명서 보는 방법

- 표제부 : 부동산의 토지와 건물의 표시
- 갑구 : 소유권에 관한 사항
- 을구 : 소유권 이외의 권리에 관한 사항

[등기사항전부증명서의 구성요소]

표제부 (부동산의 표시사항)	갑구 (소유권에 관한 사항)	을구 (소유권이외의 권리사항)
부동산의 위치 사용 목적 면적 및 구조 변동 사항	소유권보전등기 소유권이전등기 가등기 압류(가압류) 경매신청 기입등기 예고등기 말소 및 회복등기	저당권(근저당권) 전세권 지상권 지역권 임차권(임차권등기명령) 각 권리의 변경 사실

1. 부동산등기사항전부증명서

부동산등기사항전부증명서는 부동산에 대한 권리관계를 일반인에게 알리기 위하여 국가에서 작성해 놓은 장부로, 사람에 있어서 호적등본과 같은 것이다. 하지만 모든 부동산에 부동산등기사항전부증명서가 있는 것은 아니다. 호적등본이 출생신고를 하지 않으면 존재하지 않는 것처럼 부동산 역시 소유권보존등기를 하지 않으면 부동산등기사항전부증명서가 존재하지 않는다.

이렇게 출생신고가 되어 있지 않은 부동산을 "미등기부동산"이라 한다. 부동산등기사항전부증명서는 권리분석 및 물건분석을 하는 데 있어 없어서는 안 될 자료이다.

2. 부동산등기사항전부증명서의 구성

부동산등기사항전부증명서가 전산화됨에 따라 인터넷(대법원 사이트)을 통해 발급받을 수 있다. 등기사항전부증명서는 표제부, 갑구, 을구로 구성되어 있다.

1) 표제부

부동산의 소재와 그 내용을 나타낸다. 지번, 지목, 면적, 구조가 기록된다. 반드시 경매로 나온 해당 물건과 주소가 일치하는지 살펴야 한다. 간혹 비슷한 이름으로 된 물건들이 있으니 주의를 기울여야 한다.

2) 갑구

소유권에 대한 사항이 기록된다. 압류, 가등기, 예고등기, 가처분등기, 경매개시결정 등이 주요 내용이다. 매각물건과 소유자가 일치하는지 확인하고, 기타 사항 역시 제공된 정보와 일치하는지 살펴야 한다.

3) 을구

소유권 이외의 권리에 대한 사항이 기록된다. 저당권, 지역권, 전세권, 지상권 등이 표시된다. 민감한 사항이니 반드시 확인해야 한다. 특히 최초 근저당 설정일과 그 금액을 확인하자. 소액일 경우에는 대위변제 가능성에 대해 염두에 두어야 한다.

집합건물(아파트, 연립, 다세대 등)은 등기사항전부증명서에 대지권을 포함하여 건물등기사항을 기재하여 하나로 구성되어 있다.

(단, 대규모 택지 개발 사업지, 재건축, 재개발사업으로 토지 정리가 안 된 경우에는 토지 등기사항전부증명서가 별도로 존재한다. 이것을 "토지별도등기"라 한다.)

☞ 단독, 다가구주택은 토지·건물 등기사항전부증명서가 각각 있다.

3. 등기사항전부증명서 보는 방법

1) 표제부에는 토지의 대지권 비율과 건물의 전용면적이 표시되어 있다. 공동주택 재건축, 재개발사업에서 감정평가에 중요한 영향을 미치는 것 중의 하나가 대지권 비율이다.

대지권 비율은 표제부에서 "대지권 목적인 토지의 표시"에 기재되어 있는 대지면적과 "대지권의 표시"에 기재되어 있는 대지권 비율을 확인해 봐야 한다.

재개발사업지 중에서는 간혹 "대지권 목적인 토지의 표시"에 기재되어 있는 대지면적과 "대지권의 표시"에 기재되어 있는 대지권 비율이 다르게 표시된 경우가 있다. 위의 오류가 있는 매각물건에 입찰 시 대지권의 비율만을 보고 투자하게 되면 낭패를 보는 경우가 생길 수 있으므로 여기서는 확인하는 법을 알아보자.

☞ 예시

다음의 등기사항전부증명서를 보면 토지의 표시는 3필지 대지 총 면적이 329㎡이나 대지권의 비율은 100분의 15.3이다. 15.3㎡의 대지지분이 있다는 것이 아니라 비율이 100분의 15.3이라는 뜻이다.

표시번호	소재지번	지목	면적	등기원인 및 기타사항
	서울특별시 동작구 상도동 283 2. 서울특별시 동작구 상도동 283-1 3. 서울특별시 동작구 상도동 283-2	대 대 대	대 120㎡ 대 127㎡ 대 82㎡	2019년 8월 20일 등기

대지권의 표시			
표시번호	대지권종류	대지권비율	등기원인 및 기타사항
1	1, 2, 3 소유권대지권	100분의 15.3	2019년 10월 15일 대지권 2019년 10월 24일 등기

이럴 경우 총 대지면적 329㎡의 100분의 15.3의 비율부분 만큼이 실제 소유한 대지권

면적이 된다.

$$329㎡ : X = 100 : 15.3$$

$$100X = 329×15.3$$

$$X = 329㎡×15.3÷100$$

$$X = 50.33㎡(대지권 비율에 따른 권리 지분 15.21평이다.)$$

2) 갑구에는 소유권에 관한 사항이 표시되고, 을구에는 소유권 이외의 권리 사항이 표시된다. 갑구나 을구만을 볼 때는 순위번호를 보고 경매 시에는 갑구와 을구상의 접수번호가 빠른 것이 말소기준등기가 된다.

4. 부동산등기사항전부증명서상 권리분석

※ 등기사항전부증명서상 같은 갑구, 을구에서의 우선순위

[갑구에서의 핵심 권리분석]

[갑 구] (소유권에 관한 사항)				
순위번호	등기 목적	접수	등기 원인	권리자 및 기타사항
1	가압류	2021년 3월 2일 제2650호	2021년 2월 27일 서울동부지방법원 가압류 결정	채권자 甲
2	가처분	2021년 5월 30일 제3200호	2021년 5월 25일 서울동부지방법원 가처분 결정	채권자 乙
3	가등기	2021년 12월 16일 제5800호	2021년 12월 13일 매매예약	가등기권자 丙

(1) 등기사항전부증명서상 같은 구서 권리자 간 우선순위는 순위번호가 기준이 된다.

(2) 최선순위(말소기준등기)가 가압류이므로 경락으로 인하여 후순위 가처분과 가등기는 모두 말소되며 낙찰자 인수사항이 없다.

[을구에서의 핵심 권리분석]

[을 구] (소유권 이외 권리에 관한 사항)				
순위 번호	등기 목적	접수	등기 원인	권리자 및 기타사항
1	근저당	2021년 8월 2일 제2650호	2021년 8월 2일 우리은행 설정계약	근저당권자 A
2	전세권	2022년 4월 11일 제3200호	2022년 5월 30일 설정계약	전세권자 B
3	지상권	2023년 1월 5일 제5800호	2022년 12월 13일 설정계약	지상권자 C

(1) 등기사항전부증명서상 같은 구에서 권리자 간 우선순위는 순위번호가 기준이 된다.

(2) 최선순위(말소기준등기)가 근저당권(2021. 8. 2.)으로 경락으로 인하여 후순위 전세권과 지상권은 모두 말소되며 낙찰자 인수사항 없다.

※ 등기사항전부증명서상 갑구와 을구에서의 상호 순위 관계

[갑구 을구 상호 순위 관계 사례 1]

순위	등기 목적	접수	등기 원인	권리자 및 기타사항
1(갑1)	2012. 12. 28.	소유권이전	매매계약	소유권자
2(을1)	2018. 3. 26.	근저당	설정계약	근저당권자 A
3(을2)	2018. 5. 3.	근저당	설정계약	근저당권자 B
4(을3)	2021. 2. 23.	근저당	설정계약	근저당권자 C

5(을4)	2021. 5. 24.	근저당	설정계약	근저당권자 D
6(갑2)	2021. 11. 15.	가압류	가압류결정	가압류권자 F
7(갑3)	2022. 2. 22.	임의경매	임의경매 개시결정	근저당권자 A

(1) 등기사항전부증명서상 갑구와 을구에서 권리 상호자 간 우선순위는 동일한 해 (2022년) 접수된 경우 : 접수번호가 빠른 것이 기준이 된다.

(2) 서로 다른 해에 가압류나 근저당권이 접수되었을 경우에는 접수 일자가 빠른 것이 기준이 된다.

(3) 등기사항전부증명서상 갑구와 을구에서 접수번호가 가장 빠른 을구의 근저당 (2018. 3. 26.)이 말소기준등기가 되며 경락으로 인하여 말소기준등기 이후의 권리는 모두 말소되므로 낙찰자 인수사항이 없다.

[갑구 을구 상호 순위 관계 사례 2]

순위	등기 목적	접수	등기 원인	권리자 및 기타사항
1(갑1)	가처분	2019. 1. 10.	처분금지	가처분권자 A
2(을1)	근저당	2020. 3. 3.	설정계약	근저당권자 B
3(갑2)	가등기	2021. 7. 15.	매매예약	가등기권자 C
4(갑3)	가압류	2022. 4. 26.	가압류 결정	가압류권자 D
5(갑4)	임의경매	2022. 6. 12.	임의경매 개시결정	근저당권자 B

(1) 최선순위 말소기준등기는 2020년 3월 3일 근저당권이다.

(※ 가처분 등기는 말소기준등기가 될 수 없기 때문이다.)

(2) 근저당권 이후의 모든 권리는 매각으로 말소된다. 그러나 근저당권자 B보다 선순위인 가처분권자 A의 권리는 소멸하지 않는다.

(3) 가처분권자 A가 승소하면 낙찰자는 A에게 대항하지 못하고 소유권을 잃게 된다. 그러므로 입찰하지 말아야 한다.

'채권자의 금전채권'

경매의 정의에서 시작되는 부동산 경매의 모든 것

〈공권력〉〈채무자의 부동산〉〈환가〉〈채권자의 금전채권〉〈낙찰자의 부동산 취득〉

'배당'이란 집행법원이 배당할 금액에서 배당재단에 들어와 있는 매각대금 중 집행비용을 제외하고 남은 실제 배당할 금액을 배당순위에 따라 채권자별로 배당하는 것을 말한다. 경매절차는 채무자의 부동산을 압류한 후 매각에 의한 현금화 과정을 거쳐, 그 대금으로 채권자의 채권변제에 충당하는 절차이며, 이러한 매각 및 배당과정을 통해 채권자들은 본인의 금전채권을 회수해 갈 수 있다.

채무자는 본인 부동산을 공권력에 의해 소유권을 빼앗기는 과정이지만, 채권자 입장에서는 그동안 회수하지 못했던 채권을 회수할 수 있는 구제 과정이기도 한 것이다.

배당을 알아야 하는 이유

입찰자가 배당을 꼭 알아야 하는 이유 중 가장 큰 이유는 납부한 매각대금이외에 추가로 인수해야 할 자금이 더 있는지 여부를 판단하기 위함이다. 특히 보증금 전액을 배당받고 명도가 가능할 줄 알았던 대항력 있는 임차인의 보증금이 전액 배당되지 않는 경우 낙찰자는 미배당 임차인의 보증금 전액을 인수하게 된다. 특히 주의할 부분은 임차인의 우선변제권보다 앞서서 배당되는 당해세와 법정기일이 빠른 조세채권 등 함정이 도사리고 있기 때문이다. 경매사고 원인의 90% 이상은 임차인분석에 실패했기 때문이라고 해도 과언이 아니다.

배당요구와 배당절차 등

매수인(낙찰자)가 매각대금을 완납하면 법원은 배당절차를 밟아야 한다. 배당기일을 정해 이해관계인과 배당을 요구한 채권자에게 이를 통지하고 채권자와 채무자가 볼 수 있도록 매각대금, 채권자 채권의 원금, 이자, 비용, 배당의 순위와 배당의 비율이 개재된 배당표 원안을 미리 작성해서 배당기일 3일 전 법원에 비치한다.

배당기일에는 출석한 이해관계인과 배당을 요구한 채권자의 합의에 따라 배당표를 정정하고, 이들을 심문해서 배당표를 확정한 후 그 배당표에 따라 배당을 실시하게 된다.

1. 배당요구의 방식
배당요구는 채권의 원인과 액수를 적은 서면으로 하여야 하며, 반드시 배당요구종기일까지 배당요구를 하여야만 배당자격이 주어진다.

배당요구는 채권자가 자유롭게 철회할 수 있으나, 배당요구에 따라 낙찰자가 인수할 부담이 바뀌는 경우 배당요구한 채권자는 배당요구의 종기가 지난 뒤에 이를 철회하지 못한다.

2. 배당요구의 효력

1) 배당받을 권리

2) 배당기일의 통지를 받을 권리

3) 배당표에 대한 이의신청권

4) 집행본으로 한 배당요구의 효력(압류효력)

3. 배당순위

　법원 실무에서는 대부분 매각물건들의 매각대금이 배당받을 채권자의 채권액과 비교하면 많이 부족하다. 따라서 집행법원은 주택 및 상가건물임대차보호법과 민법, 상법, 국세징수법 등에 규정된 법률에 의한 순위대로 배당을 하게 된다.

순위	구분	권리종류 및 내용
0	경매집행비용	대략 감정평가액의 1~2%
1	필요비 / 유익비	해당 경매목적 부동산에 투입된 제3취득자의 보존개량 비용
2	소액임차보증금/ 근로자임금채권	임대차보호법상의 최우선변제금액(* 최초 담보물권설정일 기준) 임금채권 : 3개월치 월급, 최종 3년분 퇴직금, 재해보상금 * 소액임차인 상호 간 무조건 동순위 안분배당 (총 배당액의 1/2 범위)
3	당해세	경매목적물 자체에 부과된 국세와 지방세 국세 : 상속, 증여, 종합부동산세 지방세 : 재산세, 종합토지세, 도시계획세, 공동시설세
4	담보물권 및 일반조세채권	확정일자 있는 임차인의 우선변제권 근저당, 담보 가등기, 전세권, 등기된 임차권 등의 우선변제권 일반조세채권(법정기일) 선후 관계
5	일반 임금채권	2순위(3개월치, 3년 퇴직금) 제외한 잔여 채권
6	후순위 조세채권	당해세와 일반조세채권(국세/지방세 우열 없음)
7	공과금채권	산업재해보상금, 건강보험금, 국민연금(압류되지 않은 채권)
8	일반 채권	가압류, 가처분채권/일반채권 * 시기 선후 무관 안분배당

담보물권 및 확정일자 있는 임차인의 우선변제권에 의한 배당이 제일 먼저 실시되어야 하는 것이 원칙이나, 예외적으로 이들보다 먼저 배당받는 권리들이 있어 늘 경매에서는 예상치 못한 사고들이 발생하곤 한다.

특히 전액 배당받고 퇴거할 줄 알았던 대항력 있는 임차인의 보증금이 전액 배당되지 않는 경우 낙찰자는 미배당 임차인의 보증금 전액을 인수하게 된다. 특히 주의할 부분이 당해세와 법정기일이 빠른 조세채권 등이다.

물론 2023년 4월 1일 이후 매각허가결정되는 경매사건부터, 주택임대차보증금에 대한 국세우선원칙 적용의 예외조항이 신설되었다. 임차인의 확정일자보다 법정기일이 늦은 당해세 배분 한도만큼은 주택임차보증금이 우선변제되도록 국세기본법이 개정 시행됨으로써, 입찰자 입장에서 대항력 있는 임차인의 보증금은 추가로 인수하게 되는 일이 훨씬 덜하게 될 것이다.
[2022년 12월 31일 개정되어, 2023년 4월 1일부터 시행되는 국세기본법 개정사항]

4. 배당순위를 반드시 알아야만 하는 이유

보증금 전액을 배당받고 명도가 가능할 줄 알았던 '대항력 있는 임차인'의 보증금이 전액 배당되지 않는 경우 낙찰자는 미배당된 임차인의 보증금차액을 전액 인수하게 된다.

특히 주의할 부분은 경매비용, 근로자임금채권, 당해세와 법정기일이 빠른 조세채권 등 임차인의 우선변제권보다 먼저 배당되는 항목들이다. 또한 대항력 없는 임차인이라 하더라도 일부 배당금이라도 받아가는 경우 명도가 수월하기 때문에 배당순위를 정확히 알고 있다면 경매 권리분석에서 큰 도움이 되는 부분이다. 다음 4가지는 경매투자자라면 꼭 알고 있어야 하는 배당 순위이다.

1) (0순위) 경매집행비용

경매 집행비용을 매각대금에서 최우선적으로 충당한 후 배당재단을 편성하기 때문에, 경매 집행비용은 사실상 대항력 있는 임차인의 보증금보다 먼저 배당되는 금액으로 볼 수 있다. 통상적으로 감정평가금액의 1~2% 수준을 경매비용으로 추정할 수 있다.

2) (1순위) 필요비/유익비

경매목적 부동산의 관리, 보존 및 유지를 위해 임차인, 제3취득자, 점유자 등이 지출한 비용을 말한다. 아주 드물게 임차인의 필요비/유익비 배당요구가 인정되어 배당받은 사례가 있기는 하나, 대부분 임대차계약 시 원상회복의무 등의 조항이 계약서에 명시되어 있기 때문에, 경매실무에서 필요비/유익비가 인정되는 사례를 찾기는 어렵다.

3) (2순위) 근로자의 임금채권

임금채권우선변제권은 근로자가 그 임금채권을 사용자의 총재산에서 조세·공과금 및 다른 채권(임차인보증금 등)에 우선하여 변제받을 수 있는 권리를 말한다. 임금채권이란 임금·퇴직금·재해보상금 기타 근로관계로 인한 채권이다. 이러한 채권은 대항력 있는 임차인의 보증금보다 먼저 배당되기 때문에 권리분석 시 주의를 요하는 부분이다.

임금채권은 문건송달내역에서 근로복지공단의 '배당요구' 형태로 표기되기도 하는데, 문건송달내역에서 '근○○○○○'의 배당요구가 있을 경우 주의를 요한다. 또한 개인 이름으로 소액 가압류된 금전채권이 있을 경우 임금채권일수도 있다.

[임금채권의 범위]

최우선 변제되는 임금채권의 범위는 최종3월분 임금 / 최종3년분 퇴직금 / 재해보상금이며, 배당요구종기일까지 배당요구 신청을 해야만 한다.

[임금채권 우선변제 적용되는 재산]

사용자(사업자)가 소유하는 총재산이 적용 대상이다. 사용자가 법인일 경우에는 법인 소유의 재산만을 의미하며, 법인대표의 개인재산은 위 사용자가 소유하는 재산의 범위에 포함되지 않는다.

[근로자의 임금채권 우선변제 채권이 있을 것으로 추정되는 경우]

- 채무자가 법인인 경우
- 근로복지공단에서 강제경매를 신청하는 경우
- 근로복지공단의 배당요구가 있는 경우
- 소액 개인명의 가압류가 다수 존재하는 경우

4) (3순위) 당해세(재산세 / 종합부동산세)

경매목적 부동산 자체에 부과된 조세와 가산금을 말하며, 당해 재산을 소유하고 있다는 사실 자체에 담세력을 인정하여 부과하는 국세, 지방세 및 그 가산금을 말한다. 경매 실무에서는 종합부동산세와, 재산세 두 가지가 주로 대항력 있는 임차인의 보증금보다 먼저 배당되기 때문에 문제가 된다. 당해세는 문건송달내역에서 '교부청구' 형태로 표기되기 때문에, 교부청구권자가 있을 경우 권리분석 시 주의를 요한다.

[문건송달내역에서 확인 가능한 당해세와 임금채권]

사례) 2022타경4237 (서울특별시 동작구 소재 빌라)

소 유 자 (주)○○○○○○○○ (안산시)

채 무 자 (주)○○○○○○○○ (안산시)

감정가 : 367,000,000원

공동주택공시가격 : 189,000,000원

접수일	접수내역	
2023.01.04	등기소 서○○○○○○○ ○○○ 등기필증 제출	
2023.01.10	감정인 삼○○○○○○○○○ 감정평가서 제출	
2023.01.10	집행관 서○○○○○○○ 부동산현황조사보고서 제출	
2023.01.16	**교부권자 서○○○○○○○ 교부청구서 제출**	**※ 재산세 추정**
2023.01.17	채권자 손○○ 보정서 제출	
2023.01.19	**교부권자 안○○○○ 교부청구서 제출**	**※ 종부세 추정**
2023.01.25	채권자 손○○ 송달장소 신고서 제출	
2023.01.25	채권자 손○○ 주소보정서 제출	
2023.02.02	채권자 손○○ 권리신고 및 배당요구신청서 제출	
2023.02.05	교부권자 은○○ 교부청구서 제출	
2023.02.08	교부권자 서○○○○○○○ 교부청구서 제출	
2023.02.20	**배당요구권자 근○○○○○ 배당요구신청서 제출**	**※ 임금채권 추정**
2023.02.20	교부권자 국○○○○○○○ ○○○○ 교부청구서 제출	
2023.02.21	채권자 손○○ 주소보정서 제출	

☞ 교부권자 서○○○○○○○의 교부청구는 서울특별시동작구의 재산세 교부청구로 추정해 볼 수 있다. (부동산 소재지 관할관청)

재산세액 : 약 350,000 (최대치 추정)

(주택 공시가격 기준 × 공정시장가액비율 주택분 60% × 세율 0.1%~최대 0.4%)

※ 해당 소유자의 최초 취득년도가 2020년이기 때문에 4년 치 재산세가 미납됐을 가능성까지 유추해 본다면 최대 약 140만 원의 재산세 교부청구를 예상해 볼 수 있다.

☞ 교부권자 안○○○○의 교부청구는 안산세무서의 종부세 교부청구로 추정해 볼 수 있다. (소유자 주소지 세무서)

종합부동산세액 : 약 6,800,000 (최대치 추정)

(주택 공시가격 기준 × 공정시장가액비율 주택분 60% × (세율 0.6%~최대 6%)

※ 해당 소유자의 최초 취득년도가 2020년이기 때문에 종부세 법정기일인 매년 11월

20일을 기준으로 했을 때, 3년 치 종부세가 미납됐을 가능성까지 유추해 본다면 최대 약 2,100만 원의 종부세 교부청구를 예상해 볼 수 있다.

당해세는 임차인 등 이해관계인을 통해 법원자료를 직접 열람해서 확인하는 방법이 가장 정확하며, 문건송달내역 등을 보고 계산하는 방법은 어디까지나 추정치임을 명심해야 한다. 재산세액, 종부세액을 정확하게 판단할 수는 없지만, 최대 세율로 당해세 교부청구가 되었을 것으로 예상하고 보수적으로 권리분석에 임해야 한다. 재차 강조하지만, 문건송달내역을 통한 권리분석은 어디까지나 추정일 뿐이다. 가장 정확한 방법은 임차인, 채권자 등 이해관계인을 직접 만나 법원기록 열람을 통해 확인하는 방법이다.

[국세기본법 개정사항]

국세기본법
제35조(국세의 우선)
① 국세 및 강제징수비는 다른 공과금이나 그 밖의 채권에 우선하여 징수한다. 다만, 다음 각호의 어느 하나에 해당하는 공과금이나 그 밖의 채권에 대해서는 그러하지 아니하다. 〈개정 2020. 12. 22., 2022. 12. 31.〉
③ 제1항제3호에도 불구하고 해당 재산에 대하여 부과된 상속세, 증여세 및 종합부동산세는 같은 호에 따른 채권 또는 임대차보증금반환채권보다 우선하며, 제1항제3호의2에도 불구하고 해당 재산에 대하여 부과된 종합부동산세는 같은 호에 따른 채권 또는 임대차보증금반환채권보다 우선한다. 〈개정 2022. 12. 31.〉
⑦ 제3항에도 불구하고 「주택임대차보호법」 제3조의2제2항에 따라 대항요건과 확정일자를 갖춘 임차권에 의하여 담보된 임대차보증금반환채권 또는 같은 법 제2조에 따른 주거용 건물에 설정된 전세권에 의하여 담보된 채권(이하 이 항에서 "임대차보증금반환채권등"이라 한다)은 해당 임차권 또는 전세권이 설정된 재산이 국세의 강제징수 또는 경

매절차를 통하여 매각되어 그 매각금액에서 국세를 징수하는 경우 그 확정일자 또는 설정일보다 법정기일이 늦은 해당 재산에 대하여 부과된 상속세, 증여세 및 종합부동산세의 우선 징수 순서에 대신하여 변제될 수 있다. 이 경우 대신 변제되는 금액은 우선 징수할 수 있었던 해당 재산에 대하여 부과된 상속세, 증여세 및 종합부동산세의 징수액에 한정하며, 임대차보증금반환채권등보다 우선 변제되는 저당권 등의 변제액과 제3항에 따라 해당 재산에 대하여 부과된 상속세, 증여세 및 종합부동산세를 우선 징수하는 경우에 배분받을 수 있었던 임대차보증금반환채권등의 변제액에는 영향을 미치지 아니한다. 〈신설 2022. 12. 31.〉

부칙 〈법률 제19189호, 2022. 12. 31.〉
제1조(시행일) 이 법은 2023년 1월 1일부터 시행한다. 다만, 제35조의 개정규정은 **2023년 4월 1일부터 시행**하고, 제47조의5제6항의 개정규정은 2025년 1월 1일부터 시행한다.
제3조(국세의 우선에 관한 적용례) 제35조의 개정규정은 같은 개정규정 시행 이후 「국세징수법」 제84조에 따른 매각결정 또는 **「민사집행법」 제128조에 따른 매각허가결정을 하는 경우부터 적용**한다.

4. 배당배제신청

담보권에 의한 채권이든, 집행권원에 의한 채권이든 본인의 배당금이 줄어드는 손해를 막기 위해 채권자들은 다양한 구제책을 선택하게 되는데 그 첫 번째 절차가 '배당배제신청'이다. 실전 경매에서는 대부분 선순위 위장임차인(가장 임차인)을 대상으로 채권자들이 임차인의 배당금 수령을 막아달라고 법원에 신청서와 첨부서류 등을 서면으로 제출하게 된다.

1) 경매기입등기 3월 전후해서 전입하여 소액임차인임을 주장
2) 임대인과 친인척 관계인 무상임대차관계이면서 임차인임을 주장

후순위 근저당권자(은행 등)에서는 선순위 임차인이 배당을 먼저 받고 나면 후순위

근저당권자 등은 회수할 채권액에 손실이 있으므로 배당배제를 신청하게 된다. 배당에 관한 결정은 집행법원의 판단에 의해 이루어지므로 배당배제신청서는 배당절차에 있어, 참고자료로만 쓰인다. 즉 이해관계인들이 본인의 채권을 회수하기 위해 자의적 판단으로 허위의 가장 임차인 등이 배당을 받을 권리가 없다는 사실을 경매집행법원에 주장하는 것으로 '법적 구속력이 있는 것은 아닌' 배당기일 집행법원의 참고사항일 뿐이다.

5. 배당이의제기

배당기일 현장에서 구두진술과 서면진술의 형태로 이루어진다.

배당기일은 해당 법원 해당 경매계 물건에 대해 일괄적으로 진행하며, 소요시간은 그리 오래 걸리지 않는다.

채무자, 채권자 등은 배당기일에 출석하여 이의할 수 있으며, 이의를 제기한 후에는 반드시 배당기일로부터 1주 이내 배당이의의 소를 제기하여야 한다.

민사집행법 제151조(배당표에 대한 이의)

① 기일에 출석한 채무자는 채권자의 채권 또는 그 채권의 순위에 대하여 이의할 수 있다.

② 제1항의 규정에 불구하고 채무자는 제149조제1항에 따라 법원에 배당표 원안이 비치된 이후 배당기일이 끝날 때까지 채권자의 채권 또는 그 채권의 순위에 대하여 서면으로 이의할 수 있다.

③ 기일에 출석한 채권자는 자기의 이해에 관계되는 범위 안에서는 다른 채권자를 상대로 그의 채권 또는 그 채권의 순위에 대하여 이의할 수 있다

〈배당기일 후 1주 이내 배당이의의 소 제기〉

민사집행법 제154조(배당이의의 소 등)

① 집행력 있는 집행권원의 정본을 가지지 아니한 채권자(가압류채권자를 제외한다.)에 대하여 이의한 채무자와 다른 채권자에 대하여 이의한 채권자는 배당이의의 소를 제기하여야 한다.

② 집행력 있는 집행권원의 정본을 가진 채권자에 대하여 이의한 채무자는 청구이의의 소를 제기하여야 한다.

③ 이의한 채권자나 채무자가 배당기일부터 1주 이내에 집행법원에 대하여 제1항의 소를 제기한 사실을 증명하는 서류를 제출하지 아니한 때 또는 제2항의 소를 제기한 사실을 증명하는 서류와 그 소에 관한 집행정지재판의 정본을 제출하지 아니한 때에는 이의가 취하된 것으로 본다.

[배당이의 관련 판례]

대법원 2016. 12. 1. 선고 2016다228215 판결

근저당권자가 담보로 제공된 건물에 대한 담보가치를 조사할 당시 대항력을 갖춘 임차인이 임대차 사실을 부인하고 건물에 관하여 임차인으로서의 권리를 주장하지 않겠다는 내용의 무상임대차 확인서를 작성해 주었고, 그 후 개시된 경매절차에 무상임대차 확인서가 제출되어 매수인이 확인서의 내용을 신뢰하여 매수신청금액을 결정하는 경우와 같이, 임차인이 작성한 무상임대차 확인서에서 비롯된 매수인의 신뢰가 매각절차에 반영되었다고 볼 수 있는 사정이 존재하는 경우에는, 비록 매각물건명세서 등에 건물에 대항력 있는 임대차관계가 존재한다는 취지로 기재되었더라도 임차인이 제3자인 매수인의 건물인도청구에 대하여 대항력 있는 임대차를 주장하여 임차보증금반환과의 동시이행의 항변을 하는 것은 금반언 또는 신의성실의 원칙에 반하여 허용될 수 없다.

대법원 2020. 10. 15., 선고, 2017다216523, 판결

【판시사항】

[1] 배당요구의 종기까지 적법한 배당요구를 하지 않은 채 배당기일에 출석하여 배당표에 대한 이의를 신청한 채권자에게 배당이의의 소를 제기할 원고적격이 있는지 여부(소극)

[2] 배당이의의 소의 제소기간(= 배당기일부터 1주일 이내) 및 소송 도중에 배당이의의 소로 청구취지를 변경한 경우, 제소기간을 준수하였는지를 판단하는 기준시점(= 청구취지 변경신청서를 법원에 제출한 때)

[3] 집행력 있는 정본을 가진 채권자 등이 배당요구의 종기까지 적법한 배당요구를 하지 않아 배당에서 제외된 경우, 배당금을 수령한 다른 채권자를 상대로 부당이득반환청구를 할 수 있는지 여부(소극)

【판결요지】

[1] 집행력 있는 정본을 가진 채권자, 경매개시결정이 등기된 뒤에 가압류를 한 채권자, 민법·상법, 그 밖의 법률에 따라 우선변제청구권이 있는 채권자는 배당요구의 종기까지 배당요구를 한 경우에 한하여 비로소 배당을 받을 수 있다. 「민사집행법 제88조제1항, 제148조제2호」

배당이의의 소에서 원고적격이 있는 사람은 배당기일에 출석하여 배당표에 대한 실체상 이의를 신청한 채권자나 채무자에 한정된다. 채권자로서 배당기일에 출석하여 배당표에 대한 실체상 이의를 신청하려면 실체법상 집행채무자에 대한 채권자라는 것만으로 부족하고 배당요구의 종기까지 적법하게 배당요구를 했어야 한다. 적법하게 배당요구를 하지 않은 채권자는 배당기일에 출석하여 배당표에 대한 실체상 이의를 신청할 권한이 없으므로 배당기일에 출석하여 배당표에 대한 이의를 신청하였더라도 부적법한 이의신청에 불과하고, 배당이의의 소를 제기할 원고적격이 없다.

[2] 민사집행법 제154조제1항, 제3항, 민사소송법 제262조제1항 본문, 제2항, 제265조의 규정을 종합하면, 배당기일에 이의한 채권자나 채무자는 배당기일부터 1주일 이내에 배당이의의 소를 제기해야 하는데, 소송 도중에 배당이의의 소로 청구취지를 변경한 경우 제소기간을 준수하였는지는 청구취지 변경신청서를 법원에 제출한 때를 기준으로 판단해야 한다.

[3] 배당받을 권리 있는 채권자가 자신이 배당받을 몫을 받지 못하고 그로 말미암아 권리 없는 다른 채권자가 그 몫을 배당받은 경우에는 배당이의 여부 또는 배당표의 확정 여부와 관계없이 배당받을 수 있었던 채권자가 배당금을 수령한 다른 채권자를 상대로 부당이득반환청구를 할 수 있다.

다만 집행력 있는 정본을 가진 채권자 등은 배당요구의 종기까지 배당요구를 한 경우에 한하여 비로소 배당을 받을 수 있고, 적법한 배당요구를 하지 않은 경우에는 매각대금으로부터 배당을 받을 수는 없다. 이러한 채권자가 적법한 배당요구를 하지 않아 배당에서 제외되는 것으로 배당표가 작성되어 배당이 실시되었다면, 그가 적법한 배당요구를 한 경우에 배당받을 수 있었던 금액에 해당하는 돈이 다른 채권자에게 배당되었다고 해서 법률상 원인이 없는 것이라고 할 수 없다.

6. 배당의 실시

배당표가 확정이 되면 배당금이 지급이 된다. 배당액이 공탁금인가 법원보관금인가에 따라 지급절차를 달리하며, 배당기일에 출석하지 아니한 채권자가 배당액을 입금할 예금계좌를 신고한 때 법원사무관등은 배당액을 그 예금계좌로 입금할 수도 있다.

1) 배당재단이 법원보관금일 경우

배당기일에 출석한 채권자에 대해서 배당액을 지급하게 되는데, 보관금출급명령서를 채권자에게 교부하고 종합민원실 보관금 담당 보관금 취급자에게 제출하면 출급지시서를 채권자에게 교부하게 되는데, 이 출급지시서를 가지고 법원 내 은행에 제출하면 돈을 수령할 수 있다.

2) 배당재단이 공탁금일 경우

배당기일로부터 10일 정도 지날 때까지 배당금을 찾아가지 않으면 배당금이나 확정되지 않은 가압류채권자의 배당금 등은 공탁하게 된다. 공탁된 배당금 수령을 위해서는 법원사무관이 지급위탁서를 공탁공무원에게 송부하고 채권자에게 배당금 지급증을 교부하게 되는데, 채권자는 공탁물출급청구서 작성하고 배당금 지급증을 공탁공무원에게 함께 제출해 공탁금 출급을 받게 된다. 배당금이 공탁된 후라면, 채권자 인감증명서 2통과 인감도장이 필요하다.

※ 대항력 있는 임차인이 배당요구한 경우 주의사항!

1) 낙찰과 동시에 경매기록열람을 통해 임차인의 보증금보다 우선 배당되는 금액을 반드시 파악해야 한다. 과도한 금액이 교부 청구되었을 경우, 매각불허가신청 등을 통해 구제받아야 한다.

2) 대항력 있는 임차인의 전입신고일과 확정일자 중 늦은 날 기준으로 6개월 전후 국세압류, 1년 전후 지방세압류가 있는 경우 국세/지방세 당해세, 법정기일이 빠른 조세채권 등일 가능성이 크기 때문에 입찰 시 주의해야 한다.

※ 임차인이 배당금을 수령하려면?

배당금교부신청서와 임대차계약서원본, 주택임차인은 과거 주소사항이 포함된 주민등록표등본 또는 초본, 상가임차인은 상가건물임대차현황서 등본/매수인(낙찰자)의 인감이 날인된 임차목적물 명도(퇴거)확인서/매수인의 인감증명서 각 1통씩 준비해서 민원실 공탁계에 제출해야 한다. 배당금이 공탁된 후라면, 인감증명서 2통과 인감도장이 필요하다.

물권(物權)과 채권(債權)의 이해

배당을 이해하려면 물권과 채권에 대한 이해가 필요하다. 배당채권이 모두 일반채권이라면 채권발생의 선후 불문 평등한 비율로 배당을 받게 되지만, 민법 등 법률에 의하여 일반채권보다 물권이 항상 우선시되며, 예외적으로 채권의 물권화(임차인의 우선변제권)되는 경우도 있다.

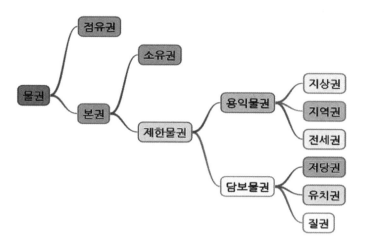

[물권의 체계]

1. 점유권「민법 제192조~210조」

2. 본권

1) 소유권「민법 제211조~278조」

2) 제한물권

　(1) 용익물권

　　　① 지상권「민법 제279조~290조」

　　　② 지역권「민법 제291조~302조」

　　　③ 전세권「민법 제303조~319조」

　(2) 담보물권

　　　① 유치권「민법 제320조~328조」

　　　② 질권「민법 제329조~355조」

　　　③ 저당권「민법 제356조~372조」

물권의 종류			물권의 내용
민법	점유권		소유권과 관계없이 물건을 사실상 지배하여 점유하고 있는 상태의 권리
	소유권		물건을 사용, 수익, 처분할 수 있는 권리
	용익물권	지상권	타인 소유의 토지에 건물 기타 공작물 등을 소유하기 위해 토지를 사용하는 권리
		지역권	일정한 목적을 위하여 타인의 토지를 자기 토지의 편익에 이용하는 권리
		전세권	전세금을 지급하고 타인의 부동산을 용도에 따라 사용, 수익한 후 전세권 소멸 시에 전세금을 우선변제 받을 수 있는 권리
	담보물권	저당권	채권자가 채무자 또는 제3자로부터 담보물의 점유를 이전받지 않고도 담보로 제공한 부동산으로부터 우선변제를 받을 수 있는 권리
		유치권	타인의 물건을 점유하는 자가 그 물건에 관하여 생긴 채권의 변제를 받을 때까지 그 물건을 유치함으로써 채무자의 변제를 간접적으로 강제하는 권리
		질권	채권자가 채무자의 변제를 받을 때까지 채권의 담보로서 채무자 또는 제3자로부터 받은 물건을 유치하고 변제가 없는 때에는 그 물건의 가액에서 우선변제를 받을 수 있는 권리
관습법	분묘기지권		타인의 토지에 분묘를 설치한 자가 그 분묘를 소유하기 위하여 분묘기지부분의 타인 소유 토지를 사용할 수 있는 권리로서 지상권에 유사한 권리
	관습법상 법정지상권		동일인의 소유에 속한 대지와 그 지상 건물이 매매 등의 원인으로 각각 소유자가 달라진 경우 그 건물을 철거한다는 특약이 없는 한 건물 소유자가 가지는 권리

1. 권리분석이란

권리 간의 우선순위를 다투는 것을 말한다. 권리에는 물권과 채권 2가지가 있으며 2가지의 권리가 서로 경합이 되는 경우에는 물권과 물권, 물권과 채권, 채권과 채권 3가지의 경우가 있다.

2. 물권과 채권

물권(物權)이란 누구에게나 주장할 수 있는 권리로서 예로 내가 부동산을 소유하고 있으면 그 소유권은 제삼자 누구에게나 주장할 수 있는 대세적 권리이며, 경매에서는 소유권, 저당권, 전세권 등이 이에 해당한다.

채권(債權)이란 계약 당사자 사이에서만 주장할 수 있는 권리로서 예로 빵집에서 빵집 사장과 나 사이에 빵을 사고파는 계약을 체결하는 경우 나는 빵집 사장에게만 금전을 지불하며 빵이라는 대가를 지불하라고 요구할 권리가 존재하고, 빵집 사장 역시 나에게 빵이라는 물건을 지급하는 의무를 행하면서 동시에 금전을 지급하라는 이행청구를 나에게만 할 수 있을 뿐이기 때문에 계약의 상대방에게만 주장할 수 있는 개인적 권리이다.

1) 물권과 채권 : 물권은 채권에 항상 우선한다.
2) 물권과 물권 : 먼저 성립한 권리가 우선한다.
3) 채권과 채권 : 시간과 순위에 관계없이 동등한 순위로 안분배당한다.

3. 물권 우선주의

어떠한 물건 위에 물권과 채권이 있는 경우에는 그 성립된 시기와 관계없이 물권이 우선하는데 이를 물권 우선주의라 한다.

4. 채권자 평등주의

권리 간의 우선순위를 정하는 것으로 채권과 채권이 다투는 경우 채권끼리는 그 성립 시기와 관계없이 동등한 순위로 평등하게 취급하고 있다. 이를 채권자 평등주의라 한다. 즉, 부동산의 낙찰대금을 배당할 때에는 물권 상호 간이나 물권과 채권 상호 간에는 우선순위에 따라 배당하게 되나 채권 상호 간에는 자기 채권·액에 비례하여 안분배당하게 된다. 법원경매에 있어서 "권리분석"은 매각물건의 부동산에 등기된 권리와 미등기된 권리 등을 포함하여 모든 권리에 대해서 우선순위를 정하기 위해 분석하는 것을 말한다.

5. 물권과 채권의 경합 시 우선순위

1) 물권 상호 간 우선순위

(1) 물권 상호 간에는 시간상으로 먼저 성립한 물권이 우선한다.

(2) 등기사항전부증명서상 설정 일자를 기준으로 판단하고 등기일자가 같으면 빠른 접수번호가 우선한다.

2) 채권 상호 간 우선순위

(1) 채권은 상호 간 우열이 없는 채권자 평등의 원칙

(2) 성립 순서와 시기에 상관없이 채권·액은 안분배당된다.

3) 물권과 채권 병존 시 우선순위

(1) 원칙 : 물권과 채권의 병존하고 있는 경우에는 시간의 순서에 상관없이 물권 우선주의에 따라 물권이 우선한다.

(2) 다만 등기사항전부증명서상 공시된 채권의 경우 선순위 채권(가압류)와 후순위 물권(근저당)의 경합 시 선순위 가압류는 우선변제권이 없고 후순위 근저당은 우선변제권은 있지만, 선순위 가압류에 우선변제권을 주장할 수 없으므로 선순위 가압류와 후순위 근저당은 안분배당된다.

6. 물권·화된 채권

1) 등기된 부동산임차권

부동산임차권은 채권이므로 반드시 등기하여야 하는 것은 아니지만 등기를 경료하면 물권·화되기 때문에 후순위의 권리에 대하여 권리를 주장할 수 있는 것이다.

2) 순위 보전가등기

소유권이전청구권가등기는 본등기가 되면 가등기와 본등기 사이에 등기상에 설정된

권리는 소멸한다. 즉, 순위 보전가등기가 설정된 이후에 소유권이전등기를 마친 상태에서 가등기에 기한 본등기를 하게 되면 소유권을 상실하는 것이다.

3) 법률에서 특정 채권을 물권으로 인정하는 경우

주택 및 상가건물임대차보호법에 의한 임대차보증금의 경우 대항요건을 갖추어 임대차계약서에 확정일자를 부여받은 경우에는 등기하지 않아도 물권·화되어 후순위 권리자나 다른 채권자보다 우선하여 임차보증금을 변제하여 준다.

7. 후순위 등기사항전부증명서상 권리에 대하여

1) 등기사항전부증명서상 권리로서 말소기준권리보다 늦은 후순위 가처분, 근저당권, 가압류, 압류, 후순위 소유권이전청구권 보전가등기 등 등기사항전부증명서상 선순위 권리를 제외한 모든 권리는 무조건 말소된다. (소제주의 : 소멸하는 권리) 다만, 예외적으로 후순위라 할지라도 예고등기는 말소되지 않고 매수자 인수한다. 즉, 예고등기는 선·후순위를 불문하고 언제나 매수자 인수사항이다.

2) 토지인도청구권의 보전을 위한 건물에 대한 처분금지 가처분은 후순위라도 매각으로 말소되지 않고 매수자 인수한다.

이외에도 등기되지 않는 유치권, 법정지상권, 분묘기지권, 미등기대지권, 전 소유자 가압류 등에 대해서도 인수 여부 검토해야 한다.

8. 인수주의

인수주의란 말소기준권리 이전에 등기는 권리나 주민등록을 한 주택임차인 또는 사업자등록을 한 상가건물 임차인은 경매로 인하여 소멸하지 않고 낙찰자가 인수, 부담하게 된다. 이들에 대한 권리는 법원의 배당금액에서 해결해 주지 않고 낙찰자가 부담(인수)하게 되는데 이것을 "인수주의"라 한다.

9. 소제주의(소멸주의)

소제주의(소멸주의)에서 말소기준권리 이후의 권리들은 말소기준권리의 자신을 포함해서 경매로 인하여 전부 소멸한다. 즉, 말소기준권리 이후의 등기되어 있는 권리나 주민등록을 한 주택임차인(또는 사업자등록을 한 상가건물임차인)은 낙찰로 인해 전부 소멸된다. 이들의 권리는 법원의 배당금액에서 해결해 주며 낙찰자가 인수하는 것이 아니다.

매각으로 인하여 모두 소멸의 대상이 되어 등기사항전부증명서상에서 말소되거나 낙찰자에게 대항할 수 없는 임차인으로 부담이 없는 권리가 된다. 이것을 "소제주의"라 한다.

말소기준권리(권리분석 기준이 되는 말소기준등기)

부동산 경매에서 매각 과정을 통해 해당 부동산에 남이 있는 권리가 말소되는지 인수되는지의 여부를 결정짓는 권리가 바로 '말소기준권리'다. 법원 매각물건명세서상에는 '최선순위 설정등기'로 표현이 되어 있는데 같은 의미이다.

1. 말소기준권리 7가지

등기사항전부증명서상 말소와 인수의 기준이 되는 권리로 7가지가 있다.

1) 압류
2) 가압류
3) 저당권
4) 근저당권
5) 담보 가등기

6) 강제경매개시결정 기입등기

7) 경매를 신청한 선순위의 전세권

7가지 중 등기사항전부증명서상 가장 빠른 날짜가 말소기준일이 된다.

2. 말소기준권리란

부동산등기사항전부증명서상 말소기준권리란 경매로 인해 대상 부동산상에 있는 모든 권리가 인수되는 권리와 소멸하는 권리로 나누어지게 되는데 소멸하는 권리 중 제일 앞에 있는 권리가 기준이 되는 권리를 말한다.

1) 통상 '말소기준권리' 또는 '말소기준등기'라고 부른다. 이러한 권리를 부동산등기사항전부증명서상 "갑"구와 "을"구에서 찾아 권리분석을 한다.

2) 말소기준권리는 배당받고 소멸한다.

3) 말소기준권리 이후의 모든 권리는 소멸한다.

4) 말소기준권리와 상관없이 낙찰자가 언제나 인수하는 권리가 있다.

5) 전세권도 말소기준권리가 될 수 있다.

3. 전세권(예외적으로 인정되는 말소기준권리)

전세권은 말소기준권리가 될 수 없으나 다음과 같은 조건을 갖출 경우 말소기준권리가 된다.

1) 선순위일 것

2) 집합건물 또는 단독건물 전부에 대한 전세권일 것

3) 배당요구 또는 경매를 신청할 것

4. 말소기준권리와 권리분석

1) 인수주의 : 해당 경매사건의 부동산에 있는 등기(권리)나 임대차관계가 말소기준 등기 이전에 설정됐거나 임차인의 전입일이 빠르면 소멸하지 않고 낙찰자가 인수해야 한다.

2) 소제(말소)주의 : 해당 경매사건의 부동산에 있는 등기(권리)나 임대차관계가 말소 기준등기 이후 설정됐거나 임차인이 전입일이 늦으면 경락으로 인하여 소멸, 말소 되는 것을 말한다.

5. 인수되는 권리와 소멸하는 권리

■ 선순위 : 인수되는 권리(인수주의)
전세권, 지상권, 지역권, 임차권, 가처분, 가등기, 환매등기, 주택임차인, 상가임차인
■ 말소기준권리(등기)
저당권(근저당권), 가압류(압류), 담보 가등기, 강제경매개시 결정등기, 경매신청한 선순위 전세권
■ 후순위 : 소멸하는 권리(소멸주의)
전세권, 지상권, 지역권, 임차권, 가처분, 가등기, 환매등기, 주택임차인, 상가임차인

☞ 유치권, 예고등기, 분묘기지권, 법정지상권, 토지인도청구권에 대한 처분금지 가처분은 말소기준권리와 관계없이 항상 매수인에게 인수된다.

   [선, 후 순위 관계없다] 예고등기는 2011. 10. 13. 폐지됨.

☞ 주택임차인은 전입신고일, 상가임차인은 사업자등록일에 따라 '인수' 또는 '소멸' 여부가 결정된다.

말소기준등기의 의미

1) 등기사항전부증명서상 말소기준등기 6가지 중 접수 일자가 가장 빠른 등기(권리)

를 기준으로 선·후 등기 설정에 따라서 '말소와 인수'의 판단 기준이 된다.

2) 임차인이 말소기준등기보다 먼저 전입했는지 여부에 따라 임차인의 전·월세 '보증금 인수의 판단' 기준이 된다.

3) 해당 매각물건에 거주하고 있는 점유자나 임차인이 '인도명령' 대상자인지 '명도소송' 대상자인지 판단의 기준이 된다.

[말소기준권리 근거법률]

항목	근거법률	비고
저당권, 근저당권	민사집행법 제91조제2항	저당권
압류, 가압류	민사집행법 제92조제3항	가압류채권
경매개시결정등기	민사집행법 제91조제3항, 제144(조)제1항3호	압류채권 경매개시결정등기
담보 가등기	가등기담보 등에 관한 법률 제15조	담보 가등기
전세권	민사집행법 제91조제4항 단서	전세권

경매로 소멸하지 않는 권리

말소기준권리를 기준으로 후순위 권리는 모두 소멸하게 되는 것이 원칙이지만 예외적으로 인수되는 권리들이 몇 가지 있다.

다음의 선순위 권리들은 말소기준권리가 되지 못하기 때문에 낙찰자가 인수해야 하는 권리 등이며, 유치권과 법정지상권은 순위 불문하고 낙찰자가 인수해야 하기 때문에 주의를 요하며, 경매 초보자의 경우 다음 11가지 권리가 있는 경매사건은 피하는 것이 좋다.

1) 선순위 지상권

2) 선순위 지역권

3) 선순위 전세권

4) 선순위 처분금지 가처분

5) 선순위 매매예약 가등기(담보가 등기가 아닌 소유권이전청구권가등기)

6) 임대보증금 전액을 배당받지 못한 대항력 있는 임차권등기

7) 전 소유자의 가압류

8) 환매등기

9) 예고등기(시행 전 등기사항전부증명서에 기재되어 있는 등기는 종전법규에 따른다.)

10) 유치권(신축공사 대금채권, 대수선 공사, 리모델링 공사 채권)

11) 법정지상권(관습법상 법정지상권, 분묘기지권)

※ 1)~9)번 까지는 등기사항전부증명서에 기록이 되며, 10~11)번까지는 등기 되지 않는 권리로써, 매각 물건명세서에 기록이 된다.

한권으로 끝내는
부동산 경매의 바이블

인수권리·말소권리 정리

구분		권리의 종류		말소기준권리		
				선순위	후순위	
등기된 권리	갑구		압류	말소기준	말소	
			가압류	말소기준	말소	
		가처분	가처분	인수	말소	
			소유권이전 원인무효	인수	인수	소송 결과에 따라 달라짐
			건물철거 및 토지인도청구	인수	인수	
		가등기	담보 가등기	말소기준	말소	
			소유권이전 청구가등기	인수	말소	
		예고등기(폐지)		인수	인수	
		환매등기		인수	말소	
	을구	지상권		인수	말소	
		지역권		인수	말소	
		전세권		인수/소멸	말소	선순위 전세권자는 배당요구 여부에 따라 달라짐
		(근)저당권		말소기준	말소	
		임차권		인수	말소	전액배당 받으면 소멸
미등기		임차인		인수	말소	전액배당 받으면 소멸
		법정지상권		인수	인수	성립요건 충족 시
		유치권		인수	인수	성립요건 충족 시

주택임대차보호법의 중요성

경매 부동산을 완전하게 취득하기 위한 비결의 끝판왕은 주택임대차보호대상의 임차인 권리분석이다. 권리분석에서 가장 핵심이 되는 부분이 바로 '임차인분석'이다. 임차인 권리분석을 잘못하면 시가보다 비싸게 경매받을 가능성이 아주 농후하기 때문이다. 경매 입찰희망자가 반드시 알아야 할 '대항력'은 경매대상이 주거용 건물인 경우라면 더더욱 필수적이다.

다음 사건과 같이 감정가 3억, 대항력 있는 임차인(보증금 3억) 거주 중인 사건으로, 임차인이 배당요구종기일 이내 배당요구했다가 철회한 사건이다. 따라서 배당요구를 하지 않은 것과 마찬가지이기 때문에 낙찰자는 임차인의 보증금 3억을 고스란히 인수해야만 하는 경우로 대표적인 경매사고이다.

○○ 지방법원

매각물건명세서

사 건	2023타경 ○○○○	매각 물건번호	1	작성 일자	2023. 2. 20.	담임법관 (사법보좌관)		홍길동 (인)
부동산 및 감정평가액 최저매각가격의시		별지 기재와 같음	최선순위 설정	2020. 8. 10. 가압류		배당 요구종기		2021. 11. 10.

부동산의 점유자와 점유의 권원, 점유할 수 있는 기간, 차임 또는 보증금에 관한 관계인의 진술 및 임차인이 있는 경우 배당요구 여부와 그 일자, 전입신고일자 또는 사업자등록신청일자와 확정일자의 유무와 그 일자

점유자의 성명	점유 부분	정보 출처구분	점유의 권원	임대차 기간 (점유기간)	보증금	차임	전입신고일자, 사업자등록 신청일자	확정 일자	배당요구 여부
임태웅	전부	권리신고	주거 임차인	2018. 3. 29.~ 2022. 3. 29.	300,000 ,000	없음	2018. 3. 29.	2018. 3. 29.	2021. 9. 15.

〈비고〉

임태웅 : 임차보증금 300,000,000원 중 보증금 280,000,000원에 대한 확정일자는 2018. 3. 30.이고, 증액된 보증금 20,000,000원에 대한 확정일자는 2020. 3. 26.임.

2021. 9. 15.에 배당요구 하였으나, 2021. 10. 25. 배당요구 철회함. 임차인에 관하여 배당요구가 철회되었으므로 임차권은 매각으로 소멸하지 않고 매수인에게 인수됨.

※ 최선순위 설정일자보다 대항요건을 먼저 갖춘 주택·상가건물 임차인의 임차보증금은 매수인에게 인수되는 경우가 발생할 수 있고, 대항력과 우선변제권이 있는 주택·상가건물 임차인이 배당요구를 하였으나 보증금 전액에 관하여 배당을 받지 아니한 경우에는 배당받지 못한 잔액이 매수인에게 인수되게 됨을 주의하시기 바랍니다.

등기된 부동산에 관한 권리 또는 가처분으로 매각으로 그 효력이 소멸되지 아니하는 것

매각에 따라 설정된 것으로 보는 지상권의 개요

비고란

주1 : 매각목적물에서 제외되는 미등기건물 등이 있을 경우에는 그 취지를 명확히 기재한다.

  2 : 매각으로 소멸되는 가등기담보권, 가압류, 전세권의 등기일자가 최선순위 저당권등기일자보다 빠른 경우에는 그 등기일자를 기재한다.

"대항력"이란 임차인이 제3자에 대하여 임대차관계를 주장할 수 있는 권리를 뜻한다. 집주인이 바뀌더라도 전주인과 맺은 계약기간을 인정받고 전 주인에게 지불한 임대차

보증금을 새 주인에게 반환받을 수 있을 때 "대항력이 있다"라고 한다.

여기서 혼동하지 말아야 할 개념은 '대항요건'과 '대항력'이다. 일선 부동산이나 일반인들이 많이 혼동하고 있는 개념이다.

임차인이 대항요건(주민등록+주택의 인도)을 갖춘 상태에서 전입신고일자가 최선순위 설정된 담보물권설정일자보다 앞선 경우에만 '대항력이 있다'라고 판정이 되는 것이다. 대항요건만 갖추었을 뿐 선순위에 담보물권이 있을 때는 대항력이 인정되지 않는다.

주택임대차보호법 제3조는 "임대차는 그 등기가 없는 경우에도 임차인의 주택의 인도와 주민등록을 마친 때는 그 익일부터 제3자에 대하여 효력이 생긴다."고 규정한다.

등기사항전부증명서에 전세사실을 등재한 "물권적 권리"가 아니더라도 주민등록을 마치고 실제로 거주하는 "채권적 권리"를 보호하기 위한 조치이다. 경매 주택에 이러한 "채권적 전세"의 위치에 놓인 세입자가 살고 있을 때보다 세심한 주의가 요구된다.

권리관계에 따라 낙찰자는 임차인(세입자)의 대항력을 인정해 보증금을 인수하거나 전혀 신경 쓸 필요가 없거나 둘 중 하나로 나뉜다.

판단 기준은 저당권, 근저당권, 가압류, 강제경매기입등기, 담보 가등기 설정일자와 임차인의 전입신고일자 등을 비교하여 8가지 패턴으로 분류해 볼 수 있다.

[임차인 권리분석 8가지 패턴]

대항력 유무	임차인 구분	임차인 입장에서 보증금을 전액 반환 받을 수 있는지 여부	낙찰자 보증금 인수 여부
대항력 있는 임차인 (말소기준권리 접수일보다 전입신고가 빠른 임차인)	확정일자까지 갖추고 배당요구를 한 임차인	O	임차인 보증금 중 전액배당 받지 못한 부분은 매수인이 인수 ※ 가장 까다로운 사례
	확정일자까지 갖췄지만 배당요구를 안 한 임차인	O	보증금 전액 매수인 인수
	확정일자가 없어 배당요구를 못한 임차인	O	보증금 전액 매수인 인수
	확정일자가 없는데 배당요구를 한 임차인	O	보증금 전액 매수인 인수
대항력 없는 임차인 (말소기준권리 접수일보다 전입신고가 늦은 임차인)	확정일자는 갖춰서 배당요구를 한 임차인	X	인수할 금액 없으며, 인도명령대상자
	확정일자는 갖췄는데 배당요구를 안 한 임차	X	인수할 금액 없으며, 인도명령대상자
	소액임차인에 해당되고 확정일자는 갖춰서 배당요구를 한 임차인	X	인수할 금액 없으며, 인도명령대상자
	소액임차인에 해당되고 확정일자는 없어서 배당요구를 안 한 임차인	X	인수할 금액 없으며, 인도명령대상자

※ **'임차인의 배당요구'**는 임대차계약의 해지를 의미한다. 집주인에게 보증금 반환을 요구하지 못하는 상황이기 때문에, 법원에 배당요구를 통해 보증금반환을 받고 경매 부동산에서 퇴거를 하겠다는 의사표시이다.

주택임대차보호법

1. 법 제정 목적 및 의의

현행 주택임대차보호법은 주거용 건물의 임대차에 관하여 민법에 특례를 규정함으로써 국민의 주거생활 안정을 목적으로 1981년 3월 5일 법률 3379호로 공포 시행되었으며, 그 후 사회경제 변화에 발맞추어 여러 차례 시행되어 왔다.

2. 성격

민법에 우선하여 특별법으로서의 성격으로 주택임대차보호법은 민법에 우선하여 적용한다.

강행규정으로써의 성격으로 주택임대차보호법은 강제로 지켜야 되는 규정이므로 이 법에 위반되는 내용은 무효가 된다.

3. 요건

1) 임차인이 우선변제권을 행사하려면 주택임차권의 대항요건인 주택의 인도(점유)와 주민등록(전입)을 갖추어야 한다. (임대차계약 후 실제 입주와 전입)

2) 확정일자를 받을 것 : 주택의 인도와 주민등록을 마친 다음 날 0시에 발생한다.

3) 배당요구종기일까지 배당요구할 것 : 임차인이 대항요건을 갖추고 확정일자를 받았더라도 법원에 배당요구종기일까지 배당요구를 하지 아니하면 법원에서 배당해 주지 않는다.

4. 적용 범위

1) 주거용 건물임대차에만 적용한다.

2) 공부상의 기준이 아니라 실제 용도로 판단한다.

3) 주거용 건물에 일부 비주거용으로 사용하는 경우 가능하지만, 비주거용 건물 일부에 주거용으로 사용하는 경우 주임법 적용을 받을 수 없다. 비거주용 일부가 아닌 전부를 개조하여 사용하는 경우는 가능하다.

4) 주거용 건물 여부 판단 시기는 임대차계약 체결 시를 기준으로 한다.

5) 주거용 건물 여부 판단 기준은 사실상의 주거용 건물로 사용되어졌는가의 여부이다.

※ 위반건축물임대차에도 주택임대차보호법은 적용된다.

5. 우선변제권

임차권등기를 하지 않고도 후순위 담보권자나 일반 채권자에 우선하여 보증금을 돌려받을 수 있는 권리이다. 명심해야 할 부분은 후순위 담보권자보다 우선하여 배당신청을 할 수 있다는 점이다. 선순위 근저당 등 담보물권이 있을 경우 임차인의 우선변제권이 무용지물이 되는 경우도 있을 수 있다.

6. 확정일자

임차인이 임대차계약서에 확정일자를 받은 경우 임차인이 거주하는 임차주택이 경매나 공매 시 임차주택의 환가대금에서 후순위 권리자 기타 채권자보다 우선하여 보증금을 변제받을 권리가 있다.

7. 최우선변제권

임차인의 소액보증금 중 일정 금액에 대해서는 다른 어떤 담보물권자보다 우선하여 변제받을 수 있는 권리를 의미하며, 주택임대차보호법 제8조제11항에서 최우선변제권을 인정하고 있다.

8. 주택임대차보호법에서 제외되는 경우

1) 보증금이나 월세를 내지 않는 사용대차

2) 여관, 호텔, 민박 등과 같이 일시사용을 위한 임대차

3) 계절용 별장, 주거와 관계없이 일시사용을 위한 임대차

4) 주거용이 아니었던 것을 주인의 허락 없이 주거용으로 개조하여 사용하는 경우

9. 소액보증금의 최우선변제권

1) 첫 경매개시결정등기 전에 대항요건을 갖출 것

2) 배당신청, 배당요구종기일까지 대항요건을 갖출 것

3) 소액보증금에 해당할 것

(1) 임차인이 주택의 인도와 주민등록을 마친 때에는 그 익일로부터 제삼자에 대하여 효력이 생긴다. (익일 오전 0시부터 대항력 발생)

(2) 최우선변제금은 주택 가격의 1/2를 초과하지 못하며, 임차인은 실제 입주하여 있어야 하며, 적어도 경매신청등기 이전에 주민등록 전입신고를 마쳐야 한다.

(3) 설정일의 기준일은 임대차계약일이 아닌 담보물권(근저당권, 저당권, 담보 가등기, 전세권 등)설정일의 기준으로 한다.

(4) 소액임차인이 다수인 경우에는 모두가 동순위(최우선변제금의 비율에 따라 안분배당)

10. 대항력

경매 부동산을 완전하게 차지하기 위한 비결의 나머지는 주택임대차보호대상의 대항력을 이해해야만 한다. 시가보다 비싸게 경매받을 가능성이 아주 완벽히 농후하기 때문이다. 경매 참여자는 반드시 알아야 할 대항력은 경매대상이 주거용 건물인 경우 필수적이다.

"대항력"이란 임차인이 제삼자에 대하여 임대차관계를 주장할 수 있는 권리를 뜻한다. 집주인이 바뀌더라도 전주인과 맺은 계약 기간을 인정받고 전 주인에게 지불한 임

대차보증금을 새 주인에게 반환받을 수 있을 때 "대항력이 있다"라고 한다.

주택임대차보호법 제3조는 "임대차는 그 등기가 없는 경우에도 임차인이 주택의 인도와 주민등록을 마친 때에는 그 익일부터 제삼자에 대하여 효력이 생긴다."고 규정한다.

Q. 전셋집이 경매 넘어갔을 때, 세입자가 직접 낙찰 준비한다면 주의사항은?

2023년 초 전세보증금을 못 돌려받는 세입자가 급증했습니다. 2022년 서울 신청된 부동산 강제경매개시결정등기는 722건으로 전월(432건)보다 67.1% 증가했다는 통계가 발표되었습니다. 부동산 경매의 종류에는 강제경매와 임의경매 두 종류가 있는데, 강제경매는 공정증서, 지급명령, 판결 정본 등 집행권원을 확보한 후 법원에 신청하는 경매로, 은행 등이 근저당권에 의해 집행권원 없이 임의로 신청하는 임의경매와 차이가 있습니다.

2022년 하반기 부동산 경매가 속출하고 있는데, 그 원인 중 하나가 바로 집주인이 세입자에게 보증금을 반환해 주지 못해 '보증금지급명령에 의한 강제경매', '보증금반환청구소송'에 의한 강제경매가 상당수를 차지하고 있습니다.

'대항력이 있냐 없냐', '후순위냐 선순위냐', '소액임차인 범위에 들어와서 최우선변제를 받을 수 있냐 없냐'

경매 진행 시 세입자 입장에서는 전입신고일자, 확정일자, 배당요구 여부 등에 따라서 정말 다양한 경우의 수가 발생하게 됩니다.

'보증금을 전액 돌려받느냐', '일부만 돌려받고 쫓겨나느냐', '한 푼도 못 받고 쫓겨나느냐' 등.

본인이 전세로 살고 있는 집이 계속 유찰되는 등 보증금 전액을 배당받지 못하거나, 받을 돈이 거의 없어질 지경이 되면 세입자가 생각하게 되는 방법 중 하나가 바로 '울며 겨자 먹기'로 직접 낙찰받는 방법입니다.

그렇다면, 세입자 본인이 직접 경매 입찰에 참여해 낙찰 시, 보증금 반환받을 수 있을까요? 돌려받을 수 없다는 것이 판례의 입장입니다.

"임대차보증금의 반환채무도 부동산의 소유권과 결합하여 일체로서 이전하는 것이므로 양도인의 임대인으로서의 지위나 보증금반환채무는 소멸하는 것이고, 대항력을 갖춘 임차인이 양수인이 된 경우라고 하여 달리 볼 이유가 없다"고 판시하고 있습니다.

세입자가 낙찰 후 대금납부 시 등기와 무관하게 즉시 소유자가 되는데, 이때부터 낙찰받은 세입자는 '세입자인 동시에 소유자'인 이중적 신분이 되게 됩니다.

'세입자'가 '소유자이면서 동시에 세입자인 본인'에게 보증금반환청구를 해야 하는 경우로, 민법상 혼동으로 보증금반환채권은 소멸하게 되는 것입니다.

쉽게 설명하면, 다른 사람이 낙찰받았더라도 세입자의 보증금을 배당받지 못하는 경우라면, 세입자 본인이 낙찰받더라도 보증금을 못 받는다는 이치입니다.

예시) 빌라 세입자
■ 매매가격 5억
■ 전세보증금 3.5억
■ 근저당 1억
■ 세입자가 직접 3.2억에 낙찰!

이 빌라가 계속 유찰되다 매각가가 떨어져, 3억 2천에 세입자가 직접 낙찰받았다고 가정해 보겠습니다.

세입자는 전세보증금반환채권 3.5억이 있으므로 '상계' 처리하여 매각대금을 한 푼도 안 내고 이 집을 취득할 수 있습니다.

그렇다면 못 받은 3천만 원은?

앞에서 설명한 민법상 혼동으로 소멸하게 되는 것이고, 이러한 법리 때문에 세입자가 직접 경매 나온 전셋집을 낙찰받을 시 주의하셔야 하는 것입니다. 전입신고, 확정일자 등을 갖추고 최선순위로 전입한 대항력 있는 임차인이라고 하여도 결과는 마찬가지입니다.

본인 전셋집이 경매로 넘어갔다면 정말 당황스럽고 무기력해지기까지 합니다. 세입자가 피해를 최소화하면서 현재 직면한 위기인 경매 상황을 현명하게 대처할 방법을 꼭 찾으시길 바랍니다.

[근거법률 및 판례]

민사집행법 제143조(특별한 지급방법)

① 매수인은 매각조건에 따라 부동산의 부담을 인수하는 외에 배당표(配當表)의 실시에 관하여 매각대금의 한도에서 관계채권자의 승낙이 있으면 대금의 지급에 갈음하여 채무를 인수할 수 있다.

② 채권자가 매수인인 경우에는 매각결정기일이 끝날 때까지 법원에 신고하고 배당받아야 할 금액을 제외한 대금을 배당기일에 낼 수 있다.

③ 제1항 및 제2항의 경우에 매수인이 인수한 채무나 배당받아야 할 금액에 대하여 이의가 제기된 때에는 매수인은 배당기일이 끝날 때까지 이에 해당하는 대금을 내야 한다.

민법

제191조(혼동으로 인한 물권의 소멸)

① 동일한 물건에 대한 소유권과 다른 물권이 동일한 사람에게 귀속한 때에는 다른 물권은 소멸한다. 그러나 그 물권이 제삼자의 권리의 목적이 된 때에는 소멸하지 아니한다.

대법원 1996. 11. 22. 선고 96다38216 판결
대항력을 갖춘 주택임차인이 당해 주택을 양수한 경우, 임대인의 보증금반환채무의 소멸 여부(적극)

【판결요지】
주택의 임차인이 제3자에 대한 대항력을 갖춘 후 임차주택의 소유권이 양도되어 그 양수인이 임대인의 지위를 승계하는 경우에는, 임대차보증금의 반환채무도 부동산의 소유권과 결합하여 일체로서 이전하는 것이므로 양도인의 임대인으로서의 지위나 보증금반환채무는 소멸하는 것이고, 대항력을 갖춘 임차인이 양수인이 된 경우라고 하여 달리 볼 이유가 없으므로 대항력을 갖춘 임차인이 당해 주택을 양수한 때에도 임대인의 보증금반환채무는 소멸하고 양수인인 임차인이 임대인의 자신에 대한 보증금반환채무를 인수하게 되어, 결국 임차인의 보증금반환채권은 혼동으로 인하여 소멸하게 된다.

▶ 영웅아빠의 부동산연구소 네이버블로그 (https://blog.naver.com/mathmaster7668) 실제 상담사례

대항력

1. 대항력

임차주택의 양도 등 주택소유권의 변동이 생기더라도 존속기간의 보장을 받으며 보증금도 보호받을 수 있는 권리를 말한다.

권리분석에서 말소기준등기 다음으로 중요한 부분이 임차인의 대항력 유무 분석이다. 말소기준등기를 기준으로 전입일이 빠르면 낙찰자는 대항력 있는 임차인을 인수하여야 한다. 그러나 대항력 있는 임차인이 확정일자와 배당요구를 신청하여 임차보증금 전액을 배당받는 경우에는 낙찰자가 추가로 부담해야 할 비용은 발생하지 않는다. 단, 임차인이 자신의 보증금 중 일부만 배당받는 경우에는 배당받지 못한 임차보증금을 낙찰자가 추가로 지불하여야 한다. 따라서 말소기준등기일보다 세입자의 전입신고일자가 늦는다면 소제주의에 의해 말소되기 때문에 입찰자는 신경 쓸 필요 없다.

2. 대항력이란

임차인이 제삼자(여기에서는 매수인)에게 임대차의 내용을 주장할 수 있는 법률상의 권원을 말한다. 대항력은 별도로 등기하지 않더라도 주택의 인도(상가건물의 경우 건물의 인도)와 주민등록(상가건물의 경우 사업자등록)을 마치면 그 다음 날부터 제삼자에 대해 효력이 발생한다.

임차주택의 양도 등 주택소유권의 변동이 생기더라도 존속기간을 보장받으며, 보증금도 보호받을 수 있는 권리를 말한다. 권리분석에서 말소기준등기 다음으로 중요한 부분이 임차인의 대항력이다.

말소기준등기를 기준으로 전입일이 빠르면 낙찰자는 대항력 있는 임차인을 인수하여야 한다. 대항력 있는 임차인이 확정일자와 배당요구를 신청하여 임차보증금 전액을 배당받는 경우에는 낙찰자가 추가로 부담해야 할 비용은 발생하지 않는다.

임차인이 자신의 보증금 중 일부만 배당받는 경우에는 배당받지 못한 임차보증금을 낙찰자가 추가로 지불하여야 한다. 말소기준등기일보다 세입자의 전입신고일자가 늦는다면 입찰자는 신경 쓸 필요 없다. 소제주의에 의해서 말소된다. 임차인의 대항력 발생 시점은 늦은 날이 기준이 된다.

대항요건은 주택의 인도(점유)와 주민등록(전입신고)을 마친 다음 날 0시부터다.

대항력 발생 시점은 임차인 본인뿐만 아니라 배우자나 가족의 주민등록도 포함된다. 세대주의 전입일이 기준이 아니라 세대원 중 가장 먼저 전입한 사람의 전입일을 기준으로 대항력을 판단한다.

세입자의 전입일을 확인해 보려면 법원이나 유료 정보 사이트에서 매각물건명세서와 현황조사서를 인쇄하여 가까운 동사무소에서 해당 물건지의 전입세대열람을 신청하면 된다.

친인척 간의 임대차는 대항력이 인정되는가? 부부 사이, 부모와 미성년 자녀 간에는 임대차를 인정하지 않는다. 형제 간, 부자 간, 친인척일 경우에는 임대차 시 실제 보증금이 지급되었는가의 여부에 따라 판단이 달라진다. 실제로 지급된 임차보증금이 있고 말소기준등기보다 먼저 전입신고를 하였다면 대항력이 발생한다. 부부의 경우 협의 이혼한 시점부터 다른 배우자가 해당 부동산의 임차인으로서 지위를 갖게 되면 협의 이혼 시점이 대항력 발생의 기산일이 된다.

※ 꼭 구분해서 이해해야할 '대항요건'과 '대항력'의 차이!
많은 사람들이 혼동해서 사용하고 있는 개념이 바로 '대항요건'과 '대항력이 있다'의 개념이다.

대항력유무를 판단할 때, 대항요건(주택인도+주민등록)을 갖춘 상태에서 선순위 담보물권이 없을 때 '대항력이 있다'라고 하는 것이다.
대항력 있는 임차인이여야만 낙찰자에 대항할 수도 있고, 보증금 전액도 보장이 된다. 근저당 등 담보물권이 선순위로 설정된 주택의 임차인이라면, 주민등록(전입신고)+주택인도(점유)+확정일자까지 갖추었더라도 대항력은 생기지 않는다.

말 그대로 '대항요건'은 그냥 '요건'일 뿐이다.

3. 대항력의 발생 시점

임차인의 대항력 발생 시점은 "늦은 날이 기준시점이 된다."
주택의 인도(점유)와 주민등록(전입신고)을 마친 다음 날 0시부터이다.

1) 주택의 인도 후 주민등록 전입신고 : 주민등록 전입신고 다음 날 0시
2) 주민등록 전입신고 후 주택의 인도 : 주택의 인도 다음 날 0시

대항력 발생 시점은 임차인 본인뿐만 아니라 배우자나 가족의 주민등록도 포함된다. 세대주의 전입일이 기준이 아니라 세대원 중 가장 먼저 전입한 사람의 전입일을 기준으로 대항력을 판단한다. 세입자의 전입일을 확인해 보려면 법원이나 유료 정보 사이트에서 매각물건명세서와 현황조사서를 인쇄하여 가까운 동사무소에서 해당 물건지의 전입세대열람을 신청하면 된다.

4. 대항력의 존속

1) 거주와 주민등록이 유지되어야 한다.
2) 배우자나 가족 등이 입주하고 전입신고를 마쳤다면 대항력을 인정한다.
3) 가족의 주민등록을 그대로 유지한 채 가족과 함께 점유를 계속하면서 임차인의 주민등록만을 타지로 일시 옮기는 경우에는 대항력을 인정한다.
4) 주민등록을 주택소재지로 전입하였다가 일시 다른 곳으로 이전하면 이전 시에 대항력을 잃는다.

5. 임차인에 대한 권리분석 순서

1) 등기사항전부증명서상 말소기준등기를 찾는다.

2) 임차인이 있는 경우 전입세대열람을 신청하여 전입일자를 확인한다.

3) 말소기준등기와 임차인의 전입일자를 비교한다.

6. 공부상의 표시와 주민등록 불일치

1) 단독주택 원칙 : 단독주택은 건축물 관리대장 내지 등기사항전부증명서의 지번과 주민등록 지번이 일치해야 한다.

2) 다가구주택 : 다가구주택은 건축법상 단독주택에 해당하므로 주민등록은 지번만 기재하면 된다.

3) 공부상의 대장(건축물관리대장)과 주민등록 불일치하는 경우 대항력이 인정되지 않는다.

4) 공동주택은 지번 외에(명칭) 동·호수도 기재해야 한다. 누락 시 대항력을 취득할 수 없다.

🏛️ 알쏭달쏭 경매 Q&A
판매와 법률근거 기반한 질의 응답 실전사례

Q. 건물과 토지의 근저당 설정일이 다를 때, 임차인의 대항력 유무 판단 기준일은?

A. 임차인의 대항력은 '건물 등기부'를 기준으로 판단하시면 됩니다.

주택임차인의 대항력 판단 기준 :
예를 들어, 다가구 건물의 원룸임차인 대항력 여부 판단 시, 건물 등기와 토지 등기 각각 근저당 설정일이 다를 수 있습니다. 토지를 먼저 취득 후 토지 담보 대출을 통해 건물을 신축하고 신축된 건물에 다시 근저당을 설정하는 경우가 많아 건물 근저당 설정일이 늦은 경우가 종종 있습니다.

이때 주택임차인의 대항력 판단 기준일은?
건물과 토지의 근저당 설정일이 다르기 때문에, 이때 주택임차인의 대항력 여부는 건물 근저당 설정일로 판단하셔야 합니다.

건물과 토지의 근저당 설정일이 다를 때 확정일자부 임차인의 배당은 건물에서만? 토지에서까지?

대항요건을 갖춘 확정일자부 임차인의 경우 건물뿐만 아니라 토지환가대금도 포함하여 배당받을 수 있습니다. 주택임대차보호법에서는 임차주택(대지를 포함한다.)의 환가대금이라고 분명히 명시하고 있습니다.

다만, 최우선변제를 받는 소액임차인의 경우는 좀 다릅니다.
토지에 근저당권 또는 저당권이 설정된 이후 건물이 신축된 경우 '소액임차인'의 최우선변제권은 토지환가대금에 대해서 최우선배당을 받을 수 없습니다.

[근거법률 및 판례]
주택임대차보호법
제3조의2(보증금의 회수)
제3조제1항·제2항 또는 제3항의 대항요건과 임대차계약증서(제3조제2항 및 제3항의 경우에는 법인과 임대인 사이의 임대차계약증서를 말한다.)상의 확정일자를 갖춘 임차인은 「민사집행법」에 따른 경매 또는 「국세징수법」에 따른 공매를 할 때에 임차주택(대지를 포함한다.)의 환가대금에서 후순위 권리자나 그 밖의 채권자보다 우선하여 보증금을

변제받을 권리가 있다. 〈개정 2013. 8. 13.〉

대법원 1999. 7. 23. 선고 99다25532 판결
대지에 관한 저당권설정 후 지상에 건물이 신축된 경우, 건물의 소액임차인에게 그 저당권 실행에 따른 환가대금에 대한 우선변제권이 있는지 여부(소극)

대법원 1999. 7. 23. 선고 99다25532 판결
대지에 관한 저당권설정 후 지상에 건물이 신축된 경우, 건물 소액임차인에게 그 저당권 실행에 따른 환가대금에 대한 우선변제권은 없다.

임차주택의 환가대금 및 주택가액에 건물뿐만 아니라 대지의 환가대금 및 가액도 포함된다고 규정하고 있는 주택임대차보호법(1999. 1. 21. 법률 제5641호로 개정되기 전의 것) 제3조의2제1항 및 제8조제3항의 각 규정과 같은 법의 입법 취지 및 통상적으로 건물의 임대차에는 당연히 그 부지 부분의 이용을 수반하는 것인 점 등을 종합하여 보면, 대지에 관한 저당권의 실행으로 경매가 진행된 경우에도 그 지상 건물의 소액임차인은 대지의 환가대금 중에서 소액보증금을 우선변제 받을 수 있다고 할 것이다. (대법원 1996. 6. 14. 선고 96다7595 판결 참조)

그러나 이와 같은 법리는 대지에 관한 저당권설정 당시에 이미 그 지상 건물이 존재하는 경우에만 적용될 수 있는 것이고, 저당권설정 후에 비로소 건물이 신축된 경우에까지 공시방법이 불완전한 소액임차인에게 우선변제권을 인정한다면 저당권자가 예측할 수 없는 손해를 입게 되는 범위가 지나치게 확대되어 부당하므로, 이러한 경우에는 소액임차인은 대지의 환가대금에 대하여 우선변제를 받을 수 없다고 보아야 할 것이다.

원심이 같은 취지에서, 이 사건 대지에 관한 원고의 저당권설정 후에 신축된 이 사건 건물의 소액임차인인 피고에게는 이 사건 대지의 환가대금에 대하여 우선변제권이 인정되

지 않는다고 판단한 것은 옳고, 거기에 상고이유가 지적하는 바와 같은 법리로 오해 등의 위법은 없다.

▶ 영웅아빠의 부동산연구소 네이버블로그 (https://blog.naver.com/mathmaster7668) 실제 상담사례

우선변제권

1. 우선변제권

임차한 주택 또는 상가건물 「민사집행법」에 따른 경매 또는 「국세징수법」에 따른 공매에 붙여졌을 때 그 매매대금에서 다른 후순위 권리자보다 우선해서 임차보증금을 변제받을 수 있는 권리를 말한다.

우선변제권은 대항요건을 갖추고 확정일자를 받은 경우에 그 효력이 발생한다. 「주택임대차보호법 제3조제2항 및 상가건물임대차보호법 제5조제2항」

경매절차상 자기보다 후순위 권리자인 저당권이나 기타 채권자, 임차인보다 우선하여 자신의 보증금을 배당받을 수 있는 권리이다.

임차인 입장에서 확정일자만 받아놓으면 보증금은 무조건 안전한 것으로 오해해서는 절대 안 된다. 후순위 권리자보다는 먼저 배당해 주겠다는 의미일 뿐이다.

우선변제권 요건	첫째, 대항력 요건을 갖출 것
	둘째, 확정일자를 받을 것
	셋째, 배당요구를 할 것

2. 우선변제권의 요건

1) 대항 요건을 갖출 것 : 매각결정기일까지 대항 요건인 주택의 인도와 전입신고

2) 확정일자를 받을 것 : 법원 또는 동사무소 등에서 주택임대차계약을 체결한 날짜를 임대차계약서 여백에 확인 도장을 찍어 주는데 이때 그 날짜를 의미한다.

3) 배당요구를 할 것 : 확정일자에 의한 우선변제권을 행사하기 위해서는 매각물건의 배당 종기일 이전까지 배당요구를 신청해야 한다.

3. 확정일자

확정일자를 받으면 채권인 임대차가 물권화되어 배당 시 후순위 다른 채권자보다 우선변제권을 갖게 되어 배당을 받게 된다.

4. 배당요구

확정일자에 의한 우선변제권을 행사하기 위해서는 매각물건의 배당요구 종기일 이전까지 배당요구 신청을 해야 한다.

5. 우선변제권 발생 시점

대항력 발생 시점과 확정일자 중 늦은 날짜가 기준이 된다.

1) 입주와 전입신고 후 확정일자를 늦게 받은 경우 : 늦은 날짜 기준

2022년 9월 10일 입주와 전입신고, 확정일자는 2022년 9월 15일 받았다면 대항력 발생 시점은 2022년 9월 11일 오전 0시, 확정일자 2022년 9월 15일로 늦은 시점인 2022년 9월 15일이 우선변제권 발생 시점이 된다.

2) 입주와 전입신고 후 당일 확정일자 : 늦은 날짜 기준

2022년 9월 10일 입주와 전입신고, 당일 확정일자 2022년 9월 10일 받았다면 대항력 발생 시점은 2022년 9월 11일 오전 0시, 당일 확정일자 2022년 9월 10일로 늦은 시점인 2022년 9월 11일 오전 0시가 우선변제권 발생 시점이 된다.

3) 입주와 전입신고 후 그 이전 확정일자 : 늦은 날짜 기준

2022년 7월 30일 임대차계약서 작성 당일 바로 확정일자를 받은 후, 2022년 9월 10일 입주와 전입신고를 했다면, 대항력 발생 시점은 확정일자와 전입신고일 중 늦은 날 기준 2022년 9월 11일 오전 0시가 우선변제권 발생 시점이 된다.

※ 요즘 대부분 임대차계약서 작성 후 계약 체결 당일 바로 주민 센터 등에서 확정일자를 먼저 받기 때문에 3)번 사례와 같은 경우가 대부분이다. 확정일자를 미리 받았다고 우선변제권 발생 시점이 먼저 발생하지 않는다는 점을 명심하자

6. 우선변제권에 의한 목적물의 배당범위

낙찰 시 소액임차인의 최우선변제권은 대지를 포함한 주택 환가액의 2분의 1 범위 내에서 배당하나 우선변제권은 대지와 주택의 환가대금 전부가 우선변제권의 대상이다.

7. 우선변제권과 보증금 증액

1) 말소기준등기 이후 보증금을 증액하고 확정일자를 받은 경우 : 증액부분은 증액한 날짜를 기준으로 배당 여부가 결정된다.
2) 확정일자를 받지 않은 경우 우선변제 불가하다.

8. 입주와 전입신고 후 : 확정일자와 담보권자의 등기일

1) 같은 날 : 담보권자의 채권과 임차인의 보증금에 비례하여 배당한다.

2) 확정일자가 빠른 경우 : 임차인이 우선 배당한다.

3) 담보권자가 등기일이 빠른 경우 : 담보권자가 우선 배당한다.

☞ 확정일자와 담보권자의 등기 접수일이 같은 날 2022년 9월 10일 입주와 전입신고 후 2022년 9월 15일 확정일자 甲 보증금 1억 2022년 9월 15일 근저당설정 1억. 확정일자 임차인과 근저당권자는 동순위로 채권액에 비례하여 배당받는다. 낙찰자가 1억 4천만 원이라면, 임차인이 7,000만 원, 근저당권자가 7,000만 원씩 안분배당, 임차인 甲의 전입 일이 말소기준등기일보다 빠르면 甲의 보증금 중 배당받지 못한 3,000만 원은 낙찰자가 인수한다.

☞ 우선변제권은 전입신고, 확정일자, 배당요구 세 가지 요건이 모두 충족되어야 배당받을 수 있다.
입찰자는 말소기준권리(등기)와 임차인의 전입신고일 확정일자에 의한 우선변제권 날짜를 확인 후 입찰하여야 한다. 대항력은 존속기간 동안 거주와 보증금반환이라는 두 가지 권리를 행사할 수 있는 반면, 우선변제권은 보증금반환이라는 권리만 행사할 수 있다.

9. 우선변제권 3가지 경우의 수

[사례]

대항요건(주택 인도와 주민등록)을 갖춘 날짜 : 1월 1일

확정일자를 받은 날짜 : 1월 3일

낙찰금액 : 5천만 원

임차인 보증금 3천만 원

근저당권 3천만 원

☞ 임차인의 전입일자, 확정일자, 근저당권 접수 일자에 따라 다양한 경우의 수 발생 할 수 있다.

1) 임차인 보증금 일부 미배당되는 경우

대항요건(1월 1일), 확정일자(1월 3일)=말소기준등기(1월 3일)

(1) 대항요건은 갖추었다. : 1월 3일 09시=1월 3일 09시

(2) 안분비례 : 근저당권자 : 2천 5백만 원/임차인 : 2천 5백만 원

(3) 임차인은 배당으로 2천 5백만 원

　　→ 낙찰자는 임차인의 미배당 보증금 5백만 원을 인수해야 한다.

2) 임차인 보증금 일부 미배당되는 경우

대항요건(1월 4일), 확정일자(1월 3일) 〈 말소기준등기(1월 2일)

(1) 대항력 요건 1월 5일 0시

(2) 근저당권자 3천만 원 배당/임차인은 2천만 원 배당

　　→ 이 경우 임차인은 1천만 원 손실이 발생하고, 낙찰자는 추가로 인수하는 금액 은 없다.

3) 임차인 보증금 전액 배당되는 경우

대항요건(1월 1일), 확정일자(1월 3일) 〉 말소기준등기(1월 4일)

(1) 임차인 우선한다.

(2) 임차인은 3천만 원 전액 배당받고

(3) 근저당권자 2천만 원 배당받는다.

10. 말소기준권리와 임차인의 대항력 발생일자에 따른 낙찰자의 지위

1) 임차인의 대항력 발생일자가 말소기준등기일보다 빠를 때

(1) 임차인이 배당요구를 안 한 경우 : 보증금 전액 인수한다.

(2) 임차인이 배당요구를 한 경우 : 배당받지 못한 금액만 인수한다.

2) 임차인이 대항력 발생일자가 말소기준등기일보다 늦을 때

(1) 임차인이 배당요구를 안 한 경우 : 소멸 (낙찰자 인수사항 없다)

(2) 임차인이 배당요구를 한 경우 : 소멸 (낙찰자 인수사항 없다)

[다가구 원룸 건물 임차인 권리관계분석]

임차인	전입일자	배당요구	대항력발생일	최선순위 설정일자	낙찰자 인수여부
A	2017. 5. 1.	×	2017. 5. 2.	2021. 9. 28 근저당권 신한은행 2억 5천	보증금 전액 인수
B	2017. 10. 15.	O	1999. 10. 16.		배당받지 못한 금액만 인수
C	2019. 8. 11.	O	2019. 8. 12.		배당받지 못한 금액만 인수
D	2017. 9. 27.	×	2017. 9. 28.		보증금 전액 인수
E	2022. 4. 5.	×	2022. 4. 6.		소멸
F	2021. 9. 28.	O	2021. 9. 29.		소멸

☞ 표상의 임차인 D의 대항력 발생 시점은 2017년 9월 28일 오전 0시이고, 최선순위 설정일은 오전 9시 이후로 임차인 D는 배당요구를 하지 않아 낙찰자가 보증금 전액을 인수하여야 한다. (담보권자가 실행을 위해 등기소를 방문하더라도 오전 9시 이후가 될 것이기 때문이다.)

※ 임차인 D는 대항력 있는 임차인

임차인 F의 전입 일자는 2022년 9월 28일, 대항력 발생 시점은 2022년 9월 29일 오

전 0시 최선순위 설정일자(말소기준등기)가 2021년 9월 28일로 임차인 F는 최선순위 설정일보다 대항력 발생 시점이 하루가 늦어 배당에서 낙찰가액에 따라 자신의 보증금 전부를 배당받거나 일부만 배당받을 수 있다.

※ 임차인 F는 대항력 없는 임차인

임차인 E 역시 최선순위 설정일보다 대항력 발생 시점이 늦어 배당에서 낙찰가액에 따라 자신의 보증금 전부를 배당받거나 일부만 배당받을 수 있다.

※ 임차인 E는 대항력 없는 임차인

Q. 어느 날 갑자기 전셋집에 '경매 현황조사(임차인조사) 안내문'이 날아왔다면?

A. 같은 전세 세입자(임차인)이라고 하더라도 대항력 유무, 전입신고일자, 확정일자 유무 및 순서 등에 따라 경매절차에서 세입자(임차인)의 지위는 하늘과 땅 차이가 나게 됩니다. 보증금 전액을 안전하게 받을 수도 있고, 전액을 날릴 수도 있습니다.

2023년 1월, 2월 경매 낙찰 상담보다, 본인 전셋집이 경매에 넘어간 임차인분들 상담이 더 많아진 요즘입니다. 이미 벌어진 안타까운 현실이지만 임차인분들에게 조금이나마 도움이 되고자 최선을 다해 상담해 드리고 있습니다.

경매 공포의 시작, '집행관의 방문' 또는 '현황조사 안내문'.
집행관이 전셋집에 방문하거나, 폐문부재 안내문이 문에 붙어 있다면, 이미 살고 있는 집이 경매로 넘어갔다는 얘기입니다.

즉 부동산등기부에 '경매개시결정등기'가 기입되었다는 얘기입니다.
임차인은 권리신고 및 배당요구를 통해 구제를 받아야 합니다.

본인이 살고 있는 집이 경매로 넘어간 임차인이라면 반드시 '배당요구종기일' 이내에 권리신고 및 배당요구신청서를 작성하여 해당 법원경매계에 신청서를 작성하시고 제출하셔야 합니다.

법원에 비치된 서식에 본인 상황에 맞게 정확하게 작성하셔서 제출해야 합니다. 허위 거짓으로 작성할 경우 향후 형법상 '입찰방해죄'가 성립할 여지가 있습니다. 여기서 가장 중요한 것은! 반드시 '배당요구종기일' 이내 '법원에 방문하여' 서류를 제출하셔야 한다는 점입니다.

권리신고 배당요구신청서 준비서류
1. 임대차계약서 사본
2. 주민등록등본 1통
3. 주민등록초본 1통
4. 신분증
5. 건물도면(건물일부임대차 한 경우)

세입자는 보증금 전액 받을 수 있을까요?
각종 권리관계에 따라 보증금 전액 돌려받을 수 있을지, 전액 날리게 되는지, 일부만 돌려받을 수 있는지 천차만별입니다.

법원에서는 부동산등기부, 임대차계약서 등 각종 서류를 검토하여 '세입자의 지위'를 결정되게 됩니다.

즉, 전액 배당, 일부 배당, 쫓겨나도 되는 인도명령대상자인지, 경매 낙찰 여부와 무관하게 계속해서 그 집에 거주해도 되는 임차인인지 등등….

너무 다양한 경우의 수가 발생하기 때문에 글로 일일이 나열하기 어려워, 경매 진행 시 임차인분들이 착각하게 되는 대표적인 오해 2가지 경우에 대해서만 설명하고자 합니다.

'확정일자'를 받았으면 보증금 전액 보장?

나는 확정일자 받았으니 괜찮아, 보증금 다 받을 수 있을 거야~ 하고 착각하고 계신 분들 많으신데, 절대 그렇지 않습니다. 확정일자가 있는 임차인이더라도 보증금 한 푼도 못 받고 쫓겨나는 경우 허다합니다. 선순위 근저당이 있는 임차인의 보증금은 매우 불안정한 상태임을 명심하셔야 합니다.

집주인 요청으로 단 하루 전입신고를 뺏었다면?

그리고, 최선순위로 전입신고를 하셨다가 중간에 집주인 요청으로 단 하루 전입신고를 빼신 분들도 상당히 많으신데, 이러한 경우도 보증금 전액을 날리고 쫓겨나게 되는 경우가 많습니다.

[근거법률 및 판례]

형법

제315조(경매, 입찰의 방해) 위계 또는 위력 기타 방법으로 경매 또는 입찰의 공정을 해한 자는 2년 이하의 징역 또는 700만 원 이하의 벌금에 처한다. 〈개정 1995. 12. 29.〉

민사집행법

제88조(배당요구) ① 집행력 있는 정본을 가진 채권자, 경매개시결정이 등기된 뒤에 가

압류를 한 채권자, 민법·상법, 그 밖의 법률에 의하여 우선변제청구권이 있는 채권자는 배당요구를 할 수 있다.

② 배당요구에 따라 매수인이 인수하여야 할 부담이 바뀌는 경우 배당요구를 한 채권자는 배당요구의 종기가 지난 뒤에 이를 철회하지 못한다.

▶ 영웅아빠의 부동산연구소 네이버블로그 (https://blog.naver.com/mathmaster7668) 실제 상담사례

최우선변제권

1) 임차주택의 경매나 공매 시 임차인이 소액보증금 중 일정 금액을 선순위 권리자보다 먼저 주택 가액의 2분 1 범위 내에서 최우선하여 배당을 받을 수 있는 제도. 「주택임대차보호법 제8조」

2) 임차주택이 경·공매 등에 의하여 소유권이 이전되는 경우 경매절차에서 임차보증금 중 일정액을 타 권리자보다 최우선으로 하여 배당을 받을 수 있는 권리.

주택 인도와 주민등록이라는 대항요건을 갖추고 보증금이 소액보증금에 해당하는 임차인이라면 즉, 임차인이 후순위의 대항요건을 갖추었더라도 소액임차인에 해당한다면 경매 부동산상의 모든 권리들보다 일정 금액을 최우선적으로 받을 수 있다는 것이다.

3) 최우선변제권은 주택 인도와 주민등록이라는 대항요건에 소액보증금으로 임차한 임차인이면 되고 계약서상의 확정일자 유무와는 관계없이 보호받을 수 있다.

한권으로 끝내는
부동산 경매의 바이블

4) 소액임차인의 최우선변제의 범위는 주택가액의 50%(1/2)를 초과할 수 없다. 왜냐 하면 최우선변제금을 무조건 인정하게 되면 최초의 저당권마저 침해를 받을 수가 있기 때문이다.

5) 토지와 건물 양자 모두에 효력이 미치지만, 토지와 건물의 소유자가 동일하여야 한 다. 만약 토지와 건물의 소유자가 다르다면 최우선변제금의 효력은 토지에는 미치 지 못한다.

6) 최우선변제를 받기 위한 전제조건
(1) 소액임차인에 해당할 것
(2) 배당요구종기일 전까지 배당을 요구할 것
(3) 경매신청등기 전 대항요건(주택 인도와 전입신고)을 갖춰야 한다.

[소액임차인 최우선변제 범위]

기준시점	지역	임차인 보증금 범위	보증금 중 일정액의 범위
1990. 2. 19.~	서울특별시, 직할시	2,000만 원 이하	700만 원
	기타 지역	1,500만 원 이하	500만 원
1995. 10. 19.~	특별시 및 광역시(군지역 제외)	3,000만 원 이하	1,200만 원
	기타 지역	2,000만 원 이하	800만 원
2001. 9. 15.~	수도권정비계획법에 의한 수도권 중 과밀억제권역	4,000만 원 이하	1,600만 원
	광역시(군지역과 인천광역시지역 제외)	3,500만 원 이하	1,400만 원
	그 밖의 지역	3,000만 원 이하	1,200만 원
2008. 8. 21.~	수도권정비계획법에 따른 수도권 중 과밀억제권역	6,000만 원 이하	2,000만 원
	광역시(군지역과 인천광역시지역 제외)	5,000만 원 이하	1,700만 원
	그 밖의 지역	4,000만 원 이하	1,400만 원
2010. 7. 26.~	서울특별시	7,500만 원 이하	2,500만 원
	수도권정비계획법에 따른 과밀억제권역(서울특별시 제외)	6,500만 원 이하	2,200만 원
	광역시(수도권정비계획법에 따른 과밀억제권역에 포함된 지역과 군지역 제외), 안산시, 용인시, 김포시 및 광주시	5,500만 원 이하	1,900만 원
	그 밖의 지역	4,000만 원 이하	1,400만 원
2014. 1. 1.~	서울특별시	9,500만 원 이하	3,200만 원
	수도권정비계획법에 따른 과밀억제권역(서울특별시 제외)	8,000만 원 이하	2,700만 원
	광역시(수도권정비계획법에 따른 과밀억제권역에 포함된 지역과 군지역 제외), 안산시, 용인시, 김포시 및 광주시	6,000만 원 이하	2,000만 원
	그 밖의 지역	4,500만 원 이하	1,500만 원
2016. 3. 31.~	서울특별시	1억 원 이하	3,400만 원
	수도권정비계획법에 따른 과밀억제권역(서울특별시 제외)	8,000만 원 이하	2,700만 원
	광역시(수도권정비계획법에 따른 과밀억제권역에 포함된 지역과 군지역 제외), 세종특별자치시, 안산시, 용인시, 김포시 및 광주시	6,000만 원 이하	2,000만 원
	그 밖의 지역	5,000만 원 이하	1,700만 원
2018. 9. 18.~	서울특별시	1억 1천만 원 이하	3,700만 원
	수도권정비계획법에 따른 과밀억제권역(서울특별시 제외), 용인시, 세종특별자치시, 화성시	1억 원 이하	3,400만 원
	광역시(수도권정비계획법에 따른 과밀억제권역에 포함된 지역과 군지역 제외), 안산시, 김포시, 광주시 및 파주시	6,000만 원 이하	2,000만 원
	그 밖의 지역	5,000만 원 이하	1,700만 원
2021. 5. 11.~	서울특별시	1억 5천만 원 이하	5,000만 원
	수도권정비계획법에 따른 과밀억제권역(서울특별시 제외), 세종특별자치시, 용인시, 화성시 및 김포시	1억 3천만 원 이하	4,300만 원
	광역시(수도권정비계획법에 따른 과밀억제권역에 포함된 지역과 군지역 제외), 안산시, 광주시, 파주시, 이천시 및 평택시	7,000만 원 이하	2,300만 원
	그 밖의 지역	6,000만 원 이하	2,000만 원
2023. 2. 21.~	서울특별시	1억 6,500만 원 이하	5,500만 원
	수도권정비계획법에 따른 과밀억제권역(서울특별시 제외), 세종특별자치시, 용인시, 화성시 및 김포시	1억 4,500만 원 이하	4,800만 원
	광역시(수도권정비계획법에 따른 과밀억제권역에 포함된 지역과 군지역 제외), 안산시, 광주시, 파주시, 이천시 및 평택시	8,500만 원 이하	2,800만 원
	그 밖의 지역	7,500만 원 이하	2,500만 원

※ 주택임대차보호법 시행령 [시행 2023. 2. 21.] [대통령령 제33254호, 2023. 2. 21., 일부개정]

[소액임차인 관련 중요 체크 포인트]

1. 기준시점은 담보물권(저당권, 근저당권, 가등기담보권 등) 설정일자 기준임(대법원 2001 다84824 판결 참조)
2. 배당요구의 종기까지 배당요구를 하여야 함
3. 경매개시결정의 등기 전에 대항요건(주택 인도 및 주민등록)을 갖추어야 하고, 배당요구 의 종기까지 대항력을 유지해야 함
4. 주택가액(대지의 가액 포함)의 1/2에 해당하는 금액까지만 우선변제받음 「주택임대차보호법 제8조」

예제 1) 근저당권설정기준일(말소기준등기일)은 2012년 12월 31일

임차인은 2014년 2월 4일 주택 인도와 전입신고 후 당일 확정일자를 받았고, 임차보증금 8,500만 원일 때 낙찰 시 임차인은 최우선변제를 받을 수 있는 소액임차인에 해당하지 않는다.

☞ 이유 : 근저당권설정기준일(2012년 12월 31일) 구간에서의 소액임차보증금의 범위는 서울의 경우는 임차인의 보증금이 7,500만 원 이하일 때 2,500만 원까지 최우선변제 받을 수 있다.

예제 2) 근저당권설정기준일(말소기준등기일)은 2018년 9월 31일

임차인은 2023년 4월 5일 주택 인도와 전입신고 후 당일 확정일자를 받았고, 임차보증금 1억 6,500만 원일 때 낙찰 시 임차인은 최우선변제를 받을 수 있는 소액임차인에 해당하지 않는다.

☞ 이유 : 근저당권설정기준일 구간(2018년 9월 31일)에서의 소액임차보증금의 범위는 서울의 경우는 임차인의 보증금이 1억 1천만 원 이하일 때 3,700만 원까지 최우선변제 받을 수 있다.

[임차인 분석 시 꼭 확인해야 할 사항]

◆ 가끔 임차인 중 자신의 계약일이나 전입일을 기준으로 최우선변제를 받을 수 있는 소액임차인지 여부를 판단하는데 이는 잘못된 생각이다. 소액임차인의 판단 기준은 임차인의 계약서 체결일이나 전입일자가 아닌 등기사항전부증명서상 저당권, 근저당권, 설정일이나 가등기담보권 설정일이다. 의외로 등기사항전부증명서를 볼 줄 모르는 사람들이 많아 피해를 보는 경우가 있어 주의가 요구된다.

◆ 토지와 건물의 저당권설정일이 각각 일 때, '임차인 대항력 유무'판단 시 말소기준권리는 건물에 설정된 권리를 기준으로 판단해야 한다.

◆ 주택임대차보호법의 적용을 받는 '주거용'이냐 아니냐를 판단하는 시점은 '임대차계약서 작성 시점'으로 판단해야 한다.

◆ 소액임차인 여부를 판단할 기준 담보물권설정이 없는 경우(ex : 2013타경 21060)는 소액임차인 여부 판단 기준은 '배당표 작성 시점'으로 본다. 「대구지방 2003 가단 134010」

[소액임차인은 같은 순위]

소액임차인이 다수인 경우 배당순위는 그들의 대항요건 취득시기(전입일자)에 관계없이 **동순위**

최우선순위 근저당 설정일 : 2016년 5월 10일, 서울시

등기순위	권리	권리자	전입일	보증금	최우선변제액	실제배당금액
1	임차인	갑	2023. 2	9,000만 원	3,400만 원	2,000만 원
2	임차인	을	2023. 3	7,000만 원	3,400만 원	2,000만 원
3	임차인	병	2023. 4	5,000만 원	3,400만 원	2,000만 원

낙찰가액이 1억 2,000만 원이라면 최우선변제금액인 1/2인 6,000만 원 한도 내에서 배당. 갑, 을, 병 각각 3,400만 원을 최우선변제를 받을 수 있으나, 합계액이 1억 2,000만 원으로 배당할 금액 6,000만 원을 초과하기 때문에 최우선변제액의 비율에 따라 안분배당. 갑, 을, 병 각각 2,000만 원씩 배당.

7) 소액임차인의 최우선변제권 순위

단독, 다가구주택의 경우 임차인이 여러 명일 수 있고, 이들 소액임차인들의 최우선변제권은 대항요건 취득시기와 관계없이 동순위이다.

8) 최우선변제 불가

(1) 전세권자 : 전세권자는 보증금이 소액일지라도 최우선변제를 받을 수 없다. 단, 전세권설정 이후에 전입한 임차인의 보증금이 소액이면 최우선변제를 받을 수 있다.

(2) 임차권등기명령 이후 임차인 : 임차권등기명령 이후에 주택이나 상가를 임차한 최우선변제를 받을 수 없다. 단, 순위에 따른 우선변제는 가능하다.

(3) 법인 : 최우선변제를 받을 수 없다.

임차권등기명령

1. 정의

임대차계약이 종료되었는데도 불구하고 임차인이 임대인으로부터 임차보증금을 반환받지 못한 경우에, 임차인은 임차주택의 소재지를 관할하는 지방법원이나 지원 등에 임차권등기명령을 신청하여 임차권등기가 경료되면 임차인이 점유를 이전하더라도 임차인이 대항력과 우선변제권의 효력이 계속 유지되도록 보장하는 제도를 말한다.

2. 임차권등기명령

임차인이 우선변제권을 유지하기 위해서는 주택임대차보호법상 대항력의 요건인 주택의 인도 및 주민등록을 유지하여야 한다. 그러나 보증금을 변제받기 전에 다른 곳으로 이사를 해야 하는 경우가 발생하더라도 이사를 하지 못하는 문제를 해결하기 위해 주택임대차보호법에 임차인 단독으로 법원에 임차권등기명령을 신청할 수 있도록 하여 임차권등기가 경료되면 이미 주택임대차보호법에 규정된 대항요건을 갖추고 있던 임차인이 주거를 이전하더라도 대항력 및 우선변제권은 그대로 유지된다.

3. 임차권등기명령의 신청

임대차가 끝난 후 보증금을 반환받지 못한 임차인은 임차주택의 소재지 관할하는 지방법원, 지방법원지원, 시 또는 군 법원에 임차권등기명령을 신청할 수 있다. 임차권등기의 촉탁, 등기관의 임차권등기 기입 등 임차권등기명령을 시행하는 데 필요한 사항은 대법원 규칙으로 정하게 되어 있다. 임차권등기명령의 신청과 그에 따른 임차권등기와 관련된 각종 비용은 임대인에게 청구할 수 있다.

4. 임차권등기명령 신청 요건

1) 임대차기간이 종료되었을 것
2) 계약기간이 끝나고 보증금반환을 받지 못했을 것

5. 임차권등기의 효력

1) 임차권등기권자 : 임차권등기가 경료되면 임차권 등기권자는 대항력 및 우선변제권을 계속 유지하며, 임차권등기 이후에 임차인이 주민등록 이전으로 대항요건을 상실하더라도 이미 취득한 대항력 및 우선변제권은 상실하지 않는다.
2) 임차권등기 후에 입주한 새로운 임차인 : 임차권등기가 경료된 주택을 그 이후에 임차한 임차인은 소액임차인의 요건에 해당한다 하더라도 소액보증금 최우선변제

권이 인정되지 않는다. 단, 전입신고 및 확정일자를 갖춘 경우 후순위 권리에 대한 우선변제권은 인정된다.

3) 상가임차인은 폐업 신고를 하더라도 상가건물임대차보호법상 상가임차권등기명령 신청을 통해 상가임차권등기를 신청하여 등기가 이루어지면 임차권등기의 효력이 그대로 인정된다.

※ 2023년 4월 18일 개정되고, 7월 19일부터 시행되는 임대차보호법 개정안은 "이 법 시행 전에 내려져 이 법 시행 당시 임대인에게 송달되지 아니한 임차권등기명령에 대해서도 적용한다."라는 부칙 규정을 통해 법원에서 임차권등기명령을 받기만 하면 임대인에게 그 통지가 도달하지 않더라도 임차권등기가 가능하게 되었다. 잠적하거나 구속 수감되는 악성임대인 등을 위한 법률개정사항이다.

임차인 권리관계 분석

부동산 경매 권리분석 시 아무리 강조해도 지나치지 않은 부분이 바로, 임차인의 대항력 분석이다.

말소기준등기를 기준으로 임차인의 전입일이 빠르면 낙찰자는 대항력 있는 임차인을 인수하여야 한다.

그러나, 대항력 있는 임차인이 확정일자와 배당요구를 신청하여 임차보증금 전액을 배당받는 경우에는 낙찰자가 추가로 부담해야 할 비용은 발생하지 않는다.

다만, 임차인이 자신의 보증금 중 일부만 배당받는 경우에는 배당받지 못한 임차보증금을 낙찰자가 추가로 지불하여야 한다.

말소기준등기일보다 세입자의 전입신고일자가 늦는다면 입찰자는 신경 쓸 필요가 없다. 소제주의에 의해서 말소되기 때문이다.

1. 선순위 권리(말소기준권리보다 빠름) : 대항력 있는 임차인

1) 전입신고, 확정일자, 법원배당요구 신청 여부 확인하여야 한다.

모두 갖추었다면 법원 배당이므로 매수자가 인수하지 아니한다. 배당차액은 매수자 인수한다. 전입신고, 확정일자 갖추고 배당요구 안 하면 대항력 있으므로 매수자가 인수한다.

2) 전입신고만 완료하였고, 확정일자 없는 경우 대항력이 있으므로 매수자가 인수한다.

3) 전입신고 빠르고 확정일자 늦을 경우 매수자가 인수한다. (대항력 있음)

2. 후순위 권리(말소기준권리보다 늦음) : 대항력 없는 임차인

1) 소액보증금 해당 여부에 대하여 확인을 해야 한다.

① 경매개시기입등기 이전에 대항요건 : 점유와 전입신고를 갖추고 소액보증금에 해당하면 우선변제권 행사한다.

② 배당요구로 법원에서 배당받는다.

③ 소액보증금에 해당되어도 배당요구를 안 하면 한 푼도 배당받지 못한다.

④ 소액이라 해도 후순위 임차인은 최우선변제권만 있고 대항력이 없으므로 매수자 인수사항이 아니다.

2) 후순위 임차인 중 임차보증금을 한 푼도 못 받고 나가는 가구가 있는지 여부를 확인해야 한다.

① 소액임차인 포함 : 입찰 시 고려할 사항이다.

② 인도 및 명도 등의 대비를 위함이다.

세대합가

1. 정의

임차인과 그 구성원이 시기를 다르게 전입하여 세대원이 합쳐진 경우를 말한다. 일반적인 사례로는 세대원 중 자녀가 먼저 임차한 주택에 전입을 하고 나중에 부모가 자녀가 전입하여 거주하고 있는 주택에 주소를 전입한 경우에 나타난다. 유의하여야 할 점 두 가지가 있다.

1) 주민등록등본은 본인만 발급이 가능하며, 본인 이외의 타인의 신청에 따라서는 주민 센터에서 발급이 불가하며, 주민등록등본의 내용에는 세대주뿐만 아니라 함께 거주하고 있는 세대원 전원이 기재되어 있다.
2) 경매에서 세대합가를 통해서 선순위가 될 경우를 유의하여야 한다.

2. 전입세대열람내역서

경매된 경우에는 경매된 근거자료와 신분증을 지참하고 주민자치센터에 신청하면 발급이 가능하다. 전입세대열람내역서에는 세대주만의 성명과 전입일이 기재되어 있으나, 세대주보다 먼저 전입된 세대원이 있는 경우에는 최초 전입된 세대원의 성명과 전입일자가 함께 기재되어 있다.

그러나 세대주보다 먼저 전입된 세대원이 없는 경우에는, 최초 전입된 세대원의 성명과 전입일자는 세대주로 기재된다.

1) 경매에서 세대합가를 통해서 선순위가 될 경우를 유의하라.

2) 세대합가의 범위는 : 직계 존·비속

3) 세대합가의 문제 역시 대위변제의 문제처럼 선순위 세입자가 없어서 입찰하였는데 갑자기 선순위 세입자가 나타나는 경우이다.

4) 입찰 참가자 입장에서는 주민등록등본상 "세대합가"라는 말이 나오면 반드시 주민등록초본을 확인하여 세대원 중에서 가장 먼저 전입했었던 날짜를 기준으로 권리분석을 해야 한다.

5) 부동산을 입찰한 이후에는 세대합가되어 대항력 있는 임차인의 보증금을 인수하는 경우 낙찰불허가 신청 등을 통하여 구제받아야 할 것이다.

3. 세대구성 VS 세대편입 VS 세대합가

1) 세대구성 - 단독 또는 세대주와 세대원 전부가 새롭게 전입하는 곳에 '세대'를 구성하는 경우

예) 우리 가족 전부가 모두 함께 이사를 가는 경우

2) 세대편입 - 이사할 곳에 이미 세대주가 존재하고 그곳에 '세대원'으로 주소를 옮기는 경우

예) 서울 원룸에 세대주로 자취를 하는 대학생 아들이 졸업하고 다시 부모님 집에 세대원으로 전입을 하는 경우

3) 세대합가 - 이사할 곳에 이미 세대주고 있고, 그곳에 새로 전입하는 자가 '세대주'로 변경되면서 주민등록을 옮기는 경우 (세대합가의 범위는 직계 존·비속)

예) 부모님이 세대주로 등재된 집으로, 자식 부부가 들어가면서 세대주를 자식 이름으로 변경하는 경우

대위변제(代位辨濟)

1. 정의

후순위 권리자가 선순위에 있는 말소기준권리(등기)가 되는 저당권 등의 채권을 채무자를 대신하여 채무를 변제하는 것을 말한다.

2. 대위변제의 필요성

1) 선순위 지위를 확보하기 용이하다.

2) 후순위 권리자가 선순위 권리자의 채무를 소멸시키고 선순위 권리자가 됨으로써 경제적 이익이 발생할 수 있는 경우의 수가 존재하는 경우가 있기 때문이다.

3. 대위변제의 시기

매각대금납부하기 전까지 납부하여야 한다.

4. 대위변제의 구체적 사례

1) 최초 선순위 근저당권(소액의 경우)의 대위변제 가능성 여부

순위번호	권리 및 기타사항
1	근저당권 (2,000만 원)
2	임차인 (보증금 1억 5천만 원/확정일자 〈×〉)
3	임차인
4	근저당권 (1억 원)

이 경우에는 2번 또는 3번 임차인이 대위변제하여 1번 근저당권을 말소시키면, 4번 근저당권이 말소기준등기가 되기 때문에 2번과 3번 임차인의 임차보증금 중 일부 또는 전액을 인수해야 하는 경우가 발생하게 된다. 즉, 2번과 3번의 임차인이 대위변제로 인하여 대항력을 취득하게 된다.

2) 근저당권과 권리분석의 상관관계

(1) 근저당권은 100% 배당받지 못하고 극히 일부만 배당받고, 채권액에 만족하지 못하여도 원칙적으로 소멸하게 된다. 즉, 경매 비용과 근저당권보다 우선하는 권리가 모두 배당되고 일부만 배당하게 된다고 하더라도 근저당권은 소멸하면서 동시에 매각허가결정도 무·잉여가 아니기 때문에 법률상 하자가 없다고 해도 무방하다.

(2) 극히 일부만 배당받고 소멸하는 근저당권이라 할지라도 그 이후 예고등기를 제외한 후순위 권리들은 모두 소멸한다.

(3) 최초 선순위 근저당이 소액일 경우에는 대위변제 가능성이 크기 때문에 가능성 유무를 심사숙고하여 판단하여야 한다.

(4) 최초 근저당권이 채권최고액까지 표기되어 있었음에도 불구하고 후에 채무를 모두 변제한 상태이나 근저당권을 말소시키지 않아 존재하는 것으로 알고 권리분석을 하였다가 이러한 근저당권의 효력이 인정되지 않아서 인수권리가 발생하기도 한다.

이러한 사실을 입찰 후에 알았다면 매각불허가신청 사유가 되기 때문에 반드시 법원의 매각물건명세서 등을 통하여 잔존하는 채권액을 반드시 확인하여야 한다.

즉, 근저당권의 실체가 문제 되고 있다. 실제로는 존재하지 않는 근저당권이었으나, 근저당권이 존재하는 것으로 알고 응찰한 경우 근저당 뒤의 권리가 모두 말소될 것으로 알았으나, 실제로는 존재하지 않는 근저당권인 경우 낙찰자는 후순위 권리를 인수하는 경우가 있다. 이러한 경우를 대비하여 당일 법원경매 시에 채권계산서 및 배당요구서 또는 근저당권이 설정된 금융기관 등에 직접 확인하는 것이 필요하다.

상가건물임대차보호법

근린상가, 상가주택 등 입찰 시에는 상가임대차보호법에 대한 이해도 반드시 필요하다. 상가임대차의 경우 대항력 있는 임차인일 경우 최장 10년까지 갱신기간이 보장되기 때문에 본인이 낙찰받아 영업을 할 예정이라면 특히 더 입찰에 신중해야 한다.

1. 목적

상가건물임대차보호법은 제1조에서 상가건물임대차에 관하여 민법에 대한 특례를 규정하여 사회적·경제적 약자인 임차인을 보호함으로써 임차인들의 경제생활 안정을 도모하기 위해 제정된 것이다.

2. 대상

본법의 보호대상인 상인은 타인의 건물을 임차하여 상행위하는 상인인 임차인이다. 따라서 상인이 스스로 자기 건물에서 영업행위를 하는 경우에는 원칙적으로 이 법의 보호대상이 아니다.

3. 상가건물 판단 기준

건물의 객관적 용도, 실제의 이용현황 등 여러 제반 사정에 비추어 실질적으로 사업 또는 영업의 전부 또는 일부를 행하는 장소인지 여부에 따라 판단한다.

사업자등록의 대상이 되지 않는 비영업용 건물은 상가건물임대차보호법이 적용되지 않는다. 중종이나 동창회 사무실, 교회, 사찰, 자선단체, 향우회 등 친목 단체가 임차한 사무실 등은 상가건물임대차보호법이 적용되지 않는다.

4. 상가건물 판단 시기

상가건물인지의 여부를 판단하는 기준 시기는 원칙적으로 임대차계약 체결 시이다.

5. 존속기간

1년(임차인은 1년 미만이 유효함을 주장할 수 있다.)

기간을 정하지 아니하거나 기간을 1년 미만으로 정한 임대차는 그 기간을 1년으로 본다.「제9조제1항 본문」

다만, 임차인은 1년 미만으로 정한 그 기간이 유효함을 주장할 수 있고, 임차인의 계약갱신요구권은 최초의 임대차기간을 포함한 전체 임대차기간이 10년을 초과하지 아니하는 범위에서 행사할 수 있다.「제10조제8항2호」

6. 대상

국민, 외국인, 법인

7. 증감청구권

10년간 상가임대차기간을 보장하면서 그간 경제 사정 등으로 인하여 보증금 또는 차임의 증감 사유가 발생하였을 때는 당사자에 대해 그 차임의 증감을 청구할 수 있다. 약정한 차임 등의 5%의 금액을 초과하지 못한다. 약정한 차임 등의 증액이 있고 난 뒤 1년 이내에는 이를 하지 못한다.

보증금 외에 차임이 있는 경우에는 그 차임액에 100을 곱하여 환산금액을 보증금에 포함해야 한다.「동법 시행령 제2조제3항」 예컨대 보증금이 1억 원이고 월세가 100만 원인 경우에는 환산보증금은 2억 원(1억+100만×100)이다.

8. 임차권 등기명령제도

대항력과 우선변제권을 유지하게 하여 임차보증금의 회수를 가능하도록 하는 것이 이 제도를 택한 입법의 취지이다.

9. 대항력

등기가 없음에도 임차인이 건물의 인도와 관할 세무서에 사업자등록을 신청한 경우, 다음 날부터 제삼자에 대하여 효력이 생기는 것을 말한다.

법에 따라 건물이 매매 또는 경매의 목적물이 된 경우에는 제한물권이 있는 경우와 매도인의 담보책임에서 계약해제권과 손해배상청구규정이 적용되고, 경매와 매도인의 담보책임, 동시이행항변권 규정이 준용된다.

10. 상가건물임대차보호법의 핵심

1) 임대차계약 존속기간 보장 : 최대 10년간의 계약갱신요구권 보장한다.
   (※ 10년 계약갱신요구권은 2018. 10. 16. 이후 최초로 체결되거나 갱신되는 임대차부터 적용한다.)
2) 대항요건에 따른 대항력 : 임차인이 건물을 인도받고 사업자등록을 신청하면 이후 건물소유자가 바뀌더라도 새로운 소유주에 대해 임차권을 주장할 수 있다.
3) 최우선변제권 보장 : 대항요건을 갖추고 확정일자를 받은 경우 전세권 등기와 같은 효력을 인정하여 공·경매 시 후순위 채권자보다 우선변제를 받는다.

임차인 관련 주요 판례

부동산 경매에서 임차인 관련 판례는 매우 중요하다. 주택임대차보호법 조문에서 모호한 해석이 발생할 수 있는 부분들이 많아 대부분의 법리가 판례를 통해 정립되고 있기 때문이다. 입찰에 참여하고 명도를 하는 과정에서 가장 많은 사고가 발생하고, 어려운 부분이 임차인 관련 사항이기 때문에, 임차인 관련 주요 판례는 꼭 두 번 세 번 읽어 보길 바란다.

◆ 소액임차인을 판단할 기준권리가 없는 경우 '배당표 작성 시점'
[대구지방법원 2004. 3. 31. 선고 2003가단134010 판결]

【판결요지】

임대차관계가 지속되는 동안 임대차보증금의 증감·변동이 있는 경우, 소액임차인에 해당하는지 여부의 판단 시점은 원칙적으로 배당 시로 봄이 상당하고, 따라서 처음 임대차계약을 체결할 당시 임대차보증금의 액수가 적어서 소액임차인에 해당한다고 하더라도 그 후 갱신과정에서 증액되어 그 한도를 초과하면 더 이상 소액임차인에 해당하지 않게 되고, 반대로 처음에는 임대차보증금의 액수가 많아 소액임차인에 해당하지 않는다 하더라도 그 후 갱신과정에서 감액되어 한도 이하로 되었다면 소액임차인에 해당한다.

◆ 건물과 토지의 근저당 설정일이 다를 때 소액임차인의 최우선변제권 배당범위는?
[대법원 1999. 7. 23. 선고 99다25532 판결 [배당이의]]

대지에 관한 저당권설정 후 지상에 건물이 신축된 경우, 건물의 소액임차인에게 그 저당권 실행에 따른 환가대금에 대한 우선변제권이 있는지 여부(소극)

대지에 관한 저당권설정 후 지상에 건물이 신축된 경우, 건물의 소액임차인에게 그 저당권 실행에 따른 환가대금에 대한 우선변제권은 없다.

임차주택의 환가대금 및 주택가액에 건물뿐만 아니라 대지의 환가대금 및 가액도 포함된다고 규정하고 있는 주택임대차보호법(1999. 1. 21. 법률 제5641호로 개정되기 전의 것) 제3조의2제1항 및 제8조제3항의 각 규정과 같은 법의 입법 취지 및 통상적으로 건물의 임대차에는 당연히 그 부지 부분의 이용을 수반하는 것인 점 등을 종합하여 보면, 대지에 관한 저당권의 실행으로 경매가 진행된 경우에도 그 지상 건물의 소액임차인은 대지의 환가대금 중에서 소액보증금을 우선변제받을 수 있다고 할 것이다(「대법원 1996. 6. 14. 선고 96다7595」 판결 참조).

그러나 이와 같은 법리는 대지에 관한 저당권설정 당시에 이미 그 지상 건물이 존재하는 경우에만 적용될 수 있는 것이고, 저당권설정 후에 비로소 건물이 신축된 경우에까지 공시방법이 불완전한 소액임차인에게 우선변제권을 인정한다면 저당권자가 예측할 수 없는 손해를 입게 되는 범위가 지나치게 확대되어 부당하므로, 이러한 경우에는 소액임차인은 대지의 환가대금에 대하여 우선변제를 받을 수 없다고 보아야 할 것이다.

원심이 같은 취지에서, 이 사건 대지에 관한 원고의 저당권설정 후에 신축된 이 사건 건물의 소액임차인인 피고에게는 이 사건 대지의 환가대금에 대하여 우선변제권이 인정되지 않는다고 판단한 것은 옳고, 거기에 상고이유가 지적하는 바와 같은 법리 오해 등의 위법은 없다.

◆ **대항력 있는 임차인이 전세권도 함께 설정한 경우**
　[대법원 1993. 12. 24. 선고 93다39676 판결]

【판시사항】
　[1] 임차인의 보호를 위한 주택임대차보호법 제3조제1항, 제2항, 제3조의2제1항, 제2항, 제4조 제2항, 제8조제1항, 제2항 규정들의 취지에 비추어, 위 규정의 요건을 갖춘 임

차인은 임차주택의 양수인에게 대항하여 보증금의 반환을 받을 때까지 임대차관계의 존속을 주장할 수 있는 권리와 보증금에 관하여 임차주택의 가액으로부터 우선변제를 받을 수 있는 권리를 겸유하고 있다고 해석되고, 이 두 가지 권리 중 하나를 선택하여 행사할 수 있다.

[2] 주택임차인으로서의 우선변제를 받을 수 있는 권리와 전세권자로서 우선변제를 받을 수 있는 권리는 근거 규정 및 성립요건을 달리하는 별개의 것이므로, 주택임대차보호법상 대항력을 갖춘 임차인이 임차주택에 관하여 전세권설정등기를 경료하였다거나 전세권자로서 배당절차에 참가하여 전세금의 일부에 대하여 우선변제를 받은 사유만으로는 변제받지 못한 나머지 보증금에 기한 대항력 행사에 어떤 장애가 있다고 볼 수 없다.

◆ **임차인의 배당요구가 임대차계약 해지의 의사표시인지 여부**
　[대법원 1998. 6. 26. 선고 98다2754 판결]

【판시사항】
　[1] 임차주택이 임차기간의 만료 전에 경매되는 경우, 대항력을 갖춘 임차인의 배당요구를 임대차계약 해지의 의사표시로 볼 수 있는지 여부(적극)

　[2] 임차주택이 임차기간의 만료 전에 경매되는 경우, 대항력을 갖춘 임차인의 배당요구 사실이 경매법원에 의하여 임대인에게 통지되면 임대차관계가 종료되는지 여부(적극)

【판결요지】
　[1] 임차주택이 경매되는 경우에 그 주택의 양수인에게 대항할 수 있는 임차인이 임대차기간이 만료되지 아니하였음에도 경매법원에 배당요구를 하는 것은 스스로 더 이상

임대차관계의 존속을 원하지 아니함을 명백히 표시하는 것이어서 다른 특별한 사정이 없는 한 이를 임대차해지의 의사표시로 볼 수 있다.

[2] 임차주택이 경매되는 경우에 그 주택의 양수인에게 대항할 수 있는 임차인이 임대차기간이 만료되지 아니하였음에도 경매법원에 배당요구를 한 경우, 경매법원이 민사소송법 제606조제1항에 정한 바에 따라 임대인에게 배당요구 사실의 통지를 하면 결국 임차인의 해지 의사가 경매법원을 통하여 임대인에게 전달되어 이때 해지통지가 임대인에게 도달된 것으로 볼 것이므로, 임대차관계는 그 배당요구 사실이 통지된 때에 해지로 종료되는 것이고, 임차인이 경매법원에 배당요구를 하였다는 사실만으로 곧바로 임대차관계가 종료된다고 볼 수는 없다.

◆ 임차인은 배당요구를 꼭 해야 하는지?
　[대법원 1998. 10. 13. 선고 98다12379 판결]

【판결요지】
[1] 민사소송법 제605조제1항에서 규정하는 배당요구가 필요한 배당요구채권자는, 압류의 효력 발생 전에 등기한 가압류채권자, 경락으로 인하여 소멸하는 저당권자 및 전세권자로서 압류의 효력 발생 전에 등기한 자 등 당연히 배당을 받을 수 있는 채권자의 경우와는 달리, 경락기일까지 배당요구를 한 경우에 한하여 비로소 배당을 받을 수 있고, 적법한 배당요구를 하지 아니한 경우에는 비록 실체법상 우선변제청구권이 있다 하더라도 경락대금으로부터 배당을 받을 수는 없을 것이므로, 이러한 배당요구채권자가 적법한 배당요구를 하지 아니하여 그를 배당에서 제외하는 것으로 배당표가 작성·확정되고 그 확정된 배당표에 따라 배당이 실시되었다면 그가 적법한 배당요구를 한 경우에 배당받을 수 있었던 금액 상당의 금원이 후순위 채권자에게 배당되었다고 하여 이를 법률상 원인이 없는 것이라고 할 수 없다.

[2] 주택임대차보호법에 의하여 우선변제청구권이 인정되는 임대차보증금반환채권은 현행법상 배당요구가 필요한 배당요구채권에 해당한다.

◆ **우선변제권 행사하여 배당요구한 임차인이, 다시 재경매되는 경우 우선변제권 있는지 여부**

[대법원 1998. 6. 26. 선고 98다2754 판결]

【판시사항】

[2] 대항력과 우선변제권을 겸유하고 있는 임차인이 배당요구를 하였으나 보증금 전액을 배당받지 못한 경우, 경락 후 새로이 경료된 근저당권에 기한 경매절차에서 우선변제권을 행사할 수 있는지 여부(소극)

【판결요지】

[2] 대항력과 우선변제권을 가진 임차인이 임차주택에 관한 경매절차에서 보증금에 대하여 배당요구를 함으로써 임대차계약이 해지되어 종료되고 그 주택이 경락된 이상, 그 경락인이 마침 임대인의 지위에 있던 종전 소유자이고 임차인은 후순위 권리자이어서 전혀 배당을 받지 못한 채 계속하여 그 주택에 거주하고 있었다고 하더라도, 그 후 그 주택에 관하여 새로이 경료된 근저당권설정등기에 기한 경매절차에서 그 낙찰대금으로부터 우선변제를 받을 권리는 없고, 다만 경락인에 대하여 임차보증금을 반환받을 때까지 임대차관계의 존속을 주장할 수 있을 뿐이다.

◆ **낙찰 잔금납부 전에 선순위 근저당이 소멸하여 임차인의 보증금이 낙찰자에게 인수되는 경우 낙찰자 구제 방법**

[대법원 1998. 8. 24.자 98마1031 결정]

[2] 낙찰대금지급기일 이전에 선순위 근저당권이 소멸함으로써 원래는 소멸할 예정이던 후순위 임차권의 대항력이 소멸하지 않고 존속하는 것으로 변경된 경우, 낙찰인의 구제 방법

【판결요지】

[1] 담보권의 실행을 위한 부동산의 입찰절차에 있어서, 주택임대차보호법 제3조에 정한 대항요건을 갖춘 임차권보다 선순위의 근저당권이 있는 경우에는, 낙찰로 인하여 선순위 근저당권이 소멸하면 그보다 후순위의 임차권도 선순위 근저당권이 확보한 담보가치의 보장을 위하여 그 대항력을 상실하는 것이지만, 낙찰로 인하여 근저당권이 소멸하고 낙찰인이 소유권을 취득하게 되는 시점인 낙찰대금지급기일 이전에 선순위 근저당권이 다른 사유로 소멸한 경우에는, 대항력 있는 임차권의 존재로 인하여 담보가치의 손상을 받을 선순위 근저당권이 없게 되므로 임차권의 대항력이 소멸하지 아니한다.

[2] 선순위 근저당권의 존재로 후순위 임차권의 대항력이 소멸하는 것으로 알고 부동산을 낙찰받았으나, 그 이후 선순위 근저당권의 소멸로 인하여 임차권의 대항력이 존속하는 것으로 변경됨으로써 낙찰부동산의 부담이 현저히 증가하는 경우에는, 낙찰인으로서는 민사소송법 제639조제1항의 유추적용에 의하여 낙찰허가결정의 취소신청을 할 수 있다.

◆ **세입자가 경매에 나온 집을 직접 낙찰받았을 때, 보증금반환청구를 할 수 있는지 여부**

[대법원 1996. 11. 22. 선고 96다38216 판결]

【판시사항】

대항력을 갖춘 주택임차인이 당해 주택을 양수한 경우, 임대인의 보증금반환채무의

소멸 여부(적극)

【판결요지】

주택의 임차인이 제3자에 대한 대항력을 갖춘 후 임차주택의 소유권이 양도되어 그 양수인이 임대인의 지위를 승계하는 경우에는, 임대차보증금의 반환채무도 부동산의 소유권과 결합하여 일체로서 이전하는 것이므로 양도인의 임대인으로서의 지위나 보증금반환채무는 소멸하는 것이고, 대항력을 갖춘 임차인이 양수인이 된 경우라고 하여 달리 볼 이유가 없으므로 대항력을 갖춘 임차인이 당해 주택을 양수한 때에도 임대인의 보증금반환채무는 소멸하고 양수인인 임차인이 임대인의 자신에 대한 보증금반환채무를 인수하게 되어, 결국 임차인의 보증금반환채권은 혼동으로 인하여 소멸하게 된다.

◆ **대항력을 갖춘 임차인이 저당권설정등기 이후에 임대인과 보증금을 증액 시 낙찰자의 인수 여부**

[대법원 1990. 8. 14. 선고 90다카11377 판결]

【판시사항】

대항력을 갖춘 임차인이 저당권설정등기 이후에 임차인과의 합의에 의하여 보증금을 증액한 경우 보증금 중 증액부분에 관하여도 저당권에 기하여 건물을 경락받은 소유자에게 대항할 수 있는지 여부(소극)

【판결요지】

대항력을 갖춘 임차인이 저당권설정등기 이후에 임대인과 보증금을 증액하기로 합의하고 초과부분을 지급한 경우 임차인이 저당권설정등기 이전에 취득하고 있던 임차권으로 선순위로서 저당권자에게 대항할 수 있음은 물론이나 저당권설정등기 후에 건물주와의 사이에 임차보증금을 증액하기로 한 합의는 건물주가 저당권자를 해치는 법률

행위를 할 수 없게 된 결과 그 합의 당사자 사이에서만 효력이 있는 것이고 저당권자에게는 대항할 수 없다고 할 수 밖에 없으므로 임차인은 위 저당권에 기하여 건물을 경락받은 소유자의 건물명도 청구에 대하여 증액 전 임차보증금을 상환받을 때까지 그 건물을 명도할 수 없다고 주장할 수 있을 뿐이고 저당권설정등기 이후에 증액한 임차보증금으로써는 소유자에게 대항할 수 없는 것이다.

◆ 채무자의 아들을 가장 임차인 신고한 경우 사기와 강제집행면탈죄 실형 선고 사례
[서울남부지방법원 2008. 3. 26. 2007고단2137 판결]

실제 임대차관계가 없음에도 마치 최우선변제 자격이 있는 것처럼 허위로 전세계약서를 작성하여 이를 법원에 제출하고 배당을 받아가는 행위는 채권자 및 이해관계인들에게 직·간접의 손해를 입히고 법원을 기망함으로써 경매의 공정성을 해치는 등 그 죄질이 불량하다고 할 것이다.

기록에 의하면, 위 경매 주택의 세입자인 김○○, 박○○, 이○○, 손○○는 피고인 2가 위 주택에서 거주한 사실이 없다고 증언하고 있고, 피고인들은 임차보증금 2,000만원의 출처 및 지급 경위에 대하여 제대로 밝히지 못하고 있으며, 피고인들 사이에 작성된 2003년 11월 1일 자 전세계약서상 임차인(피고인 2)의 전화번호가 2003년 당시에는 개통된 사실이 없는 점 등에 비추어 보면 피고인2는 위 경매 주택의 가장 임차인임이 명백한데도, 피고인들은 수사기관에서부터 이 법정에 이르기까지 공소사실을 일체 부인하며 변명으로 일관하고 있고, 피해자의 피해변제에는 아무런 노력을 기울이지 않고 있는 등 전혀 그 반성의 기미를 찾아볼 수 없다. 따라서 피고인들에 대해 엄정한 책임을 묻지 않을 수 없다. 범행 경위, 가담 정도에 따라 피고인들에 대하여 주문 기재와 같은 형을 선고한다.

◆ 소액임차인이 최우선변제를 받기 위한 대항요건(입주&주민등록)을 언제까지 유지해야 하는지?

[대법원 1997. 10. 10. 선고 95다44597 판결]

【판시사항】

주택임대차보호법상 소액임차인의 우선변제권의 요건인 주택의 인도 및 주민등록의 존속기간의 종기(= 경락기일)

【판결요지】

주택임대차보호법 제8조에서 임차인에게 같은 법 제3조제1항 소정의 주택의 인도와 주민등록을 요건으로 명시하여 그 보증금 중 일정액의 한도 내에서는 등기된 담보물권자에게도 우선하여 변제받을 권리를 부여하고 있는 점, 위 임차인은 배당요구의 방법으로 우선변제권을 행사하는 점, 배당요구 시까지만 위 요건을 구비하면 족하다고 한다면 동일한 임차주택에 대하여 주택임대차보호법 제8조 소정의 임차인 이외에 같은 법 제3조의2 소정의 임차인이 출현하여 배당요구를 하는 등 경매절차상의 다른 이해관계인들에게 피해를 입힐 수도 있는 점 등에 비추어 볼 때, 공시방법이 없는 주택임대차에 있어서 주택의 인도와 주민등록이라는 우선변제의 요건은 그 우선변제권 취득 시에만 구비하면 족한 것이 아니고, 배당요구의 종기인 경락기일까지 계속 존속하고 있어야 한다.

◆ 임차인의 우선변제를 받기 위한 대항요건(입주&주민등록)을 언제까지 유지해야 하는지?

[대법원 2002. 8. 13. 선고 2000다61466 판결]

【판시사항】

경락허가결정이 취소되어 신경매를 하거나 경락허가결정 확정 후 최고가매수인의 경락대금 미납으로 재경매를 한 경우, 임차인이 주택임대차보호법에 의한 대항력과 우선변제권을 인정받기 위한 주택의 인도와 주민등록이라는 요건이 존속되어야 할 종기로서의 경락기일(= 최종 경락기일)

【판결요지】

달리 공시방법이 없는 주택임대차에 있어서 임차인이 주택임대차보호법에 의한 대항력과 우선변제권을 인정받기 위한 주택의 인도와 주민등록이라는 요건은 그 대항력 및 우선변제권의 취득 시에만 구비하면 족한 것이 아니고 경매절차의 배당요구의 종기인 경락기일까지 계속 존속하고 있어야 하는데, 처음의 경락허가결정이 취소되어 신경매를 하였거나 경락허가결정의 확정 후 최고가매수인이 경락대금을 납부하지 아니하여 재경매를 한 경우에 있어서, '배당요구의 종기인 경락기일'이라 함은 배당금의 기초가 되는 경락대금을 납부한 경락인에 대하여 경락허가결정을 한 마지막 경락기일을 말한다.

* 경매가 진행 중인 부동산에 거주 중인 임차인이라면 배당을 받을 때까지 대항요건을 반드시 유지해야 하며, 만약 경매절차 진행 중 임대차기간이 만료되었다면 '임차권등기명령제도' 등을 활용하거나 전문가의 도움을 받아야 할 것이다.

전세권(傳貰權)

1. 전세권

전세권(傳貰權)은 전세금을 지급하고 타인의 부동산을 점유하여 그 부동산의 용도에 따라 사용·수익하며 그 부동산 전부에 대하여 후순위 권리자 및 그 밖에 채권자보다 전세금의 우선변제를 받을 수 있는 용익물권이면서 담보물권적 성격을 갖는 권리이다.

「민법 제303조」

농경지는 전세권의 목적으로 하지 못한다. 「민법 제303조제2항」

2. 전세권자의 배당

선순위 전세권자는 경매과정에서 배당요구하면 배당받고 소멸하고, 배당요구하지 않으면 낙찰자가 인수한다. 「민사집행법 91조4항 단서조항」

3. 원칙(전세권 인수)

선순위 전세권은 존속기간이 남아 있던 존속기간이 남아 있지 않던 매각절차 진행 중에는 존속기간 만료 여부를 불문하고 매수인이 항상 인수해야 한다.

4. 전세권자에 대한 배당

선순위 채권자는 경매과정에서 배당요구하면 배당받고 소멸하고, 배당요구하지 않으면 낙찰자가 인수한다. 「민사집행법 91조4항 단서조항」

5. 예외(전세권 소멸)

선순위 전세권은 원칙적으로 매수자가 인수해야 한다. 그러나 법원 실무에서 예외적으로 소멸하는 두 가지 경우가 있다.

1) 선순위 전세권자가 배당신청을 한 경우

선순위 전세권자가 배당요구종기일까지 배당신청을 하면 선순위 전세권은 소멸한다. 선순위 전세권자가 배당요구를 한다는 것은 선순위 채권자가 존속기간의 이익을 포기하는 대신 전세보증금을 돌려받겠다는 의사표시이다. 따라서 전세권자가 배당요구를 하면 전세권은 매각 후 소멸한다.

2) 선순위 전세권자가 경매신청을 한 경우

선순위 전세권자가 소유자를 상대로 전세보증금을 반환받기 위하여 경매를 신청했어도 선순위 전세권은 소멸한다. 전세권은 용익물권이지만 담보물권의 성격도 있다. 따라서 전세권자는 전세권을 근거로 하여 경매신청권을 행사할 수 있으며, 또한 저당권과 같은 담보물권처럼 후순위 채권자보다 우선하여 배당받을 수 있는 우선변제권이 존재한다.

6. 건물의 일부에 대한 전세권과 경매청구권

1) 건물의 일부에 대하여 전세권이 설정된 경우

그 전세권자는 「민법 제303조제1항, 제318조」의 규정에 의하여 그 건물 전부에 대하여 후순위 권리자, 기타 채권자 보다 전세금의 우선변제를 받을 권리가 있고, 전세권설정자가 전세금의 반환을 지체한 때에는 전세권 목적물 경매를 청구할 수 있다 할 것이나, 전세권의 목적물이 아닌 나머지 건물 부분에 대하여는 우선변제권은 별론으로 하고, 경매신청권은 없다. 따라서 건물 일부에 대한 전세권의 경우에는 그 부분만 분리해 경매신청이 곤란한 경우에는 전세금반환청구소송을 통한 집행권원을 받은 후 건물 전체에 대하여 강제경매를 실행하는 방법밖에 없다.

2) 부분 전세권의 경우 유의할 점

건물의 일부에 대한 전세권 즉 부분 전세권의 경우에는 권리분석에 유의해야 한다.

[건물 일부 전세권 사례]

순위번호	권리 및 기타사항
1	전세권(배당요구) : 2층 단독주택 중 주택 2층
2	임대차(배당요구 안 함) : 2층 단독주택 중 주택 1층
3	근저당
4	임의경매신청

이와 같은 경우 1번의 전세권은 주택 전체가 아닌 2층 부분만의 전세이다.

이 사건의 경우 배당요구를 한 전세권이어서 소멸과 인수를 결정짓는 기준권리가 되기는 하나 불충분한 기준권리이다. 따라서 3번 근저당이 말소기준권리가 되며, 2번 임차인은 대항력 있는 임차인이 된다.

따라서, 점유부분을 달리하는 2번 임차인(배당요구를 하지 않은 경우)의 보증금은 낙찰자가 매각대금 이외 추가로 인수하게 된다.

[권리분석을 위한 참조판례]

대법원 2010. 7. 26. 선고, 2010마900
선순위 전세권자가 배당요구를 했으나, 전액 미배당 시 매수인에게 인수되는 경우 판결 내용

주택에 관하여 최선순위로 전세권설정등기를 마치고 등기사항전부증명서상 새로운 이해관계인이 없는 상태에서 전세권설정계약과 계약 당사자, 계약목적물 및 보증금(전세금액) 등에 있어서 동일성이 인정되는 임대차계약을 체결하여 주택임대차보호법상 대항요건을 갖추었다면, 전세권자로의 지위와 주택임대차보호법상 대항력을 갖춘 임차인의 지위를 함께 가지게 된다. (중략)

동일인이 같은 주택에 대하여 전세권과 대항력을 함께 가지므로 대항력으로 인하여 전세권 설정 당시 확보한 담보가치가 훼손되는 문제는 발생하지 않는다는 점 등을 고려하면, 최선순위 전세권자로서 배당요구를 하여 전세권이 매각으로 소멸하였다 하더라도 변제받지 못한 나머지 보증금을 근거로 하여 대항력을 행사할 수 있고, 그 범위 내에서 임차주택의 매수인은 임대인의 지위를 승계한 것으로 보아야 한다.

전세권	예외적으로 인정되는 말소기준권리

등기 순위	권리	권리자	일자	권리내용	권리의 말소 / 인수
1	전세권	갑	2021. 2. 23.	보증금 300,000,000 존속기간 2년	배당요구 있으면 말소 배당요구 없으면 인수
2	저당권	을	2021. 4. 2.	채권액 100,000,000	말소(최선순위)
3	지역권	병	2022. 9. 16.	20년 (지료무료)	말소
4	가압류	정	2022. 11. 16.	채권액 150,000,000	말소
5	강제경매	을	2023. 1. 17.		

이 경우 을의 저당권은 매수로 인해 말소되고, 말소기준등기인 저당권 이후에 설정된 지역권, 가압류는 모두 말소되지만, 말소기준등기보다 선순위인 전세권은 말소되지 않습니다. 따라서 매수인에게는 갑의 전세권이 인수된다. 다만, 전세권자 갑이 배당요구를 하는 경우에는 전세권이 말소되므로 매수인에게 인수되는 권리는 없다.

가압류(假押留)

금전채권이나 금전으로 환산할 수 있는 채권에 대하여 장래에 실시할 강제집행이 불능이 되거나 현저히 곤란할 염려가 있는 경우에, 미리 채무자의 현재의 재산을 압류하여 확보함으로써 강제집행을 보전함을 목적으로 하는 명령 또는 그 집행으로서 하는 처분을 말한다.

가압류(假押留)란?

금전채권 등의 청구권을 가지고 있는 채권자가 채무자가 재산을 빼돌리는 등 장래 강제집행이 불가능하게 되거나 곤란할 경우를 대비하여 미리 채무자의 재산을 압류하여 장래의 강제집행에 대비하는 것으로, 본안소송(재판) 전에 미리 채무자의 재산을 강제 집행할 때까지 보전하고자 하는 보전처분 가압류로, 이 가압류는 매각물건에서 가장 많이 등기된 것 중의 하나로 말소기준권리가 된다.

이러한 가압류는 경매신청 기입등기 전에 가압류한 가압류권자는 배당신청을 하지 않더라도 당연히 배당(본안소송이 끝날 때까지 공탁)을 받고 소멸하고, 경매기입등기 후에 등기한 가압류권자는 매수인에게 대항할 수 없으므로 배당요구종기일까지 배당 요구를 하면 배당을 받을 수 있다.

배당요구종기일 이후에 설정한 가압류권자는 배당에서 당연히 배제된다.

경매에서의 가압류권자의 지위는 이해관계인(가압류권자, 가처분권자, 유치권자 등)이 아니어서 매각기일이 통보되지 않고, 낙찰 후 배당기일만 통보된다. 또 배당에서도 근저당과는 달리 채권이므로 우선변제를 받지 못하고 모든 배당권자와 평균 배당을 받게 된다.

저당권은 항상 말소기준권리가 되지만, 전 소유자 당시에 설정된 가압류채권자는 현재의 소유자를 채무자로 하는 경매사건의 배당과정에 참여할 수 없기 때문에 법리적으로는 소멸하지 않지만, 배당 실무에서는 그 가압류금액의 한도 내에서 우선 배당하고 말소한다. 이러한 선순위의 가압류는 등기사항전부증명서의 갑구란을 확인하면 알 수 있다.

배당 실무 : 부동산매각대금이 5000만 원, 1순위 가압류 4,000만 원, 2순위 근저당 3,000만 원, 3순위 근저당 3,000만 원이라면
배당순서는, 우선채권액에 비례하여

1순위 가압류채권자는 5,000만 원×4,000만 원/(4,000만 원+3,000만 원+3,000만 원)=2,000만 원이고,

2순위와 3순위의 근저당권자도 비례하여 각각 1,500만 원씩 배분되나,

2순위 근저당권자가 우선변제권이 있으므로 2순위 근저당권자가 3순위 근저당권자의 배당액을 흡수한다.

결국 1순위 가압류권자는 2,000만 원 변제받고,

2순위 근저당권자는 3,000만 원 변제받고,

3순위 근저당권자는 배당을 한 푼도 받지 못한다.

그러나 만일 2순위 근저당이 1순위라면 가압류권자의 배당은 1순위 근저당권자가 3,000만 원을 배당받고 나머지 2,000만 원을 가지고 가압류권자와 3순위 근저당권자가 평균 배당을 받는다. 이렇게 배당에서 근저당권이 우선 배당받는 이유는 근저당권은 가압류(채권)보다 절대적이고 배타적이다.

결국 가압류 후에 권리가 설정된 경우에는, 우선 공평히 비례에 의한 배분 후 가압류 뒤의 물권 및 채권자들이 시간의 전, 후 순서이고, 물권과 채권이 경합 시에는 물권 우선주의에 의하여 우선순위에 따라 흡수의 순으로 배당된다. 그리고 가압류권자의 채권은 다른 채권자가 이의신청을 하지 않았다면, 일단 공탁 처리(권원 증서인 판결문 등이 없음)된다.

가처분(假處分)

금전채권 이외의 특정물의 급여, 인도, 기타 특정의 급여를 목적으로 하는 청구권의

집행, 보전을 목적으로 하고 혹은 쟁의(爭議) 있는 권리관계에 관하여 임시의 지위를 정함을 목적으로 하는 재판 혹은 그 집행으로서 행하는 처분을 말한다.

가처분(假處分)은 금전채권이 아닌 특정의 지급을 목적으로 하는 청구권을 보전하기 위해서나, 쟁의 있는 권리관계에 관하여 임시의 지위를 정함을 목적으로 하는 재판이다. 경매와 관련된 가처분은 특정의 부동산에 대한 소유권이전등기청구권에 대한 장래 본집행을 보전할 필요가 있을 때 하는 '처분금지 가처분'(매매·양도·설정 등 모든 처분을 금하는 가처분)과 경매로 부동산을 낙찰받은 후 명도 대상자에 대하여 명도집행을 하기 전에 집행당사자의 이전을 막기 위해 하는 '점유이전금지가처분' 등이 있다. 이러한 가처분은 소유물 반환청구권, 임차물 인도청구권 등과 같이 부동산의 권리관계에 대한 분쟁이 있으면 가처분권자가 미리 매매나 양도 등을 하지 못하게 채무자의 부동산에 등기한 다음 채무자를 상대로 소송을 하겠다는 의사표시를 하는 등기로, 가처분등기는 '가압류'와 같이 말소기준권리가 아니어서 선순위 가처분(소송 결과에 따라 가처분의 효력이 달라진다.)을 제외하고는 말소된다. 그러나 '건물의 철거 및 토지인도청구권'을 보전하기 위한 건물에 대한 후순위의 처분금지 가처분은 비록 순위가 늦더라도 매각으로 인하여 말소되지 아니한다. 주로 채무자가 금전채무를 회피하기 위해서 거짓으로 부동산의 소유권을 이전하거나 저당권을 설정하였을 경우에 그 원상회복을 청구(사해행위의 취소)하는 경우나, 이혼소송을 청구하기 전에 배우자의 재산을 보존하기 위해 신청(처분행위의 금지)하는 경우 등으로, 금전채권 이외의 특정 채권 지급을 목적으로 하는 청구권을 보전하기 위한 것으로 금전채권의 보전을 위한 가압류와 구별된다.

경매법원에서는 선순위(말소기준권리보다 앞선 권리) 가처분이 있을 경우, 경매개시결정 이후 경매절차를 사실상 중지하고 가처분 또는 본안소송의 결과에 따라 처리한다.

가등기(假登記)

등기를 할 수 있을 만한 실체법적 또는 절차법적 요건을 구비하지 못한 경우나, 권리의 설정, 이전, 변경. 소멸의 청구권을 보전하려고 할 때나, 그 청구권이 시한부, 조건부이거나 장래에 있어서 확정할 것일 때에 그 본등기를 위하여 미리 그 순위를 보존하게 되는 효력을 가지는 등기이다. 예비등기의 일종이다.

가등기(假登記)의 효력은 (1) 그 자체로는 완전한 등기의 효력이 없으나 후에 요건을 갖추어 본등기를 하게 되면 그 본등기의 순위는 가등기의 순위로 되므로, 결국 가등기를 한 때를 기준으로 하여 그 본등기의 순위가 확정된다는 본등기 순위 보전의 효력과 (2) 본등기 이전에 가등기가 불법하게 말소된 경우에 가등기명의인은 그 회복을 청구할 수 있는 가등기 자체의 효력(청구권 보존의 효력)이 있다.

가등기란?

본등기를 위하여 미리 그 순위를 보전하는 수단으로 하는 '예비등기'로 등기의 일반적 효력은 없고 '순위 보전적 효력'만 인정된다.

그러나 만일 가등기가 선순위(말소기준권리보다 앞선 권리)로 기입된 부동산이 경매 신청되면, 법원은 일단은 경매개시결정을 한다. 그리고 경매절차를 중단하고 선순위 가등기권자에게 어떤 종류의 가등기인지 법원에 신고하라는 내용의 최고서를 보낸다.

만일 선순위 가등기가 '담보 가등기'(가등기담보법, 대물반환예약)라면 자신의 채권을 변제받기 위해 신고를 하고 채권계산서를 제출하게 되므로 이러한 경우는 낙찰 후 소멸하게 되므로 문제가 되지 않으나, 선순위 가등기권자에게 최고서를 보냈어도 아무런 권리신고를 하지 않을 때에는 일단은 '순위 보전을 위한 가등기'(소유권이전청구권 가등기, 부동산등기법의 매매예약)로 판단한다.

이 경우 법원은 반드시 선순위 가등기가 담보 가등기인지 순위 보전을 위한 가등기인지가 밝혀질 때까지 경매절차를 중지하는 것은 아니다.
「대법원 2003. 10. 6. 2003마 1438 결정」

이러한 가등기는 물권변동에는 아직 영향을 미치지는 않으나, 후일 본등기를 할 수 있는 요건이 구비되었을 때를 대비하여 미리 순위를 보존하는 효력을 갖는 예비적 등기일 뿐이지만, 낙찰 후에도 말소되지 않고 남아서 낙찰자가 인수하게 되어 후일 '선순위 가등기권자'가 본등기를 하게 되면 소유권을 상실하게 된다.

간혹 선순위 가등기가 담보 가등기(소유권이전목적이 아닌 채권담보)일지라도 법원의 송달을 받지 못해 채권신고를 하지 못하는 경우도 있기 때문에, 수소문하여 선순위 가등기의 종류를 알아보면, 의외의 수익을 올릴 수도 있다. 그러나 대부분 선순위 가등기권자는 실제 권리가 없어졌거나, 소유권이전청구권 가등기임을 나타내기 위해 고의로 법원에 권리신고를 하지 않는 경우도 많다.

선순위의 소유권이전등기청구권 보전을 위한 가등기는 낙찰로 소멸하지 아니하고, 그 가등기에 기한 본등기가 경료된 때에는 가등기의 순위 보전의 효력에 의하여 소유권이 가등기권자에게 이전되므로 주의를 하여야 한다. 그러나 소유권이전청구권 가등기가 10년이 지났다면, 소멸시효의 완성을 주장할 수 있다. 또 가등기권자가 돈을 받기 위해 담보권실행 경매를 신청했을 경우에는 담보 가등기로 판단할 수 있다.

한권으로 끝내는
부동산 경매의 바이블

유치권(留置權)

유치권(留置權)은 다른 사람의 물건 또는 유가증권을 점유한 사람이 그 물건이나 유가증권에 생긴 채권이 변제기에 있는 경우에 그 변제를 받을 때까지 해당 물건 또는 유가증권을 점유할 권리를 말한다. 「민법 제320조제1항」

☞ 매각물건에 설정된 유치권은 등기 순위와 관계없이 매수인에게 인수된다. 「민사집행법 제91조제5항」

1. 유치권의 성립요건

1) 유치권의 목적물이 타인의 물건(부동산)이어야 한다.

　(유치권신고자, 소유자, 채무자)

2) 피담보채권이 존재하고 변제기에 있어야 한다.

3) 피담보채권이 그 목적물에 관하여 생긴 것이어야 한다.

4) 목적물의 점유가 적법하고 계속되어야 한다.

　(전입세대열람내역서 참조)

5) 당사자 간에 유치권을 배제하는 특약이 없어야 한다.

　(원상회복 특약, 상가 100% 배제 특약 등)

※ 피담보채권이란?

1) 돈을 빌려주면서 차용증만을 딸랑 가지고 있는 경우는 그냥 채권이라고 할 것이다.

2) 돈을 빌려주면 토지나 건물이라는 담보를 설정하고 금전소비대차계약을 체결한 경우도 있을 것이다. 이렇게 금전채무를 반환받기에 좋은 토지나 건물을 담보로 설정하고 있는 채권을 피담보채권이라고 한다.

3) 이 경우 담보물에서 받을 수 있는 채권의 범위를 피담보채권이라고 한다. 즉, 담보를 통해서 확보되는 채권을 의미한다. 채무자가 금전채무를 반환하지 않으면 채권

자는 담보물을 경매해서 법원에서 배당을 받게 되는데 이때 배당받을 수 있는 채권의 범위를 피담보채권이라고 한다. 피담보채권의 범위는 원본은 물론이고 이자, 위약금, 지연배상 그리고 실행 비용까지 다 포함된다.

2. 임차인의 유익비 상환 청구

목적 부동산의 객관적 가치를 증가시킨 비용이어야 한다.

공사대금 미지급금, 점유자 또는 제3취득자의 필요비, 유익비 등이다.

3. 유치권을 조심하여야 하는 이유

점유가 권리의 성립요건이기 때문에 점유권을 상실하는 즉시 권리가 소멸하기 때문에 등기할 수가 없는 권리이다. 따라서 등기사항전부증명서를 통해 유치권이 성립된 부동산인지 알 수가 없다. 법원에 유치권 신고, 채권액 기재하지만 사전에 파악할 수 없을 수도 있다.

4. 유치권 주장했을 때 발생할 수 있는 상황

유치권의 존재를 사전에 파악하기가 곤란하기 때문에 낙찰 후 유치권 주장자가 발견될 수 있다. 유치권이 실제 성립했을 경우 보증금만 납부한 상황에서는 보증금을 포기하고 낙찰 잔금 미납으로 낙찰 포기하는 경우도 존재하며, 낙찰 잔금까지 완납하여 소유권이 이전된 경우 낙찰자에게 유치권이 인수되어 채권을 변제해 주어야 하는 상황이 발생하기도 한다.

5. 유치권자가 무리한 금액을 요구할 때

예컨대 입찰자 입장에서 아무리 많이 비용이 소모되어도 건축비로 5억 원 이상은 지출되지 않을 것으로 예상하고 입찰하였으나 유치권자가 15억 원을 요구한 경우에 낙찰자는 입증자료를 요구하는 등의 방법으로 협상에 의해 해결하되, 해결 가능성이 전무한 경우에는 법원에 명도소송을 제기함으로써 지혜롭게 대처해야 할 것이다.

6. 유치권의 종류

1) 건설유치권(건설회사)

건설유치권이란 건물을 신축한 건설회사가 건물을 건축하는데 들어간 공사비용 전액을 받을 때까지 건물에 대한 점유를 계속할 수 있는 정당한 법적 권한이다.

2) 시설유치권(임차인)

(1) 필요비

필요비란 부동산의 보존, 관리 등 현상 유지를 위하여 임차인, 점유자, 제3취득자 등이 지출한 비용을 말한다. 건물에 대한 대수선 같은 통상 필요비와 풍수해에 의한 주택의 대수선에 의한 특별필요비가 있다.

(2) 유익비

유익비란 목적물의 개량을 위하여 지출한 비용이며 목적물의 객관적 가치를 증가시키는 것이어야 한다. 예를 들어 건물임차인이 임대인의 승낙을 얻어 건물을 증축하거나 건물의 용도를 변경한 경우 등이 이에 해당한다.

☞ 매각물건에 설정된 유치권은 등기 순위와 관계없이 매수인에게 인수된다.「민사집행법 제91조제5항」

7. 유치권이 두려운 이유

1) 유치권은 등기할 수 없는 물권이다.

2) 유치권 주장자 등기부를 통해 알 수 없다.

3) 법원에 유치권 신고, 신고액 기재한다.

4) 사전에 파악할 수 있을 수도, 없을 수도 있다.

8. 가장 유치권 확인 방법

1) 유치권자로서 적법한 점유권원이 있는지 확인(현장 조사)

2) 유치권 원인의 사실 확인 및 탐문(유치권 신고기록 열람)

3) 채권의 변제기 및 금액(계약서 및 유치권 신고기록 열람)

4) 유치권 배제 특약 여부 확인(계약서 및 유치권 신고기록 열람)

9. 조사 및 대처 방법

1) 법원경매정보상의 자료(현황조사서, 매각물건명세서, 소송내역, 유치권 신고의 내용, 배제신청, 철회 등)를 확인한다.

2) 경매신청 금융기관 등 이해관계인을 통해 대출 당시의 유치권 포기 특약 여부를 확인하고, 법원 신고 자료를 압수하여 임대차계약서의 원상회복조항, 신고의 세부내용, 금액 등을 조사한다.

3) 서류상의 조사가 끝나면 현장 분석(임장활동)이 필요하다. 실공사 여부와 공사내용 확인, 소멸시효 효과 여부, 점유 상태를 확인한다.

4) 다세대, 아파트의 신축공사 유치권은 시공업자 가구당 일정 금액을 받고 유치권을 포기하는 때도 있으니 가구당 부담액을 확인하고 입찰하는 방법이 있다.

5) 낙찰 후에는 조사된 자료를 활용하여 이익 범위 내에서 협상으로 종결하는 방법과 협상이 여의치 않을 경우 인도명령 신청을 거쳐 강제집행으로 점유를 넘겨받는 방법이 있으며, 인도명령으로 해결되지 않을 경우 부당이득 반환청구소송과 명도소송을 제기하여야 한다.

유치권의 효력

유치권의 효력으로는 물건의 점유자는 채권을 변제받을 때까지 목적물을 유치할 수 있으며 유치물을 경매할 수 있다.

경매의 방법은 민사소송법이 정하는 절차에 의한다. 「민사집행법 제274조」 또한 유치권자는 유치물의 과실을 수취하여 다른 채권자보다 먼저 그 채권의 변제에 충당할 수 있다.

유치권자는 유치물에 관하여 필요비를 지출한 때에는 소유자에게 그 상환을 청구할 수 있다. 「민법 제325조제1항」

유치권자는 채무자나 소유자의 승낙이 있으면, 유치물을 사용, 대여 또는 담보제공을 할 수 있다. 보존행위를 위한 사용에는 소유자의 승낙이 필요 없다. 유치물에 대한 보존행위로서 목적물을 사용하는 것은 적법행위이므로, 불법점유로 인한 손해배상의 책임이 없다. 「1972. 1. 31. 선고 72다2414」

유치권은 성립요건만 갖추면, 사람의 의사와는 상관없이 당연히 발생하는 법정담보물권이기에 낙찰자가 무조건 인수하여야 하는 권리이지만, 유치권은 우선변제권(배당신청의 대상이 아니다.)이 없고, 또 낙찰자가 유치권자에게 그 유치권으로 담보하는 채권을 변제할 책임이 있다.

「민사집행 법제91조제5항」 규정의 의미는, 유치권자는 채무를 변제받지 못하는 한 계속 유치권을 행사할 수밖에 없으므로 결국 낙찰자와 협상을 거쳐 변제를 받게 되는 결과가 된다.

유치권에 대한 실무상 대책

건축물 공사에 있어서 소유권의 판단과 유치권의 인정 여부를 보면, 실무상 일반적으로 건축물 공사를 한 수급인(건축업자)이 유치권을 행사할 수 있다고 알고 있으나, 만일 수급인이 자기의 재료와 노력으로 건물을 신축한 경우에는, 특별한 의사표시가 없는 한 도급인(건축주)이 도급대금을 지급하고 건물의 인도를 받을 때까지는, 그 소유권은 수급인에게 있으므로「1980. 7. 8. 선고 80다1014」수급인은 공사대금을 원인으로 그 부동산에 대하여 도급인에게 유치권을 주장할 수 없다.

또 토지에 먼저 근저당권설정 후 건물을 건축한 경우, 나대지에 근저당권이 설정된 상태(흔히 나대지일 경우 지상권도 같이 설정한다.)에서 그 지상에 건물이 축조된 경우에, 수급인이 그 건물에 대하여 소유권이 있으면, 토지의 근저당권자는 토지와 건물의 일괄경매를 신청할 수 없지만, 토지를 낙찰받은 자는 법정지상권이 성립하지 않아 건물을 철거할 수 있다.

이 경우「민법 제365조」에 기한 일괄경매청구권은 저당권설정자(소유주)가 건물을 축조하여 소유하고 있는 경우에 한한다.「1994. 1. 24. 결정 93마1736」

또 근저당권자는 저당권자의 담보가치 하락을 막기 위해서 유치권 신고자에 대하여 '유치권 부존재 확인의 소'를 청구하여 배제를 할 수도 있고, 경매법원에 유치권 신고가 되지 않았는데, 유치권이 나타나 낙찰을 유지할 수 없는 경우에는 매각불허가신청이나, 매각결정에 대해 취소신청을 하여야 한다.

유치권 신고가 되어 있는 토지가 매물로 나온 경우

토지소유자가 토지 위에 건물을 짓다가 자금 부족 등의 사유로 인하여 공사가 중단되고 해당 토지가 경매에 넘겨지는 경우가 있다. 이때 공사를 담당했던 건축업자는 받지 못한 공사대금을 받아야 하기 때문에 대부분의 경우 토지 경매에서 유치권 신고를 하게 된다.

이렇게 유치권 신고가 된 토지인 경우, 대부분의 입찰자는 유치권이 성립되는 것으로 알고 입찰을 하지 않는다. 그러나 이런 경우의 유치권 주장은 법적인 타당성이 없다. 왜냐하면 유치권자가 주장하는 해당 채권이 목적물(토지)에 관하여 생긴 것이어야 하는데 이런 경우 공사대금 채권은 토지가 아닌 건물에 대해서 생긴 것이기 때문이다. 따라서 공사업자가 공사대금에 대한 변제 항변으로 토지 경매에서 유치권을 주장할 수는 없는 것이다. 「서울고법 1978. 2. 2. 76나3069판결」

그리고 건물을 점유하고 있는 공사업자가 등기를 갖추지 않은 건물의 소유자에 대해서 유치권이 있다고 하더라도 그 건물의 존재와 점유가 낙찰자인 토지소유자에게 불법행위가 되고 있다면 그 유치권으로 토지소유자에게 대항할 수 없다. 「대법원 1989. 2. 14. 선고 87다카3073판결, 대법원 1986. 12. 23. 선고 다카1751판결」

따라서 토지 낙찰자는 해당 건물을 철거하면 된다. 만일 건축업자가 밀린 공사대금에 대한 대물변제조로 토지소유자로부터 건축 중인 건물에 대한 소유권을 넘겨받았더라도 낙찰자는 그 건물을 철거할 수 있게 된다. 「대법원 1989. 2. 14. 선고 87다카3073판결, 대법원 1986. 12. 23. 선고 86다카1751판결」

경매대상 토지 위에 건축물은 없고 오로지 택지조성공사를 하던 공사업자가 해당 토지에 대한 유치권을 주장하는 경우라면 입찰을 상당히 조심해야 한다.

왜냐하면 이런 경우에는 해당 토지에 대한 유치권 주장이 성립되는 경우가 있을 수 있기 때문이다. 「대법원 1977. 11. 22. 선고 76다2731호판결, 대법원 1968. 3. 5. 선고 67다2786판결」

예를 들어 대지에 관하여 석축을 쌓은 결과 비로소 완전한 대지가 되어 현재 그 이상의 가치가 있는 토지가 된 경우, 그 석축공사비용은 대지를 점유하는 동안에 이를 개량하기 위하여 지출한 금전이므로 석축공사를 한 공사업자에게는 유치권이 성립한다. 「대구고법 1969. 7. 29. 68나561 제2민사부판결」

유치권이 주장되지 않는 경우

1. 권리금 반환청구권

임대인과 임차인 사이에 건물명도 시 권리금을 반환하기로 하는 약정이 있었다 하더라도, 이러한 권리금반환청구권은 건물에 관하여 생긴 채권이라 할 수 없으므로 그와 같은 채권을 가지고 건물에 대한 유치권을 행사할 수 없다. 「대법원 1994. 10. 14. 선고 93다62119판결」

2. 토지임차인의 경우 부속물매수청구권

임차인의 부속물매수청구권은 그가 건물 기타 공작물을 임대차한 경우에 생기는 것「민법 제646조」이고, 보증금반환청구권은 「민법 제320조」 유치권의 내용 에서 말하는 그 물건에 관하여 생긴 채권이 아니기 때문에, 토지임차인은 임차부동산에 해 놓은 시설물에 대한 매수청구권과 보증금반환청구권으로서 임대인에게 임차물인 토지에 대한 유치권을 주장할 수 없다. 「대법원 1977. 12. 13. 선고 77다115제4부판결」

3. 임차인의 보증금반환청구권

건물임대차에 있어 임차인의 임차보증금반환청구권이나, 임대인이 임차인에게 건물을 임차목적대로 사용 못한 것을 이유로 하는 손해배상청구권은, 「민법 제320조」의 그 물건에 관하여 생긴 채권이 아니므로, 그 채권을 가지고 건물에 대한 유치권행사는 불가능하다.

4. 원상복구의 약정이 있는 경우

당사자 사이에 임대차계약은 임차물은 현 상태로 사용함은 물론, 승낙 없이는 건물 및 시설물의 증감변경을 아니하고, 증가 또는 변경한 건물 및 시설물은 그 건물명도 시에 원상으로 복구하고, 임차인은 건물의 현상대로 사용할 것을 전제로 한 것이므로 건물소유자의 승낙 없이 한 수리에 소요된 비용에 대하여는 건물소유자에 대항할 수 없다는 특약을 한 것으로 해석함이 타당하다.

건물의 임차인이 임대차관계 종료 시에는 건물을 원상으로 복구하여 임대인에게 명도하기로 약정한 것은, 건물에 지출한 각종 유익비 또는 필요비의 상환청구권을 미리 포기하기로 한 취지의 특약이라고 볼 수 있어 임차인은 유치권을 주장할 수 없다. 임차인이 임차건물을 증·개축하였을 때는 임대인의 승낙 유무에 불구하고 무조건 임대인의 소유로 귀속된다는 약정은, 임차인이 원상회복의무를 면하는 대신 투입비용의 변상이나 권리주장을 포기한다는 내용이 포함되었다고 봄이 상당하고 이러한 약정은 특별한 사정이 없는 한 유효하다.

타인의 임야 내에서 토석을 채취하고자 시설을 함으로써 그 시설에 소요되는 금액을 투자한 시설은, 토석을 채취하는 점유자의 사업에는 필요한 비용이라 하겠으나, 원소유자가 그 임야를 보존하는 데 필요한 비용은 아니라고 할 것이고, 그 시설비가 그 임야의 가치를 증가한 유익비라고 할 수도 없으므로, 점유자로서 그 소유자가 그 임야의 인도를 구함에 있어서 위 시설비의 상환청구를 할 수 없고 따라서 유치권행사를 할 수 없다고 할 것이다.

5. 미등기건물의 양수인의 점유가 불법인 경우

그 건물의 존재와 점유가 토지소유자에게 불법행위가 되고 있다면 그 유치권으로 토지소유자에게 대항할 수 없다. 그리고 경매기입등기가 된 후에, 부동산소유자가 공사대금의 채권자에게 그 점유를 자발적으로 이전함으로써 유치권을 취득하게 한 경우에는 경락인에게 대항할 수 없고, 경매에 들어갈 개연성이 충분히 있음을 인식하고도 그 부동산의 공사를 시행한 자가 유치권을 주장하는 것도 허용되지 않는 것이 판례의 태도이다.

법정지상권(法定地上權)

1. 정의

동일인의 소유에 속했던 토지와 건물이 경매로 매각되어 토지와 건물의 소유자가 각각 달리하게 된 때에는 건물소유자를 위하여 법률의 규정에 의하여 건물소유자가 타인의 토지를 사용할 수 있는 권리를 인정한 것을 말한다. 즉, 토지와 그 지상물이 각각 다른 소유자에게 속한 경우에 건물소유자가 토지를 사용할 수 있는 권리를 말하며, 「민법 제30조제1항, 제366조」, 「가등기담보 등에 관한 법률 제10조」, 「입목에 관한 법률 제6조 제1항」 등에 의해 토지, 건물이 각각 거래가 되어 토지소유자가 건물소유자에게 건물을 철거하라고 요구할 경우 건물소유자는 막대한 손실이 발생함과 동시에 국가적 차원에서도 사회적 손실이 발생하기 때문에 이를 구제하기 위함이다.

2. 성립요건

1) 저당권설정 당시 토지 위에 건물이 존재해야 한다

법정지상권이 성립하기 위해서는 토지에 저당권이 설정될 당시 토지 위에 건물이 반드시 존재하여야 한다. 이때의 독립된 부동산으로서의 건물이라고 하기 위하여는 최소한의 기둥과 지붕 그리고 주벽이 이루어지면 된다. 건물은 저당권설정 당시에 실제로 존재하고 있으면 되는 것이다. 따라서 미등기건물이나 무허가건물도 법정지상권이 성립한다.

또한 건물이 건축 중인 토지에 저당권을 설정한 경우에도 법정지상권이 성립할 수 있다.

2) 저당권설정 당시 토지와 건물의 소유자가 동일하여야 한다

법정지상권이 성립하기 위해서는 저당권설정 당시에 토지와 건물의 소유자가 동일하여야 한다. 그러나 저당권이 설정된 이후에도 계속하여 소유자가 동일인에게 속하여야 하는 것은 아니다.

3) 토지 및 건물 중 어느 하나에라도 저당권이 설정되어 있어야 한다

4) 임의경매로 토지와 건물의 소유자가 달라져야 한다

저당물의 경매로 인하여 토지와 그 지상물이 다른 소유자에게 속한 경우에는 토지소유자는 건물소유자에 대하여 지상권을 설정한 것으로 본다.「민법 제366조」

☞ 민법 제187조에 의하여 법률에 규정에 의한 물권변동이기 때문에 등기를 요하지 않는다. 단, 처분 시에는 등기가 필요하다.

3. 법정지상권(法定地上權) 존재 이유

법정지상권의 존재 이유를 들자면, 토지소유자와 건물소유자가 각기 달라지고 이때 건물을 철거한다는 합의가 없는 경우 토지소유자가 건물의 철거를 요구한다면 건물소유자는 예측 못 한 손해를 보게 될 것이다.

따라서 건물소유자에게 이의 권리를 부여하지 않으면 개인은 물론이고, 사회·경제적으로 막대한 손실이 따를 것이 확실하므로 건물만의 소유권을 취득한 자에게 법률규정에 의하여 이를 인정해 주어야 할 필요가 있는 것이다.

4. 지상권(地上港)

1) 타인의 토지에 건물 기타 공작물이나 수목을 소유하기 위하여 그 토지를 사용할 수 있는 권리를 말한다. 「제279조」

2) 지상권은 법률행위에 의해 취득할 수 있다. 즉, 당사자 간의 계약(지상권설정계약)과 등기(지상권설정등기)에 의해 취득한다. 「제186조」

3) 지상권은 존속기간 석조(石趙), 석회조(石灰造), 연와조(棟瓦造) 등의 견고한 건물이나 수목은 30년 이상이어야 하고, 기타의 건물(가건물, 목조건물 등)은 15년 이상이어야 하며, 건물 이외의 공작물은 5년 이상이어야 한다. 즉, 지상권은 최단존속기간의 제한이 있으며, 만일 최단존속기간보다 단기로 정하면 그 존속기간은 최단기까지 연장된다. 「제280조제2항」

4) 지상권은 설정 당시에 공작물의 종류와 구조를 정하지 않을 경우에는 지상권의 존속기간은 15년으로 한다. 「제281조제2항」

법정지상권이 성립된 건물에 대한 특징적인 사항

1) 무허가건물이라도 법정지상권은 성립된다. 무허가나 미등기건물이 건축물로서 일
   정한 요건을 갖추었다면 법정지상권은 성립한다.

2) 건물이 완전해야만 성립되는 것은 아니다.

3) 저당권설정 당시에 건물이 존재하였다면, 그 후 건물이 멸실되거나 철거된 후 개축
   또는 증축된 경우에도 법정지상권은 성립된다. 다만 그 법정지상권의 내용은 구
   건물을 기준으로 하여 필요한 범위 내에서 제한된다. 이 경우 새 건물과 구 건물 사
   이에 동일성을 필요로 하지는 아니한다.

4) 법정지상권이 성립된 이후 건물의 증축은 상관없으며 새로운 건물의 법정지상권
   은 구건물의 법정지상권의 잔존 기간이다.

법정지상권의 지료

1) 지료청구의 산정기준은 나대지 상태에서 결정된다. 법원은 법정지상권자가 지급
   할 지료를 정함에 있어서 법정지상권이 설정된 건물이 있으므로 인하여 토지의 소
   유권이 제한을 받는 사정을 참작한다.

2) 지료에 관하여는 당사자 간의 합의가 원칙이나 합의가 안 되는 경우 법원에 지료청
   구소송을 제기할 수 있다.

3) 법원에서 지료 결정 시에는 감정평가사를 통해서 평가된 금액 기준으로 지료를 재산정하는 절차를 진행하게 된다.

4) 지료는 법정지상권이 성립한 날부터 지급해야 한다.

5) 지료연체에 의한 지연손해금은 지료청구 확정판결 전에는 연 5% 확정판결 이후에는 연 15% 정도의 지연손해금 청구가 가능하다.

6) 법원이 지료를 결정한 후에라도 지료증감을 청구할 수 있다.

7) 지상권자가 2년 이상 지료를 연체하게 되면 토지소유자는 지상권소멸청구권을 행사할 수 있다(민법제287조). 단 지료에 대한 약정이 없는 경우에는 2년 이상 지료를 연체했다 하더라도 지상권소멸청구를 할 수 없다.

관습법상 법정지상권(慣習法上 法定地上權)

1) 토지와 건물이 동일한 소유자에게 속하였다가 건물 또는 토지가 매매 기타의 원인으로 인해 양자의 소유자가 다르게 된 때에는, 그 건물을 철거하기로 하는 합의가 있었다는 등의 특별한 사정이 없으면 건물소유자는 토지소유자에 대하여 그 건물을 위한 관습법상의 지상권을 취득하는데 이를 관습법상 법정지상권이라고 한다. 「대판 1996. 7. 28. 다90758, 9082」

2) 동일인의 소유에 속했던 토지와 건물이 경매로 매각되어 토지와 건물의 소유자가 각각 달리하게 된 경우에는 건물소유자를 위하여 법률의 규정에 의하여 건물소유자가 타인의 토지를 사용할 수 있는 권리를 인정한 것을 말한다.

3) 관습법상 지상권은 토지와 그 지상물이 각각 다른 소유자에게 속한 경우에 건물소 유자가 토지를 사용할 수 있는 권리를 말하며, 「민법제 30조제1항, 제366조」, 「가등 기담보 등에 관한 법률 제10조」 및 「입목법에 관한 법률 제6조제1항」, 토지·건물이 각각 거래되어 토지소유자가 건물을 철거하라고 하면 건물소유자는 막대한 손실 을 초래하게 되므로 이를 구제하기 위함이다.

4) 관습법상 법정지상권의 성립요건

(1) 토지와 건물의 소유자가 동일할 것

(2) 적법한 원인에 의해 토지와 건물소유자가 달라질 것

  (적법한 원인 : 매매, 증여, 공매, 강제경매, 공유물 분할 등)

(3) 건물철거에 특약이 없을 것

☞ 현재의 시점에서 소유자가 다르다는(동일인이 아니다) 것만 생각해서 "법정지상 권이 없다"라고 판단하면 안 된다.

분묘기지권(墳墓基地權)

1. 정의

분묘기지권(墳墓基地權)이란 분묘를 수호하고 봉제사하는 목적을 달성하는 데 필요 한 범위 내에서 다른 사람의 토지를 사용할 수 있는 권리를 말한다.

  ☞ 매각물건에 설정된 분묘기지권은 등기 순위와 관계없이 매수인에게 인수된다.

2. 성립요건

「장사 등에 관한 법률」 제정 전(2001년 1월 12일까지)

1) 토지소유자의 승낙을 얻어 분묘를 설치한 경우

2) 토지소유자의 승낙을 받지 않았더라도 분묘를 설치하고 20년 동안 평온, 공연하게 점유함으로써 시효로 인하여 취득한 경우

「장사 등에 관한 법률」 제정으로 무연고분묘와 불법 설치 분묘는 취득시효를 인정하지 않는다. (2001. 1. 13.)

3) 자기 소유의 토지에 분묘를 설치한 자가 분묘에 관해서는 별도의 특약이 없이(그 분묘 기지에 대한 소유권을 보유하거나 또는 분묘도 함께 이전한다는 특약) 토지만을 타인에게 처분한 경우

3. 분묘기지권의 성격

1) 분묘기지권의 취득

분묘기지권은 등기 없이 취득한다. 「민법 제187조」 타인의 토지에 분묘를 설치한 자가 그 분묘 기지에 대하여 지상권에 유사한 일종의 물권을 취득한 것으로 본다. 「대판 1962. 4. 26.」

2) 분묘기지권의 범위

분묘기지권은 분묘의 기지 자체뿐만 아니라 그 분묘의 설치 목적인 분묘의 수호 및 제사에 필요한 범위 내에서 분묘의 기지 주위의 공지를 포함한 지역에까지 미친다. 사성이 조성되어 있다 하여 반드시 그 사성 부분을 포함한 지역까지 분묘기지권이 미치는 것은 아니다. 「대판 1997. 5. 23.」

3) 분묘기지권의 존속기간

분묘기지권의 존속기간은 당사자의 약정이 없는 경우에는 권리자가 분묘의 수호와 봉사제를 계속하는 한, 그 분묘가 존속하고 있는 동안에는 분묘기지권은 계속 존속한다. 「대판 1982. 1. 26.」

4) 합장의 제한

분묘기지권의 효력이 미치는 범위 내라고 할지라도 기존의 분묘 외에 새로운 분묘를 신설할 권능은 포함되지 않으며, 부부 중 일방이 먼저 사망하여 이미 분묘기지권의 성립 후 그 후에 사망한 다른 일방의 합장을 위하여 쌍분 형태의 분묘를 설치하는 것도 허용되지 않는다.「대판 1997. 5. 23.」

5) 분묘기지권의 형태

평장되어 있거나 암장되어 있는 경우에는 인정되지 않는다. 분묘기지권은 봉분 등 외부에서 분묘의 존재를 인식할 수 있는 형태를 갖추고 있는 경우에 한하여 인정된다.

6) 분묘기지권의 지료

취득시효로 분묘기지권을 취득하는 경우에는 지료를 지급할 필요가 없다.「대판 1982. 1. 26.」

경매 입찰정보지나 매각물건명세서를 보면 [분묘수기 있음]과 [분묘기지권 성립 여지 있음] 이라고 기재되어 있거나 [무연고(연고 있음)], [법정지상권 성립 여지 있음]이라고 지재된 입찰 물건을 자주 접하게 된다. 토지 위에 분묘가 있는 물건에 입찰받는 경우에는 분묘의 개장(이장, 화장, 봉안 : 납골) 가능성 유무를 반드시 미리 확인하여야 한다.

왜냐하면 경락 부동산은 이용 면에서 많은 제한을 받게 됨에 따라 유용성이 떨어지기 때문이다. 또한 매도할 때는 시장교환 가치가 떨어지므로 낭패를 당하는 일이 발생한다.

이에 따라 현장 답사를 반드시 하여야 한다. 분묘의 소재 여부와 분묘의 관리상태 확인 해당 부동산 소재지 관할 동사무소 또는 시청에 무연고 또는 연고 분묘인지를 조사 · 탐문하여야 한다.

☞ 무연고 분묘 : 매장 또는 납골의 기간 10년 「장사 등에 관한 법률 제17조」
☞ 연고 분묘 : 15년 「장사 등에 관한 법률 제17조」

4. 분묘 지역 개발행위

토지소유자는 분묘기지권이 있는 분묘로부터 일정 거리를 제외한 면적에 대해서만 개발행위허가를 득할 수 있다. 즉, 분묘를 포함한 개발행위허가는 불가능하다는 것이다. 단, 도시개발법에 의한 택지개발 등 토지소유자에게 토지 수용권을 부여하는 사업일 경우에는 분묘의 강제이전이 가능하다.

연고지를 찾기 위한 노력으로서 해당 분묘 옆에 푯말을 박아 "토지소유자로서 해당 분묘의 연고를 찾는다."라는 내용과 연락처를 기재한 후 약 3개월 이상 기다려야 한다. 그리고 "장사 등에 관한 법률"에 의거 개장 허가를 득하고, 이장공고를 한 후에 공동묘지 등으로 강제이장을 할 수 있다.

5. 토지 위에 소재하는 분묘를 개장하는 방법

1) 연고자를 알 수 있으면 : 개장하기 3개월 전에 묘지장소, 개장사유, 개장 후 안치 장소 등을 문서로 표시, 당해 묘지의 연소자에게 통보를 해야 한다.
2) 연고자를 알 수 없으면 : 개장하기 3개월 전에 중앙일간 신문을 포함한 2개 이상의 일간신문에 개장사항을 공고하고, 공고일부터 1개월이 지난 다음 재공고하는 절차를 거친 후 묘지개장을 진행하면 된다.
「장사 등에 관한 법률 시행규칙 제14조」
3) 분묘를 개장하는 경우에는 이장, 화장, 봉안(납골)의 방법의 하나를 택하여 신고, 실무에서는 화장해서 봉안(납골)을 하는 방법이 많이 행해지고 있다.

6. 분묘의 설치기간

1) 공설묘지, 사설묘지의 분묘 설치기간은 30년

2) 연장을 신청하는 경우에는 1회에 한하여 30년으로 하여 연장하여야 한다.

3) 조례로 5년 이상 30년 미만으로 단축할 수 있다.

▶ 설치기간이 끝나면 1년 이내에 철거하고 화장 또는 봉안

7. 타인 토지에 설치한 분묘 및 자연장

1) 토지소유자 등은 승낙 없이 설치된 분묘에 대하여 시장 등의 허가를 받아 개장할 수 있다.

2) 개장하려면 3월 이상 기간을 정하여 분묘 설치자 또는 연고자에게 통보 또는 공고해야 한다.

▶ 장사법 시행 전 취득한 분묘기지권 : 현재도 인정됨

▶ 장사법 시행 전 승낙 없이 설치한 분묘 : 분묘기지권 시효취득(○)

▶ 장사법 시행 후 승낙 없이 분묘 설치 또는 자연장 : 시효취득(×)

8. 분묘기지권 처리 과정

분묘개장공고(1차)

　장사 등에 관한 법률 제18조, 제27조 및 동법 시행규칙 제2조, 제18조 규정에 의거 아래와 같이 분묘개장 공고 하오니 연고자 및 관리자는 공고기간 내 신고하여 주시기 바라며, 이장 및 신고하지 않을 시는 무연고 분묘로 간주 하여 관계법령에 의거 임의 개장할 것이며, 지형지물상 분간키 어려워 추후 발견되는 분묘도 본 공고로 대신하여 임의 개장할 것을 공고함.

1. 분묘위치
   경기도 부천시 고강동 산 69-19, 20, 21, 22
2. 분묘기수 : 1기
3. 개장 사유 : 건축부지
4. 개장방법
   무연분묘 - 공고기간 완료 후 법률에 의거 개장허가 후 개장
5. 개장 후 안치 장소
   경기도 파주시 파주읍 연풍3리 347-1 파주추모공원
6. 안치기간 : 10년
7. 공고기간 : 2010년 8월 9일부터 11월 8일까지
   (최초 공고일로부터 3개월)
8. 신 고 처 :

2010년 8월 9일

위 공고인 :

유연분묘 처리과정

현지 답사 ▷ 분묘의 연고자 찾는 과정 ▷ 분묘기지권 인정여부 확인 ▷ 연고자 확인 및 이장협상 ▷ 협상 후 보상금 지급 (이장완료)

*남의 땅이지만 20년 이상 분묘가 자리를 잡고 있었다면 지상권(분묘기지권)이 인정됩니다.

무연분묘 처리과정

신문 공고 (3개월소요) ▷ 관할청 허가신청 ▷ 허가증 교부 ▷ 개장 후 납골당안치 (10년) ▷ 관할청 결과보고 (완료)

한권으로 끝내는
부동산 경매의 바이블

CHAPTER 6

'낙찰자의 소유권 취득'

경매의 정의에서 시작되는 부동산 경매의 모든 것
〈공권력〉〈채무자의 부동산〉〈환가〉〈채권자의 금전채권〉〈낙찰자의 부동산 취득〉

매각기일 최고가매수인으로 선고되어 낙찰된 기쁨도 잠시 험난하고 긴 소유권 취득의 과정을 거쳐야만 한다. 경매의 경우 일반 매매와 달리 잔금납부일 또는 배당기일에 점유자가 퇴거를 하고 매수자가 평온 공연하게 부동산을 인도받는 일은 극히 드물다. 대금납부 완료부터 등기사항전부증명서에 낙찰자의 이름이 기록되고, 점유자를 명도하여 온전한 재산권을 행사하기까지 그 험난한 과정을 CHAPTER 6에 서술해 보기로 한다.

대금납부 완료와 소유권 취득

1. 대금납부와 소유권 등 권리의 취득

부동산 경매에서는, 법원에서 정한 매각대금 지급기한까지 매각대금을 완납하면 매수인이 종전의 소유자를 상대로 등기이전의 절차를 밟지 않더라도 즉시 소유권을 취득한다.

'민법 제187조(등기를 요하지 아니하는 부동산물권취득) 상속, 공용징수, 판결, **경매** 기타 법률의 규정에 의한 부동산에 관한 물권의 취득은 등기를 요하지 아니한다. 그러나 등기를 하지 아니하면 이를 처분하지 못한다.'

경매 낙찰 후 잔금납부기한은 통상적으로 낙찰일(입찰기일)로부터 약 45일까지라고 예상하면 된다. 낙찰자(최고가매수신고인)로 선정되고 나서, 7일의 시간을 두고 본 경매로 인한 부동산 매각을 허가할 것인가 불허가할 것인가 법원이 다시 판단을 하게 되고, 다시 7일의 시간을 두고, 매각허가/불허가에 대해 이해관계인등의 즉시 항고 기간 1주일이 주어지게 되고 이 기간이 경과하면 매각허가·불허가를 확정하게 된다.

물건번호	감정평가액	기일	기일종류	기일장소	최저매각가격	기일결과
1	371,000,000원	2022.11.02(10:00)	매각기일	제4별관 211호 법정	371,000,000원	매각 (372,999,999원)
		2022.11.09(14:00)	매각결정기일	제4별관 3층 7호 법정		최고가매각허가결정
		2022.12.22(16:00)	대금지급기한	4별관 민사집행과 경매10계		납부 (2022.12.22)
		2023.02.15(14:00)	배당기일	제4별관 3층 7호 법정		진행

매각허가결정이 '확정'되면 최고가매수인(낙찰자)에게 대금납부고지서가 발송되고, 약 30일의 대금납부기간이 주어진다.

최고가매수신고인은 대금지급기한통지서/신분증/도장/매각대금(계좌이체 가능)을 가지고 법원 담당계에 방문하면 잘 안내를 해 준다.

법원경매계에서 '법원보관금납부명령서'를 발급해 주고 이 명령서를 가지고 법원 내 은행에서 '법원보관금납부서' 서식을 작성하여 대금을 납부하면 된다.

영수필통지서를 다시 받아 수입인지 등을 함께 첨부하여 법원경매계에서 매각대금 완납증명원을 작성하여 접수인을 받으면 대금 완납 절차가 끝이 난다.

대금 완납증명원 발부와 함께 소유권 역시 즉시 취득하게 되며, 대금 완납일이 소유권 취득일이 된다. 보통 대금 완납과 동시에 취득세 납부 및 소유권이전등기 절차도 함께 진행하게 되는데, 소유권이전등기촉탁 등의 절차는 대금납부완납일로부터 60일 이내에만 신청하면 된다.

대금 완납 이후 일반 매매로 인한 취득과 마찬가지로 법무사 수수료를 지불하고 법무사에게 이후의 절차를 맡기는 것이 통상적인 관례이다.

※ **매각대금 완납증명원**은 취득세납부, 소유권이전등기촉탁, 인도명령 신청 등의 과정에서 꼭 필요한 서류이니 잘 보관해 두어야 한다.

알쏭달쏭 경매 Q&A
판매와 법률근거 기반한 질의 응답 실전사례

Q. 경매로 낙찰 시 잔금 대출은 일반 매매보다 더 많이 나온다?

A. 그렇지 않습니다.

아파트, 빌라, 원룸, 오피스텔 등 주택을 경락(경매로 인한 낙찰)으로 인한 취득 시에는 일반적인 대출 규제를 적용받게 됩니다.
취득경로만 일반 매매가 아닌 법원 매각으로 인한 낙찰로 다를 뿐, 똑같은 부동산의 취득이기 때문입니다.

따라서 경매 잔금 역시 그 물건이 '주택'이라면 대출한도, 대출금리, 대출규제 역시 일반 매매 등으로 인한 대출과 거의 동일하다고 생각하시면 됩니다.

낙찰가의 80% 대출?
입찰 참가를 위해 경매법정에 방문해 보면 많은 대출상담사분들이 명함 등을 나누어 주게 되는데, 뒷면에 '80~90%까지 대출 가능'이라는 문구 등이 많이 보이게 됩니다.

이 말을 철석같이 믿고 덜컥 낙찰을 받았다간 낭패를 보실 수도 있음에 주의하셔야 합니다.

대출한도 80~90%는 모든 유리한 조건을 다 끌어다가 정말 최대한 받을 수 있는 끝판왕 대출금액한도라고 보시면 됩니다.

즉, 대출한도와 금액이 나한테 해당되는 내가 받을 수 있는 대출한도가 아니라는 얘기입니다.

그리고 대출 이자 등을 자세히 알아보면, 10% 이상의 고금리 사채 대출 상품인 경우도 있습니다.

경매 대금 미납사건의 대부분은 본인이 생각만큼 대출이 되지 않아 납부기한 내에 잔금을 납부하지 못하는 경우입니다.

낙찰받았는데 왕창 나올 줄 알았던 경락잔금 대출이 안 나오면 입찰 시 냈던 입찰보증금은 몰수당하게 되는 겁니다.

부동산 경매는, 좋은 부동산을 본인(낙찰자)이 원하는 가격으로 낙찰받아 취득할 수 있다는 장점이 있지만, 낙찰 이후 부동산 명도 등 험난한 절차와 대금 납부까지는 세입자를 구할 수 없기 때문에 본인의 보유 현금흐름을 명확히 이해하시고 접근하셔야 됨을 명심하셔야 합니다.

"경매든, 일반 부동산 투자든 큰돈이 움직이는 투자인 만큼 자금계획은 항상 보수적으로, 꼼꼼하게 검토해야 합니다."

※ 은행 주택담보대출에서 담보인정비율(LTV)은 현재 시행 중인 은행업 감독규정과 금융위원회 정책 등을 반드시 확인해야 합니다.

[근거법률 및 판례]

민사집행법

제142조(대금의 지급)

① 매각허가결정이 확정되면 법원은 대금의 지급기한을 정하고, 이를 매수인과 차순위 매수신고인에게 통지하여야 한다.

② 매수인은 제1항의 대금지급기한까지 매각대금을 지급하여야 한다.

③ 매수신청의 보증으로 금전이 제공된 경우에 그 금전은 매각대금에 넣는다.

④ 매수신청의 보증으로 금전 외의 것이 제공된 경우로서 매수인이 매각대금 중 보증액을 뺀 나머지 금액만을 낸 때에는, 법원은 보증을 현금화하여 그 비용을 뺀 금액을 보증액에 해당하는 매각대금 및 이에 대한 지연이자에 충당하고, 모자라는 금액이 있으면 다시 대금지급기한을 정하여 매수인으로 하여금 내게 한다.

⑤ 제4항의 지연이자에 대하여는 제138조제3항의 규정을 준용한다.

⑥ 차순위매수신고인은 매수인이 대금을 모두 지급한 때 매수의 책임을 벗게 되고 즉시 매수신청의 보증을 돌려 줄 것을 요구할 수 있다.

민사집행규칙

제75조(대법원규칙으로 정하는 이율) 법 제130조제7항과 법 제138조제3항(법 제142조

제5항의 규정에 따라 준용되는 경우를 포함한다.)의 규정에 따른 이율은 연 100분의 12
로 한다.

▶ 영웅아빠의 부동산연구소 네이버블로그 (https://blog.naver.com/mathmaster7668) 실제 상
담사례

Q. 경매 낙찰 후 잔금납부기한은 언제까지?

A. 통상적으로 낙찰일(입찰기일)로부터 약 45일 후로 생각하시면 됩니다.

물론 중간에 변수가 생기면 달라질 수도 있습니다.
최저매각가의 10%를 입찰보증금으로 제공하고 낙찰을 받으면, 바로 대금을 납부하는 것
이 아닙니다.

7일의 시간을 두고 본 경매로 인한 부동산 매각을 허가할 것인가 불허가할 것인가 법원
이 다시 판단을 하게 됩니다.

다시 7일의 시간을 두고, 매각허가/불허가에 대해 이해관계인 등의 즉시 항고 기간 1주
일이 주어지게 되고 이 기간이 경과하면 매각허가/불허가 확정 선고를 하게 됩니다.

매각허가결정이 '확정'되면 최고가매수인(낙찰자)에게 대금납부고지서가 발송되고, 약
30일의 기한을 주게 됩니다.

이러한 기간을 모두 고려하게 되면 법원에서 최고가매수인(낙찰자)로 선고된 날로부터 약 45일 후까지 대금을 전액 납부하셔야 한다는 계산이 나옵니다.

대금납부 방법은?
대금지급기한통지서/신분증/도장/매각대금(계좌이체)을 가지고 법원 담당계에 방문하시면 잘 안내를 해줍니다.

법원경매계에서 '법원보관금납부명령서'를 발급해 주고 이 명령서를 가지고 법원 내 은행에서 '법원보관금납부서' 서식을 작성하여 대금을 납부하시면 됩니다. 영수필통지서를 다시 받아 수입인지 등을 함께 첨부하여 법원경매계에서 매각대금 완납증명원을 작성하여 접수인을 받으시면 대금 완납 절차가 끝이 납니다.

소유권이전등기와는 별도로 경매로 인한 경우 대금 완납과 동시에 소유권을 취득하게 됩니다. 이후 취득세 납부 절차 등을 거치시면 됩니다.

[근거법률 및 판례]
민사집행법
제142조(대금의 지급) ① 매각허가결정이 확정되면 법원은 대금의 지급기한을 정하고, 이를 매수인과 차순위매수신고인에게 통지하여야 한다.

② 매수인은 제1항의 대금지급기한까지 매각대금을 지급하여야 한다.

③ 매수신청의 보증으로 금전이 제공된 경우에 그 금전은 매각대금에 넣는다.

④ 매수신청의 보증으로 금전 외의 것이 제공된 경우로서 매수인이 매각대금중 보증액을 뺀 나머지 금액만을 낸 때에는, 법원은 보증을 현금화하여 그 비용을 뺀 금액을 보증액에 해당하는 매각대금 및 이에 대한 지연이자에 충당하고, 모자라는 금액이 있으면 다시 대금지급기한을 정하여 매수인으로 하여금 내게 한다.

⑤ 제4항의 지연이자에 대하여는 제138조제3항의 규정을 준용한다.

⑥ 차순위매수신고인은 매수인이 대금을 모두 지급한 때 매수의 책임을 벗게 되고 즉시 매수신청의 보증을 돌려 줄 것을 요구할 수 있다.

▶ 영웅아빠의 부동산연구소 네이버블로그 (https://blog.naver.com/mathmaster7668) 실제 상담사례

알쏭달쏭 경매 Q&A
판매와 법률근거 기반한 질의 응답 실전사례

Q. 경매로 주택 취득 시 자금조달계획서 제출해야 하나요?

A. 아니요. 제출하실 필요 없습니다. 그리고 정확한 명칭은 '자금조달 및 입주계획서'입니다.

주택 취득 자금조달. 입주계획서 제출해야 하는 경우 3가지 :
자금조달입주계획서 작성 대상은 국회 입법이 필요한 법률, 대통령령인 시행령도 아닌 국토교통부장관령인 시행규칙으로 규정하고 있습니다. 그만큼 국토부장관이 쉽게 변경할 수 있었던 제도였고, 이를 통해 규제를 시행해 왔던 게 사실입니다. 부동산 거래신고 등에 관한 법률 시행규칙 제2조에서 주택 취득 시 신고대상을 크게 세 가지 규정해 놨습니다.

현재 적용 중인 대상은 이렇게 3가지로 심플하게 정리됩니다.

1. 법인이 주택 거래계약을 체결하는 모든 경우, 주택 가격 불문, 조정대상지역이냐 아니냐 불문

2. 일반 개인(법인 이외)는 6억 이상 주택 '매수' 시 제출(비조정대상지역)

3. 조정대상지역 이상이라면 주택 가격 불문 '매수' 시 무조건 제출

그렇다면, 경매로 낙찰 시 자금조달입주계획서 제출?

법인의 경우 주택 취득 목적 및 취득 자금 등에 관한 다음의 사항(법인이 주택의 매수자인 경우만 해당한다), 그리고 법인 이외의 자는 주택을 '매수' 하는 경우로 한정하고 있어, 일반 매매나 증여 등의 유상계약상 '매수'가 아닌 **사법부의 매각절차인 '경매'에서 주택 취득 시 자금조달계획서는 필요하지 않습니다.**

[근거법률 및 판례]

부동산 거래신고 등에 관한 법률 시행규칙

제2조(부동산 거래의 신고)

⑥ 영 별표 1 제2호나목 또는 같은 표 제3호가목 전단·같은 호 나목에 따른 사항을 신고해야 하는 경우에는 제1항부터 제4항까지의 규정에 따라 신고서를 제출할 때 매수인이 단독으로 서명 또는 날인한 별지 제1호의 3서식의 주택 취득 자금 조달 및 입주계획서(이하 "자금조달·입주계획서"라 한다.)를 신고관청에 함께 제출해야 한다. 이 경우 영 별표 1 제2호나목2) 후단 및 같은 표 제3호가목 후단에 해당하는 경우에는 자금조달·입주계획서에 제7항 각호의 구분에 따른 서류를 첨부해야 한다. 〈신설 2017. 9. 26., 2020. 3. 13., 2020〉

〈별표 2호 나목〉 법인이 주택의 거래계약을 체결하는 경우

나. 주택 취득 목적 및 취득 자금 등에 관한 다음의 사항(법인이 주택의 매수자인 경우만 해당한다.)

1) 거래대상인 주택의 취득목적

2) 거래대상 주택의 취득에 필요한 자금의 조달계획 및 지급방식. 이 경우 투기과열지구에 소재하는 주택의 거래계약을 체결한 경우에는 자금의 조달계획을 증명하는 서류

로서 국토교통부령으로 정하는 서류를 첨부해야 한다.

3) 임대 등 거래대상 주택의 이용계획

〈별표 3호〉

3. 법인 외의 자가 실제 거래가격이 6억 원 이상인 주택을 매수하거나 투기과열지구 또는 조정대상지역에 소재하는 주택을 매수하는 경우(매수인 중 국가 등이 포함되어 있는 경우는 제외한다.

▶ 영웅아빠의 부동산연구소 네이버블로그 (https://blog.naver.com/mathmaster7668) 실제 상담사례

소유권이전등기 및 말소등기촉탁

매각대금이 완납되면 법원사무관등은 매수인 앞으로 소유권을 이전하는 등기와 매수인이 인수하지 않은 부동산의 부담에 관한 기입을 말소하는 등기 및 경매개시결정등기 등을 말소하는 등기를 등기관에게 촉탁하게 된다.

등기촉탁을 위해서 낙찰자(매수인)은 발행일로부터 3개월 이내의 등기사항전부증명서, 주민등록등(초)본, 토지대장 및 건축물대장등본 등을 준비해야 하며, 취·등록세납부 영수증/말소등록세 납부 영수증/국민주택채권매입필증 또는 거래내역서(주택채권발행번호 기재)를 준비해야 한다.

말소등기 및 소유권이전등기촉탁에 드는 비용은 전액 매수인 부담 원칙이다.

또한 취득세 납부 시 취득세 관련 규정은 일반 매매와 동일하게 적용되며, 다주택자

중과세, 조정대상지역에 따른 중과세 규정 역시 동일하게 적용된다.

※ 취득세 중과세 등의 기준일이 되는 취득일은 낙찰일, 소유권이전등기촉탁일, 소유
권이전등기접수일 등이 아닌 '대금 완납일'이다.

* 소유권이전등기촉탁신청 시 말소등기 신청하여 말소되는 등기
- 압류/가압류등기
- 근저당권, 저당권, 담보 가등기. 경매개시결정등기
- 말소되는 선순위 전세권
- 말소기준등기 이후 전세권, 지상권, 지역권, 임차권, 가처분 등

※ 소유권이전등기촉탁신청 셀프로 해 보기 [법원 → 시·군·구청 → 법원]

순서	장소	제출할 서류 등	받을 서류
1. 집행 법원	법원 담당경매계	대금지급기한통지서, 신분증, 도장(위임 시 위임장+인감증명서)법원보관금납부서 작성(은행용지)	
	법원 내 은행	법원보관금납부서 작성(은행용지) 법원보관금납부명령서와 잔금 제출(계좌이체, 현금납부 등)	
	법원 담당경매계	매각대금 완납증명원 서식 작성(2부) 부동산목록(2부) 수입인지(500원) 법원보관금영수필통지서(법원제출용)	매각대금 완납증명원 발급 완료 (법원 직인 날인)
2. 시·군· 구청	지방세 (취득세 담당)	매각대금 완납증명원(사본) 법원보관금영수증/부동산목록 주민등록등본, 가족관계증명서, 신분증, 도장 (※ 각 지자체 취득세과 문의)	취등록세납부고지서 말소등록세납부고지서
	시군구청 내 은행	취등록세납부고지서 말소등록세 납부고지서 국민주택채권매입	취등록세납부 영수증 말소등록세 납부 영수증 국민주택채권매입필증 또는 거래내역서 (주택채권발행번호 기재)
3. 집행 법원	법원 담당경매계	소유권이전등기촉신청서 1부 *첨부서류 □ 부동산목록　　　　　　　　4통 □ 부동산등기사항전부증명서 1통 □ 토지대장등본　　　　　　　1통 □ 건축물대장등본　　　　　　1통 □ 주민등록등본　　　　　　　1통 □ 취득세 영수증(이전) □ 등록면허세 영수증(말소) □ 대법원 수입증지 이전 15,000원, 말소 1건당 3,000원(토지, 건물 각각) □ 말소할 사항 (말소할 각 등기를 특정할 수 있도록 접수 일자와 접수 번호) 4부	

Q. 인수해야 할 임차인의 보증금이 있는 경우 '낙찰가'가 취득세 과세표준인가요?

A. 낙찰가에 인수해야 하는 임대차보증금을 더한 금액이 취득세 과세표준입니다.

낙찰금액이 과세표준인 것이 원칙이나, 추가로 낙찰자가 인수해야 할 임차인의 보증금이 있는 경우는 좀 다릅니다.

경매는 유상 승계취득으로, 취득자 조건 부담액과 채무인수액도 취득가액에 포함되게 됩니다.

따라서 전액 변제되지 않은 임대차보증금 역시 '임대차보증금반환채무'에 해당되어 취득가액에 포함이 되는 것입니다.

[사례] 2021타경 107350

최저매각가 : 약 1.7억 원

임차인보증금 : 2억 원 대항력 ○ / 배당요구 ×

구분	매각기일	최저매각가격	결과
1차	2022-07-26	520,000,000원	유찰
2차	2022-08-30	416,000,000원	유찰
3차	2022-10-04	332,800,000원	유찰
4차	2022-11-08	266,240,000원	유찰
5차	2022-12-13	212,992,000원	유찰

6차	2023-01-17	170,394,000원	유찰
7차	2023-02-21	136,315,000원	매각 : 171,771,000원(33.03%)

이 경매 건은 대항력 있는 최선순위 임차인이 배당요구를 하지 않은 사건입니다.

따라서 임차인의 보증금 2억을 낙찰자가 인수해야 하기 때문에 7회차까지 유찰되어 1억 3천만 원 수준까지 최저매각가가 저감된 상태에서 매각이 이루어졌습니다.

171,771,000원에 낙찰받은 낙찰자의 취득가는 171,771,000원이고 취득세는 이 금액에 대해서 납부하면 될까요?

그렇지 않습니다.

매각물건취득세의 과표는 낙찰대금으로 하는 것이 원칙이지만, 추가 인수 부담금액을 취득가액에 포함시켜 취득세 과표로 하는 것을 원칙으로 하고 있습니다.

따라서 인수예정 보증금 2억을 더해 총 취득가액은 약 3억 7천만 원이 되는 것이고 3억 7천만 원에 대해 세율을 곱하여 취득세를 신고 납부해야 합니다.

취득세율, 중과 여부?
경매로 취득하더라도 취득세율과 중과세 대상 여부 등은 일반 매매로 인한 취득과 동일합니다. 취득일은 대금 완납일입니다. 소유권이전등기일 등이 아닙니다.

[근거법률 및 판례]
지방세법 제10조의3(유상승계취득의 경우 과세표준)
① 부동산 등을 유상거래(매매 또는 교환 등 취득에 대한 대가를 지급하는 거래를 말한

다. 이하 이 장에서 같다.)로 승계취득하는 경우 취득당시가액은 취득시기 이전에 해당 물건을 취득하기 위하여 거래 상대방이나 제3자에게 지급하였거나 지급하여야 할 일체의 비용으로서 대통령령으로 정하는 사실상의 취득가격(이하 "사실상취득가격"이라 한다.)으로 한다.

지방세법 시행령
제18조(사실상취득가격의 범위 등)
5. 취득대금 외에 당사자의 약정에 따른 취득자 조건 부담액과 채무인수액

▶ 영웅아빠의 부동산연구소 네이버블로그 (https://blog.naver.com/mathmaster7668) 실제 상담사례

Q. 낙찰(최고가매수신고인) 후, 경매 잔금을 기한 내에 납부 못 하면 어떻게 되나요?

A. 입찰보증금을 몰수당하게 되는 것이 원칙이나, 예외는 있습니다.

잔금 미납 시 원칙
최고가매수신고인(낙찰자)가 대금지급기한 내에 잔금을 납부하지 못하면 입찰보증금은 몰수되고, 추후 배당 시 채권자의 배당할 금액으로 충당되게 되는 것이 원칙입니다.

법원은 차순위매수신고에 대한 매각허가결정 여부를 판단하며, 차순위매수신고인이 없

는 때에는 법원은 직권으로 부동산의 재매각을 명령하게 됩니다.

잔금 미납 시 예외

다만 부득이하게 잔금을 마련하지 못한 경우는 재매각기일 3일 전까지 잔금에 대한 지연 이자(연 12%)와 경매절차 비용 등(일간지 공고비용, 송달료 등)을 추가로 부담하고 잔금 납부가 가능합니다.

[민사집행규칙 제75조(대법원규칙으로 정하는 이율) 연 100분의 12]

또한 무잉여로 인한 경매취소, 절차상 흠결 등으로 인해 경매가 취소될 경우 대금납부를 못한 최고가매수신고인의 입찰보증금은 반환받을 수 있습니다.

부동산 경매는, 좋은 부동산을 본인(낙찰자)이 원하는 가격으로 낙찰받아 취득할 수 있 다는 장점이 있지만, 낙찰 이후 부동산 명도 등의 험난한 절차와 대금 완납까지는 전세 갭 투자 등이 불가하다는 점 등 현금흐름을 명확히 이해하시고 접근하셔야 하는 투자가 부동산 경매임을 명심하셔야 합니다.

[근거법률 및 판례]

민사집행법

제138조(재매각) ① 매수인이 대금지급기한 또는 제142조제4항의 다시 정한 기한까지 그 의무를 완전히 이행하지 아니하였고, 차순위매수신고인이 없는 때에는 법원은 직권 으로 부동산의 재매각을 명하여야 한다.

② 재매각절차에도 종전에 정한 최저매각가격, 그 밖의 매각조건을 적용한다.

③ 매수인이 재매각기일의 3일 이전까지 대금, 그 지급기한이 지난 뒤부터 지급일까지의 대금에 대한 대법원규칙이 정하는 이율에 따른 지연이자와 절차 비용을 지급한 때에 는 재매각절차를 취소하여야 한다. 이 경우 차순위매수신고인이 매각허가결정을 받 았던 때에는 위 금액을 먼저 지급한 매수인이 매매목적물의 권리를 취득한다.

④ 재매각절차에서는 전의 매수인은 매수신청을 할 수 없으며 매수신청의 보증을 돌려줄 것을 요구하지 못한다.

제142조(대금의 지급) ① 매각허가결정이 확정되면 법원은 대금의 지급기한을 정하고, 이를 매수인과 차순위매수신고인에게 통지하여야 한다.

② 매수인은 제1항의 대금지급기한까지 매각대금을 지급하여야 한다.

③ 매수신청의 보증으로 금전이 제공된 경우에 그 금전은 매각대금에 넣는다.

④ 매수신청의 보증으로 금전 외의 것이 제공된 경우로서 매수인이 매각대금 중 보증액을 뺀 나머지 금액만을 낸 때에는, 법원은 보증을 현금화하여 그 비용을 뺀 금액을 보증액에 해당하는 매각대금 및 이에 대한 지연이자에 충당하고, 모자라는 금액이 있으면 다시 대금지급기한을 정하여 매수인으로 하여금 내게 한다.

⑤ 제4항의 지연이자에 대하여는 제138조제3항의 규정을 준용한다.

⑥ 차순위매수신고인은 매수인이 대금을 모두 지급한 때 매수의 책임을 벗게 되고 즉시 매수신청의 보증을 돌려줄 것을 요구할 수 있다.

민사집행규칙[시행 2022. 4. 21.]
제75조(대법원규칙으로 정하는 이율) 법 제130조제7항과 법 제138조제3항(법 제142조제5항의 규정에 따라 준용되는 경우를 포함한다.)의 규정에 따른 이율은 연 **100분의 12**로 한다.

▶ 영웅아빠의 부동산연구소 네이버블로그 (https://blog.naver.com/mathmaster7668) 실제 상담사례

인도명령에 의한 강제집행법

민사집행법에서 강제집행법의 의미

강제집행은 집행권원이 표시된 사법상의 이행청구권을 국가권력이 가지고 강제적으로 실현하는 법적 절차이다.

첫째, 강제집행은 사법상의 이행청구권을 실현하는 절차이다.

둘째, 강제집행은 집행권원이 있어야만 개시될 수 있다.

셋째, 강제집행에는 국가의 강제력이 따른다.

넷째, 사법상의 권리의 실현 국가 기관이 협력하는 제도이다.

다섯째, 강제집행은 소송절차의 형태로서 행하여지는 법적 절차이다.

여섯째, 강제집행절차는 권리의 실현을 목적으로 하는 절차이고, 판결절차는 권리의 확정을 목적으로 하는 절차이다.

	경매	공매
인도명령	가능	불가능
비고	전 소유주와 채무자는 잔금납부와 동시에 낙찰자의 신청에 따라 인도명령이 결정된다. 인도명령 결정문, 송달증명원, 확정 증명원을 집행관실에 제출하고 집행비용을 예납하면 강제집행이 가능하다.	인도명령 절차가 없다. 목적 부동산 소재 관할 법원에 명도소송을 제기하여 승소판결을 받아야 강제집행을 할 수 있다.

1. 인도명령

인도명령이란 낙찰 잔금을 납부함으로써 소유권을 취득한 낙찰자가 낙찰부동산으로부터 퇴거를 거부한 채무자, 소유자, 경매개시결정등기 이후의 점유자 등 인도명령대상자에 해당하는 낙찰부동산의 점유자를 대상으로 경매법원에 인도명령을 신청해 오면 경매법원이 심사하여 결정함으로써 강제로 퇴거시킬 수 있도록 명하는 법원의 명령을 말한다. (주문의 형식은 "피신청인은 신청인에게 별지목록 기재 부동산을 인도하라.")

매수인은 매각허가결정이 선고된 후에는 매각부동산의 관리명령을 신청할 수 있고 대금 완납 후에는 인도명령을 신청할 수 있다.

매수인이 매각대금 전액을 납부한 후에는 채무자에 대하여 직접 자기에게 매각부동산을 인도할 것을 구할 수 있으나, 채무자가 임의로 인도하지 아니하는 때에는 대금납부 후 6월 이내에 집행법원에 대하여 집행관이 매각부동산을 강제로 매수인에게 인도하게 하는 내용의 인도명령을 신청하여 그 명령에 의하여 부동산을 인도받을 수 있다.

2. 인도명령대상자

1) 채무자

2) 소유자(물상보증인 등 채무자 아닌 소유자 포함)

3) 경매개시결정의 효력 발생 후의 점유 개시자

(경매개시결정 효력 발생 후 전입한 임차인)

4) 채무자, 소유자, 경매개시결정의 효력 발생 후의 점유 개시자의 동거가족·피고용인

5) 채무자, 소유자, 경매개시결정의 효력 발생 후의 점유 개시자의 근친자로서 점유할 정당한 권원이 없는 자

6) 채무자, 소유자, 경매개시결정의 효력 발생 후의 점유 개시자와 특수한 관계에 있는 자로서 점유할 정당한 권원이 없는 자

7) 채무자, 소유자, 경매개시결정의 효력 발생 후의 점유 개시자와 공모하여 인도 집행을 방해할 목적으로 점유한 자

3. 인도명령을 신청할 수 있는 자

1) 낙찰자

2) 낙찰자가 법인인 경우 법인합병에 의해 승계한 법인

3) 낙찰자로부터 낙찰부동산을 상속받은 자 등의 일반승계인

4) 주의사항 : 매매·증여 등을 원인으로 하여 낙찰자로부터 낙찰부동산을 양수받는 매수인·수증자 등의 특정승계인은 인도명령을 신청할 수 없다. 이는 인도명령 신청권을 일신전속권과 유사한 권리로 보기 때문이다.

4. 인도명령 신청요건

1) 낙찰대금 완납 후 6개월 이내 신청할 것

2) 인도명령은 낙찰인이나 그 승계인이 낙찰대금을 완납하였음이 증명되면 되기 때문에 낙찰인 명의의 소유권이전등기가 경료되는 것과는 무관하다.

5. 인도명령의 신청 시기 및 주의사항

1) 신청 시기는 낙찰 잔금납부일로부터 6개월이 되는 날까지 낙찰자는 인도명령을 신청할 수 있다.

2) 낙찰자 주의사항

(1) 대금지급일로부터 6개월이 지나간 후의 처리 : 낙찰 잔금대금납부일로부터 6개월이 지나면 낙찰자는 인도명령 신청권을 상실한다. 따라서 위 인도명령의 상대방도 잔금납부 후 6개월이 지나면 인도명령에 기한 강제집행을 받지 아니한다. 즉, 명도소송의 상대방이 된다.

(2) 인도명령의 강제집행으로써 또는 채무자 또는 소유자로부터 낙찰자의 부동산 인도를 받은 후에 제삼자가 불법으로 이를 점유하여도 그자를 상대방으로 하여 인도명령을 신청할 수 없다. [즉, 무단침입으로 점유한 자를 고소(형사상 책임)하거나 명도소송을 통하여 그 승소 판결을 가지고 강제퇴거를 시켜야 한다.]

(3) 인도명령의 강제집행에 의해 퇴거당한 채무자 또는 소유자 등의 인도명령의 상대방이 재침입하여 점유를 하여도 그자를 상대방으로 하여 인도명령을 신청할 수

없다.

(4) 경매개시결정의 효력 발생 후에 점유한 자라도 유치권자 등 낙찰자에게 대항할 권원을 가진 자는 인도명령의 상대방이 아니다.

6. 인도명령 진행절차

"부동산 인도명령 신청 → 심리 및 심문 → 인도명령 결정 송달→ 강제집행신청 → 강제집행"

7. 심리 및 심문

채무자·소유자·일반승계인 심문하지 않고 인도명령을 내리지만, 그 외의 임차인이나 전세권자 등이 점유하고 있으면 심문 후에 인도명령을 내린다. 서면심리에 의하여 가부를 결정할 수 있고, 필요한 경우 당사자를 심문하거나 변론할 수 있다.

8. 인도명령 결정

인도명령 신청 후 3~15일이면 부동산 인도명령에 관한 결정이 난다.

9. 증명송달

송달된 인도명령 결정문과 피·신청인에게 송달되었다는 송달증명원을 통보한다.

10. 인도명령에 따른 강제집행 신청

상기 인도명령 결정문과 인도명령대상자에게 보내진 송달증명원을 첨부하여 부동산 소재지를 관할하는 집행관 사무소에 강제집행을 신청한다.

11. 인도명령에 기한 낙찰자의 강제집행 신청 시 필요 서류

1) 부동산 인도명령 결정정본

2) 송달증명원(점유자에게 인도명령 결정문을 보냈다는 증명서)

3) 강제집행예납금(강제집행 접수비 · 집행관 수수료&노무비 등)

4) 강제집행위임자(집행관에게 강제집행을 위임한다는 위임장)

5) 낙찰자의 인감증명서, 도장

알쏭달쏭 경매 Q&A
판매와 법률근거 기반한 질의 응답 실전사례

Q. 부동산 경매 세입자 명도비가 양도세 공제되는 필요경비에 해당되는지?

A. 해당되지 않습니다.

주택을 양도할 때 양도소득세에서 공제되는 '필요경비'를 양도차익에서 공제시켜 주기 때문에 일정부분 세금절감효과가 큽니다. 특정 금액들은 양도소득을 발생시키기 위해 소유자가 지불한 비용으로 인정해 주기 때문입니다.

[양도세 공제 비용]

취득비용 : 부동산을 취득할 때 소요된 비용

자본적 지출 : 부동산을 유지할 때 소요된 비용

양도비용 : 부동산을 양도할 때 소요된 비용

자본적 지출이란,

"소유자가 돈 들여서 아파트 가치가 증가했네? 대한민국 '자본'이 증가해서, 1억 원짜리 집이 1억 2천만 원이 될 만큼 돈을 들여서 수리했네. 자본적 가치가 증가했으니, 국세청이 이건 인정해 줄게." 하는 비용이 바로 자본적 지출입니다. 대표적인 사례로 발코니 확장, 새시 교체는 자본적 지출에 해당되어 비용처리 되지만, 바닥, 벽지, 화장실 공사 등은 비용처리가 안 됩니다.

보일러 교체비용은 비용처리 가능하지만, 보일러 수리비용은 비용처리가 안 됩니다.

그렇다면, 낙찰자가 낙찰 후 점유자(세입자)를 내보내기 위한 협상 비용 등이 필요경비로 인정되는지 여부가 궁금해집니다.

경매 세입자 명도비가 필요경비인 '취득비용'으로 인정되는 소유권 관련 소송, 화해비용 해당 여부에 대해 국세청 유권해석을 통해 아니라고 분명히 선을 긋고 있습니다.

국세청은 부동산을 경매로 취득한 후 세입자에게 지출한 명도비용은 필요경비인 '취득비용' 해당하지 않는 것임을 명확히 하고 있는 것입니다.

[근거법률 및 판례]
서면-2020-부동산-2101 [부동산납세과-2571], 2022. 8. 30.
부동산을 경매로 취득한 후 세입자에게 지출한 명도비용의 필요경비 해당 여부

○ 법규과-1492, 2007. 3. 30. 사례
취득에 관한 쟁송이 있는 자산에 대하여 그 소유권 등을 확보하기 위하여 직접 소요된 소송비용·화해비용 등의 금액으로서 그 지출한 연도의 각 소득금액의 계산에 있어서 필요경비에 산입된 것을 제외한 금액은 필요경비에 산입되는 것이나, 부동산을 법원경매로 취득하여 세입자를 내보내는 과정에서 소요된 명도비용은 필요경비에 산입하지 않는 것이며 (이하생략)

▶ 영웅아빠의 부동산연구소 네이버블로그 (https://blog.naver.com/mathmaster7668) 실제 상담사례

Q. 대항력 있는 임차인 상대로 인도명령 신청이 가능한가요?

A. 네. 가능합니다. 대항력이 있으면서 우선변제권(확정일자)을 가진 임차인이 배당요구를 하고 배당표에 '전액 배당' 확정되었다면, 이때부터 임차인은 점유권원을 상실하게 되므로, 인도명령 신청이 가능합니다.

대항력 있는 임차인 인도명령 결정 가능 여부는 임차인의 배당요구 여부에 따라 달라집니다.

1) 배당요구를 하지 않은 임차인
배당요구를 하지 않은 대항력 있는 임차인에 대한 '인도명령'은 불가능합니다.

2) 배당요구를 한 임차인
주택임대차보호법에, '보증금이 모두 변제되지 아니한 대항력이 있는 임차권은 경락으로 소멸하지 아니한다'라고 명시되어 있는 만큼, 반대해석하면 보증금이 모두 변제된 대항력 있는 임차권은 소멸한다는 해석이 가능합니다.

따라서,
1) 대항력 있는 임차인이 배당요구를 했고,
2) 배당기일에 배당표가 확정되고
3) 임차인의 보증금 전액 배당이 확정되었다면

낙찰자(최고가매수인)는 인도명령 신청이 가능하며, 법원 역시 인도명령 결정을 해줍니다.
배당기일에 임대차보증금 전액을 배당받는 것으로 배당표가 확정되면, 배당금수령 여부와 무관하게, 낙찰자는 인도명령 신청을 할 수 있고 법원은 인도명령을 발령할 수 있습니다.

[근거법률 및 판례]

주택임대차보호법

제3조의5(경매에 의한 임차권의 소멸) 임차권은 임차주택에 대하여 「민사집행법」에 따른 경매가 행하여진 경우에는 그 임차주택의 경락(競落)에 따라 소멸한다. 다만, 보증금이 모두 변제되지 아니한, 대항력이 있는 임차권은 그러하지 아니하다

대법원 1997. 8. 29. 선고 97다11195 판결

【판결요지】

주택임대차보호법 제3조, 제3조의2, 제4조의 규정에서 임차인에게 대항력과 우선변제권의 두 가지 권리를 인정하고 있는 취지가 보증금을 반환받을 수 있도록 보장하기 위한 데에 있는 점, 경매절차의 안정성, 경매 이해관계인들의 예측가능성 등을 아울러 고려하여볼 때, 두 가지 권리를 겸유하고 있는 임차인이 우선변제권을 선택하여 임차주택에 대하여 진행되고 있는 경매절차에서 보증금에 대하여 배당요구를 하였다고 하더라도, 순위에 따른 배당이 실시될 경우 보증금 전액을 배당받을 수 없는 때에는 보증금 중 경매절차에서 배당받을 수 있는 금액을 공제한 잔액에 관하여 경락인에게 대항하여 이를 반환받을 때까지 임대차관계의 존속을 주장할 수 있고, 보증금 전액을 배당받을 수 있는 때에는 경락인에게 대항하여 보증금을 반환받을 때까지 임대차관계의 존속을 주장할 수는 없다고 하더라도 다른 특별한 사정이 없는 한 임차인이 경매절차에서 보증금 상당의 배당금을 지급받을 수 있는 때, 즉 임차인에 대한 배당표가 확정될 때까지는 경락인에 대하여 임차주택의 명도를 거절할 수 있는바, 경락인의 임차주택의 명도청구에 대하여 임차인이 동시이행의 항변을 한 경우 동시이행의 항변 속에는 임차인에 대한 배당표가 확정될 때까지 경락인의 명도청구에 응할 수 없다는 주장이 포함되어 있는 것으로 볼 수 있다.

▶ 영웅아빠의 부동산연구소 네이버블로그 (https://blog.naver.com/mathmaster7668) 실제 상담사례

명도소송에 의한 강제집행법

1. 명도란

현재 낙찰받은 물건에 거주하고 있는 세입자 등을 내보내는 일이다. 즉, 토지나 건물 또는 선박을 점유하고 있는 자가 그 점유를 타인의 지배하에 옮기는 것을 말하는데, 만일 점유자가 임대차기간 등이 만료되었음에도 소유자에게 토지 등을 명도하지 않을 경우에 소유자는 점유자를 상대로 명도소송(민사)을 제기할 수 있다.

2. 명도소송이란

인도명령대상이 아닌 경우와 인도명령대상자에 해당하나 낙찰대금납부 후 6개월을 넘긴 경우의 점유자가 자진하여 건물을 인도해 주지 않는 경우에 명도소송을 제기 후 승소를 통해 강제집행을 실행하는 방법이다.

명도소송은 대략 4~6개월 정도 걸리며 변호사에게 맡기면 수임료는 300~500만 원 정도가 소요된다. 그러나 일반적으로 승소가 명백하므로 명도소송은 본인이 직접 원고로서 재판에 참여해도 되며, 그러면 소송비용이 거의 들지 않는다. 소유자가 명도소송을 제기한 후에 점유자가 변경된 경우에는 소유자가 승소 판결을 받는다 하더라도 그 판결의 효력은 소장상에 명시된 점유자에게만 미치게 되어 판결의 효력이 상실될 가능성이 있다.

따라서 이와 같은 문제를 해소하기 위해 명도소송을 제기하기 앞서 '점유이전가처분 금지' 신청을 하는 것이 좋을 것으로 보여지고, 점유이전금지가처분신청을 하면 법원은 「민사소송법」 제718조의 규정에 의하여 당사자 간의 필요적 변론을 거쳐 결정하게 된다. 이러한 점유이전금지가처분신청 및 본안 명도소송은 부동산이 소재하는 지방법원에 소송을 제기하고, 소송 및 신청서에는 계약서, 개별공시지가 확인서, 재산 관계 공부,

명도대상 건물도면 등의 입증서류를 첨부하여야 한다.

3. 명도소송 시 주의점

명도소송을 제기하기 전에 해두어야 할 것으로는 점유자가 현 점유를 바꾸지 못하게 하는 것이 "점유이전금지가처분"이다. 점유이전금지가처분이란 만약에 현재 점유자가 소송 중이나 직후에 원고 몰래 다른 사람이 들어와 점유하게 되면 소송에서 승소하여도 새로운 불법 점유자를 상대로 다시 명도소송을 제기하여야 하기 때문에 미리 법원에 신청하는 것이다.

4. 점유이전금지가처분 서류

이에 첨부되는 서류는 등기사항전부증명서, 부동산목록, 건축물대장, 개별공시지가 확인원, 소가산정표, 점유자가 점유한 현황도면이 필요하며, 소가산정표는 대형서점에 비치된 건물 과세표준액을 참조하여 소가 계산서 작성방법을 보고 작성하면 된다. 점유이전금지가처분신청 때는 판사가 정하는 공탁금을 걸어야 한다.

공탁금은 보통 감정가의 5% 정도이며 통상적으로 보증보험증권으로 공탁하게 된다. 판사의 결정이 떨어지면 집행관에게 신청하여 가처분 결정을 실행하면 된다. 이때 점유자가 집에 없을 때는 입회인 2명을 대동하여 가처분의 실행을 하면 된다.

5. 가처분 비용

인지 : 10,000원, 송달료, 담보제공비(보통 보증보험증권) : 감정가 5%, 집행비용 등이 소요된다. (※ 전자소송 사이트에서 온라인 신청도 가능하다.)

6. 명도소송의 대상

1) 확정일자를 갖춘 임대차인이지만 선순위 권리가 설정되어 있고 자신의 과실로 인

하여 법원에 배당요구 신청을 하지 못하여 배당절차에 참여하지 못한 임차인

2) 확정일자를 갖춘 임대차이면서 법원에 배당요구 신청을 하였으나 선순위 채권액이 너무 많아 배당절차에서 배당을 받지 못한 자

3) 경매개시 등기일 이전에 전입한 임대차나 이미 임대차의 전입일 전에 타 채권자에 의한 가압류 혹은 근저당 등의 채권액이 낙찰대금보다 과다하게 설정되어 있고 소액임대차에도 해당하지 않아 배당절차에서 배당받지 못한 임차인

4) 상가건물의 세입자로서 전세권을 설정해 놓고도 선순위 채권이 과다하여 배당받지 못한 자

5) 상가건물의 세입자로서 경매개시 결정등기일 이전에 주민등록을 전입한 자

6) 기타 정당한 사유 없이 점유를 계속하고 있는 자

7. 명도소송 신청요건

1) 인도명령대상자의 경우 대금납부 후 6개월이 지나간 경우
2) 명도소송은 소유권 등기가 완료된 후 접수

8. 명도소송 신청자

1) 낙찰자
2) 차순위매수신고에 의해 결정된 낙찰자
3) 잉여 가망이 없는 경우의 매각물건에 대한 매수를 신청한 채권자인 낙찰자
4) 낙찰자의 상속인
5) 법인의 낙찰자

9. 명도소송 절차

"점유이전금지 가처분신청 → 가처분 결정 및 실행 → 명도소장접수 → 사건번호 및 담당 판사 배정 → 심리 → 선고 → 승소 판결 → 강제집행신청"

최소 3개월 이상 소요되지만, 보통은 배당 전에 심리가 연기되므로 4~6개월을 계산해야 한다. 만약 심리 과정에서 지연되고 항소(1심 판결 불복), 상소(항소심 판결에 불복) 등을 하는 경우에는 보통 6개월 이상 걸릴 수 있다.

1) 소장의 접수

명도소송의 소장은 법무사에 의뢰하거나 직접 작성한다. 인지대는 소송물 가액, 송달료와 함께 법원 민사신청과에 소장을 접수한다.

☞ 명도소송 접수 시 필요한 서류

(1) 소장

(2) 낙찰허가결정 정본

(3) 부동산등기사항전부증명서

(4) 별지 목록(건물도면)

(5) 낙찰대금납부서

(6) 권리신고 및 부동산 현황조사서 사본

(7) 제출된 피고 주민등록등본

2) 사건번호 및 담당 판사의 배정

소장을 제출하면 사건번호와 담당 판사가 배정된다. 사건의 진행 등에 관해 확인할 사항이 있으면 해당 민사부의 서기에 문의한다.

3) 심리

재판에서는 원고의 주장을 소장에 적힌 것으로 대신하거나 준비된 서면으로 변론기일 3~4일 전에 제출하면 된다. 상대방의 주장에 대해서는 인정 또는 반박하는 진술을 할 수 있으며 후에 그 사항은 서면으로 제출한다.

4) 선고

판사는 원고와 피고의 진술 후 증거서류를 제출하거나 증인을 세우게 하고 최종적으로 선고를 내린다.

5) 승소 판결

명도소송 판결이 내려지고 집행문이 부여되면 별도의 집행권원 없이 명도소송 판결문만으로 강제집행을 실행하여 점유이전을 받을 수 있다.

6) 명도소송에 의한 강제집행신청

명도소송 판결 정본, 즉 집행문과 송달증명을 첨부하여 부동산 소재지 관할 집행관 사무소에 강제집행을 신청한다.

☞ 명도소송 집행 시 접수서류

(1) 집행력 있는 정본(승소 판결 집행권원 정본, 집행문 부여)

(2) 송달증명원

(3) 도장

(4) 강제집행예납금

(5) 인감증명서(위임할 경우), 위임장(위임할 경우)

10. 강제집행 비용

대략 평당 10~15만 원 정도로 강제집행 대상 평수에 따라 다르지만 통상 아파트의 경우 250만 원~500만 원 정도 소요된다. (2023년 기준이며, 물가, 인건비 등에 따라 달라질 수 있다.)

한권으로 끝내는
부동산 경매의 바이블

1) 강제집행 접수비

약 100,000원×명도접수건

2) 집행관 수수료

집무 2시간 미만 15,000원, 집무 2시간 초과 1시간마다 1,500원 가산

3) 노무자 수

5평 미만 : 2~4명, 5평 이상 10평 미만 : 5~7명, 10평 이상 20평 미만 : 8~10명, 20평 이상 30평 미만 : 11~13명, 30평 이상 40평 미만 : 14~16명, 40평 이상 50평 미만 : 17~19명, 50평 이상 : 매 10평 증가 시 2명 추가

4) 노무임금

노무자 1인당 : 130,000원, 야간집행, 노무자 1인 비용, 20% 정도 가산, 측량, 목수 등 특수인력 및 굴삭기 등 장비 동원은 별도비용으로 계산

5) 컨테이너 트럭 운반비, 사다리차 비용 등 별도

11. 집행 방법

1) 낙찰 대상 부동산에 점유자가 있음에도 불구하고 집행 방해를 목적으로 문을 열어주지 않거나 부재중이어서 2회 이상 집행 불능이 되면 성인 2인 또는 국가공무원 (시, 구, 읍, 면, 동사무소 직원), 경찰공무원 1인 입회하에 강제집행을 할 수 있다. 이때 반출되는 유체동산에 대해서는 집행관이 목록을 작성하여 채무자의 비용으로 채권자에게 보관시킨다.

2) 야간, 휴일에는 법원의 허가가 있을 때만 집행을 할 수 있으며 허가 명령을 제시하여야 한다.

3) 빈집의 명도 : 관리실 등 관리업체를 통해 낙찰 대상 부동산이 공가임이 입증되는
경우에는 강제집행을 할 필요가 없고 관리 또는 경비실에 신고하고 잠금장치를 해
제하여 인도하는 방법도 가능하다.

그러나 장기간 방치된 유체동산이 있는 경우에는 국가공무원, 경찰공무원, 또는
20세 이상의 관리사무소 직원 등의 입회하에 일정한 곳에 보관하여야 한다.

☞ 경매, 입찰의 방해 및 주거침입, 퇴거불응 등

12. 소유자 겸 채무자가 행방불명된 경우의 명도

아파트의 소유자 겸 채무자가 집 안에 짐을 그대로 둔 채 주소이전과 더불어 행방불
명 된 경우를 많이 접할 수 있다. 이런 경우에는 공시송달을 통한 인도명령 신청으로 신
속하게 강제집행할 수 있다. 이 경우 점유자가 소유자이므로 법원에서는 별도의 심문
없이 인도명령을 내어주겠지만 소유자가 행방불명인 관계로 송달이 되지 않아 실제 강
제집행에는 약간의 시간이 필요하게 될 것이다.

주민등록을 이전하고 사람이 행방불명된 경우에는 동사무소에 주민등록 말소신청을
하고 말소된 주민등록등본을 첨부하여 법원에 공시송달을 신청하여 처리해야 하기 때
문이다.

그런데 만약에 주민등록은 되어 있지만 폐문 부재로 아무도 거주하지 않아 송달이 불
가능한 경우라면 통장 또는 이웃 주민 2명 이상의 확인이 첨부된 '불거주확인서'를 관할
동사무소에 제출, 동사무소에서는 사실관계 확인 후에 약 15일 동안 공고하고 이의가
없으면 해당 주민등록을 말소시키게 되며, 이후 매수인은 말소된 주민등록등본을 근거
로 공시송달을 신청해 처리하면 된다.

만약 소유자가 실제 거주하고 있는 곳을 안다면 법원에 해당 주소로 야간송달 등 특

별송달을 신청해 보는 것도 하나의 방법이다.

　이상과 같은 절차로 인도명령 결정을 받게 되면 송달증명원을 첨부하여 집행관에게 강제집행을 의뢰한다. 그러면 집행관은 강제집행 일자를 잡아 해당 부동산의 문을 열고 들어가 짐을 빼내고, 빼낸 짐을 이삿짐 보관센터 또는 별도의 장소에 보관한다. 이때 발생하는 비용은 우선 매수인이 부담하는 것이 일반적이다.

　그 후 소유자에게 짐을 찾아가 줄 것과 그에 따른 비용 지급을 요구하는 내용증명을 발송하고, 소유자가 짐을 찾아가지 않을 경우에는 보관비용 등을 청구채권으로 하여 소유자의 짐을 압류하고 법원에 동산 경매를 의뢰하여 그 매각대금으로 보관비용 등을 공제하는 것으로 등 절차를 마무리한다.

13. 주민등록 등재 없는 가장 임차인의 명도

　대금을 납부하고서 명도를 하기 위해 매수한 부동산에 가 보면 주민등록 등도 되어 있지 아니한 채 살고 있는 임차인이 가끔 있다. 이런 자는 대개의 경우 소유자가 조금이라도 돈을 회수할 목적으로 가장 임차인을 내세워 점유시켜 놓은 것으로서 매수인에게 이사 비용 등의 조건으로 금전을 요구하기 위한 구실로 삼고자 함에 그 목적이 있다.

　이런 경우에도 우선은 대화를 해 보고 적은 비용으로 이사 협상이 가능할지를 타진해 본다. 그러나 거액의 이사 비용을 요구하는 등 협상이 여의치 않을 경우, 즉시 인도명령과 부동산 '점유이전금지가처분'을 신청하여 법대로 처리하면 될 것이다. 현행 민사집행법에 의하면 대항력 없는 모든 점유자가 인도명령대상자여서 점유권원이 없이 점유하고 있는 자도 인도명령으로 내보낼 수 있기 때문이다.

14. 이사협상

거주자가 임차인인 경우에는 법원에서 배당금을 수령하여 이사하겠다는 이유로 매수인에게 미리 명도확인서를 요구하기도 하는데 이때 특별한 사유가 없는 한 명도가 되기 전에 명도확인서를 써 주면 안 된다.

만약에 이사한 것을 확인하고서 써 주는 것이 명도확인서인데 그렇지 않고 이사하기도 전에 미리 이를 써 주었을 경우 이후의 약속된 날짜에 임차인이 이사를 하지 않고 계속 이사 비용을 요구하는 등 애를 먹일 수도 있기 때문이다.

15. 소유권 방어를 위한 조치로서의 부동산 관리명령

[부동산 관리명령]

"관리명령"이란 법원의 매각허가결정이 선고된 후 매각대금을 지급하기 전까지 사이에 채무자·소유자 또는 점유자가 해당 부동산을 훼손하는 등 그 가치를 감소시키는 행위를 하면 매수인은 예상치 못한 손해를 볼 수 있다. 이런 경우에 매수인 또는 채권자는 법원에 부동산 관리명령을 신청해서 관리인에게 부동산의 관리를 맡길 수 있다. 「민사집행법 제136조제2항」

[관리명령의 신청인]

관리명령은 매수인 또는 채권자가 신청할 수 있다. 「민사집행법 제136조제2항」

[관리명령의 신청기간]

관리명령의 신청은 법원의 매각허가결정이 선고된 뒤부터 그 부동산을 인도받을 때까지 할 수 있다. 「민사집행법 제136조제2항」

한권으로 끝내는
부동산 경매의 바이블

[관리명령의 집행]

법원의 관리명령으로 선임된 관리인은 매수인이 해당 부동산을 인도할 때까지 그 부동산을 관리한다.

채무자·소유자 또는 점유자가 관리명령에 따르지 않는 등 부동산의 관리를 위해 필요한 경우에 법원은 매수인 또는 채권자의 신청에 따라 담보를 제공하거나 제공하게 하지 않게 인도명령에 준하는 명령을 할 수 있다. 「민사집행법 제136조제3항」

PART 2

부동산 공매

부동산 공매

1. 공매의 정의

국가가 주체로 시행하는 경매를 말한다. 넓은 의미의 공매란 부동산을 처분할 때 일반적인 매매의 형식을 취하면서 공개적으로 매각하는 것을 말한다.

즉, 부동산의 소재지와 종별 및 수량과 매매가격 등을 물건의 기본적인 상태와 각 물건에 대한 개별적인 매각조건을 고지하고 그 조건을 승낙한 사람이 매수를 희망하는 경우에 일반경쟁 입찰을 통하여 처분하는 방법이다.

공매는 다수 물건을 동시에 공개 매각하는 것이므로 대중성, 공정성 및 신뢰성을 바탕으로 대량 반복적으로 행해져서 기관의 공신력을 특징으로 하고 있다. 공매 시 주의사항은 부대조건을 반드시 확인해야 한다.

또 물건마다 표시된 부대조건을 정확하게 이해하는 것이 중요하다. 주거용 건물의 경우 구매금액과는 별도로 전세금의 부담이 있는 경우가 있거나 토지거래허가대상 물건인 경우는 관할 관청으로부터 토지거래허가를 얻어야 계약체결이 가능하다. 사전에 등기사항전부증명서를 열람하는 것도 잊어서는 안 된다.

2. 공매의 종류

1) 매각기관별

캠코 공매 : 한국자산관리공사(KAMCO)가 책임지고 온비드를 통하여 공매를 진행한다. 캠코 공매의 종류에는 유입자산, 수탁자산, 압류자산, 국유재산이 있다.

이용기관 공매 : 이용기관이 자기 책임으로 온비드를 통하여 공매를 진행한다. 이용기관에는 국가 기관, 지방자치단체, 공기업, 금융기관, 산림청, 관세청 등이 있다.

2) 처분방식별로 구분

매각 공매 : 대상 물건을 매각하는 공매

임대(대부) 공매 : 대상 물건을 임대하는 공매(임대료를 입찰대상으로 한다.) 임의대상에는 국유재산, 지하철 또는 학교의 매점 등이 있다.

3) 매수방식별로 구분

공매 입찰 : 온비드를 통하여 인터넷 입찰

수의계약(유찰계약) : 입찰에서 유찰된 대상 물건을 매각기관에 직접 수의계약 신청

4) 매각물건별로 구분

부동산, 자동차 및 운송장비, 회원권 빛 유가증권, 기계장비 및 부품, 물품

부동산 경매와 공매 차이

경매와 공매는 크게 보면 비슷한 형태를 보이지만 자세히 들여다보면 조금씩 차이를 보인다. 많은 사람이 관심 있는 경매와 공매에는 어떤 차이점이 있는지 경매와 공매의 차이점을 크게 7가지로 요약하면 다음과 같다.

1. 관련 법과 진행 주체가 다르다

경매와 공매는 부동산 물건이 처분되는 원인과 진행 주체에 따라 차이가 있다. 경매는 대출금에 대한 채무변제가 되지 않을 때 채권자의 요청으로 법원에서 진행하고, 공매는 세금체납, 국유재산, 수탁재산, 유입자산, 일시적 1가구 2주택 양도세 회피, 의뢰 물건 등의 물건을 공공기관이 한국자산관리공사에 처분을 의뢰한다는 점이 다르다. 진행 주체가 달라 관련 법도 다르다. 경매는 '민사집행법'에 근거를 두고 공매는 '국세징수법'에 근거를 두고 있다.

2. 입찰방법이 다르다

진행 방식도 경매의 경우 특정 입찰기일에 직접 법정을 찾아 입찰표를 작성하여 제출해야 하지만, 공매는 한국자산관리공사에서 운영하는 인터넷 전자 입찰(www.onbid)을 통해 입찰이 가능하다.

3. 입찰보증금과 저감 비율이 다르다

경매의 경우 입찰보증금이 최저입찰가(신건의 경우 감정가)의 10%(재경매의 경우 20%)이지만, 공매는 응찰가의 10%를 내야 한다. 또 해당 기일에 입찰자가 없으면 가격이 내려가는 저감 비율도 경매는 1회 유찰 시마다 20%씩(법원에 따라 최대 30%) 떨어지고 낙찰될 때까지 계속 진행된다. 하지만 공매는 한 번 유찰될 때마다 10%씩 저감되며 유찰로 인해 최초 감정가격의 50%까지 떨어지게 되면 공매는 중단되고, 위임관서와 협의 후 새로운 매각 예정 가격이 결정된다.

4. 현황조사의 차이가 있다

경매의 경우 경매개시결정이 내려지게 되면 해당 법원은 집행관에게 임차인(점유자)의 현황조사를 명하게 된다. 그러면 집행관은 현장을 방문해 임차인의 현황조사 및 관할 주민 센터를 방문해 전입세대까지 파악해 법원에 제출하게 되면 법원은 이러한 내용을 일반인에 공개하게 되고, 공매는 임대차현황 등의 조사를 한국자산관리공사에서 해주지 않기 때문에 입찰자가 해당 물건의 권리관계를 직접 파악해야 한다.

5. 항고의 여부에 차이가 있다

경매는 이해관계인들이 매각결정일로부터 7일 이내에 낙찰대금의 10%를 공탁하면 상급법원에 매각 결과에 대해 항고(매각허가결정 또는 불허가결정에 대한 불복절차)를 할 수 있는 데 반해 공매는 항고 제도를 인정하고 있지 않다.

6. 잔금납부 기간이 다르다

경매는 매각결정이 확정된 날(입찰기일로부터 14일째 되는 날)로부터 30일 이내로 기간제로 일시불로 납부하면 되지만, 공매는 금액에 따라 낙찰 잔금이 3,000만원 미만일 때에는 매각결정일로부터 7일 이내, 3,000만원 이상일 때에는 60일 이내에 일시불 납부하도록 하고 있다.

7. 인도명령제도가 없다

경매는 인도명령제도가 있어 명도가 쉬운 편이지만, 공매는 명도소송 후 판결문이 있어야 강제집행을 할 수 있기 때문에 명도의 어려움이 있다.

부동산 공매 자산의 종류

1. 유입자산

금융기관의 구조개선을 위해 자산관리공사가 기업체로부터 취득한 자산을 일반에게 다시 매각하는 자산으로, 경매나 압류재산 매각과는 달리 대금을 할부 납부나 명의변경이 가능하고 명도책임이나 권리분석이 매도인 책임이어서 불필요하다. 또 매매대금의 1/3 이상 선납 시에는 수탁자산과 같이 대금납부 전에 점유사용이 가능하다.

2. 수탁자산

금융기관 및 기업체가 소유하고 있는 비업무용 부동산으로 자산관리공사에 매각을 위임하여 일반인에게 매각하는 부동산이다.

3. 압류재산

국가 기관 등에서 세금을 납부하지 못한 체납자의 재산을 압류한 후, 체납세금을 받기 위해 자산관리공사에 매각을 의뢰한 부동산으로, 가장 매력적이나 대항력이 있는 임차인이 있을 경우가 많아, 투자에 신경을 써야 할 부분으로, 명도에 있어 인도명령이 안되며 명도소송으로만 가능하다.

압류재산을 매입하고자 하면, 반드시 경매와 같이 꼼꼼한 권리분석이 필요하다.

4. 국유재산

자산관리공사가 국가 소유재산의 관리와 처분을 위임받아 입찰 및 수의계약의 방법으로 일반인에게 임대하는 부동산으로, 임대보증금이 없고 연간대부료를 선납하고 사용하는 방법이다.

부동산 공매의 장점

일반적으로 경매에 비해 잘 알려지지 않았지만 매각물건보다 권리관계가 복잡하지 않고, 대금의 분할납부나 수의계약이 가능하다는 장점이 있다.

첫째, 안전하게 살 수 있다.

둘째, 할부로 구매가 가능하다.

셋째, 이자의 감면이 가능하다.

넷째, 매매대금 완납 전에도 점유사용이 가능하다.

다섯째, 유입자산의 경우 대금납부조건을 본인의 자금 사정에 따라 임의로 정할 수 있다.

여섯째, 사정이 변경되면 압류재산을 제외하고는 구매자의 명의를 변경할 수 있다.

부동산 공매의 단점

경매보다 절대적으로 물건 수가 적으며, 압류재산의 경우 취하가 잘된다. 법원경매가 아닌 공매에서는 권리분석이 더욱더 필수적이며, 법원경매와는 달리 완벽한 권리분석과 명도문제에 대하여 매수자가 책임져야 할 물건이 많다. 민사집행법에 의한 법원경매와 달리 공매는 인도명령제도가 없기 때문에 입찰자 스스로 철저한 사전 조사나 분석이 필요하다. 재차 강조하지만, 공매재산의 인도 및 명도 책임은 모두 매수인 부담으로, 공적장부 열람, 현장물건답사 등을 통해 관리비 미납 여부, 임차인의 대항력 여부 및 기타 권리 관계에 대하여 반드시 입찰자 책임하에 사전 조사 후 입찰해야만 한다.

부동산 공매 참여하기

부동산 공매에 참여하려면 먼저 자산관리공사의 홈페이지(http://www.onbid.co.kr)에 회원가입을 해야 한다. 금융거래를 위한 '공인인증서'를 받고, 공매대상 물건과 감정평가서 등 관련 서류를 확인한 뒤 입찰하면 됩니다. 입찰서를 제출하면 마감 기일까지 입찰보증금(입찰가 10%)을 입금할 계좌에 입금하면 된다. 또 공매물건에 대한 입찰보증금은 보증보험으로 대신할 수도 있는데 보험료는 입찰보증금의 0.3% 수준이다.

1. 공매 대행 절차

지방세 체납 → 재산압류 → 공매 실익분석 → 한국자산관리공사 공매 의뢰 → 자산관리공사 권리분석 및 감정평가 실시 → 공매공고 → 유찰 시 재공매/낙찰 시 매각결정 → 배분 순위에 따라 매각대금 배분 실시

2. 공매 대행 절차

공매 의뢰 → 채권신고 최고 → 실익분석 판단 → 감정평가 → 매각 예정 가격 결정 → 공매공고 → 입찰 → 매각 → 배분

1) 공매 대행의 의뢰

세무서장은 압류재산에 대한 공매 대행을 의뢰할 때 공매 대행서를 KAMCO에 송부하고 KAMCO는 이러한 사실을 공매 대행통지서에 의하여 체납자와 이해관계자에게 통지해야 한다.

2) 공매 대행 착수

KAMCO는 세무서장으로부터 공매 대행을 의뢰를 받는 즉시 공매 대행 업무에 착수하고 공매 가능 여부를 분석한다. 선순위 채권, 체납처분비 등을 고려하여 공매할 실익이

없다고 판단될 경우에는 공매 착수를 보류하고 그 사실을 세무서장에게 통보해야 한다.

3) 감정평가

KAMCO는 매각 예정 가격을 결정하기 위하여 공매대상 재산에 대한 평가를 감정인에게 의뢰한다. 감정인에게 공매대상 재산 평가를 의뢰한 경우 수수료는 기획재정부령에서 정하는 별도의 금액으로 정한다.

4) 현황조사

KAMCO는 매각 예정 가격 결정을 위하여 공매대상 재산의 현상, 점유 관계, 차임 또는 보증액의 액수, 그 밖의 현황을 조사한다. 현황조사 후 공매대상 재산 현황조사서를 작성한다.

5) 매각 예정 가격 결정

공매재산 매각을 위한 예정 가격은 감정평가한 시가를 기준으로 결정한다.

압류재산에 대하여 공매를 하여 입찰자나 낙찰자가 없는 경우 매각 예정 가격의 50%에 해당하는 금액을 한도로 다음 회차부터 공매할 때마다 최초 매각 예정 금액의 10%에 해당하는 금액을 체감하여 산정한다. 최초 매각 예정 가격의 50% 금액에 달하여도 매각되지 않을 경우 세무서장과 합의하여 최초 매각 예정 가격의 50%를 새로운 매각 예정 가격으로 결정할 수 있다.

6) 공매공고

압류한 재산을 공매하고자 할 때는 공매재산의 내용을 KAMCO의 게시판에 게시하고 전자 자산처분시스템(온비드)을 통하여 그 공고를 알린다. 필요하면 일간 신문에 게재할 수 있다. 공매공고를 한 후 즉시 그 내용을 체납자 및 이해관계자에게 공매를 통지해야 한다.

7) 공매공고에 대한 등기촉탁

공매공고를 한 후 압류재산이 등기 또는 등록해야 하는 경우에는 공매공고를 즉시 공매공고에 대한 등기촉탁서에 의하여 그 사실을 기재하도록 관계 관서에 촉탁한다.

8) 공매재산명세서의 작성 및 비치

KAMCO는 현황조사를 기초로 하여 공매재산명세서를 작성하여 게시판에 게시하거나 전자자산처분시스템을 이용하여 게시하여야 한다. 공매재산명세서는 공매재산의 명칭, 소재, 품질, 매각 예정 가격, 점유자 현황, 배분 요구 현황 및 체권신고 등을 포함하여야 한다.

9) 입찰의 실시 및 매각결정

입찰은 KAMCO가 운영하는 온비드를 통해 실시하고 입찰가격이 매각 예정 가격 이상인 최고액의 입찰자를 낙찰자로 하여 매각결정을 한다. 매각결정을 하였을 경우, 낙찰자로 하여 매각결정을 한다.

10) 매각재산의 권리이전 및 인도

매각이 완료된 재산에 대하여 KAMCO는 매수자 앞으로 소유권이전등기의 촉탁 절차를 실시한다. 매각한 부동산의 명도책임은 매수인이 부담하여, 매각재산의 동산, 유가증권 또는 자동차 등으로 KAMCO가 보관 중인 것은 매수인이 매수대금을 납부한 때에는 매수인에게 인도한다.

11) 배분 기일 지정 및 통지

KAMCO는 매수자가 매수대금을 완납한 날로부터 30일 이내에 배분 기일을 지정하여 체납자, 배분을 요구한 채권자 등 이해관계자에게 배분 기일을 통지한다.

12) 배분계산서 작성

KAMCO는 배분의 정확성 및 공정성을 확보하기 위하여 배분 기일 7일 전까지 배분계산서를 작성하여 세무서장에게 송부한다. 배분계산서를 받은 세무서장은 그 내용을 검토하여 3일 전까지 배분에 대한 의견서를 KAMCO에 송부해야 하며, 의견서가 없는 경우에는 배분계산서에 동의한 것으로 간주한다.

13) 배분 서류의 열람 및 복사

KAMCO는 배분 채권자 등이 매각재산에 대하여 교부청구서, 감정평가서, 채권신고서, 배분계산서 등 배분 금액 산정의 근거가 되는 서류 열람 또는 복사의 신청에 응하여야 한다.

14) 배분 실시

KAMCO는 배분 기일에 배분계산서가 원안이 확정되면 각 채권자에 배분금을 지급한다. 다만, 배분계산서 원안에 대한 이의제기가 있는 경우에는 배분금 지급을 유보한다.

국세징수법

1. 국세징수법 제68조의2(배분 요구 등)

1) 제67조의2에 따른 공매공고의 등기 또는 등록 전까지 등기되지 아니하거나 다음 각호의 채권을 가진 자는 제81조제1항에 따라 배분을 받으려면 배분 요구의 종기까지 세무서장에게 배분을 요구하여야 한다.

(1) 압류재산에 관계되는 체납액

(2) 교부청구와 관계되는 체납액·지방세 또는 공과금

(3) 압류재산에 관계되는 전세권·질권 또는 저당권에 의하여 담보된 채권

(4) 「주택임대차보호법」 또는 「상가건물임대차보호법」에 따라 우선변제권이 있는 임차보증금반환채권

(5) 「근로기준법」 또는 「근로자퇴직급여 보장법」에 따라 우선변제권이 있는 임금, 퇴직금, 재해보상금 및 그 밖에 근로관계로 인한 채권

(6) 압류재산에 관계되는 가압류채권

(7) 집행력 있는 정본에 의한 채권

2) 매각으로 소멸하지 아니하는 전세권을 가진 자가 배분을 받으려면 배분 요구의 종기까지 배분을 요구하여야 한다.

3) 제1항 및 제2항에 다른 배분 요구에 따라 매수인이 인수하여야 할 부담이 달라지는 경우 배분 요구를 한 자는 배분 요구의 종기가 지난 뒤에 이를 철회하지 못한다.

4) 세무서장은 공매공고의 등기 또는 등록 전에 등기되거나 등록된 제1항 각호의 채권을 가진 자(이하 "채권신고대상자"라 한다.)로 하여금 채권의 유무, 그 원인 및 액수(원금, 이자, 비용, 그 밖의 부대채권을 포함한다.)를 배분 요구의 종기까지 세무서장에게 신고하도록 최고하여야 한다.

5) 세무서장은 채권신고대상 채권자가 제4항에 따른 신고를 하지 아니할 때에는 등기사항전부증명서 등 공매 집행기록에 있는 증명자료에 따라 해당 채권신고대상 채권의 채권액을 계산한다. 이 경우 해당 채권신고대상 채권자는 채권액을 추가하지 못한다.

6) 세무서장은 제1항 및 제2항에 해당하는 자와 다음 각호의 기관의 장에게 배분 요구의 종기까지 배분 요구를 하여야 한다는 사실을 안내하여야 한다. 「개정 2011. 12. 31., 2013. 3. 23., 2014. 11. 19.」

(1) 행정자치부

(2) 국세청

(3) 관세청

(4) 「국민건강보험법」에 따른 국민건강보험공단

(5) 「국민연금법」에 따른 국민연금공단

(6) 「산업재해보상보험법」에 다른 근로복지공단

7) 세무서장은 제68조에 따라 공매 통지를 할 때 제4항에 따른 채고의 최고 또는 제6항에 따른 배분 요구의 안내에 관한 사항을 포함한 경우에는 각 해당함에 따른 최고 또는 안내를 한 것으로 본다.

「신설 2011. 12. 31.」

2. 국세징수법 제81조 (배분 방법)

1) 제80조제1항 제2호 및 제3호의 금전은 다음 각호의 체납액과 채권에 배분한다.

(1) 압류재산에 관계되는 체납액

(2) 교부 청구를 받은 체납액·지방세 또는 공과금

(3) 압류재산에 관계되는 전세권·질권 또는 저당권에 의하여 담보된 채권

(4) 「주택임대차보호법」 또는 「상가건물임대차보호법」에 따라 우선변제권이 있는 임차보증금반환채권

(5) 「근로기준법」 또는 「근로자퇴직급여 보장법」에 따라 우선변제권이 있는 임금, 퇴직금, 재해보상금 및 그 밖에 근로관계로 인한 채권

(6) 압류재산에 관계되는 가압류채권

(7) 집행력 있는 정본에 의한 채권

2) 제80조제1항제1호 및 제4호의 금전은 각각 그 압류 또는 교부청구에 관계되는 체납액에 충당한다.

3) 제1항과 제2항에 따라 금전을 배분하거나 충당하고 남은 금액이 있을 때에는 체납자에게 지급하여야 한다.

4) 세무서장은 매각대금이 제1항 각호의 체납액과 채권의 총액보다 적을 때에는 「민법」이나 그 밖의 법령에 따라 배분할 순위와 금액을 정하여 배분하여야 한다.

5) 세무서장은 제1항에 따른 배분이나 제2항에 따른 충당에 있어서 국세에 우선하는

채권이 있음에도 불구하고 배분 순위의 착오나 부당한 교부청구 또는 그 밖에 이에 준하는 사유로 체납액에 먼저 배분하거나 충당한 경우에는 그 배분하거나 금액을 국세에 우선하는 채권자에게 국세 환급금 환급의 예에 따라 지급한다.

3. 국세징수법 제62조의2(공매대상 재산에 대한 현황조사)

1) 세무서장은 제63조에 따라 매각 예정 가격을 결정하기 위하여 공매대상 재산의 현상, 점유 관계, 차임 또는 보증금액의 액수, 그 밖의 현황을 조사하여야 한다.

2) 세무공무원은 제1항의 조사를 위하여 건물에 출입할 수 있고, 체납자 또는 건물을 점유하는 제삼자에게 질문하거나 문서를 제시하도록 요구할 수 있다.

3) 세무공무원은 제2항에 따라 건물에 출입하기 위하여 필요한 때에는 잠긴 문을 여는 등 적절한 처분을 할 수 있다. 「본조신설 2011. 4. 4.」

4. 국세징수법 제68조의3(공매재산명세서의 작성 및 비치 등)

1) 세무서장은 공매재산에 대하여 제62조의2에 따른 현황조사를 기초로 다음 각호의 사항이 포함된 공매재산명세서를 작성하여야 한다.

(1) 공매재산의 명칭, 소재, 수량, 품질, 매각 예정 가격, 그 밖의 중요한 사항

(2) 공매재산의 점유자 및 점유 권원, 점유할 수 있는 기간, 차임 또는 보증금에 관한 관계인의 진술

(3) 제68조의2제1항 및 제2항에 따른 배분 요구 현황 및 같은 조 제1항에 따른 채권신고 현황

(4) 공매재산에 대하여 등기된 권리 또는 가처분으로서 매각으로 효력을 잃지 아니하는 것

(5) 매각에 따라 설정된 것으로 보게 되는 지상권의 개요

2) 세무서장은 다음 각호의 자료를 입찰 7일 전부터 입찰 마감 전까지 세무서에 갖추어 두거나 정보통신망을 이용하여 게시함으로써 입찰에 참여하려는 자가 열람할

수 있게 하여야 한다.

(1) 제1항에 따른 공매재산명세서

(2) 제63조제2항에 따라 감정인이 평가한 가액에 관한 자료

(3) 그 밖에 입찰가격을 결정하는 데 필요한 서류

「본조신설 2011. 4. 4.」

5. 국세징수법 제73조의3(차순위매수신고)

1) 제73조에 따라 낙찰자가 결정된 후에 해당 낙찰자 외의 입찰자는 매각결정기일 전까지 공매보증금을 제공하고 제78조제1항제2호에 해당하는 사유로 매각결정이 취소되는 경우에 최고 입찰가격에서 공매보증금을 뺀 금액 이상의 가격으로 공매재산을 매수하겠다는 신고(이하 "차순위매수신고"라 한다.)를 할 수 있다.

2) 제1항에 따라 차순위매수신고를 한 자(이하 "차순위매수신고"라 한다.)가 둘 이상인 경우에 세무서장은 최고액의 매수신고자를 차순위매수신고자로 정한다. 다만, 최고액의 매수자가 둘 이상인 경우에는 추첨으로 차순위매수신고자를 정한다.

3) 세무서장은 차순위매수신고가 있는 경우에는 제78조제1항제2호에 해당하는 사유로 매각결정을 취소한 날부터 3일 이내에 결정하여야 한다. 다만, 다음 각호의 사유가 있는 경우에는 차순위매수신고자에게 매각결정을 할 수 없다.

(1) 제75조제1항제1호·제3호 또는 제4호에 해당하는 경우

(2) 차순위매수신고자가 제72조에 따른 공매 참가의 제한을 받는 자로 확인된 경우

「본조신설 2015. 12. 29.」

※ 국세징수법, 국세징수법 시행령, 국세징수법 시행규칙은 수시로 개정되는 법률이니 항상 최신개정사항과 시행시점(부칙)을 확인하고 부동산 공매에 참여해야 한다.

PART 3

부동산 경·공매 용어 및 부동산 경매 관련 각종 양식 등

부동산 경매 용어 정리

[가등기]

예비등기의 일종, 본등기를 할 수 있을 만한 실체법적 또는 절차법적 요건을 완비하지 못한 경우, 장래 그 요건이 완비된 때에 마련할 본등기를 위하여 미리 그 순위를 보전해 두는 효력을 가지는 등기(소유권이전청구권보전 가등기)와 타인으로부터 돈을 빌려 쓰고 저당권 대신 가등기를 해 주는 경우(담보 가등기)로 구별된다.

담보 가등기의 경우는 담보의 실행을 통지하고 청산 절차를 거쳐서 2개월이 지난 후에 소유권을 취득할 수 있다. 후일에 요건을 갖추어서 본등기를 하면 그 본등기의 순위는 가등기의 순위로 한다. 따라서 본등기의 순위를 보전하기 위하여 이용되는 것이 보통이다.

[가처분]

가처분은 다툼의 대상이 그 현상이 바뀌면 당사자가 권리를 실행하지 못하거나 이를 실행하는 것이 매우 곤란한 염려가 있는 경우에 그 다툼의 대상에 대해 현상변경을 하지 못하도록 하거나, 다툼이 있는 권리관계에 대해 임시의 지위를 정하는 것을 말한다. (민사집행법 제300조) 경매물건에 설정된 가처분은 매수인의 매수로 인해 말소될 수도, 매수인에게 인수될 수도 있고, 말소기준권리보다 가처분이 먼저 설정된 경우에는 그 권리가 말소되지 않고 매수인에게 인수되는 반면, 말소기준권리 이후에 설정된 가처분은 소멸되어 매수인에게 인수되지 않는다. 다만, 토지소유자가 그 지상 건물의 소유자에 대해 한 가처분(즉, 토지소유자가 건물소유자를 상대로 건물철거 또는 토지인도를 구하는 본안소송을 위해 해당 건물에 대해 한 처분금지 가처분)은 설정 시기에 관계없이 무조건 매수인에게 인수되므로 주의해야 한다.

[가(압류)]

압류는 채권의 실행을 확보하기 위해 집행법원이 확정판결이나 그 밖의 집행권원에 근거해 채무자의 재산처분을 금지하는 것을 말하며(민사집행법 제24조, 제83조 및 제223조), 가압류는 금전채권이나 금전으로 환산할 수 있는 채권에 관해 장래 그 집행을 보전하려는 목적으로 미리 채무자의 재산을 압류해서 채무자가 처분하지 못하도록 하는 것을 말한다. 「민사집행법 제276조」

경매물건에 설정된 (가)압류는 말소기준권리로서 매수인의 매수로 인해 말소된다. 「민사집행법 제91조제3항 및 제4항」

[각하]

국가 기관에 대한 행정상 또는 사법상의 신청을 배척하는 처분, 특히 소송법상 법원이 당사자 그 밖 관계인의 소송에 관한 신청을 배척하는 재판을 말한다. 다만, 민사소송법상 기각과 구별하여 사용하는 경우에는 「소송의 요건을 갖추지 않은 까닭으로 사건의 일체를 심리함이 없이 배척하는 재판」을 말한다.

[근저당]

계속된 거래 관계로부터 발생하는 다수의 채권에 관하여, 미리 일정 한도액을 정하고, 그 범위 내에서 장래의 결산기에 확정되는 채권을 담보하려고 하는 저당권이다. 근저당은 장래 증감 변화하는 "불특정의 채권"을 담보하는 점에서 장래의 "특정의 채권"을 담보하는 일반저당과는 다르다. 일반저당권에서는 피담보채권이 소멸하면 저당권도 소멸하지만, 근저당권에서는 설정 기간에 채무가 "0"이 되더라도 근저당권은 결산까지 그대로 존속하고 기간 내에 채무가 다시 발생하면 그 채권을 담보하게 된다. 그리고 일반서당권에서는 특정된 "피담보채권액"이 등기되지만, 근저당권에서는 특정되지 않는 "채권최고액"이 등기된다.

[기각]

민사소송법상 신청의 내용「원고의 소에 의한 청구, 상소인의 상소에 의한 불복신청 등을 종국재판에서 이유가 없다고 하여 배척하는 것」을 말한다. 기각의 재판은 본안판결이며 소송 · 형식재판인 각하와 구별된다. (무잉여 사건)

[공증]

계약에 의하여 양 당사자가 다툼을 예방하기 위하여 특정한 사실 또는 법률관계의 존재를 공적으로 증명하는 행정행위를 말한다.

[공탁]

변제자가 변제의 목적물을 채권자를 위하여 공탁소에 임치하여 채권자의 협력이 없는 경우에도 채무를 면하는 제도이다. 변제자, 즉 채무자를 보호하기 위한 제도로서, 그 성질을 제삼자를 위한 임치계약으로 봄이 일반적이나, 판례는 공법관계(행정처분)로 본다. 공탁의 성립요건으로는 채권자가 변제를 받지 않거나 받을 수 없어야 하는 바, 변제자의 과실 없이 채권자를 알 수 없는 경우도 이에 해당한다.

공탁의 목적물은 채무의 내용에 적합한 것이어야 하고 일부 공탁은 원칙적으로 무효이다.

첫째, 채권소멸을 위한 공탁, 즉 채무자가 채권자의 협력 없이 채무를 면하는 수단으로 하는 변제공탁

둘째, 채권담보를 위한 공탁, 즉 상대방에 생길 손해의 배상을 담보하기 위한 수단으로 하는 담보공탁

셋째, 단순히 보관하는 의미로 하는 보관공탁과 기타 특수한 목적으로 하는 특수공탁 등이 있다.

[담보 가등기]

담보 가등기는 소유권이전이 목적이 아니라 채무변제의 담보를 위한 일종의 담보물권의 성질을 가지는 것이다. 즉 채무자가 채권자로부터 금전을 차용하면서 만일 변제기가 도래하여도 갚지 못할 경우에는 채무자 소유의 부동산에 관한 소유권을 채권자에게 넘겨준다는 대물변제의 예약을 하고 나아가 담보의 목적으로 가등기를 하게 되고 만약 채무자가 변제기에 이르러서도 채무를 변제하지 않은 경우 채권자는 일정 기간의 청산기간이 지나간 후 청산금을 지급하고 본등기를 경료하는 방법으로 채권자가 그 소유권을 취득하게 되거나, 채권자가 가등기의 목적이 된 부동산을 신청하여 그 낙찰대금에서 배당을 받아 자기 채권의 만족을 얻게 되는 것이다.

[당해세]

경매목적 부동산 자체에 부과된 조세와 가산금을 말하며, 당해 재산을 소유하고 있다는 사실 자체에 담세력을 인정하여 부과하는 국세, 지방세 및 그 가산금을 말한다.

국세 : 상속세, 증여세, 재평가세, 토지초과이득세, 종합부동산세

지방세 : 재산세, 자동차세, 분리과세된 종합토지세, 도시계획세, 소방시설세

* 양도소득세, 취득세 등은 당해세가 아님

[당해세 관련 판례]

대법원 2001다44376, 2003. 1. 10.
피담보채권에 우선하는 '그 재산에 대하여 부과된 국세(당해세)'는, 장래 부과될 것을 상당한 정도로 예측할 수 있고 오로지 당해 재산을 소유하는 것 자체에 담세력을 인정해 부과되는 국세만을 의미함

【판결요지】
[1] 국세기본법 제35조제1항제3호는 공시를 수반하는 담보물권과 관련하여 거래의 안전을 보장하려는 사법적(私法的) 요청과 조세채권의 실현을 확보하려는 공익적 요청을 적절하게 조화시키려는 데 그 입법의 취지가 있으므로, 당해세가 담보물권에 의하여 담보되는 채권에 우선한다고 하더라도 이로써 담보물권의 본질적 내용까지 침해되어서는 아니 되고, 따라서 같은 법 제35조제1항제3호 단서에서 말하는 '그 재산에 대하여 부과된 국세'라 함은 담보물권을 취득하는 사람이 장래 그 재산에 대하여 부과될 것을 상당한 정도로 예측할 수 있는 것으로서 오로지 당해 재산을 소유하고 있는 것 자체에 담세력을 인정하여 부과되는 국세만을 의미하는 것으로 보아야 한다.
[2] 부동산등기부 기재상 상속재산임이 공시되어 있지 아니한 부동산의 경우, 담보물권자가 당해 부동산에 상속세가 부과되리라는 점을 예측할 수 없었다는 이유로 상속세가 당해세에 해당하지 아니한다고 한 사례.

[매각허가/불허가]
제126조(매각허가 여부의 결정 선고)
① 매각을 허가하거나 허가하지 아니하는 결정은 선고하여야 한다.
② 매각결정기일조서에는 민사소송법 제152조 내지 제154조와 제156조 내지 제158조 및 제164조의 규정을 준용한다.

③ 제1항의 결정은 확정되어야 효력을 가진다.

[매각허가결정 확정]

매각기일로부터 1주일 후 법원의 매각허가/불허가결정이 선고된 후, 다시 1주일 내에 이해관계인(최고가매수인, 채무자, 소유자, 임차인, 담보물권자 등)이 항고하지 않으면 매각허가결정이 확정된다. 매각허가결정 확정 이후 법원이 통지하는 대금납부기일에 낙찰대금(보증금을 공제한 잔액)을 납부하면 소유권을 취득하게 된다. 낙찰대금납부기일은 통상 매각허가결정이 확정된 날로부터 1개월 이내로 지정한다.

[변경]

적법한 절차에 의해 경매가 진행되었으나 사정이 바뀌어 매각기일에 경매가 집행되지 못하는 경우이다. 강제 경매사건이나 지분경매의 경우 경매 진행 중에 갑자기 절차가 늦춰지거나 바뀌는 경우가 허다하다.

[배당요구]

배당요구는 다른 채권자에 의하여 개시된 집행절차에 참가하여 동일한 재산의 매각대금으로부터 변제를 받으려는 집행법상의 행위이다. 민사집행법상 배당요구를 할 수 있는 채권자는 다음과 같다.

① 집행력 있는 정본을 가진 채권자, 경매개시결정이 등기된 뒤에 가압류를 한 채권자, 민법·상법, 그 밖의 법률에 의하여 우선변제청구권이 있는 채권자는 배당요구를 할 수 있다.
② 배당요구에 따라 매수인이 인수하여야 할 부담이 바뀌는 경우 배당요구를 한 채권자는 배당요구의 종기가 지난 뒤에 이를 철회하지 못한다.

[상계]

채권자가 동시에 매수인인 경우에 있을 수 있는 매각대금의 특별한 지급방법을 말한다. 현금을 납부하지 않고 채권자가 받아야 할 채권액과 납부하여야 할 매각대금을 같은 금액만큼 서로 맞비기는 것을 말한다.

[소유권이전등기촉탁]

낙찰인이 대금을 완납하면 낙찰부동산의 소유권을 취득하므로, 집행법원은 낙찰인이 등기 비용을 부담하고 등기촉탁신청을 하면 집행법원은 낙찰인을 위하여 소유권이전등기, 낙찰인이 인수하지 아니하는 각종 등기의 말소를 등기관에게 촉탁하는 절차이다.

[유찰]

매각기일 해당 물건에 대한 입찰자가 1명도 없을 때를 의미한다. 허가할 매수가격의 신고가 없이 매각기일이 최종적으로 마감된 때에는 제91조제1항의 규정에 어긋나지 아니하는 한도에서 법원은 최저매각가격을 상당히 낮추고 새 매각기일을 정하여야 한다. 그 기일에 허가할 매수가격의 신고가 없는 때에도 또한 같다.

[이중경매]

강제경매 또는 담보권의 실행을 위한 경매절차의 개시를 결정한 부동산에 대하여 다시 경매의 신청이 있는 때에는 집행법원은 다시 경매개시결정(이중개시결정)을 하고 먼저 개시한 집행절차에 따라 경매가 진행되는 경매를 이중경매라고 한다.

[일괄경매]

민사집행법은 부동산을 경매하는 경우에 1개의 매각대금으로 각 채권자에게 변제하고 또 그 집행비용이 충분한 때에는 다른 부동산에 대한 경락을 허가하지 아니한다고 규정하고 있기 때문에 이 규정의 취지에 비추어 보면 민사집행법은 개별경매를 원칙으로 하고 있다. 그러나 개별 입찰을 할 경우 현저한 가치 감소가 우려되는 경우에는 경매 신청권자의 신청이나 법원의 직권을 통해 입찰자가 일괄하여 낙찰받을 수 있도록 하고 있다.

[재경매]

매수신고인이 생겨서 낙찰허가결정의 확정 후 집행법원이 지정한 대금지급 기일에 매수인이 매각대금 지급 의무를 완전히 이행하지 아니하고, 차순위매수신고인도 없는 경우에 법원이 직권으로 다시 실시하는 경매·신경매는 입찰보증금이 10%인 데 비해 재경매는 20~30%이다.

그러나 재경매는 이전 낙찰자가 새로 지정된 입찰기일 3일 전까지 낙찰대금을 전부 납부하면 취소된다. 이때 전 낙찰자는 낙찰대금납부일 이후부터 대금을 납부하는 날까지의 지연이자, 낙찰대금, 재경매 공고 등의 비용을 납부하여야 한다.

[집행법원]

민사집행법에서 규정한 집행행위에 관한 법원의 처분이나 그 행위에 관한 법원의 협력사항을 관할하는 집행법원은 법률에 특별히 지정되어 있지 아니하면 집행절차를 실시할 곳이나 실시한 곳을 관할하는 지방법원이 된다. 「민사집행법제3조」

집행법원은 원칙적으로 지방법원이며 단독 판사가 담당하며, 경매로 나온 부동산 물건소재기기준 관할 집행법원이 결정된다.

[집행권원]

"집행권원('채무명의' 또는 '집행명의'라고도 함)"이란 국가의 강제력에 의해 실현될 이행청구권의 존재와 범위를 표시하고 그에 대해 강제집행을 실시할 수 있는 권리를 인정한 공정증서를 말하며, 집행권원에는 집행력 있는 판결, 지급명령정본, 화해조서정본 등이 있다.

민사집행법 제56조(그 밖의 집행권원) 강제집행은 다음 중 어느 하나에 기초하여서도 실시할 수 있다.

1. 항고로만 불복할 수 있는 재판
2. 가집행의 선고가 내려진 재판
3. 확정된 지급명령
4. 공증인이 일정한 금액의 지급이나 대체물 또는 유가증권의 일정한 수량의 급여를 목적으로 하는 청구에 관하여 작성한 공정증서로서 채무자가 강제집행을 승낙한 취지가 적혀 있는 것
5. 소송상 화해, 청구의 인낙(認諾) 등 그 밖에 확정판결과 같은 효력을 가지는 것

[질권]

질권이란 채권자가 채무자 또는 제삼자(물상보증인)로부터 채권의 담보를 위하여 동산을 인도받아 점유하고, 채무의 변제가 없는 때에는 그 동산으로부터 먼저 변제를 받을 수 있는 약정담보물권의 일종이다. 질권은 저당권과 마찬가지로 채권을 변제받기 위한 우선 변제력, 부종성, 수반성, 불가분성, 물상대위성이 인정되는 약정담보물권이다. 질권을 설정할 수 있는 것은 동산과 양도할 수 있는 권리(채권·주식·특허권 등)이다. 부동산에는 저당권만 설정할 수 있다.

따라서, 부동산질권이 허용되지 않으며 질권자가 질권의 목적물을 유치한다는 점에서 저당권과는 다른 제도적 의의가 있는 것이다. 질권을 설정하려면 목적물을 채권자에게 인도하여야 하므로 기업자금을 얻기 위하여 기업의 설비 등을 담보로 할 때에는 질

권은 불편하므로 특별법(공장저당법, 각종 재단 저당법 등)이 제정되어 있다.

[차순위매수신고인]

매각기일 최고가매수인의 입찰금액과 가장 근소한 차이로 패찰한 입찰자를 의미하며, 최고가매수신고인 외의 매수신고인은 매각기일을 마칠 때까지 집행관에게 최고가매수신고인이 대금지급기한까지 그 의무를 이행하지 아니하면 자기의 매수신고에 대하여 매각을 허가하여 달라는 취지의 신고(이하 "차순위매수신고"라 한다.)를 할 수 있다. 차순위매수신고는 그 신고액이 최고가매수신고액에서 그 보증액을 뺀 금액을 넘는 때에만 할 수 있다.

[최고]

타인에게 일정한 행위를 한 것을 요구하는 통지를 말한다. 이는 상대방 있는 일방적 의사표시이고, 최고가 규정되어 있는 경우에는 법률 규정에 따라 직접적으로 일정한 법률효과가 발생한다. 최고에는 두 종류가 있다. 하나는 의무자에게 의무의 이행을 구하는 경우이고, 다른 하나는 권리자에 대한 권리의 행사 또는 신고를 요구하는 경우이다.

[취하]

경매신청자가 경매신청 행위 자체를 철회하는 것으로 취하되면 더 이상 경매는 진행되지 않고 종결 처리된다. 경매신청의 법률행위를 취하하는 것으로, 경매신청 후 매각기일에 적법한 매수신고가 있기 전까지는 경매신청인은 임의로 경매신청을 취하할 수 있으나 매수신고가 있는 후에 경매신청을 취하할 때는 최고가매수인과 차순위매수신고인의 인감이 첨부된 동의를 받아야 취하를 할 수 있다.

[취소]

채무의 변제 또는 경매 원인의 소멸 등으로 경매개시결정 자체를 취소하는 것을 말한다.

[채권계산서]

채권자는 배당요구의 종기까지 법원에 그 채권의 원금 이자 비용 기타 부대채권의 계산서를 제출하여야 한다. 채권자가 계산서를 제출하지 아니한 경우 법원은 배당요구서 기타 기록에 첨부된 증빙서류에 의하여 채권액을 계산한다. 계산서를 제출하지 아니한 채권자는 배당요구의 종기 이후에는 채권액을 보충할 수 없다.

[항고]

법원의 결정에 의하여 손해를 받은 이해관계인이나 법원의 허가결정에 대하여 이의가 있는 경락인(허가 이유나 조건 등) 또는 불허가결정에 대하여 이의가 있는 매수신고인(허가를 주장하는 자) 등이 항고를 제기하는데 법원의 결정이나 명령에 대하여 불복하는 상소의 제도를 말한다.

[환매등기]

일반적으로 서울시나 주택공사에서 택지를 분양하고 일정한 기간 동안 예를 들어 5년 내 집을 짓지, 아니하면 다시 환수하는 조건으로 판매하는 경우가 있는데, 이를 환매권이라 하고 등기를 하여야 제삼자에 대항력이 있다. 환매권은 5년 이내에 행사하여야 하며, 5년이 경과한 후에는 행사할 수 없다. 일반적으로 환매 가격이 정해져 등기부에 기재되어 있다.

부동산 경매 관련 각종 양식

- 체납관리비 납부 협조 의뢰
- 부동산 인도명령 신청
- 명도확인서

- 부동산 인도 이행각서

- 부동산 명도합의서

- 기일입찰표

- 공동입찰신고서/공동입찰자 목록

- 권리신고 및 배당요구신청서(주택임대차)

- 권리신고 및 배당요구신청서(상가임대차)

- 부동산 임의경매신청서

- 부동산소유권이전등기촉탁신청서

- 매각대금 완납증명원

- 매각기일 변경/연기 신청서

- 채권계산서

- 부동산 등에 대한 경매절차 처리지침(재판예규)

체납 관리비 납부 협조 의뢰

수 신 인

주소 : ○ ○ ○ 도 ○ ○ 시 ○ ○ 동 ○ ○ 번지

성명 : ○ ○ ○ 관리소장님 귀하

발 신 인

주소 : ○ ○ ○ 도 ○ ○ 시 ○ ○ 동 ○ ○ 로 ○ ○ 빌딩 ○ ○ 호

성명 : ○ ○ ○

○ ○ ○ 도 ○ ○ 시 ○ ○ 동 건물 ○ ○ 호를 소유권 이전에 따른 권리 변동이 발생함에 따라 미납관리비 납부 협조 의뢰 사항을 통보하오니 업무에 참고하시어 협조를 부탁드립니다.

- 다 음 -

1. ○ ○ ○ 도 ○ ○ 시 ○ ○ 동 ○ ○ 호 2022 타경 ○ ○ ○ ○

   2022년 10월12일에 임의경매로 낙찰받았습니다.

2. 본 건물에는 전 임차인이 연체한 미납관리비 2021년 0월부터 ~ 현재까지 1,000만 원 정도이며, 여기에 공용관리비는 500만 원 정도라고 알고 있습니다.

3. 전 임차인의 미납관리비는 낙찰자가 전 금액을 부담하는 사항이 아니라 건물의 유지 보수 관리인 공용비용금액만 부담하라는 대법원판례 대법원 2011다8677, 2004다3598 판결은 "집합건물의 소유 및 관리에 관한 법률 제18조 대하여 전 소유자 및 임차인이 체납한 관리비 중 공용부분에 관하여 새로 이사 온 사람 (낙찰자)가 승계 납부하여야 한다."는 취지의 판결입니다.

   공용관리비 중 일반관리비, 청소비, 소독비, 승강유지비, 수선유지비, 화재보험료 등 부담하기로 하며 낙찰자가 미납 관리비 연체이자를 제외한 공용관리비 원금만 납부한다. 대법원(2001다8677, 2004다3598) 판례의 내용입니다.

4. 본 건물을 경매받은 발신인은 임대보다 본인이 직접 사용할 목적으로 낙찰받았으며,

본 상가는 건물입구에 장기간 공실로 방치되어 있어 건물의 미관 및 건물 전체적인 부정적인 이미지로 인한 건물의 가치 하락으로 진행될 수 있어 하루 빨리 미납 관리비 정산 및 상가의 정상화로 본 건물 입구의 깨끗한 이미지로 거듭날 수 있도록 노력하겠습니다.

5. 본 발신인은 건물 전체 관리에 헌신하는 관리소장 및 2018년 00빌딩 관리단의 의견을 존중할 것이며 앞으로 본 상가건물에 대한 무한한 애정으로 사용할 계획입니다. 부디 좋은 의견을 제시하여 주시길 바랍니다.

202 년 월 일

낙찰자(최고가매수인) ○ ○ ○

부동산 인도명령 신청

사건번호

신청(매수인)

○시 ○구 ○동 ○번지

피신청인(임차인)

○시 ○구 ○동 ○번지

위 사건에 관하여 매수인은 ． ． ．에 낙찰대금을 완납한 후 채무자(소유자, 부동산점유자)에게 별지 매수부동산의 인도를 청구하였으나 채무자가 불응하고 있으므로, 귀원 소속 집행관으로 하여금 채무자의 위 부동산에 대한 점유를 풀고 이를 매수인에게 인도하도록 하는 명령을 발령하여 주시길 바랍니다.

년 월 일

매 수 인 (인)

연락처(☎)

지방법원 귀중

☞ 유의사항

1) 낙찰인은 대금 완납 후 6개월 내에 채무자, 소유자 또는 부동산 점유자에 대하여 부동산을 매수인에게 인도할 것을 법원에 신청할 수 있다.

2) 신청 시에는 1,000원의 인지를 붙이고 1통을 집행법원에 제출하여 인도명령정본 송달료(2회분)를 납부하여야 한다.

명 도 확 인 서

사건번호:

이름:

주소:

위 사건에서 위 임차인은 임차보증금에 따른 배당금을 받기 위해 매수인에게 목적 부동산을 명도하였음을 확인합니다.

첨부서류: 매수인 명도확인용 인감증명서 1통

년   월   일

매 수 인　　　　　(인)

연락처(☎)

지방법원　　　귀중

☞ 유의사항

1) 주소는 경매기록에 기재된 주소와 같아야 하며, 이는 주민등록상 주소이어야 한다.

2) 임차인이 배당금을 찾기 전에 이사를 하기 어려운 실정이므로, 매수인과 임차인 간에 이사날짜를 미리 정하고 이를 신뢰할 수 있다면 임차인이 이사하기 전에 매수인은 명도확인서를 해 줄 수도 있다.

부동산 인도 이행각서

사건 번호: 2000년 타경43596. 부동산 임의경매

낙찰인(매수자, 현소유자):

점유자(각서인, 전소유자 또는 임차인):

주민등록번호:

주소:

목적물 표시: ○○○○도 ○○시 ○○동 A빌라 ○○호

상기 각서인   은 위 목적물 표시 부동산을 점유하고 있는 자로서 다음과 같이 이행하기로 소유자(낙찰자)와 약속합니다.

- 다 음 -

1. 위 목적물 부동산을   년   월   일까지 현 소유자(낙찰자)에게 인도(명도)한다.

2. 위 목적물을 제3자에게 점유를 이전하지 않으며, 부동산 인도 이후 재점유 등 위반 시 민, 형사상의 책임을 진다.

3. 해당 부동산에 부착된(전기, 수도, 가스시설, 싱크대, 조명 등) 부착물과 시설물은 현 상태를 유지하여 인도하며, 이주 시 각서인 자신의 유체동산 등 잔여물이 없도록 처리 한다.

4. 협의한 날짜에 인도하지 않을시 소유권이전일을 기준으로 이사일까지 낙찰가의 연 20%를 손해배상금으로 소유자(낙찰자)에게 지급하며, 그 외 강제집행비용을 포함하 여 모든 법적조치비용을 각서인은 지불하기로 한다.

5. 부동산 인도 이전에 발생한 관리비, 공과금은 각서인이 정산한다.

6. 위 1~5조항을 성실히 이행할 것이며, 위반 시 모든 민, 형사상의 책임을 지기로 한다.

7. 위 각서의 이행을 위한 약정을 증거하기 위하여 현 소유자에게 부동산 인도 이행각서 와 각서인의 주민등록등본을 첨부하여, 서명 날인한다.

20 년   월   일

위 각서인   (인)

위내용을 위반 시에는 각서인은 모든 민, 형사상 책임을 질 것을 약속합니다.

부동산 명도합의서

소유자(갑)　　　과 점유자(을)　　　는 상호 협의 하에 아래와 같이 합의하기로 한다.

사건번호	타경　　부동산 임의/강제경매
부동산의 표시 (주소)	

- 아 래 -

1. "을"은 **년 월 일**까지 상기 부동산을 인도하기로 한다. 또한 "을"은 점유를 제3자에게 이전하여서는 안되며, 다음 사항을 모두 이행한 뒤 "갑"에게 상기 부동산을 인도해야 한다.

    □소유물의 완전한 반출　　　　　□쓰레기 및 폐기물의 완전한 처리

    □상기 부동산의 변경, 훼손 금지　　□비밀번호 및 카드키 인도

    □점유일까지의 모든 관리비 및 공과금 정산 (영수증 등 정산내역확인)

    □후임 임차인 또는 부동산 내방 시 임대차목적물에 대한 안내

2. "갑"은 "을"에게 이사비와 명도합의비로 금　　　　(　　　　　)원을 지급하기로 하고, 이 금액은 제1항에서 기재한 이사 약정기일과 모든 이행사항의 이행을 모두 확인한 뒤 지급하기로 한다.

3. "을"은 상기 부동산에 압류되어 있던 모든 물건들을 이전 신청하여 옮겨 두어야 하며, 남아 있는 물건들은 버린 것으로 인정하고 "갑"이 임의로 폐기물로 취급하여 처리하여도 민·형사상 책임을 묻지 않기로 한다. 만약 이에 따른 민·형사상의 책임 발생 시 모든 책임은 "을"에게 있음을 확인한다. 폐기물처리비용은 "을"의 부담으로 한다.

4. "을"은 제1항에 기재된 이사 약정일 이후에는 어떠한 경우라도 상기 부동산이 "갑"에게 인도 집행이 완료된 것으로 인정하고, "갑"이 문을 강제로 개문하여 제3항의 행위를 하여도 "갑"에게 민·형사상의 책임을 묻지 않기로 한다. 4항에서 발생하는 비용은 "을"의 부담으로 한다.

5. 만약 "갑"과 "을"은 위 사항 중 어느 하나라도 위반할 시에는 쌍방에게 위약벌로 금일

천만 원(10,000,000원)을 일주일 이내에 지급하기로 한다.

20　년　　월　　일

갑 성명:	(인)	을 성명:	(인)
주민 번호:		주민 번호:	
주소:		주소:	

(앞면)

기 일 입 찰 표

지방법원 집행관 귀하   입찰기일 : 년 월 일

사 건 번 호		타 경 호	물 건 번 호	※물건번호가 여러 개 있는 경우에는 꼭 기재

입 찰 자	본인	성 명	⑪	전화 번호	
		주민(사업자) 등록번호		법인등록 번 호	
		주 소			
	대리인	성 명	⑪	본인과의 관 계	
		주민등록 번 호		전화번호	-
		주 소			

입찰 가격	천억	백억	십억	억	천만	백만	십만	만	천	백	십	일	원	보증 금액	백억	십억	억	천만	백만	십만	만	천	백	십	일	원

보증의 제공방법	☐ 현금·자기앞 수표 ☐ 보증서	보증을 반환받았습니다. 입찰자 ⑪

주의사항

1. 입찰표는 물건마다 별도의 용지를 사용하십시오, 다만, 일괄입찰 시에는 1매의 용지를 사용하십시오.

2. 한 사건에서 입찰물건이 여러 개 있고 그 물건들이 개별적으로 입찰에 부쳐진 경우에는 사건번호 외에 물건번호를 기재하십시오.

3. 입찰자가 법인인 경우에는 본인의 성명란에 법인의 명칭과 대표자의 지위 및 성명을, 주민등록란에는 입찰자가 개인인 경우에는 주민등록번호를, 법인인 경우에는 사업자등록번호를 기

재하고, 대표자의 자격을 증명하는 서면(법인의 등기사항증명서)을 제출하여야 합니다.

4. 주소는 주민등록상의 주소를, 법인은 등기부상의 본점소재지를 기재하시고, 신분확인상 필요하오니 주민등록증을 꼭 지참하십시오.

5. 입찰가격은 수정할 수 없으므로, 수정을 요하는 때에는 새 용지를 사용하십시오.

6. 대리인이 입찰하는 때에는 입찰자란에 본인과 대리인의 인적사항 및 본인과의 관계 등을 모두 기재하는 외에 본인의 위임장(입찰표 뒷면을 사용)과 인감증명을 제출하십시오.

7. 위임장, 인감증명 및 자격증명서는 이 입찰표에 첨부하십시오.

8. 일단 제출된 입찰표는 취소, 변경이나 교환이 불가능합니다.

9. 공동으로 입찰하는 경우에는 공동입찰신고서를 입찰표와 함께 제출하되, 입찰표의 본인란에는 "별첨 공동입찰자목록 기재와 같음"이라고 기재한 다음, 입찰표와 공동입찰신고서 사이에는 공동입찰자 전원이 간인하십시오.

10. 입찰자 본인 또는 대리인 누구나 보증을 반환받을 수 있습니다.

11. 보증의 제공방법(현금·자기앞 수표 또는 보증서)중 하나를 선택하여 ☑ 표를 기재하십시오. (뒷면)

위 임 장

대 리 인	성　　　명		직　　　업	
	주민등록번호	－	전 화 번 호	
	주　　　소			

위 사람을 대리인으로 정하고 다음 사항을 위임함.

다　음

지방법원　　　타경　　　호 부동산

경매사건에 관한 입찰행위 일체

본인1	성 명	인감인	직 업	
	주민등록번호	-	전 화 번 호	
	주 소			
본인2	성 명	인감인	직 업	
	주민등록번호	-	전 화 번 호	
	주 소			

* 본인의 인감증명서 첨부

* 본인이 법인인 경우에는 주민등록번호란에 사업자등록번호를 기재

지방법원 귀중

한권으로 끝내는
부동산 경매의 바이블

공동입찰신고서

법원 집행관 　　 귀하

사건번호 　　 20 타경 　 호

물건번호

공동입찰자 　　 별지 목록과 같음

위 사건에 관하여 공동입찰을 신고합니다.

20 　 년 　 　 월 　 　 일

신 청 인 　 　 외 　 　 인(별지목록 기재와 같음)

*1. 공동입찰을 하는 때에는 입찰표에 각자의 지분을 분명하게 표시하여야 합니다.

2. 별지 공동입찰자 목록과 사이에 공동입찰자 전원이 간인하십시오.

공동입찰자 목록

번호	성명	주 소		지분
		주민등록번호	전화번호	
	(인)			
	(인)			

권리신고 및 배당요구신청서(주택임대차)

사건번호 　　타경　　　　부동산강제(임의)경매

채 권 자

채 무 자

소 유 자

임차인은 이 사건 매각절차에서 임차보증금을 변제받기 위하여 아래와 같이 권리신고 및 배당요구신청을 합니다.

아　래

1	임차부분	전부(방　　칸), 일부(　 층 방　　칸) ※ 건물 일부를 임차한 경우 뒷면에 임차부분을 특정한 내부 구조도를 그려 주시기 바랍니다.
2	임차보증금	보증금　　　　원에 월세　　　　원
3	배당요구금액	□보증금과 같음　　□(보증금과 다름)　　　　　원 ※ 해당 □에 ∨표시하여 주시고, 배당요구금액이 보증금과 다른 경우에는 다른 금액을 기재하시기 바랍니다.
4	점유(임대차)기간	20 .　.　.부터 20 .　.　.까지
5	전입일자(주민등록 전입일)	20 .　.　.
6	확정일자 유무	유(20 .　.　.), 무
7	임차권·전세권등기	유(20 .　.　.), 무
8	계약일	20 .　.　.
9	계약당사자	임대인(소유자)　　　　　　임차인
10	입주한 날(주택 인도일)	20 .　.　.

첨부서류

1. 임대차계약서 사본 1통
2. 주민등록표등·초본(주소변동사항 포함) 1통

20 .　.　.

　　　권리신고인 겸 배당요구신청인　　　　　　　　(날인 또는 서명)

　　　　　　　　　(주소 :　　　　　　　　　　　　　)

　　　　　　　　　(연락처 :　　　　　　　　　　　　)

　　　　　　　　　　　　　　　　　지방법원　　　귀중

※ 임차인은 기명날인에 갈음하여 서명을 하여도 되며, 연락처는 언제든지 연락 가능한 전화번호나 휴대전화 번호 등(팩스, 이메일 주소 등 포함)을 기재하시기 바랍니다.

권리신고 및 배당요구신청서(상가임대차)

사건번호　　　타경　　　　부동산강제(임의)경매

채 권 자

채 무 자

소 유 자

임차인은 이 사건 매각절차에서 임차보증금을 변제받기 위하여 아래와 같이 권리신고
및 배당요구신청을 합니다.

아　래

1	임차부분	전부, 일부(　충 전부), 일부(　충중　㎡) ※ 건물 일부를 임차한 경우 뒷면에 임차부분을 특정한 내부 　구조도를 그려 주시기 바랍니다.
2	임차보증금	보증금　　　원에 월세　　　원
3	배당요구금액	□보증금과 같음　　□(보증금과 다름)　　　　　원 ※ 해당 □에 ∨표시하여 주시고, 배당요구금액이 보증금 　과 다른 경우에는 다른 금액을 기재하시기 바랍니다.
4	점유(임대차)기간	20　.　.　.부터 20　.　.　.까지
5	사업자등록신청일	20　.　.　.
6	확정일자 유무	유(20　.　.　.), 무
7	임차권·전세권등기	유(20　.　.　.), 무
8	계약일	20　.　.　.
9	계약당사자	임대인(소유자)　　　　　　　　임차인
10	건물의 인도일	20　.　.　.

첨부서류

1. 임대차계약서 사본 1통

2. 상가건물임대차 현황서 등본 1통

3. 건물도면의 등본 1통 (건물 일부를 임차한 경우)

20　.　.　.

　　　권리신고인 겸 배당요구신청인　　　　　　　　(날인 또는 서명)

　　　　　　　　(주소 :　　　　　　　　　　　　　)

　　　　　　　　(연락처 :　　　　　　　　　　　　)

　　　　　　　　　　　　　　　　지방법원　　　귀중

※ 임차인은 기명날인에 갈음하여 서명을 하여도 되며, 연락처는 언제든지 연락 가능한 전화번호나 휴대전화
　번호 등(팩스, 이메일 주소 등 포함)을 기재하시기 바랍니다.

부동산 임의경매신청서

채권자 　(이름)　　　　　　　　　　(주민등록번호 또는 법인등록번호　　　-　　　)

　　　　(주소)

　　　　(연락처)

채무자 　(이름)　　　　　　　　　　(주민등록번호 또는 법인등록번호　　　-　　　)

　　　　(주소)

　　　　청구금액　금　　　　　원 및 이에 대한 20 ． ． ．부터 20 ． ． ．까지

　　　　　　　　연　　%의 비율에 의한 지연손해금

신청취지

별지 목록 기재 부동산에 대하여 경매절차를 개시하고 채권자를 위하여 이를 압류한다 라는 재판을 구합니다.

신청이유

채권자는 채무자에게 20 ． ． ． 금　　　　　원을, 이자는 연　　%, 변제기는 20 ． ． 로 정하여 대여하였고, 위 채무의 담보로 채무자 소유의 별지 기재 부동산에 대하여 지방법원 20 ． ． ． 접수 제　　　호로 근저당권설정등기를 마쳤는데, 채무자는 변제기 가 경과하여도 변제하지 아니하므로, 위 청구금액의 변제에 충당하기 위하여 위 부동산 에 대하여 담보권실행을 위한 경매절차를 개시하여 주시기 바랍니다.

첨부서류

1. 부동산등기사항증명서　　1통

　　　　　　　　　　　　20 ． ． ．

　　　　　　　채권자　　　　　(날인 또는 서명)

　　　　　　　　　　　　　　　　　　○○지방법원 귀중

◇ 유의사항 ◇

1. 채권자는 연락처란에 언제든지 연락 가능한 전화번호나 휴대전화번호(팩스번호, 이메일 주소 등도 포함)를 기재하기 바랍니다.

2. 채무자가 개인이면 주민등록번호를, 법인이면 법인등록번호를 기재하시기 바랍니다.

3. 이 신청서를 접수할 때에는 (신청서상의 이해관계인의 수 + 3)×10회분의 송달료와 집행비용(구체적인 액수는 접수담당자에게 확인바람)을 예납한 후 납부서 등을 첨부하시기 바랍니다.

4. 경매신청인은 채권금액의 1000분의 2에 해당하는 등록면허세와 그 등록면허세의 100분의 20에 해당하는 지방교육세 및 부동산 1필지당 3,000원 상당의 등기신청수수료를 납부한 후 납부영수증 등을 첨부하시기 바랍니다.

〈예시〉

부동산의 표시

1. 서울특별시 종로구 ○○동 100

   대 100㎡

2. 위 지상

   시멘트블럭조 기와지붕 단층 주택

   50㎡. 끝.

부동산소유권이전등기촉탁신청서

사건번호   타경   부동산강제(임의)경매

채 권 자

채 무 자(소유자)

매 수 인

위 사건에 관하여 매수인   는(은) 귀원으로부터 매각허가결정을 받고   년 월 일 대금전액을 완납하였으므로 별지목록기재 부동산에 대하여 소유권이전 및 말소등기를 촉탁하여 주시기 바랍니다.

첨부서류

1. 부동산목록   4통
1. 부동산등기사항전부증명서   1통
1. 토지대장등본   1통
1. 건축물대장등본   1통
1. 주민등록등본   1통
1. 취득세 영수증(이전)
1. 등록면허세 영수증(말소)
1. 대법원수입증지-이전 15,000원, 말소 1건당 3,000원(토지, 건물 각각임)
1. 말소할 사항(말소할 각 등기를 특정할 수 있도록 접수 일자와 접수번호) 4부

년   월   일

신청인(매수인)   (인)

연락처(☎)

지방법원   귀중

☞ 유의사항

1. 법인등기사항증명서, 주민등록등(초)본, 토지대장 및 건물대장등본은 발행일로부터 3개월 이내의 것이어야 함
2. 등록세 영수필확인서 및 통지서에 기재된 토지의 시가표준액 및 건물의 과세표준액이 각 500만 원 이상일 때에는 국민주택채권을 매입하고 그 주택채권발행번호를 기재하여야 함

매각대금완납증명원

사 건 타경   호

채 권 자

채 무 자

소 유 자

매 수 인

위 사건의 별지목록기재 부동산을 금　　　　원에 낙찰받아 . . . 에 그 대금전액을 납부하였음을 증명하여 주시기 바랍니다.

　　　　　　　　　　년　　　　월　　　　일

　　　　　　신청인(매수인)　　　　　　　　　　(인)

　　　　　　연락처(☎)

　　　　　　　지방법원　　　　　　　귀중

☞ 유의사항

1) 매각부동산 목록을 첨부합니다.

2) 2부를 작성합니다. (원본에 500원 인지를 붙임).

매각기일 변경/연기 신청서

사건번호   타경   호

채 권 자

채 무 자

위 사건에 관하여   .   .   . :   로 매각기일이 지정되었음을 통지받았는 바 사정으로 그 변경(연기)을 요청하오니 조치하여 주시기 바랍니다.

년   월   일

채권자   (인)

연락처(☎)

지방법원   귀중

채 권 계 산 서

사건번호

채 권 자
채 무 자

위 사건에 관하여 배당요구채권자 ○ ○ ○는 아래와 같이 채권계산서를 제출합니다.

년   월   일

채권자(배당요구채권자)   (인)

연락처(☎)

지방법원   귀중

아   래

1. 원금   원정

   (단   년 ○월 ○일자 대여금)

1. 이자   원정

   (단   년 ○월 ○일부터   년 ○월 ○일까지의 연 ○푼의 이율에 의한 이자금)

1. 기타(집행비용 등 필요할 경우 기재)

합계 금   원정

☞ 유의사항

1) 집행법원의 제출최고에 의하여 제출하는 채권계산서에는 ① 채권의 원금, ② 이자, ③ 비용, ④ 기타 부대채권을 기재합니다.

2) 인지는 붙이지 않고 1통을 제출합니다.

부동산 등에 대한 경매절차 처리지침 〈재판예규〉(2004. 4. 20.)

제1장 총칙

제1조 (목적)

이 예규는 부동산에 대한 강제경매절차와 담보권실행을 위한 경매절차를 정함을 목적으로 한다.

제2조 (부동산의 매각방법)

① 부동산은 기일입찰의 방법으로 매각하는 것을 원칙으로 한다.

② 부동산의 기간입찰, 호가경매에 관하여 필요한 사항 중 민사집행법과 민사집행규칙에 정하여지지 아니한 사항은 따로 대법원예규로 정한다.

제3조 (선박등에 대한 경매절차에서의 준용)

선박·항공기·자동차 및 건설기계에 대한 강제집행절차와 담보권실행을 위한 경매절차에는 그 성질에 어긋나지 아니하는 범위 안에서 제2장 내지 제5장의 규정을 준용한다.

제2장 매각의 준비

제4조 (미등기건물의 조사)

① 미등기건물의 조사명령을 받은 집행관은 채무자 또는 제3자가 보관하는 관계 자료를 열람·복사하거나 제시하게 할 수 있다.

② 집행관은 건물의 지번·구조·면적을 실측하기 위하여 필요한 때에는 감정인, 그 밖에 필요한 사람으로부터 조력을 받을 수 있다.

③ 제1항과 제2항의 조사를 위하여 필요한 비용은 집행비용으로 하며, 집행관이 조사를 마친 때에는 그 비용 내역을 바로 법원에 신고하여야 한다.

제5조 (배당요구의 종기 결정 등)

① 배당요구의 종기는 특별한 사정이 없는 한 배당요구종기결정일부터 2월 이상 3월 이하의 범위 안에서 정하여야 한다.

② 배당요구의 종기는 인터넷 법원경매공고란(www.courtauction.go.kr ; 다음부터 같다) 또는 법원게시판에 게시하는 방법으로 공고한다.

③ 법 제84조 제2항 후단에 규정된 전세권자 및 채권자에 대한 고지는 기록에 표시된 주소에 등기우편으로 발송하는 방법으로 한다.

④ 배당요구의 종기가 정하여진 때에는 법령에 정하여진 경우(예 : 법 제87조제3항)나 특별한 사정이 있는 경우(예 : 채무자에 대하여 경매개시결정이 송달되지 아니하는 경우, 감정평가나 현황조사가 예상보다 늦어지는 경우 등)가 아니면 배당요구의 종기를 새로 정하거나 정하여진 종기를 연기하여서는 아니 된다. 이 경우 배당요구의 종기를 연기하는 때에는 배당요구의 종기를 최초의 배당요구종기결정일부터 6월 이후로 연기하여서는 아니 된다.

⑤ 배당요구의 종기를 새로 정하거나 정하여진 종기를 연기한 경우에는 제1항 내지 제3항의 규정을 준용한다. 다만, 이미 배당요구 또는 채권신고를 한 사람에 대하여는 새로 정하여지거나 연기된 배당요구의 종기를 고지할 필요가 없다.

제6조 (매각기일의 공고)

① 매각기일의 공고는 법원게시판에 게시하는 방법으로 한다. 이 경우 법원게시판에는 그 매각기일이 지정된 사건목록과 매각기일의 일시·장소 및 업무담당부서만을 게시하고 이와 함께 전체 공고사항이 기재된 공고문은 ○○○에서 열람할 수 있다는 취지의 안내문을 붙이고, 그 공고문을 집행과 사무실(그 밖에 적당한 장소를 포함한다. 다음부터 같다)에 비치하여 열람에 제공하는 방식으로 공고할 수 있다.

② 첫 매각기일을 공고하는 때에는 제1항의 공고와는 별도로 공고사항의 요지를 신문에 게재하여야 하며, 그 게재방식과 게재절차는 다음의 기준을 따라야 한다.

　가. 신문공고의 내용은 [전산양식A3356]에 따라 알아보기 쉽게 작성하여야 한다.

　나. 매각기일 공고문은 아파트, 다세대주택, 단독주택, 상가, 대지, 전·답, 임야 등 용도별로 구분하여 작성하고, 감정평가액과 최저매각가격을 함께 표시하여야 하며, 아파트·상가 등의 경우에는 면적란에 등기부상의 면적과 함께 모델명(평형 등)을 표시할 수 있다.

　다. 매각기일 공고문에는 그 매각기일에 진행할 사건 중 첫 매각기일로 진행되는 사건만을 신문으로 공고하며, 속행사건에 대하여는 인터넷 법원경매공고란에 게시되어 있다는 사실을 밝혀야 한다.

라. 신문공고비용은 공고비용 총액을 각 부동산이 차지하는 공고지면의 비율에 따라 나누어 각 사건의 경매예납금 중에서 지출하여야 한다.

③ 법원서기관·법원사무관·법원주사 또는 법원주사보(다음부터 이 모두를 법원사무관등이라 한다)는 제1항과 제2항에 규정된 절차와는 별도로 공고사항의 요지를 매각기일 2주 전까지 인터넷 법원경매공고란에 게시하여야 한다.

제7조 (매각물건명세서의 작성·비치 등)

① 매각물건명세서는 매 매각기일 1주 전까지 작성하여 그 원본을 경매기록에 가철하여야 하고, 이 경우 다른 문서의 내용을 인용하는 방법(예컨대, 현황조사보고서 기재와 같음)으로 작성하여서는 아니 된다.

② 인수 여부가 불분명한 임차권에 관한 주장이 제기된 경우에는 매각물건명세서의 임대차 기재란에 그 임차권의 내용을 적고 비고란에 ○○○가 주장하는 임차권은 존부(또는 대항력 유무)가 불분명함 이라고 적는다.

③ 매각물건명세서에는 최저매각가격과 함께 매각목적물의 감정평가액을 표시하여야 한다.

④ 매각물건명세서·현황조사보고서 및 감정평가서의 사본은 일괄 편철하여 매각기일 1주 전까지 사건별·기일별로 구분한 후 집행과 사무실 등에 비치하여 매수희망자가 손쉽게 열람할 수 있게 하여야 한다. 다만, 임차인의 주민등록 등·초본 중 주민등록번호는 식별할 수 없도록 지운 다음 비치하여야 한다.

제8조 (매각물건명세서의 정정·변경 등)

① 매각물건명세서의 사본을 비치한 이후에 그 기재 내용을 정정·변경하는 경우에 판사는 정정·변경된 부분에 날인하고 비고란에 200○.○.○. 정정·변경이라고 적는다. 권리관계의 변동이 발생하여 매각물건명세서를 재작성하는 때에는 기존의 매각물건명세서에 200○.○.○. 변경전, 재작성된 매각물건명세서에 200○.○.○. 변경 후라고 적는다.

② 매각물건명세서의 정정·변경이 그 사본을 비치한 이후에 이루어진 경우에 정정·변경된 내용이 매수신청에 영향을 미칠 수 있는 사항(예컨대, 대항력 있는 임차인의 추가)이

면 매각기일을 변경하여야 한다. 다만, 위 정정·변경이 매각물건명세서의 사본을 비치하기 전에 이루어져 당초 통지·공고된 매각기일에 매각을 실시하는 경우에도 집행관은 매각기일에 매각을 실시하기 전에 그 정정·변경된 내용을 고지하여야 한다.

제9조 (사건목록 등의 작성)
법원사무관등은 매각기일이 지정된 때에는 매각할 사건의 사건번호를 적은 사건목록을 3부 작성하여, 1부는 제6조제1항의 규정에 따른 공고시에 법원게시판에 게시하고(게시판에 게시하는 사건목록에는 공고일자를 적어야 한다), 1부는 담임법관에게, 나머지 1부는 집행관에게 보내야 한다.

제10조 (경매사건기록의 인계)
① 매각기일이 지정되면 법원사무관등은 경매사건기록을 검토하여 매각기일을 여는 데 지장이 없는 사건의 기록은 매각기일 이전에 일괄하여 집행관에게 인계하고 기일부의 비고란에 영수인을 받아야 한다.
② 법원사무관등은 매각기일이 지정된 사건 중 제1항의 규정에 따라 집행관에게 인계된 사건기록 외의 사건기록은 즉시 담임법관에게 인계하고 그 사유를 보고한 뒤 담임법관의 지시에 따라 처리하여야 한다.

제11조 (매각명령의 확인)
집행관은 법원으로부터 인계받은 기록에 매각명령이 붙어 있는지를 확인하고, 기록에 매각명령이 붙어 있지 아니한 때에는 법원에 매각절차를 진행할지 여부를 확인하여야 한다.

제12조 (매각사건목록과 매각물건명세서의 비치)
① 집행관은 매각기일에 [전산양식 A3357]에 따라 매각사건목록을 작성하여 매각물건명세서·현황조사보고서 및 평가서의 사본과 함께 경매법정, 그 밖에 매각을 실시하는 장소(다음부터 "경매법정등"이라고 한다)에 비치 또는 게시하여야 한다.
② 제1항의 규정에 따라 비치하는 매각물건명세서·현황조사보고서 및 평가서의 사본은 사건 단위로 분책하여야 한다.

제13조 (입찰표와 입찰봉투의 비치)

집행과 사무실과 경매법정등에는 입찰표(전산양식 A3360), 매수신청보증봉투(전산양식 A3361), 입찰봉투(전산양식 A3362, A3363), 공동입찰신고서(전산양식 A3364), 공동입찰자목록(전산양식 A3365)을 비치하여야 한다.

제14조 (입찰표의 견본과 주의사항의 게시)

경매법정등의 후면에는 제18조제2호 내지 제13호의 주의사항을 게시하고, 입찰표 기재장소에는 필요사항을 적은 입찰표 견본을 비치하여야 한다.

제3장 매각기일의 절차

제15조 (매각기일의 진행)

① 매각기일은 법원이 정한 매각방법에 따라 집행관이 진행한다.

② 집행관은 그 기일에 실시할 사건의 처리에 필요한 적절한 인원의 집행관 또는 사무원을 미리 경매법정등에 배치하여 매각절차의 진행과 질서유지에 지장이 없도록 하여야 한다.

③ 법원은 매각절차의 감독과 질서유지를 위하여 법원사무관등으로 하여금 경매법정등에 참여하도록 할 수 있다.

제16조 (매각실시방법의 개요 설명)

① 집행관은 매각기일에 매각절차를 개시하기 전에 매각실시 방법의 개요를 설명하여야 한다.

② 집행관은 특별매각조건이 있는 때에는 매수신고의 최고 전에 그 내용을 명확하게 고지하여야 한다.

제17조 (매수신청인의 자격 등)

① 집행관은 주민등록증, 그 밖의 신분을 증명하는 서면이나 대리권을 증명하는 서면에 의하여 매수신청인이 본인인지 여부, 행위능력 또는 정당한 대리권이 있는지 여부를 확인함으로써 매수신청인의 자격흠결로 인한 분쟁이 생기지 않도록 하여야 한다.

② 법인이 매수신청을 하는 때에는 제1항의 예에 따라 매수신청을 하는 사람의 자격을 확인하여야 한다.

한권으로 끝내는
부동산 경매의 바이블

③ 집행관은 채무자와 재매각절차에서 전의 매수인은 매수신청을 할 수 없음을 알려야 한다.

제18조 (기일입찰에서 입찰사항·입찰방법 및 주의사항 등의 고지)

집행관은 매각기일에 입찰을 개시하기 전에 참가자들에게 다음 각호의 사항을 고지하여야 한다.

1. 매각사건의 번호, 사건명, 당사자(채권자, 채무자, 소유자), 매각물건의 개요 및 최저매각가격

2. 일괄매각결정이 있는 사건의 경우에는 일괄매각한다는 취지와 각 물건의 합계액

3. 매각사건목록 및 매각물건명세서의 비치 또는 게시장소

4. 입찰표의 기재방법 및 입찰표는 입찰표 기재대, 그 밖에 다른 사람이 엿보지 못하는 장소에서 적으라는 것

5. 매수신청보증은 매수신청보증봉투(흰색 작은 봉투)에 넣어 1차로 봉하고 날인한 다음 필요사항을 적은 입찰표와 함께 입찰봉투(황색 큰 봉투)에 넣어 다시 봉하고 날인한 후, 입찰자용 수취증 절취선상에 집행관의 날인을 받고 집행관의 면전에서 입찰자용 수취증을 떼어 내 따로 보관하고 입찰봉투를 입찰함에 투입하라는 것 및 매수신청보증은 법원이 달리 정하지 아니한 이상 최저매각가격의 1/10에 해당하는 금전, 은행법의 규정에 따른 금융기관이 발행한 자기앞수표로서 지급제시기간이 끝나는 날까지 5일 이상의 기간이 남아 있는 것, 또는 은행등이 매수신청을 하려는 사람을 위하여 일정액의 금전을 법원의 최고에 따라 지급한다는 취지의 기한의 정함이 없는 지급보증위탁계약이 매수신청을 하려는 사람과 은행등 사이에 맺어진 사실을 증명하는 문서이어야 한다는 것

6. 입찰표의 취소, 변경, 교환은 허용되지 아니한다는 것

7. 입찰자는 같은 물건에 관하여 동시에 다른 입찰자의 대리인이 될 수 없으며, 한 사람이 공동입찰자의 대리인이 되는 경우 외에는 두 사람 이상의 다른 입찰자의 대리인으로 될 수 없다는 것 및 이에 위반한 입찰은 무효라는 것

8. 공동입찰을 하는 때에는 입찰표에 각자의 지분을 분명하게 표시하여야 한다는 것

9. 입찰을 마감한 후에는 매수신청을 받지 않는다는 것

10. 개찰할 때에는 입찰자가 참석하여야 하며, 참석하지 아니한 경우에는 법원사무관등 상당하다고 인정되는 사람을 대신 참석하게 하고 개찰한다는 것

11. 제21조에 규정된 최고가매수신고인등의 결정절차의 요지

12. 공유자는 집행관이 매각기일을 종결한다는 고지를 하기 전까지 매수신청보증을 제공하고 우선매수신고를 할 수 있으며, 우선매수신고에 따라 차순위매수인으로 간주되는 최고가매수신고인은 매각기일이 종결되기 전까지 그 지위를 포기할 수 있다는 것

13. 최고가매수신고인 및 차순위매수신고인 외의 입찰자에게는 입찰절차의 종료 즉시 매수신청보증을 반환하므로 입찰자용수취증과 주민등록증을 갖고 반환신청하라는 것

14. 이상의 주의사항을 장내에 게재하여 놓았으므로 잘 읽고 부주의로 인한 불이익을 받지 말라는 것

제19조 (기일입찰에서 입찰의 시작 및 마감)

① 입찰은 입찰의 개시를 알리는 종을 울린 후 집행관이 입찰표의 제출을 최고하고 입찰 마감시각과 개찰시각을 고지함으로써 시작한다.

② 입찰은 입찰의 마감을 알리는 종을 울린 후 집행관이 이를 선언함으로써 마감한다. 다만, 입찰표의 제출을 최고한 후 1시간이 지나지 아니하면 입찰을 마감하지 못한다.

제20조 (기일입찰에서 개찰)

① 개찰은 입찰마감시각으로부터 10분 안에 시작하여야 한다.

② 개찰할 때에 입찰자가 한 사람도 출석하지 아니한 경우에는 법원사무관등 상당하다고 인정되는 사람을 참여하게 한다.

③ 개찰을 함에 있어서는 입찰자의 면전에서 먼저 입찰봉투만 개봉하여 입찰표에 의하여 사건번호(필요시에는 물건번호 포함), 입찰목적물, 입찰자의 이름 및 입찰가격을 부른다.

④ 집행관은 제출된 입찰표의 기재에 불비가 있는 경우에 별지 처리기준에 의하여 입찰표의 유·무효를 판단한다.

⑤ 매수신청보증봉투는 최고의 가격으로 입찰한 사람의 것만 개봉하여 정하여진 보증액에 해당하는 여부를 확인한다. 매수신청보증이 정하여진 보증금액에 미달하는 경우에는 그 입찰자의 입찰을 무효로 하고, 차순위의 가격으로 입찰한 사람의 매수신청보증봉투를 개봉한다.

제21조 (기일입찰에서 최고가매수신고인등의 결정)

① 최고의 가격으로 입찰한 사람을 최고가매수신고인으로 한다. 다만, 최고의 가격으로 입찰한 사람이 두 사람 이상일 경우에는 그 입찰자들만을 상대로 추가입찰을 실시한다.

② 제1항 단서의 경우에는 입찰의 실시에 앞서 입찰표의 기재는 최초의 입찰표 기재방식과 같으며, 이 경우 매수신청보증은 종전 보증과의 차액만 넣을 것을 고지하여야 한다.

③ 제1항 단서의 경우에 추가입찰의 자격이 있는 사람 모두가 추가입찰에 응하지 아니하거나 또는 종전 입찰가격보다 낮은 가격으로 입찰한 때에는 그들 중에서 추첨에 의하여 최고가매수신고인을 정하며, 두 사람 이상이 다시 최고의 가격으로 입찰한 때에는 그들 중에서 추첨에 의하여 최고가매수신고인을 정한다. 이때 입찰자 중 출석하지 아니한 사람 또는 추첨을 하지 아니한 사람이 있는 경우에는 법원사무관등 상당하다고 인정되는 사람으로 하여금 대신 추첨하게 된다.

④ 최고가매수신고액에서 매수신청보증을 뺀 금액을 넘는 금액으로 매수신고를 한 사람으로서 법 제114조의 규정에 따라 차순위매수신고를 한 사람을 차순위매수신고인으로 한다. 차순위매수신고를 한 사람이 두 사람 이상인 때에는 매수신고가격이 높은 사람을 차순위매수신고인으로 정하고, 신고한 매수가격이 같을 때에는 추첨으로 차순위매수신고인을 정한다.

제22조 (기일입찰절차의 종결)

① 최고가매수신고인을 결정하고 입찰을 종결하는 때에는 집행관은 ○○○호 사건에 관한 최고가매수신고인은 금○○○원으로 응찰한 ○○(주소)에 사는 ○○○(이름)입니다. 차순위매수신고를 할 사람은 신고하십시오 라고 한 후, 차순위매수신고가 있으면 차순위매수신고인을 정하여 차순위매수신고인은 입찰가격 ○○○원을 신고한 ○○(주소)에 사는 ○○○(이름)입니다 라고 한 다음, 이로써 ○○○호 사건에 관한 입찰절차가 종결되었습니다 라고 고지한다.

② 입찰을 마감할 때까지 허가할 매수가격의 신고가 없는 때에는 집행관은 즉시 매각기일의 마감을 취소하고 같은 방법으로 매수가격을 신고하도록 최고할 수 있다.

③ 매수가격의 신고가 없어 바로 매각기일을 마감하거나 제2항의 최고에 대하여 매수가격의 신고가 없어 매각기일을 최종적으로 종결하는 때에는 사건은 입찰불능으로 처리하

고 ○○○호 사건은 입찰자가 없으므로 입찰절차를 종결합니다 라고 고지한다.

제4장 매각절차 종결 후의 처리

제23조 (매수신청보증의 반환)

제22조의 규정에 따라 입찰절차의 종결을 고지한 때에는 최고가매수신고인 및 차순위매수신고인 외의 입찰자로부터 입찰자용 수취증을 교부받아 입찰봉투의 연결번호 및 간인과의 일치 여부를 대조하고, 아울러 주민등록증을 제시받아 보증제출자 본인인지 여부를 확인한 후 그 입찰자에게 매수신청보증을 즉시 반환하고 입찰표 하단의 영수증란에 서명 또는 날인을 받아 매각조서에 첨부한다.

제24조 (매수신청보증 등의 인계)

집행관은 입찰절차를 종결한 때에는 최고가매수신고인 및 차순위매수신고인이 제출한 매수신청보증을 즉시 법원의 세입세출외현금출납공무원에게 납부하고, 매수인 정보를 전산으로 입력 · 전송한 후 사건기록을 정리하여 법원에 보내야 한다.

제25조 (매각허가결정의 공고)

매각허가결정은 선고하는 외에 법원게시판에 게시하는 방법으로 공고하여야 한다.

제26조 (매각불허가결정의 이유 기재)

매각불허가결정에는 불허가의 이유를 간략히 적어야 한다.

제27조 (소유권이전등기의 촉탁)

① 매수인이 매각대금을 모두 낸 후 법원사무관등이 매수인 앞으로 소유권이전등기를 촉탁하는 경우 그 등기촉탁서상의 등기원인은 강제경매(임의경매)로 인한 매각으로, 등기원인인 일자는 매각대금을 모두 낸 날로 적어야 한다[기재 예시 : 200○.○.○. 강제경매(임의경매)로 인한 매각].

② 등기촉탁서에는 매각허가결정 정본과 등기촉탁서 부본(등기필증 작성용)을 붙여야 한다.

제5장 보칙

제28조 (경매기록의 열람·복사)

① 경매절차상의 이해관계인(민사집행법 제90조, 제268조) 외의 사람으로서 경매기록에 대한 열람·복사를 신청할 수 있는 이해관계인의 범위는 다음과 같다.

  1. 파산관재인이 집행당사자가 된 경우의 파산자인 채무자와 소유자

  2. 매수신고인(다만, 매각허부결정이 선고된 이후에는 최고가매수신고인, 차순위매수신고인 및 매수인에 한정한다)

  3. 민법·상법, 그 밖의 법률에 의하여 우선변제청구권이 있는 배당요구채권자

  4. 대항요건을 구비하지 못한 임차인으로서 현황조사보고서에 표시되어 있는 사람

  5. 건물을 매각하는 경우의 그 대지 소유자, 대지를 매각하는 경우의 그 지상 건물 소유자

  6. 가압류채권자, 가처분채권자(점유이전금지가처분 채권자를 포함한다)

② 경매기록에 대한 열람·복사를 신청하는 사람은 제1항 각호에 규정된 이해관계인에 해당된다는 사실을 소명하여야 한다. 다만, 이해관계인에 해당한다는 사실이 기록상 분명한 때에는 그러하지 아니하다.

③ 경매기록에 대한 복사청구를 하는 때에는 경매기록 전체에 대한 복사청구를 하여서는 아니되고 경매기록 중 복사할 부분을 특정하여야 한다.

제29조 (등기촉탁서의 송부방법)

경매절차에서 등기촉탁서를 등기소로 송부하는 때에는 민사소송법에 규정된 송달의 방법으로 하여야 한다. 다만, 청사 내의 등기과로 송부할 때에는 법원직원에게 하도록 할 수 있으나, 이 경우에도 이해관계인이나 법무사 등에게 촉탁서를 교부하여 송달하도록 하여서는 아니 된다.

제30조 (매수신고 대리인 명단의 작성)

집행관은 매월 5일까지 전월 1개월간 실시된 매각기일에 매수신청의 대리를 한 사람의 성명, 주민등록번호, 주소, 직업, 본인과의 관계, 본인의 성명, 주민등록번호, 매수신청 대리를 한 횟수 등을 적은 매수신청대리인 명단(전산양식 A3370)을 작성하여 집행법원에 제출하여야 한다.

부칙

제1조(시행시기) 이 예규는 2002. 7. 1.부터 시행한다.

제2조(구 예규의 폐지) 경매절차개선을 위한 사무처리지침(재민 83-5)(재민 84-1), 부동산등의경매지침(재민 84-12), 부동산등에 대한 입찰실시에 관한 처리지침(재민 93-2), 경매·입찰 물건명세서의 작성 및 비치시 유의사항(재민 97-9) 및 경락대금 완납 후 소유권이전등기의 촉탁 시 유의사항(재민 97-12)을 폐지한다. 다만, 민사집행법 부칙과 민사집행규칙부칙의 규정에 따라 구민사소송법과 구민사소송규칙이 적용되는 집행사건에 대하여는 위 각 예규(재민 93-2 제2조제1항 제외)를 적용한다.

부 칙(2003. 12. 31. 제943호)

이 예규는 2004. 1. 1.부터 시행한다.

부 칙(2004. 4. 20. 제956호)

이 예규는 2004. 5. 1.부터 시행한다.

PART 4

부동산 부의
3대 추월차선
재개발 | 재건축 | 경매

지난 문재인 정부 시절 부동산에 대한 투자가 몰리고, 관심도가 증가하면서 정부는 많은 부동산 규제정책을 내놓게 된다. 그중 대표적인 것 중 하나가 신축아파트 분양권 전매를 금지하고, 대출규제를 강화한 것이다. 1주택 이상 보유한 사람들의 신규아파트 청약 자체가 사실상 불가능해졌다. 설사 청약이 가능하다 하더라도 1주택 보유자가 청약에 당첨되는 것은 수능 만점에 가까울 만큼 어려운 일이었다.

(물론, 2023년 8월 현재 정부에서는 대부분의 청약관련 규제를 해제하였다)

다주택자였던 나 역시 청약이 불가했다. 아파트 갭 투자와 입지 좋은 신축아파트 분양권 투자로 자산을 증식 중이던 내게 급브레이크가 걸린 순간이었다. 신축아파트 청약신청자격이 없다면, 신축아파트청약 이전 단계 투자를 파고들어보자 생각했고, 그렇게 시작된 것이 바로 '재개발·재건축' 투자이다. 서울시내 입지 좋은 곳의 아파트 청약 대부분은 재개발·재건축 정비사업을 통해 건축된 조합원분양분 이외 물량이 일반청약 분양분이었기 때문이다.

2023년 초 가장 뜨거웠던 청약시장이었던 '마포더클래시'는 아현2구역 재건축 정비사업으로 탄생한 아파트이며, '올림픽파크 포레온'역시 둔촌주공아파트 재건축 정비사업으로 탄생한 아파트이다.

'마포 더클래시 조감도'   '올림픽파크 포레온 조감도'

출처 : 서울정비사업몽땅

그렇다면 재건축 재개발 조합원이 되면, 청약규제로부터 자유로울 것이며, 조합원분양가로 취득하기 때문에 일반분양가보다 더 저렴하게 아파트 입주권을 '먼저' 취득할 수 있는 길이 열리게 될 것이라는 판단이 섰다.

직장생활만 해 온 내가 절약과 저축을 통해 부자가 되는 길은 사실상 불가능한 일이었다. 부자로 가는 추월차선에 올라타야만 했다. 그것이 바로 부동산 투자였고, 그중 내가 부의 3대 추월차선이라고 정의하는 부동산 투자 분야가 바로 〈재개발〉, 〈재건축〉, 〈경매〉이다.

부동산 투자의 7대 원칙! 이것만은 꼭

부동산 투자 입문자이건, 투자 유경험자이건, 고수이건 부동산 투자를 함에 있어서, 다음 7가지 원칙은 꼭 잊지 말길 바란다.

'부동산 투자 7가지 꼭 명심할 것'

이 말에서 끝 글자 '것'을 '걸'로 바꾸면 명심할 '걸'이 된다. 나는 그동안 많은 부동산을 매수하고 매도하면서 자본증식을 통한 어느 정도 경제적 자유를 이루었지만 모든 투자가 성공적이었던 것은 결코 아니었다. 직장인 시절에 실패했던 투자도 있었고, 생각보다 수익률이 나오지 않았던 투자도 있었고, 부동산사장 말만 믿고 덜컥 재건축상가 투자했다가 현금청산 당했던 경험도 있다.

좀 더 조심하고 주의하면서 다음 7가지 원칙만 잘 지켰더라면 더 성공적인 투자 커리어를 만들지 않았을까 하는 아쉬움이 적지 않다. 다음 7가지 원칙은 꼭 기억하기 바란다.

1. 모든 법은 본인에게 不利하게 보수적으로 정확하게 해석하라

부동산 관련 법은 곧 돈이다. 매매 등을 진행할 때 부동산 사장님이 다 알아서 잘해 주겠지? 하다가는 분명 사고가 발생하게 된다. 사고의 대부분은 취득을 하고 양도를 하는 과정에서 세금사고나 권리의 하자로 인해 입주권이 안 나오고 현금청산 등 금전적인 손실이 크게 발생하는 일 등이 될 것이다. 안타깝지만 공인중개사 중 많은 분들이 전문가가 아닌 경우가 상당수이고 특히 양도세, 취득세 등에 대해서는 나중에 '나 몰라' 하고 일단 거래부터 시키고 보는 경우도 많이 있다.

부동산 관련 법률적 문제에 부딪혔을 땐 반드시 해당 법률, 시행령, 시행규칙 등을 찾아보고, 내 사례가 조금 애매하다 싶으면 보수적으로 불리하게 해석하고 행동해야 한다. 블로그, 유튜브에서 말하는 지식이 결코 팩트가 아님을 명심해야 한다. 반드시 법률 등에서 내 눈으로 보고 확인한 내용만이 진실이고 팩트이다.

그리고 무엇보다 더 조심해야 할 건 네이버, 다음, 구글 등을 도배하는 각종 뉴스기사들이다. 물론 팩트를 전달하는 것은 맞지만 국가에서 발표한 법률개정안을 마치 당장 개정공포가 시행되는 것처럼 호도하는 경우도 있어 언론 뉴스를 접할 때도 신중해야만 한다.

우리가 현실에서 만나는 부동산 제도는 법률, 시행령, 시행규칙이 개정되고 공포 및 시행되어야만 본격적으로 우리 삶에 다가오는 것이다. 그 시행시점과 적용시점이 매우 중요하기 때문에 각 법률 등의 '부칙'을 확인해 보는 습관도 필요하다.

끝으로 '카더라 통신'에 속지 말고 정확한 법과 고시 및 공고 등을 확인할 것을 추천한다. 대한민국 성인 남녀라면 누구나 부동산 개발 관련 '카더라 정보'를 하나씩은 갖고 있기 마련이다. 그런데 그런 개발정보가 대부분 고시 및 공고문을 직접 확인하고 획득한 정보가 아닌 '카더라'라는 점에서 문제가 발생할 수 있다.

모든 부동산 개발은 공고에서 시작해 고시로 끝이 난다는 점을 명심해야 한다.

2. 살면서 감가상각이 안 되는 유일한 물리적 객체는 '토지'뿐이다

시골의 나대지, 전, 답, 과수원도 좋지만, 서울, 준서울, 서울세력권의 토지에 투자해야 한다. 서울시내 한복판에 빈 땅이 어디 있냐고 반문하는 사람이 있을 수 있다. 서울시내 나대지에 투자하라는 것이 아니다. 입지 좋은 곳의 구축 단독주택, 구축아파트, 오래된 빌라(일명 : 썩·빌)가 바닥에 깔고 있는 '대지권'에 투자하라는 것이다. 그것이 바로 부의 추월차선 재건축·재개발 투자 방법이다.

재개발·재건축 투자는 그 건물가치가 아닌 그 오래된 건물에 수반된 토지의 미래 가치에 투자하는 것이다.

재개발·재건축 투자 시 필연적으로 따라붙는 곰팡이, 누수, 냄새 등 보수비용은 얼마든지 1,000~2,000만 원의 '돈'으로 해결하면 되지만, 한번 오르기 시작한 재개발·재건축물건의 황금입지(토지가치)는 1,000~2,000만 원 '돈'으로 따라잡을 수 없다. 오늘 내가 본 재개발·재건축 물건의 매매가격이 내 인생에서 최저가일 수도 있음을 명심해야 한다.

3. 우리 동네가 최고라는 착각에 빠지지 마라

투자 상담을 하다 보면 현재 본인이 살고 있는 동네, 거주 중인 아파트가 대한민국 최고의 주거지인 것처럼 알고 있는 분들을 많이 만나게 된다. GTX역 가까워 강남 접근성 좋고, 버스 3정거장이면 반포신세계백화점에 갈 수 있다고 한다.

반포자이에 살면 GTX도, 버스도 안 타도 되는 것이다. 도보권으로 모든 생활 인프라를 누릴 수 있게 되는 것이다.

서울 약 250개 구역의 재개발·재건축 및 신축 현장을 DB로 관리하다 보면 같은 가격에 훨씬 매력적인 입지, 매력적인 아파트단지가 어느 곳인지 알게 된다. 우리 동네의 익숙함과 편리함이 대한민국 최고의 주거지로 '둔갑'한 것은 아닌지 둘러볼 필요가 있다. 동일가격대 상급지의 가격동향에 항상 주목해야만 한다.

4. 도시의 성장과 개발방향! '도시계획'에 주목하라

투자 판단 시 '입지'도 물론 중요하지만, 투자수익 '극대화'를 위해서는 입지는 기본 옵션이요 이보다 더 중요한 것은 '도시기본계획'과 '도시 및 주거환경정비 기본계획' 등 각 지자체의 도시계획이다.

예를 들어, 2040서울도시기본계획은 서울시가 추진할 각종 계획의 지침이 되는 최상위 공간계획이자 「국토계획법」에 따른 법정계획이며, 향후 20년 서울이 지향할 도시공간의 미래상을 담은 장기계획이다.

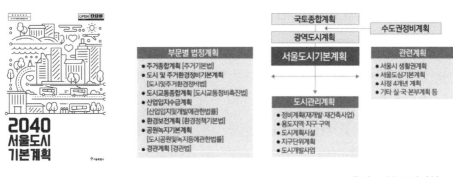

출처 : 서울도시계획포털

1990년 최초의 법정 도시기본계획이 수립된 이후 다섯 번째로 수립되는 계획이자, 국토계획법상 5년마다 재정비해야 하는 규정에 따라 2014년에 수립된 2030 서울플랜을 대체하는 계획이다.

서울시에서 서울의 각종 부동산 관련 개발과 관련된 환경, 교통, 수도, 하수도, 주택 등에 관한 부문별 계획을 수립할 때에는 반드시 서울 2040 도시기본계획의 내용과 부합해야 하는 지침적 역할을 하는 법정 최상위 계획인 만큼 돈 되는 정보가 반드시 보일 것이다. 서울시 도시계획포탈에 접속하여, 서울의 도시계획을 확인해 보자

5. 절대 하지 말아야 할 투자는 바로 '토지 공유 투자'

지인들과 지방의 한 골프장에서 라운딩을 하고 서울로 돌아오는 길에 멋진 카페에서 시원한 아이스 아메리카노 한 잔을 할 때의 일이다. 카페 뒤편으로 타운하우스 택지 십여 개 필지가 개발되어 있어 호기심에 카페 사장님께 물었다.

저 땅 각 필지별로 매매가가 얼마나 되냐고. 카페 사장님께서는 쳐다도 보지 말라고 하시며, 나도 저 땅 공유자 중에 한 명이라며 화를 내셨다. 타운하우스로 진입하는 도로 부지 공유자만 300명이 넘고, 타운하우스 부지는 500명이 넘는 공유자가 있어 아무것도 할 수 없는 땅이라고 하셨다.

개발가치가 있는 '땅'이 돈이 된다는데 그런 땅은 최소 천 평 단위!

넓은 땅을 나 혼자 투자하자니 너무 크고 비싸기만 해 보일 때 다가오는 유혹이 바로 토지 공유 투자 제안이다. 공유 취득을 통해 소액으로 노른자 땅 소유 가능하다는 달콤한 유혹에 빠지는 순간, 나중에 팔고 싶어도 공유자가 누군지, 찾을 수도 없고 NO답 되는 경우를 수 없이 봐왔다.

그리고 이러한 공유 지분 토지들은 '기획부동산'들에 의해 현란한 개발계획들로 포장되어 천차만별의 가격들로 유혹을 해 오곤 한다. 토지 공유 취득은 전체 토지 중 내 땅 2평, 3평씩을 분리하여 소유하는 것이 결코 아니다. 전체 100평 토지에 내 지분 100/2, 100/3만큼씩 소유권이 미칠 뿐, 결코 100평 중 특정 2평, 3평이 내 독립소유권이 될 수 없어 처분이 쉽지 않다. 신뢰 있는 정보와 공신력 있는 개발정보만이 투자자 본인에게 달콤한 열매를 선물해 줄 수 있다. 그렇지 않은 허위과장 정보로 포장되어 다가오는 공유 토지 투자는 끝없는 고통과 보이지 않는 악몽으로 다가올 것이다.

6. 투자할 때는 항상 'WHY'를 생각하고 고민하라

유망 재개발 투자구역에는 항상 다음과 같은 제한조치가 따라붙는다. '개발행위허가 제한 및 지형도면 고시' '토지거래계약허가구역 공고' 등.

왜 개발을 제한하고, 토지거래를 허가받아야 하는지 그 이유(WHY)에 대해서 생각해 보면 답이 나오지 않을까 싶다. "여기는 '재개발정비사업'으로 새 아파트 지을 예정이니 신축 등 건축허가 안 내줄 거야, 그리고 투기수요 몰릴 수 있으니까 토지거래계약허가로 묶어 둘 거야."라는 지자체의 의사표시라고 보면 된다.

즉, 개발호재가 있다는 반증의 그린라이트이다.

또한 SNS를 통해 '○○시 대형개발호재' '○○상가투자, 배후수요 1만 세대' 이러한 유혹 문자들이 나에게 수신될 때가 가끔 있다. 이때도 그 이유(WHY)에 대해서 생각해 봐야 한다. 진짜 돈 되고 매력적인 매물이 SNS를 통해서 나한테까지 다가올 확률이 얼마인지 생각해 보기 바란다. 그럼에도 불구하고, 선행을 많이 했고, 평소 행운이 많은 분의 경우에는 진짜 좋은 물건일 경우도 있으니 옥석을 가려내는 건 본인의 판단이 될 것이다.

7. PLAN B와 EXIT를 항상 고민하라

부동산 투자라는 것이 항상 내 마음과 내 계획대로 진행되는 것은 아니다. 갑작스러운 세입자의 퇴거요청에 보증금을 반환해 줘야 될 경우도 있고, 재개발·재건축 정비사업이 중간에 좌초되는 경우, 조합임원진 등의 비리 등으로 개발기간이 지연되는 경우 등 돌발 상황은 항상 발생하기 마련이다. 정비사업 투자자라면 반드시 견뎌내고 감내해야만 하는 부분이다. 서울시내 재개발/재건축 구역에서 이러한 진통 없이 마무리된 정비사업은 단 한 건도 없을 것이다.

매수할 때는 이미 출구전략을 수립해 놓은 상태에서 매수를 해 놓는 것도 좋은 방법이다. 예를 들어 용산 청파2구역 빌라를 재개발구역지정 전에 매수를 한다면, '2년 이상 보유하고 양도 세율이 일반세율로 적용되는 2년 경과시점에 매도하겠다' 또는 '조합설립인가 시점에 시세차익 2억만 보고 매도하겠다' 등 출구전략을 명확히 세워 놓은 후 매수를 해야 실수도 없고, 현금화하여 꾸준히 자산을 증식시킬 수 있다.

취득방법이 경매이건 일반 매매이건 취득물건이 아파트이건 빌라이건 상가이건 가격이 떨어지거나 가격이 올랐어도 그 하락분, 상승분은 결코 나의 것이 아니다. 주식 잔고 평가액이 내 돈이 아닌 것과 같은 이치다. 그 부동산을 매도하여 현금으로 내 통장에 입금되었을 때 진정한 내 수익이 되는 것이고 투자의 한 사이클이 마무리되는 것이다.

매입한 부동산 가격이 올랐다고 좋아해서도, 떨어졌다고 절망하거나 슬퍼하지 않아도 된다. 좋은 부동산은 반드시 좋은 가격에 수렴하게 되어 있다.

정비사업이란?

정비사업이란 '도시기능'을 회복하기 위하여 정비구역 등에서 정비기반시설을 정비하거나 노후 주택 등 건축물을 개량 또는 새로 건설하는 사업 등을 총칭한다.

주거환경정비기본계획 등 상위계획의 범위 안에서 해당 구역과 주변 지역이 상호 유기적이며 효율적으로 정비될 수 있는 체계를 확립하고, 정비구역의 토지이용 및 기반시설의 설치 및 개발밀도 설정 등에 관한 사항을 구체화하는 법정계획이다.

기존에는 '정비사업' 하면 2018년 2월 전부개정을 통해 새롭게 탄생한 도시 및 주거환경정비법에 명시된 3가지 정비사업만을 지칭했다.
〈주거환경개선사업 / 재개발사업 / 재건축사업〉

[도시 및 주거환경정비법]

제2조(정의)

2. "정비사업"이란 이 법에서 정한 절차에 따라 도시기능을 회복하기 위하여 정비구역에서 정비기반시설을 정비하거나 주택 등 건축물을 개량 또는 건설하는 다음 각 목의 사업을 말한다.

　가. **주거환경개선사업** : 도시저소득 주민이 집단거주하는 지역으로서 정비기반시설이 극히 열악하고 노후·불량건축물이 과도하게 밀집한 지역의 주거환경을 개선하거나 단독주택 및 다세대주택이 밀집한 지역에서 정비기반시설과 공동이용시설 확충을 통하여 주거환경을 보전·정비·개량하기 위한 사업

　나. **재개발사업** : 정비기반시설이 열악하고 노후·불량건축물이 밀집한 지역에서 주거환경을 개선하거나 상업지역·공업지역 등에서 도시기능의 회복 및 상권 활성화 등을 위하여 도시환경을 개선하기 위한 사업. 이 경우 다음 요건을 모두 갖추어 시행하는 재개발사업을 "공공재개발사업"이라 한다.

　다. **재건축사업** : 정비기반시설은 양호하나 노후·불량건축물에 해당하는 공동주택이 밀집한 지역에서 주거환경을 개선하기 위한 사업. 이 경우 다음 요건을 모두 갖추어 시행하는 재건축사업을 "공공재건축사업"이라 한다.

　그러나 2021년~2023년 많은 다양한 형태의 정비사업들이 나타나고 그 사업형태에 관련 규정 역시 복잡해졌다. 다양한 사업구역에서 각 구역에 맞는 사업형태들을 새로 개발하다 보니 용어도 혼용되고 절차와 입주권자격 등이 정말 복잡한 요즘이다.

　그럼에도 불구하고 정비사업을 한 문장으로 요약해 보자면, "헌집 줄게, 새집 다오" 정도로 설명이 가능하지 않을까 생각한다.

법률근거 기반 정비사업의 분류

다양한 형태의 정비사업이 있는데, 법률에 명시된 정확한 사업명칭도 있고, 해당 지자체에서 새롭게 만든 브랜드 이름(모아타운, 뉴타운, 신통기획)들도 있다. 해당 사업들을 규제하는 '법률기반'으로 정리하면 다음과 같이 심플하게 정리가 된다.

도시 및 주거환경정비법	빈집 및 소규모주택 정비에 관한 특례법	도시재정비촉진을 위한 특별법	공공주택특별법
도시정비형재개발 주택정비형재개발 재건축 주거환경개선사업 공공재개발 역세권쉬프트 신속통합기획민간재개발 (신통기획) 공공직접시행정비사업 공공주도재개발	소규모주택정비관리 지역(모아타운) 가로주택정비사업 자율주택정비사업 소규모재건축	재정비촉진사업 (뉴타운)	도심공공주택복합사업 * 3080+는 정부의 공급대 책 이름

본인이 투자하고자 하는 사업구역의 정확한 사업명을 확인한 후, 해당 법령 등을 보면 사업절차, 조합원자격, 입주권자격, 현금청산대상 등을 가장 정확하게 확인할 수 있다. '카더라', '그렇다더라', '입주권 나온다더라'가 아닌 관련 법령을 반드시 정확히 확인하고 투자하는 습관을 길러야 한다.

재개발 VS 재건축 무엇이 다를까?

가장 일반적인 정비사업의 형태가 도시 및 주거환경정비법상의 재개발과 재건축사업이다. [재개발]이 정비기반시설이 열악하고 노후·불량건축물이 밀집한 지역에서의 정비사업이라면, [재건축]은 정비기반시설은 양호하나 노후·불량건축물에 해당하는 공동주택이 밀집한 지역에서의 정비사업이다. 이것이 법률적 정의인데, 알쏭달쏭 모호하고 어렵기만 하다.

도로, 주차장, 상하수도 시설 등 기반시설이 열악한 곳을 싹 다 멸실시키고, 전부 다시 '개발'한다는 뜻에서 **재개발**,

도로, 주차장, 상하수도 시설 등 기반시설은 양호한 곳에서 '건축'물만 다시 건축한다는 뜻에서 **재건축** 정도로 이해하면 되겠다.

'아파트=재건축'이라고 생각하시는 분도 많지만, 기반시설이 양호한 연립, 빌라 밀집지역인 서울 서초구 방배동 같은 경우 재개발이 아닌 '주택재건축사업'으로 진행되고 있다.

재개발사업과 재건축사업의 차이를 정리하면 다음 표와 같다.

	재개발사업	재건축사업
정의 * 도시 및 주거환경정비법	정비기반시설이 열악하고 노후·불량건축물이 밀집한 지역에서 주거환경을 개선하거나 상업지역 · 공업지역 등에서 도시기능의 회복 및 상권 활성화 등을 위하여 도시환경을 개선하기 위한 사업	정비기반시설은 양호하나 노후·불량건축물에 해당하는 공동주택이 밀집한 지역에서 주거환경을 개선하기 위한 사업
성격	공익성이 강한 정비사업	비교적 부의 정비사업
조합원자격	토지 등 소유자 (구역 내 토지 또는 건축물 소유자 또는 지상권자로, 토지면적, 주택면적, 주택 대지지분 크기 무관) ※ 구역 내 토지 등 소유자 강제조합원	아파트 소유자, 상가 소유자 등이 건축물과 대지지분을 동시에 소유하고 있기 때문에 아파트 소유자, 상가 소유자 ※ 소유자 중 동의한 자만 조합원

안전진단	없음	안전진단통과 필요 (1차 현지조사 → 2차 안전진단) ※ 공동주택재건축만 해당
개발부담금	없음	재건축사업에서 발생되는 초과이익을 환수함(납부의무자 : 조합) ※ 부과개시시점은 재건축사업을 위하여 최초로 구성된 조합설립추진위원회가 승인된 날
현금청산자	토지수용재결 or 매도청구	매도청구
임대주택 등 건설 비율	전체 세대수의 20%	건설의무는 없으나, 임대주택건설 시 용적률 인센티브 제공
상가소유자 입주권 여부	상가(근생) 권리가액이 분양용 최소규모 공동주택1가구의 추산액 이상일 때 아파트 입주권 가능	원칙은 부대복리시설 공급이 원칙이나, 예외적으로 도시 및 주거환경정비법 시행령 63조2항2호 가.나.다 목의 경우 아파트 입주권 가능

현금청산의 갈림길, 권리산정기준일이란?

경매에서 가장 중요한 개념은 '말소기준권리',
재개발재건축 정비사업에서 가장 중요한 개념은 '권리산정기준일'이다.

※ 권리산정기준일 = 주택 등 건축물을 분양받을 권리의 산정기준일
(정비구역지정고시가 있는 날 또는 시·도지사가 따로 정하는 날)

재개발재건축 투자는 초기투자금액, 권리가액, 프리미엄, 갭 투자금액이 얼마냐가 중요한 것이 아니다. 현금청산 받고 털고 나가느냐, 멋진 입주권이 나오느냐 '죽느냐 사느냐'가 달린 개념이기 때문이다.

권리산정기준일 왜 중요할까?

정비예정구역 또는 정비구역지정고시된 구역 내 '신축빌라, 다세대전환, 토지분할, 세대분리' 등 무분별한 토지 등 소유자 증가로 인해 사업성이 떨어지고, 투기판이 되는 것을 방지하고 원주민들에게 최대한 양질의 주택을 공급하기 위한 도시 및 주거환경정비법 1조부터 마지막 조항까지를 관통하는 '가장 중요한 개념'이자 '특정날짜'가 바로 권리산정기준일이다.

도시 및 주거환경정비법 77조를 보면 '권리산정기준일의 다음 날을 기준으로 건축물을 분양받을 권리를 산정한다.'라고 되어 있다. 반대로 해석해 보면 "권리산정기준일 다음 날이 지난 후부터 분할된 토지, 다세대주택, 신축빌라 등은 건축물을 분양받을 권리가 없다!"는 해석이 가능하다.

네 글자로 줄이면 현.금.청.산
두 글자로 줄이면 현.청

그럼에도 불구하고, 권리산정기준일 잘 모르는 부동산, 공인중개사분들이 너무 많다. 안타깝지만 현직에서 중개업을 하고 있고, 그리고 심지어 재개발/재건축사업구역 인근에서 중개업을 하고 있는 분들조차 본인 고객이 '현금청산이 되느냐' 아니면 '입주권을 받느냐'를 결정하는 가장 중요한 날짜인 권리산정기준일에 대해 정확하게 이해를 하고 있지 못하고 있다. 안타까운 일이지만 현실이다.

더 큰 문제는 '권리산정기준일' 개념이 정비사업의 거의 마지막 단계인 조합원 분양신청기간에 대활약을 한다는 사실이다. 정비구역이 지정 고시되고, 추진위가 생기고, 조합설립인가 되는 단계에서는 크게 문제가 되지 않는다. 조합원승계가 되면 당연히 입주권 신청을 할 수 있고 입주권이 나오는 줄 알고 있다가 권리산정기준일 이후에 지분이

쪼개진 일부 악성물건들이 투자자들의 손을 거치고 거쳐 5년, 10년 후 관리처분계획수립단계에서 조합원분양신청 할 때 현금청산폭탄이 되어 문제가 발생하게 된다.

이때쯤 되면 누구한테 매수를 했는지 기억도 안 나고 어느 부동산에서 샀는지 기억도 잘 안 나는, 강산도 변하는 10년인데 기억도 안 나는 기억을 끄집어내고 꺼내 올려 이때부터 부랴부랴 소송하고 싸우고 하는 일 없으려면, 투자자 본인이 정확히 알고 투자를 해야 한다.

2021년 신속통합기획 후보지로 선정된 구역에서 입주권이 나오려면, 반드시 신통기획1차 후보지의 권리산정기준일인 2022. 9. 23.의 다음 날까지 각 개별 소유권보존등기가 '접수'까지 반드시 되어야 입주권자격이 주어진다.

그 물건이 토지이든 신축빌라이든, 다가구주택이 다세대주택으로 전환이 되었건 반드시 개별구분등기가 접수 완료되어야 한다. 등기권리증까지 나와야 하거나 등기가 완료되어야 하는 것까지는 아니고 '등기접수'까지 되어야 한다. 「부동산등기법 제6조」

Q1. 건축허가 후 미등기 건축물도 분양권이 나오는지?(권리산정기준일 관련)

A. 권리산정기준일 다음 날까지 다세대주택 등 공동주택 세대별 구분소유권이 확보된 경우에 분양권을 받을 수 있음. 건축허가 또는 계약을 했다고 분양권이 확보되는 것은 아님

도시정비법 제77조제1항제4호

▶ 도시정비법 제77조제1항 각 호의 어느 하나에 해당하면, 권리산정기준일 다음 날을 기준으로 건축물을 분양받을 권리를 산정함

※ (4호) 나대지에 건축물을 새로 건축하거나 기존 건축물을 철거하고 다세대주택, 그 밖의 공동주택을 건축하여 토지등소유자의 수가 증가하는 경우

Q2. 세대별 구분소유권 확보 기준은 어떻게 되는지?(권리산정기준일 관련)

A. 소유권 보존등기가 권리산정기준일(9.23.) 다음 날까지 접수된 경우 구분소유권 확보로 인정됨. 권리산정기준일은 부동산 거래를 차단하는 것이 아니라, 건축물을 분양받을 권리를 산정하는 기준일로서 소유권 이전등기 여부와는 무관함

출처 : 서울시 신속통합기획 민간재개발 후보지 투기방지대책 관련 보도자료

반면, 모아타운(소규모주택정비사업) 지역에서는 소유권보존등기까지 요하지는 않는다. 권리산정기준일의 다음 날까지 건축허가 및 착공신고를 득하지 못한 신축빌라 등을 매수할 경우 추후 모아타운 사업진행 시 입주권 신청자격이 주어지지 않는다. 모아타운 후보지 선정구역 내 신축빌라라고 하더라도, 권리산정기준일까지 착공신고를 득하였을 경우라도 개별 모아주택(소규모주택정비사업)의 조합설립인가 전까지 소유권을 확보하면 입주권 분양대상이 될 수 있다.

> **목적: 지분쪼개기 등 투기 억제**
> ○ 권리산정기준일의 다음날 아래 행위는 현금청산 대상임
> (단, 권리산정기준일까지 건축허가를 받아 착공신고를 득했을 경우 분양대상으로 인정함)
> 1. 1필지의 토지가 여러 개의 필지로 분할되는 경우
> 2. 단독주택 또는 다가구주택이 다세대주택으로 전환되는 경우
> 3. 하나의 대지 범위에 속하는 동일인 소유의 토지 및 주택 등 건축물을 토지 및 주택 등 건축물로 각각 분리하여 소유하는 경우
> 4. 나대지에 건축물을 새로 건축하거나 기존 건축물을 철거하고 다세대주택, 그 밖의 공동주택을 건축하여 토지등소유자의 수가 증가하는 경우
> ○ 아울러, 권리산정기준일까지 착공신고를 득하였을 경우라도 개별 소규모주택정비사업 조합설립인가 전까지 소유권을 확보하고 관련 법률과 서울시 조례 규정에 충족되어야 분양대상이 될 수 있음

※ 건축허가 제한, 토지거래허가구역 지정은 자치구 요청 시 또는 부동산 가격 모니터링 등을 통해 추후 지정될 수 있습니다.
○ 대상지로 선정된 후, 주민 반대가 심한 지역의 경우에는 자치구에서 충분한 주민 의견수렴 과정을 거쳐 제외 요청하면 서울시 선정위원회 자문을 통해 제외 검토될 수 있습니다.

출처 : 서울시 모아타운 후보지 권리산정기준일 관련 보도자료

[근거법률]

도시 및 주거환경정비법 - '신통기획'

제77조(주택 등 건축물을 분양받을 권리의 산정기준일) ① 정비사업을 통하여 분양받을 건축물이 다음 각호의 어느 하나에 해당하는 경우에는 제16조제2항 전단에 따른 고시가 있는 날 또는 시·도지사가 투기를 억제하기 위하여 기본계획 수립 후 정비구역 지정·고시 전에 따로 정하는 날(이하 이 조에서 "기준일"이라 한다.)의 다음 날을 기준으로 건축물을 분양받을 권리를 산정한다. 〈개정 2018. 6. 12.〉

    1. 1필지의 토지가 여러 개의 필지로 분할되는 경우

    2. 단독주택 또는 다가구주택이 다세대주택으로 전환되는 경우

    3. 하나의 대지 범위에 속하는 동일인 소유의 토지와 주택 등 건축물을 토지와 주택 등 건축물로 각각 분리하여 소유하는 경우

    4. 나대지에 건축물을 새로 건축하거나 기존 건축물을 철거하고 다세대주택, 그 밖의 공동주택을 건축하여 토지등소유자의 수가 증가하는 경우

② 시·도지사는 제1항에 따라 기준일을 따로 정하는 경우에는 기준일·지정사유·건축물을 분양받을 권리의 산정기준 등을 해당 지방자치단체의 공보에 고시하여야 한다.

빈집 및 소규모주택 정비에 관한 특례법 - '모아타운'

제28조의2(소규모재개발사업의 분양받을 권리의 산정기준일) ① 소규모재개발사업을 통하여 분양받을 건축물이 다음 각호의 어느 하나에 해당하는 경우에는 제17조의2제6항에 따른 고시가 있는 날 또는 시장·군수 등이 투기를 억제하기 위하여 사업시행예정구역 지정 고시 전에 따로 정하는 날(이하 이 조에서 "기준일"이라 한다.)의 다음 날을 기준으로 건축물을 분양받을 권리를 산정한다.

1. 1필지의 토지가 여러 개의 필지로 분할되는 경우

2. 단독주택 또는 다가구주택이 다세대주택으로 전환되는 경우

3. 하나의 대지 범위에 속하는 동일인 소유의 토지 및 주택 등 건축물을 토지 및 주택 등 건축물로 각각 분리하여 소유하는 경우

4. 나대지에 건축물을 새로 건축하거나 기존 건축물을 철거하고 다세대주택, 그 밖의 공동주택을 건축하여 토지등소유자의 수가 증가하는 경우

② 시장·군수 등은 제1항에 따라 기준일을 따로 정하는 경우에는 기준일, 지정사유, 건축물을 분양받을 권리의 산정기준 등을 해당 지방자치단체의 공보에 고시하여야 한다. [본조신설 2021. 7. 20.]

제43조의4(소규모주택정비 관리지역에 대한 특례)

④ 관리지역에서 소규모주택정비사업의 시행으로 건축물을 분양받을 권리에 관하여는 제28조의2를 준용한다. 이 경우 "제17조의2제6항에 따른 고시"는 "제43조의2제3항에 따른 관리계획의 고시"로, "시장·군수등"은 "시·도지사"로, "사업시행예정구역 지정 고시"는 "관리계획 승인·고시"로 각각 본다. [본조신설 2021. 7. 20.]

노후불량건축물이란?

재개발 재건축 가능 여부를 판단하는 노후도! 특히 재개발정비구역 안에서의 '노후도' 요건은 가장 핵심적인 요소이다. 구역 안에 100개의 건축물이 있는데 이중 '노후불량건축물'이 70개면 '노후도 70%'가 되는 것이다. 부동산플래닛과 같은 플랫폼을 활용해 대략적인 노후도 판단은 가능하지만, 구역계 내 다양한 건축물의 형태가 존재하기 때문에 '노후불량건축물'을 판단하는 기준을 정확하게 파악하고 있어야 한다.

노후불량건축물의 판단 기준은 각 시·도 도시 및 주거환경정비조례에 정의되어 있다. 서울시의 기준으로 하면 서울특별시 도시 및 주거환경정비조례 [시행 2022. 12. 30.]에서 찾아보면 된다.

서울특별시 도시 및 주거환경정비조례 [시행 2022. 12. 30.]

제4조(노후·불량건축물) ① 영 제2조제3항제1호에 따라 노후·불량건축물로 보는 기준은 다음 각호와 같다.

1. 공동주택

　가. 철근콘크리트·철골콘크리트·철골철근콘크리트 및 강구조인 공동주택 : 별표 1에 따른 기간

　나. 가목 이외의 공동주택 : 20년

2. 공동주택 이외의 건축물

　가. 철근콘크리트·철골콘크리트·철골철근콘크리트 및 강구조 건축물(「건축법 시행령」 별표1 제1호에 따른 단독주택을 제외한다.) : 30년

　나. 가목 이외의 건축물 : 20년

② 영 제2조제2항제1호에 따른 노후·불량건축물은 건축대지로서 효용을 다할 수 없는 과소필지 안의 건축물로서 2009년 8월 11일 전에 건축된 건축물을 말한다.

③ 미사용승인건축물의 용도별 분류 및 구조는 건축허가 내용에 따르며, 준공 연도는 재산세 및 수도요금·전기요금 등의 부과가 개시된 날이 속하는 연도로 한다.

공동주택 노후불량건축물 판단 기준

공동주택은 '아파트, 연립주택, 다세대주택, 도시형생활주택, 기숙사'를 말하며 철근콘크리트구조냐 아니냐에 따라 노후도 판단 기준이 달라진다.

1. 공동주택 중 철근콘크리트·철골콘크리트·철골철근콘크리트 및 강구조는 30년

2. 공동주택 중 벽돌연와조와 같은 다세대 빌라주택 : 20년 이상 시 노후불량건축물 판정

3. 공동주택을 제외한 건물의 노후불량건축물 판단 기준(원룸, 다가구, 상가주택)
   - 철근콘크리트·철골콘크리트·철골철근콘크리트 및 강구조는 30년
   - 벽돌연와조 등의 건축물은 20년

4. 단독주택 노후불량건축물 판단 기준
   단독주택은 구조 무관하게 20년 이상 시 노후불량건축물로 판정

재개발이란?

재개발사업은 정비사업 중 하나로서, 정비기반시설이 열악하고 노후·불량건축물이 밀집한 지역에서 주거환경을 개선하거나 상업지역·공업지역 등에서 도시기능의 회복 및 상권 활성화 등을 위해 도시환경을 개선하는 사업을 말하며, 정비기반시설은 양호하나 노후·불량건축물에 해당하는 공동주택이 밀집한 지역에서 주거환경을 개선하기 위한 사업을 말한다.

도시 및 주거환경정비법, 시행령, 시행규칙의 적용을 받는 사업이며, 특히 서울시 재개발사업의 경우 서울특별시 도시 및 주거환경정비조례가 강력하게 개입을 하는 사업이다. 따라서 서울시조례까지 정확하게 파악하고 있어야 현금청산 등 불미스러운 사고를 방지할 수 있다.

조합원자격, 입주권적격, 현금청산자 등에 대한 내용이 복잡하고 많은 사업이니 해당 법률과 해당 시도 조례를 꼼꼼히 살펴야 한다.

재개발구역지정요건

정비계획 수립대상 정비구역 지정요건은 도시 및 주거환경정비법 시행령 별표1 등에 기재되어 있으며, 서울특별시의 경우 서울특별시 조례로 상세하게 규정하고 있다.

[근거법률]

도시 및 주거환경정비법 시행령 [별표 1]

정비계획의 입안대상지역(제7조제1항 관련)

2. 재개발사업을 위한 정비계획은 노후·불량건축물의 수가 전체 건축물의 수의 3분의 2(시·도조례로 비율의 10퍼센트포인트 범위에서 증감할 수 있다.) 이상인 지역으로서 다음 각 목의 어느 하나에 해당하는 지역에 대하여 입안한다. 이 경우 순환용 주택을 건설하기 위하여 필요한 지역을 포함할 수 있다.

　가. 정비기반시설의 정비에 따라 토지가 대지로서의 효용을 다할 수 없게 되거나 과소토지로 되어 도시의 환경이 현저히 불량하게 될 우려가 있는 지역

　나. 노후·불량건축물의 연면적의 합계가 전체 건축물의 연면적의 합계의 3분의 2(시·도조례로 비율의 10퍼센트포인트 범위에서 증감할 수 있다.) 이상이거나 건축물이 과도하게 밀집되어 있어 그 구역 안의 토지의 합리적인 이용과 가치의 증진을 도모하기 곤란한 지역

　다. 인구·산업 등이 과도하게 집중되어 있어 도시기능의 회복을 위하여 토지의 합리적인 이용이 요청되는 지역

　라. 해당 지역의 최저고도지구의 토지(정비기반시설용지를 제외한다.)면적이 전체 토지면적의 50퍼센트를 초과하고, 그 최저고도에 미달하는 건축물이 해당 지역 건축물의 바닥면적합계의 3분의 2 이상인 지역

　마. 공장의 매연·소음 등으로 인접지역에 보건위생상 위해를 초래할 우려가 있는 공업지역 또는 「산업집적활성화 및 공장설립에 관한 법률」에 따른 도시형 공장이나 공해발생정도가 낮은 업종으로 전환하려는 공업지역

바. 역세권 등 양호한 기반시설을 갖추고 있어 대중교통 이용이 용이한 지역으로서 「주택법」 제20조에 따라 토지의 고도이용과 건축물의 복합개발을 통한 주택 건설·공급이 필요한 지역

사. 제1호라목 또는 마목에 해당하는 지역

서울특별시 도시 및 주거환경정비조례
제6조(정비계획 입안대상지역 요건)

노후·불량건축물이 해당 지역 안에 있는 건축물 수의 3분의 2 이상이고, 면적이 1만 제곱미터(법 제4조제4항에 따라 서울특별시 도시계획위원회가 심의하여 인정하는 경우에는 5천 제곱미터) 이상으로서 다음 각호의 어느 하나에 해당하는 지역

■ 구역의 전체필지 중 과소필지가 40% 이상인 지역
* 서울시 기준 대지면적 90제곱미터 (약 27평)
■ 주택접도율이 40% 이하인 지역
* 전체건축물 중 4m 이상 도로에 접하는 건축물 수 %
■ 호수밀도가 60% 이상인 지역
* 토지1ha= 3,025평당 건축된 건축물 호수 %

재개발사업 절차

도시 및 주거환경 정비기본계획 및 도시 및 주거환경 정비계획 수립을 시작으로 재개발사업 조합설립추진위원회를 구성하여 재개발사업조합을 설립하고, 사업시행인가를 받아 사업이 시작된다. 이후 분양절차를 거쳐 관리처분계획이 인가되면 철거 및 착공에 들어가며, 공사가 완료되어 준공이 인가되면 이전고시를 하고 조합은 청산절차를 진행하여 재개발사업이 완료된다.

최근 서울시의 경우 정비기본계획 없이, 신통기획이나 공공재개발 등 서울시 공모방식의 재개발사업이나 주민입안 방식의 재개발사업들 역시 많이 추진되고 있다.

※ 서울 재개발/재건축 시공자 선정 시기와 관련하여, 사업시행계획인가 이후에서 조합설립인가 이후에 시공자를 선정하도록 서울시 도시 및 주거환경정비조례가 개정되었으며, 조례 개정안은 2023년 7월 1일부터 시행된다.
(서울특별시 도시 및 주거환경정비조례 일부개정조례안)

재개발 입주권자격

'재개발 조합원자격'과 '재개발 입주권자격'은 전혀 다른 의미다. 재개발 투자의 목표는 조합원이 되는 것이 아니라, 신축아파트를 분양받을 권리, 즉 입주권을 취득하는 것이 최종 목표이다.

재개발정비사업 조합원 신분이기는 하지만, 추후 관리처분계획 수립(조합원 분양신청단계)에서 분양신청자격이 되지 않아 입주권이 안 나올 수도 있고, 반대로 조합원은 아니지만, 추후 관리처분계획 수립(분양신청)단계에서 분양신청대상자에 해당되어, 조합원입주권을 받는 경우도 극히 드물지만 존재하기는 한다.

도시 및 주거환경정비법에 규정된 조합원자격과 입주권자격을 혼동하여 사용하는 블로그와 유튜브 콘텐츠가 많아서 그런지, 조합원자격과 입주권자격을 혼동하는 경우가 많다.

"재개발 조합원자격과 입주권자격은 다르다."
"조합원이라고 해서 당연 입주권이 나오는 것이 아니다."

도시 및 주거환경정비법의 적용을 받는 모든 재개발사업에 해당되는 사항이며, 신통기획, 공공재개발 등 서울시의 공모형태의 재개발에도 해당되는 사항이니 명심하길 바란다.

재개발사업은 공익적 성격이 강한 정비사업의 형태로, 구역 내 토지 등 소유자는 당연 조합원이 된다. 토지 등 소유자란 재개발정비구역에 위치한 토지 '또는' 건축물의 소유자 '또는' 그 지상권자를 말한다.

토지등소유자

1) 토지소유자

도로, 나대지, 주유소, 창고, 공장, 구거, 논, 밭 등 면적이 1평이든 2평이든 100평이든 면적 무관하게 토지소유자는 일단 재개발 조합원이 된다. 나중에 분양신청자격이 있냐 없냐는 추후 문제다.

2) 건축물소유자

상가(1종 근생, 2종 근생), 단독주택, 빌라(다세대), 연립주택, 아파트, 원룸, 다가구, 창고, 공장 등 건축물의 용도, 면적, 금액 무관하게 일단 재개발 조합원이 된다. 나중에 분양신청자격이 있냐 없냐는 이 역시 추후 문제다.

3) 지상권자

토지와 건물의 소유자가 다른 경우, 토지에 지상권을 설정한 자는 조합원이 될 수 있다. 물론 지상권자는 분양자격은 없지만, 일단 조합원은 된다.

이렇듯, 조합설립인가 동의 요건만 충족하여 조합총회 등을 통해 구역 내 토지 등 소유자는 본인 의견과 상관없이 '당연 조합원'이 된다.

'재개발 입주권'은 관리처분계획수립단계에서 분양신청을 완료한 자가 관리처분계획인가가 되면 그때부터 생기는 권리를 '입주권'이라고 표현하게 된다.

즉, 분양신청자격이 있는 조합원이 분양신청기간 내에 분양신청을 해야만 '입주권'의 형태로 바뀌게 되는 것이다.

잘못된 물건에 투자하면, 조합원소식지도 오고 조합총회에도 참석하고 당연히 조합원이고 분양신청자격도 있는 줄 알고 7~8년이 흘러 분양신청기간이 되었을 때, 본인이 '분양신청대상자가 아닌 현금청산대상자임'을 확인하는 경우도 발생하곤 한다.

대지지분과 무관하게 주택소유자이면 90% 이상 입주권이 나오지만, 조합설립인가 이후 구역 내 다주택자의 매물을 취득한 자, 권리산정기준일 이후 준공된 신축빌라 소유자 등은 대부분 현금청산자로 분류되니 주의해야 한다.

"좋은 물건이다.", "금액이 싸다.", "이건 입주권 나온다."라는 누군가의 말만 믿고 덜컥 계약하기보다는 재개발에 대한 이해와 공부를 통해 본인이 반드시 실력을 갖춘 후 투자할 것을 추천한다.

재개발 입주권 적격 판단은 정말 어렵고 까다로운 일이 아닐 수 없다.

도시 및 주거환경정비법 본법과 시행령, 그리고 서울시조례 등에서는 분양신청자격에 대해 설명하고 있다. 본법, 시행령, 조례 모든 사항을 꼼꼼하게 검토해서 분양신청자격이 되는지 안 되는지 반드시 체크 후 투자를 해야 '썩은 빌라가 황금알'이 되는 재개발투자의 열매를 획득할 수 있을 것이다.

※ 입주권 판단 시, 꼭 체크해야 할 법률과 조례
도시 및 주거환경정비법 제39조(조합원의 자격 등)
도시 및 주거환경정비법 시행령 제63조(관리처분의 방법 등)
서울특별시 도시 및 주거환경정비조례 제36조(재개발사업의 분양대상 등)

[근거법률]

서울특별시 도시 및 주거환경정비조례

제36조(재개발사업의 분양대상 등) ① 영 제63조제1항제3호에 따라 재개발사업으로 건립되는 공동주택의 분양대상자는 관리처분계획기준일 현재 다음 각호의 어느 하나에 해당하는 토지등소유자로 한다.

1. 종전의 건축물 중 주택(주거용으로 사용하고 있는 특정무허가건축물 중 조합의 정관 등에서 정한 건축물을 포함한다.)을 소유한 자

2. 분양신청자가 소유하고 있는 종전토지의 총면적이 90제곱미터 이상인 자

3. 분양신청자가 소유하고 있는 권리가액이 분양용 최소규모 공동주택 1가구의 추산액 이상인 자. 다만, 분양신청자가 동일한 세대인 경우의 권리가액은 세대원 전원의 가액을 합하여 산정할 수 있다

4. 사업시행방식전환의 경우에는 전환되기 전의 사업방식에 따라 환지를 지정받은 자. 이 경우 제1호부터 제3호까지는 적용하지 아니할 수 있다.

5. 도시재정비법 제11조제4항에 따라 재정비촉진계획에 따른 기반시설을 설치하게 되는 경우로서 종전의 주택(사실상 주거용으로 사용되고 있는 건축물을 포함한다.)에 관한 보상을 받은 자

※ 투자참고용으로만 생각해야 하며, 입주권 적격 여부는 재개발 물건 매수 전 재개발전문가, 해당 정비사업조합, 해당 지자체 등에 반드시 문의를 한 후 매수해야 한다.

재개발구역 내 도로소유자 입주권 여부

주택 수에 포함 안 되는 토지는 분명 매력적인 투자매물이다. 서울시의 경우 재개발

구역 내 90제곱미터 이상의 토지소유자는 분양신청대상이며 입주권을 받을 수 있다. 서울시 구조례/신조례 적용 여부, '도로'든, '전'이든 '답'이든 '구거'든 지목 무관하게 90제곱미터 이상의 토지소유자는 조합원 및 분양신청자격이 된다. (같은 구역 내 여러 필지 토지면적의 합이 90제곱미터 이상이어도 가능)

그러나 본인 토지소유 면적이 90제곱미터 미만일 경우 경우의 수가 복잡해진다. 정비기본계획 수립일이 2010. 7. 15. 전이냐 후냐에 따라 자격요건이 크게 달라지니, 토지대장, 등기사항전부증명서 등을 통해 꼼꼼하게 확인해 봐야 한다.

1. 90제곱미터 이상 토지소유자

재개발구역 내 토지 총 소유 면적이 90제곱미터 이상이면 99% 이상 확률로 입주권이 주어진다. (땅이 도로인 경우 지목, 현황 모두 도로여도 무관)

2. 30제곱미터 이상~90제곱미터 미만

30제곱미터 이상~90제곱미터 미만 토지일 경우, 다음 3가지 조건 모두 충족해야 입주권이 나온다. (정비기본계획수립일이 2010. 7. 15. 이전 수립된 정비구역만 해당)

- 2003. 12. 30. 이전 분할, 취득 완료된 1필지 토지일 것
- '도로'일 경우는 공무상 지목이 '대'이거나 이용현황이 '대'일 것
- 사업시행인가 고시일~준공 고시일까지 세대원 전원 무주택신분 유지

(이 기간에 매매가 이루어졌다면 매도인, 매수인 모두 무주택 세대주 확인되어야 함.)

3. 30제곱미터 미만

30제곱미터 미만 토지는 논할 필요도 없이 입주권이 나오지 않는다.

이와 같이 복잡한 경우의 수가 나오는 이유는 서울시 도시 및 주거환경정비 '조례 개정과 각종 경과조치' 때문이다. 다음 서울시조례 변천사를 통해 토지소유자의 입주권자격에 대한 법률근거를 확인해 보시기 바란다.

서울특별시도시및주거환경정비조례

[시행 2003. 12. 30.] [서울특별시조례 제4167호, 2003. 12. 30. 제정]

제24조(주택재개발사업의 분양대상 등)

2. 분양신청자가 소유하고 있는 종전토지의 총면적이 서울특별시건축조례(이하 "건축조례"라 한다.) 제25조제1호의 규모 이상인 자. 다만, 이 조례 시행일 전에 분할된 1필지의 토지로서 그 면적이 30제곱미터 이상인 토지(지목이 도로이며 도로로 이용되고 있는 토지를 제외한다.)의 소유자는 법 제28조 규정에 의한 사업시행인가 고시일 이후부터 법 제52조제3항의 규정에 의한 공사완료 고시일까지 분양신청자를 포함한 세대원(세대주 및 세대주와 동일한 세대별 주민등록표상에 등재되어 있지 아니한 세대주의 배우자 및 배우자와 동일한 세대를 이루고 있는 세대원을 포함한다.) 전원이 주택을 소유하고 있지 아니한 경우에 한하여 분양대상자로 한다.

서울특별시 도시 및 주거환경정비조례

[시행 2009. 7. 30.] [서울특별시조례 제4824호, 2009. 7. 30., 일부개정]

제27조(주택재개발사업의 분양대상 등)

2. 분양신청자가 소유하고 있는 종전토지의 총면적이 건축조례 제25조제1호의 규모 이상인 자. 다만, 2003년 12월 30일 전에 분할된 1필지의 토지로서 그 면적이 30제곱미터 이상인 토지(지목이 도로이며 도로로 이용되고 있는 토지를 제외한다.)의 소유자는 법 제28조에 따른 사업시행인가 고시일 이후부터 법 제52조제3항에 따른 공사완료 고시일까지 분양신청자를 포함한 세대원(이 경우 동일한 세대별 주민등록표상에 등재되어 있지 아니한 배우자 및 미혼인 20세 미만의 직계비속은 1세대로 보며, 1세대로 구성된 수인의 토지등소유자가 조합설립인가 후 세대를 분리하여 동일한 세대에 속하지 아니하는 때에도 이혼 및 20세 이상 자녀의 분가를 제외하고는 1세대로 본다.) 전원이 주택을 소유하고

도시정비형재개발 VS 주택정비형재개발?

우리는 보통 노후불량주택밀집지역에서의 정비사업을 '재개발'로 통칭해서 부르지만, 사실상 모든 재개발사업은 도시정비형재개발과 주택정비형재개발로 구분되어 있다.

「도시 및 주거환경정비법」이 2018년 다시 전부 개정되면서 도시환경정비사업과 주택재개발이 "재개발사업"으로 통합되었으나, 서울시 도시정비형재개발사업의 특수성을 고려하여 "도시정비형재개발사업"과 "주택정비형재개발사업"으로 구분하여 운영하고 있기 때문이다.

1. 도시정비형재개발사업

상업지역·공업지역 등에서 도시 기능의 회복 및 상권 활성화 등 도시환경을 개선하기 위하여 시행하는 재개발사업이다. 역세권(역 중심 500m 반경), 준주거, 상업지역, 준공업지역, 공업지역 등이 포함된 구역에서의 재개발사업이라고 이해하면 쉬울 것 같다.

도시정비형재개발 대표적인 예로, 홍제역세권도시정비형재개발, 구로천왕역세권도시정비형재개발, 원효로1가역세권도시정비형재개발, 용답역세권도시정비형재개발사업, 창신동도시정비형재개발, 문래동준공업지역도시정비형재개발 등이 있다.

2. 주택정비형재개발사업

정비기반시설이 열악하고 노후·불량건축물이 밀집한 지역에서 주거환경을 개선하기 위하여 시행하는 재개발사업이다. 단독, 다가구, 다세대주택이 밀집된 주거지역에서 이루어지는 대부분의 재개발사업이 주택정비형재개발사업이다.

주택정비형재개발 대표적인 예로는 장위4구역주택정비형재개발, 청파1구역주택정비형재개발, 돈암6구역주택정비형재개발, 청량리7구역주택정비형재개발, 아현1구역주택정비형재개발, 봉천동주택정비형재개발, 상계동주택정비형재개발, 답십리주택정비형재개발, 노량진주택정비형재개발 흑석동주택정비형재개발 등이 있다.

민간재개발 VS 공공재개발

재개발사업관련해서 여기는 '민간재개발구역'이다, 여기는 '신속통합기획구역'이다, 여기는 '공공재개발'이다, '공공지원재개발'이다, '공공주도재개발구역'이다 정말 많은 단어들이 등장해서 혼란스러울 수도 있다. 이러한 재개발정비사업 시행 형태 (민간 VS 공공)에 따른 혼란스러움을 조금이나마 쉽고 간단하게 표 한 장으로 정리해 보았다. 사업시행주체만 다를 뿐 대부분의 절차는 동일하며, 공공재개발 역시 대형 브랜드아파트 시공사를 선택할 수도 있다.

구분		민간재개발	공공재개발
구역지정요건		기본요건(해당 구역 내 건물 노후도 2/3 이상 & 구역면적 1만 제곱미터 이상)을 갖춘 상태에서 다음 4가지 중 1가지 이상 충족 * 노후도 2/3 이상(연면적)/주택접도율 40% 이하/호수밀도 60세대/ha 이상/과소필지 40% 이상 * 1ha = 10,000 ㎡(제곱미터) = 3,025평	
사업시행주체		신탁업자(제25조, 27조) 또는 주민(조합, 토지등소유자)	〈공동시행〉 주민(조힙, 토지능소유자)+공공(LH, SH) |〈공공 단독시행〉 공공단독(LH, SH)
주민동의요건	1) 주민제안 시 (주민입안)	30% 이상	30% 이상	30% 이상
	2) 정비계획 수립시	토지등소유자 2/3 이상 & 토지면적의 1/2 이상		
	3) 사업시행자 지정 시	* 조합 또는 토지등소유자 그 자체 사업시행자임(25조) * 신탁업자 또는 민관합동법인(27조)	조합원의 과반수	토지등소유자 2/3 이상 & 토지면적의 1/2 이상
의사결정		조합총회(25조) 토지등소유자 전체회의(27조)	조합총회	
시공자 선정 (시공사 GS, 삼성, 대림, 현대 등)		조합총회 도시 및 주거환경정비법 제29조4항 신탁방식의 경우 토지등소유자 전체회의(48조)	조합총회(29조4항)	주민대표회의 또는 토지등소유자 전체회의(제29조7항)
사업계획심의		개별심의(건축, 교통, 환경, 교육, 재해 등등) * 신통기획의 경우는 통합심의	통합심의(101조의7) (건축, 교통, 환경, 교육, 재해 등등)	

한권으로 끝내는
부동산 경매의 바이블

용적율 인센티브	법적상한 용적율	법적상한용적율의 20%범위까지 용적율 증가(101조의5 공공재개발 용적율 완화) * 초과로 받은 용적율의 50%는 공공기여로 제공해야 함. (서울시 도시 및 주거환경정비조례 30조)
권리산정기준일	정비구역지정 고시일의 다음 날(77조)	정비구역지정 고시일의 다음 날(77조)

※ 공공재개발의 경우 주민이 공공과 공동으로 시행할지 공공 단독으로 시행할지는 주민이 선택 가능하다.
※ (　)는 도시 및 주거환경정비법 해당 조문

재개발 투자자라면 꼭 알아야 할 날짜 5개 (* 서울시 기준)

'재개발 투자의 핵심'은 향후 관리처분계획 시 '아파트 입주권'이 나오느냐 마느냐이다. 기존 투자 물건이 '주택'인지 여부만 판단하고 투자하면 일단 크게 낭패 볼 일은 없다. 독립된 소유권을 가진 '주택'이기만 하면 95% 이상 '아파트 입주권'이 보장되기 때문이다.

심지어, 주택이기만 하다면 대지지분이 없는 '무허가주택'도 입주권이 나오기도 한다. 그런데, 단독다세대전환주택/다가구다세대전환주택/근생주택/상가/나대지/신축빌라 등 재개발구역 내 특수물건들은 투자 시 항상 고민스럽기 마련이다.

"이거 입주권 나오는 물건 맞나? 현금청산 아닌가?"

재개발구역 내 특수물건 투자 시 서울시 구조례, 신조례 적용 기산점, 그리고 각종 서울시조례 경과조치 등을 반드시 확인하시고 매수해야 추후 관리처분계획 단계에서 현금청산 당하는 일이 발생하지 않는다.

예를 들어, 2023년 초 용산의 ○○역세권 재개발구역 같은 경우 나란히 위치한 다세대주택이면서, 층수, 면적도 같은데 어떤 것은 5억 어떤 것은 8억에 거래가 되고 있다. 5억? 이거 왜 싸지? 하고 들여다보면, 바로 '근생주택'이기 때문이다.

건축물대장, 등기부상에는 '근린생활시설(상가)'인데 주택처럼 사람이 거주하면서 사는 '사실상 주택'이기 때문에, 이러한 물건들은 특수한 조건 등을 갖추는 경우에만 재개발 입주권이 나온다는 사실을 명심해야 한다.

또한 재개발구역 지분 쪼개기를 방지하기 위해 각종 투기금지대책들은 지속적으로 서울시조례 개정을 통해 업데이트되고 있다. 그중 꼭 기억해야 할 중요한 날짜는 다음 5개다.

1. 2010년 7월 16일 - 신조례, 구조례 적용 기준일
2. 2009년 7월 30일 - 다가구다세대전환
3. 2008년 7월 30일 - 근생주택/신축빌라
4. 2003년 12월 30일 - 서울시조례 최초시행일/도시 및 주거환경정비법 최초 시행일
5. 1997년 1월 15일 - 다가구 다세대전환 입주권 경과조치 기준일

서울시의 경우 관련 조례가 지속적으로 개정되고 새로 시행되면서 기존 소유자 등의 기득권을 보호하기 위해서 경과조치 규정을 두고 있는데, 다음 5개의 날짜가 그러한 기산점이 되는 중요한 날짜이다.

1. 2010년 7월 16일
: 서울특별시 도시 및 주거환경정비조례 [시행 2010. 7. 16.] [서울특별시조례 제5007호]
대대적인 서울시 도시 및 주거환경정비조례 개정을 거쳐, '신조례'라 불리는 현재 서

울특별시 도시 및 주거환경정비조례가 탄생을 하게 되었다. 기본계획상 정비예정구역 등에 관계없이 특정한 날을 주택 등 건축물의 분양받을 권리산정기준일로 정하고 있어 이를 기본계획수립 후 정비구역 지정 전 따로 정하는 날로 합리적으로 조정한 것이 가장 큰 변화이다.

2023년 현재의 구성과 뼈대를 갖춘 재개발, 재건축, 단독주택재개발 입주권 관련 서울시조례는 2010년 7월 16일부터 시행되고 있어 이를 일명 '신조례'라고 하는 것이다.

재개발과 단독주택재건축 입주권자격 관련 내용은(제27조 및 제28조 개정규정)은 '최초로 기본계획(정비예정구역에 신규로 편입지역 포함)을 수립하는 분부터 적용한다'라고 하여 기산점을 못 박았다.

* 현재는 많은 개정을 거쳐 입주권자격에 관한 규정은 서울시조례 36조, 37조, 38조 등에 규정되어 있다.

최근 서울시에서 추진 중인 공모형식의 신속통합기획, 공공재개발 등은 신조례 규정을 따르게 된다. 하지만 2010년 7월 16일 이전 정비기본계획 등이 수립되고 구역 등이 해제되었다가 다시 정비사업이 추진 중인 구역의 경우 구조례 적용을 받을 수도 있다.

서울시 내 재개발 투자를 고민하신다면, 제일 먼저 2010년 7월 16일 기준 기본계획의 수립 여부를 먼저 파악한 후, 신조례가 적용되는 구역인지, 구조례가 적용되는지를 판단하고 접근하면 된다.

2. 2009년 7월 30일

다가구에서 다세대주택으로 전환된 물건 분양대상자를 1인으로 규정했으며, 부칙으로 경과조치를 제시한 기준일이다. 지분 쪼개기 금지를 위한 서울시조례의 많은 부분이 개정되어 시행되기 시작한 날이기도 하다.

단독주택 또는 다가구주택을 권리산정기준일 이후. 다세대주택으로 전환한 경우 1인을 제외한 나머지를 분양대상에서 제외시키는 규정이 핵심인데, 1997년 1월 15일 전에 가구별로 지분 또는 구분소유등기를 필한 다가구주택이 건축허가 받은 가구수의 증가 없이 다세대주택으로 전환된 경우에는 가구별 각각 1인을 분양대상자로 한나는 경과조치를 두어 기득권을 보호해 주고 있다.

따라서, 2010년 7월 16일 이전 기본계획이 수립되어 현재 재개발이 추진 중인 구역의 단독 다세대전환 물건 투자 고민 중이라면, 건축물 대장상, 또는 등기부상 구분소유권 등기일이 1997. 1. 5. 이전인지 여부를 반드시 체크해야 한다.

3. 2008년 7월 30일

2010년 7월 16일 이전 기본계획이 수립된 재개발구역이라면, 근생빌라와 신축빌라 투자 시 정말 중요한 기산점이다.

2008년 7월 30일 개정된 조례는, 단독주택 또는 비주거용건축물을 공동주택으로 신축한 경우 수인의 분양신청자를 1인의 분양대상자로 하는 주택재개발사업의 분양권 제한 규정을 신설했으며, 다수의 선량한 시민들의 권익을 저해하는 무분별한 소규모의 공동주택 신축 행위자의 분양권을 제한하고, 사실상 주거용으로 사용되고 있는 건축물의 범위를 명확히 정하였다.

종전 규정에 따른 "사실상 주거용으로 사용되고 있는 건축물"로서 이 조례 시행 전에 정비계획을 주민에게 공람한 지역의 분양신청자와 그 외의 지역 중 정비구역지정 고시

일부터 분양신청기간이 만료되는 날까지 세대원 전원이 주택을 소유하고 있지 아니한 분양신청자는 종전 규정에 의하도록 개정이 되었다.

1) 신축빌라

2008년 7월 30일(서울시조례 개정, 제4657호)

권리산정기준일 이후에 단독주택, 비거주용건축물을 공동주택으로 신축한 경우 수인의 분양신청자를 1인의 분양대상자로 제한하지만, 2008년 7월 30일 이전 건축허가를 득한 신축빌라의 경우 모든 세대 입주권을 받을 수 있다.

2) 근생 주택(근생빌라)

(1) 2008년 7월 30일 이전 정비계획 공람 또는 정비구역 지정된 구역 : 근생주택(근생빌라)이더라도 사실상 주거용이기만 하면 입주권이 주어진다.

(2) 2008년 7월 30일 이후 정비구역지정 공람한 구역 : 정비구역 지정고시일~분양신청기간 만료일까지 세대주 및 세대원 전원무주택(전입신고 필수), 매도자 및 매수자 역시 무주택자여야만 입주권이 주어진다.

4. 2003년 12월 30일 : 서울특별시 도시 및 주거환경정비조례 4167호

최초 서울시 도시 및 주거환경정비조례 시행일이자, 도시재개발법, 도시저소득주민 주거환경개선법, 주택건설촉진법이 '도시 및 주거환경정비법'으로 통합 개정되어 시행된 날이다.

2003. 12. 30. 이전 단독·다가구주택에서 다세대주택 전환 구분등기 완료했을 경우 소유자 각 분양대상자 중, 경과조치를 규정한 날짜이다. 2003. 12. 30. 이전 전환 구분등기까지 완료했을 경우, 60제곱미터 이하의 주택이나 임대주택 공급.

* 전용면적 패널티를 주긴 하지만 어쨌든 입주권은 주겠다는 취지의 개정내용이 포함

되어 있다.

- 주거전용 60제곱미터 초과인 경우 : 권리가액순 아파트 분양신청 가능
- 주거전용 60제곱미터 이하인 경우 : 전용 60제곱 이하 아파트 분양신청 가능

서울특별시조례 제4167호(2003. 12. 30.)

서울특별시 도시 및 주거환경정비조례 시행 전에 단독 또는 다가구주택을 다세대주택으로 전환하여 구분등기를 완료한 주택에 대하여는 제36조제2항제1호의 개정규정에도 불구하고 전용면적 60제곱미터 이하의 주택을 공급하거나 정비구역 내 임대주택을 공급할 수 있으며, 다세대주택의 주거전용 총면적이 60제곱미터를 초과하는 경우에는 종전 관련 조례의 규정에 따른다. 다만, 하나의 다세대전환주택을 공유지분으로 소유하고 있는 경우에는 주거전용 총면적에 포함시키지 아니하며 전용면적 85제곱미터 이하 주택을 분양신청 조합원에게 배정하고 잔여분이 있는 경우, 전용면적 60제곱미터 이하 주택 배정조합원의 상향 요청이 있을 시에는 권리가액 다액순으로 추가 배정할 수 있다.

---

5. 1997년 1월 15일

구역지정, 조합설립 등의 절차 후 최초로 사업시행인가 신청하는 재개발구역의 다가구 다세대 전환 물건에 대해서는 경과조치를 두어 패널티 없이 분양신청이 가능 여부 판단하는 기준일이다. 건축물대장, 등기사항전부증명서 등 확인하여 1997년 1월 15일 이전 구분등기 완료된 다가구 다세대 전환 물건이라면 안전하게 투자해도 될 것으로 판단된다.

* 투자참고용으로만 생각해야 하며, 재개발물건 매수 전 재개발전문가, 해당 정비사업조합, 해당 지자체 등에 반드시 문의를 한 후 매수해야 한다.

공공재개발 VS 공공주도재개발

공공재개발과 공공주도재개발(3080+) 이름은 비슷하지만, 완전히 다른 성격의 정비사업이다. 공공재개발은, 도시 및 주거환경정비법상의 일반재개발과 거의 흡사한 정비사업이다. 다만, 공공인 LH, SH가 사업을 주도하거나 조합과 공동으로 하던 조합 총회의 의결을 거치게 돼 주민 의견 반영률이 높다.

도시계획위원회의 심의를 거쳐 용적률을 법적 상한의 120%까지 완화, 임대주택을 기부채납하는 방식이며, 공공시행자는 관리처분 당시 산정한 조합원 분담금을 보장, 분양가상한제 적용 제외대상이며, 정비계획은 도시계획 수권소위, 사업계획은 별도의 통합심의를 통하여 사업 관련 심의 절차를 간소화여 신속함이 큰 장점이다.

반면, 공공주도재개발은(3080+) 정부대책의 이름이자 브랜드 이름이다. 문재인정부의 마지막 부동산대책중 하나로 25년까지 서울 32만 호, 전국 83만 호 주택 부지를 추가공급하겠다 하여 서울 30만 호 이상 전국 80만 호 이상을 뜻하여 3080+라고 불리기도 한다.

비정비구역인 역세권, 준공업지역, 저층주거지를 개발하는 '도심 공공주택 복합'사업과 기존 정비구역의 사업을 빠르게 추진하는 '공공 직접시행 정비사업' 두 가지 개발 방식이 있지만, 현장에서는 대부분 '도심공공주택복합사업'이 관심을 받고 있다. 공공주도형재개발은 말 그대로 공공이 주도하는 방식으로 토지 수용, 토지납입 방식으로 사업이 진행되며, 도시 및 주거환경정비법이 아닌 공공주택특별법의 적용을 받는다.

재건축이란?

　정비기반시설은 양호하나 노후·불량건축물에 해당하는 공동주택이 밀집한 지역에서 주거환경을 개선하기 위한 사업으로서, 「도시 및 주거환경정비법」에 따른 정비사업 중의 하나를 말한다.

　준공 30년 이상 된 아파트단지에서 이루어지는 사업이 대부분이지만, 서울 방배동과 같은 곳에서는 단독주택 재건축사업이 진행되기도 한다. 만약 재건축사업이 어려워 지역 주민들이 공공기관의 참여를 희망하는 경우 일정 요건을 갖추어 공공기관이 사업시행자 등으로 참여하는 공공재건축사업의 형태로 재건축사업을 진행할 수도 있다.

재건축사업 절차

공동주택 재건축사업은 건축물 및 그 부속 토지소유자 1/10 이상 동의를 받아 구청장에게 안전진단을 신청하면서부터 본격적인 사업 절차가 시작된다. 물론 단독주택재건축사업의 경우는 안전진단절차를 필요로 하지 않는다.

재개발과 마찬가지로 〈정비구역 지정〉, 〈추진위 설립인가〉, 〈조합설립인가〉, 〈사업시행인가〉, 〈관리처분인가〉 국가(자치단체)에서 인허가 해 주는 단계에 따라 크게 5가지 단계로 나눠 볼 수 있고, 이를 기반으로 각 세부절차가 다음과 같이 진행되게 된다.

※ 서울 재개발/재건축 시공자 선정 시기와 관련하여, 사업시행계획인가 이후에서 조합설립인가 이후에 시공자를 선정하도록 서울시 도시 및 주거환경정비조례가 개정되었으며, 조례 개정안은 2023년 7월 1일부터 시행된다.
(서울특별시 도시 및 주거환경정비조례 일부개정조례안)

[근거법률]

「도시 및 주거환경정비법 12조」에서 정하는 안전진단 실시요건
- 정비예정구역별 수립시기가 도래한 경우
- 정비계획의 입안을 제안하려는 자가 입안을 제안하기 전에 해당 정비예정구역에 위치한 건축물 및 그 부속토지의 소유자 10분의 1 이상의 동의를 받아 안전진단 실시를 요청하는 경우
- 정비예정구역을 지정하지 않은 지역에서 재건축사업을 하려는 자가 사업예정구역에 있는 건축물 및 그 부속토지의 소유자 10분의 1 이상의 동의를 받아 안전진단의 실시를 요청하는 경우

■ 내진성능이 확보되지 않은 건축물 중 중대한 기능적 결함 또는 부실 설계·시공으로 구조적 결함 등이 있는 법령으로 정하는 건축물의 소유자로서 재건축사업을 시행하려는 자가 해당 사업예정구역에 위치한 건축물 및 그 부속토지의 소유자 10분의 1 이상의 동의를 받아 안전진단의 실시를 요청하는 경우

재건축단지 내 상가소유자 아파트 입주권 가능할까?

재건축사업의 조합원은 정비구역에 위치한 건축물 및 그 부속토지의 소유자를 말하는데, 상가소유자 역시 상가건축물과 상가대지권(그 부속토지)을 모두 소유하고 있기 때문에 조합원자격이 주어진다. 공동주택 재건축 단지 내 상가를 소유하고 있다면 대지권의 면적, 비율 등 무관하게 조합원자격이 주어지고 추후 분양신청자격도 주어진다.

그러나 분양신청(관리처분) 시 상가소유자는 아파트소유자와는 다른 관리처분과정을 거치게 되는데, **"상가소유자는 상가 입주권 원칙"**이다.

재건축아파트단지 상가를 보유하면 무조건 '아파트 입주권'이 보장된다고 말하는 부동산이 있다면, 안타깝지만 그 부동산과는 거래하면 안 된다. 상가소유자는 아파트 입주권이 나올 수도 안 나올 수도 있음을 명심해야 한다.

도시 및 주거환경정비법 시행령 63조2항 규정을 잘 해석하고 경우의 수를 판단해야 한다. 상가 조합원이 아파트 입주권을 받는 것은 '조합정관 등으로 정하는 비율'이 정말 중요하게 작용하는데, 다음 4가지 경우 상가소유자도 아파트 입주권을 받을 수 있다

1. 새로운 부대시설·복리시설을 건설하지 않는 상태에서, 기존 권리가액이 새로운 분양 아파트 중 최소분양단위규모의 추산액에 정관 등으로 정하는 비율을 곱한 가

액보다 클 것(정관 등으로 정하지 아니하는 경우에는 비율은 1).

※ 서울 주요 공동주택재건축 조합에서 정관 등으로 정한 산정비율 예시
- 래미안원베일리 (신반포3차, 경남 주택재건축) 0.10
- 방배그랑자이 (방배경남아파트 재건축) 0.20
- 메이플자이 (신반포4지구 재건축) 0.10
- 래미안퍼스티지 (반포주공2단지 재건축) 0.18

2. 종전 부대·복리시설의 가액에서 새로이 공급받는 부대·복리시설의 추산액을 차감한 금액이 분양주택의 최소분양단위규모 추산액에 총회에서 정하는 비율을 곱한 가액 이상일 것.

3. 새로이 공급받는 부대·복리시설의 추산액이 분양주택의 최소분양단위규모 추산액 이상일 것.

4. 상가협의회와 조합과의 협상 등으로 인해 조합정관에 부대. 복리시설 소유자에 대한 주택공급을 허가한 조항이 있거나, 아니면 조합원 전원이 동의할 경우.
   * 재건축표준정관 제44조(관리처분계획의 기준)9항 라목.

내용이 어렵고 복잡하니, 다음 사례를 통해 입주권 여부를 판단해 보면 좋다.

[사례 1] 새로운 상가 건축하지 않는 상태에서, 보유 상가(전용 9평) 권리가액이 5억이고 정관 등으로 정한 비율이 1인 경우
분양아파트 최소평수인 20평 아파트 추산액이 9억 (9억*비율 1=9억)
 → 권리가액 5억 상가소유자는 분양아파트 최소 추산액 9억보다 작으므로 아파트 분

양신청은 불가함

[사례 2] 새로운 상가 건축하지 않는 상태에서, 상가(전용 9평) 권리가액이 5억. 정관 등으로 정한 비율이 0.1인 경우

분양아파트 최소평수인 20평 아파트 추산액이 9억(9억*비율 0.1=9천만 원)

→ 권리가액 5억 상가소유자는 추산액 9천만 원 보다 권리가액이 큰 경우이므로, 아파트 분양신청도 가능함

[사례 3] 상가(전용 9평) 권리가액이 5억. 새로 분양받는 상가 추산액이 3억. 정관 등으로 정한 비율이 0.1인 경우

분양아파트 최소평수인 20평 아파트 추산액이 9억(9억*비율 0.1=9천만 원)

→ 권리가액 5억 상가소유자는 새로운 상가 분양가 3억을 뺀 2억이 추산액 9천보다 큰 경우이므로, 아파트 분양신청도 가능함

[사례 4] 상가(전용 9평) 권리가액 5억 새로 받게 될 상가 추산액이 10억. 분양아파트 최소평수인 20평 아파트 추산액이 9억

→ 상가 추산액 10억이 분양아파트 추산액 9억보다 큰 경우이므로, 아파트 분양신청도 가능함. "새로운 상가분양가가 너무 크니까, 그냥 아파트 하나 드릴게요." 정도로 이해하면 된다.

주택 수에 포함 안 되고, 아파트 입주권이 나올 수도 있다고 재건축 단지 내 상가에 덜컥 투자했다가, 현금청산 당하거나, 아파트 입주권 대신 상가 나오거나, 상가 나오더라도 권리가액 순위에서 밀려 2층 구석 상가 나오는 경우도 있을 수 있다.

'재건축 단지 내 상가 투자'는 반드시 본인의 재건축 투자 목적을 정확히 확립한 후(상

가를 받을 건지, 아파트를 받을 건지?) 신축아파트단지의 상가 하나 받을 수 있다는 마음가짐으로 투자해야 하며, 혹시 운이 좋다면 '아파트'도 받을 수 있겠구나 하는 마음으로 접근하고 투자해야 한다.

[근거법률]

도시 및 주거환경정비법 시행령

제63조(관리처분의 방법 등) ① 법 제23조제1항제4호의 방법으로 시행하는 주거환경개선사업과 재개발사업의 경우 법 제74조에 따른 관리처분은 다음 각호의 방법에 따른다. 〈개정 2022. 12. 9.〉

② 재건축사업의 경우 법 제74조에 따른 관리처분은 다음 각호의 방법에 따른다. 다만, 조합이 조합원 전원의 동의를 받아 그 기준을 따로 정하는 경우에는 그에 따른다. 〈개정 2022. 12. 9.〉

1. 제1항제5호 및 제6호를 적용할 것

2. 부대시설·복리시설(부속토지를 포함한다. 이하 이 호에서 같다)의 소유자에게는 부대시설·복리시설을 공급할 것. 다만, 다음 각 목의 어느 하나에 해당하는 경우에는 1주택을 공급할 수 있다.

　가. 새로운 부대시설·복리시설을 건설하지 아니하는 경우로서 기존 부대시설·복리시설의 가액이 분양주택 중 최소분양단위규모의 추산액에 정관 등으로 정하는 비율(정관 등으로 정하지 아니하는 경우에는 1로 한다. 이하 나목에서 같다.)을 곱한 가액보다 클 것

　나. 기존 부대시설·복리시설의 가액에서 새로 공급받는 부대시설·복리시설의 추산액을 뺀 금액이 분양주택 중 최소분양단위규모의 추산액에 정관 등으로 정하는 비율을 곱한 가액보다 클 것

　다. 새로 건설한 부대시설·복리시설 중 최소분양단위규모의 추산액이 분양주택 중 최소분양단위규모의 추산액보다 클 것

아파트 리모델링 VS 재건축

오래된 아파트단지를 가 보면 '리모델링' '재건축' 현수막이 많이 붙어 있다. 심지어 같은 단지 내에서도 정비 방향을 재건축으로 갈지, 리모델링으로 갈지 각자의 생각이 다르고 이권이 달라 많은 다툼이 발생하기도 한다.

아파트 '리모델링사업'이든 '재건축사업'이든 오래된 낡은 아파드를 새 아파트로 바꾼다는 개념은 같지만, 두 사업은 '근거 법률'의 출발 자체가 다르다. 재건축은 도시 및 주거환경정비법(도·정·법)을 기반으로 도·정·법 체계의 적용을 받으며, 리모델링은 주택법을 기반으로 한 주·택·법 체계의 적용을 받는다.

두 사업의 각종 규제 등이 '천지 차이'인 이유가 바로 이런 이유이다.

	리모델링	재건축
근거법률	주택법 주택법시행령	도시및주거환경정비법 도시및주거환경정비법 시행령 등
노후도 요건	15년 이상 20년 미만	30년 이상
안전진단 통과기준	C등급 이상 *수직증축리모델링은 B등급 (80점 초과) 이상	E등급 (D등급 시 적정성 검토)
조합설립 요건	소유자 전체의 75% 각 동별 소유자 50% 동의	전체 소유자 3/4 이상 동별 과반수 동의
매도청구	가능	가능
조합원 지위 양수양도 (투기과열지구)	제한 없음	조합설립인가 이후 양수양도 불가 (일부 예외조항 있음)
초과이익환수	없음	있음

※ 리모델링 조합설립 요건 : 주택법 시행령 [별표 4]

주택단지 전체를 리모델링하는 경우에는 주택단지 전체 구분소유자 및 의결권의 각 75퍼센트 이상의 동의와 각 동별 구분소유자 및 의결권의 각 50퍼센트 이상의 동의

※ 재건축 조합설립 요건 : 도시 및 주거환경정비법 제35조(조합설립인가 등)

주택단지의 공동주택의 각 동(복리시설의 경우에는 주택단지의 복리시설 전체를 하나의 동으로 본다.)별 구분소유자의 과반수 동의(공동주택의 각 동별 구분소유자가 5 이하인 경우는 제외한다.)와 주택단지의 전체 구분소유자의 4분의 3 이상 및 토지면적의 4분의 3 이상의 토지소유자의 동의

가로주택정비사업

가로주택정비사업은 빈집 및 소규모주택 정비에 관한 특례법의 적용을 받는 사업이다. 가로주택정비사업은 노후·불량건축물이 밀집한 가로구역에서 종전의 가로를 유지하면서 노후주택을 소규모로 정비하여 주거환경을 개선하기 위한 사업으로 서울시의 경우 다음 3가지 사업요건을 모두 충족하여야 한다.

1. 도시계획도로 또는 폭 6m 이상의 건축법상 도로로 둘러싸인 면적 1만 3천㎡ 미만의 가로구역일 것. 단, 폭 4m를 초과하는 도시계획도로가 해당 가로구역을 통과하지 않아야 함. (서울특별시 빈집 및 소규모주택 정비에 관한 조례 제3조 "시·도 조례로 달리 정하는 기준 면적"은 1만3천 제곱미터로 한다.)

2. 노후·불량건축물 수가 해당 사업시행구역 전체 건축물 수의 2/3 이상일 것.

3. 기존주택 호수 또는 세대수가 10호(단독주택), 20세대(공동주택), 20채(단독주택+공동주택) 이상일 것.

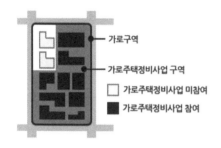

가로구역

가로주택정비사업 구역

☐ 가로주택정비사업 미참여

■ 가로주택정비사업 참여

✓ 도시계획도로 또는 폭 6M 이상의 도로로 둘러싸인 1만㎡ 미만의 가로구역으로서 통과도로(폭 4미터 이하 도로는 제외)가 없어야 함

✓ 노후·불량건축물 수가 사업시행구역(1만㎡ 미만, 가로구역의 전부 또는 일부) 전체 건축물 수의 2/3 이상인 지역

✓ 기존주택 호수 또는 세대수가 10호(단독주택), 20세대(공동주택), 20채(단독주택+공동주택) 이상일 것

출처 : 서울시 정비사업 정보 몽땅

가로주택정비사업은 대규모로 개발되는 도시 및 주거환경정비법의 재개발, 재건축사업에 비해 그 규모가 사업시행구역 1만 제곱미터 미만으로서 정비구역 지정이나 추진위원회 구성 등의 절차가 생략되어 사업기간 단축이 가능한 것이 최대 장점이다.

가로주택정비사업은 재건축초과이익환수 대상이 아니며, 2종 일반주거에 대한 용도지역 상향이 가능하며, 필요한 주차장, 공원 등 기반시설 조성 시 공공지원이 가능하다는 등의 장점이 있지만, 최대 단점은 사업성이다. 대규모 개발이 아니다 보니, 일반분양분 등을 통해 사업성을 낼 수가 없다.

이러한 단점을 보완하고자 2021년 2월 정책 발표되고, 7월 입법화되어 탄생한 개념이 '소규모주택정비관리지역'이라는 새로운 사업이며, 이것을 오세훈 서울시장이 브랜드화한 것이 바로 '모아주택·모아타운'이다.

※ 빈집 및 소규모주택 정비에 관한 특례법 제7절 소규모주택정비 관리계획 〈신설 2021. 7. 20.〉

신속통합기획재개발의 모든 것

일명 '오세훈 시장 재개발사업'이라 불리는 도시 및 주거환경 정비법상의 민간재개발사업의 정책브랜드명이다. 정비계획수립단계에서 서울시가 공공성과 사업성의 균형을 이룬 가이드라인을 제시하고, 신속한 재개발사업추진을 지원하는 재개발사업이다.

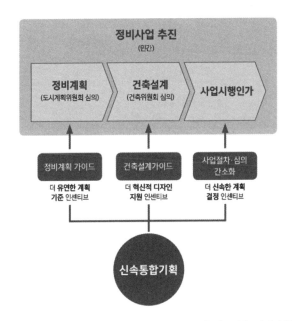

출처 : 서울 정비사업정보몽땅 홈페이지

도시, 건축, 교통, 환경 등 다양한 부문별 계획을 종합하여 서울시와 자치구, 그리고 주민이 한 팀이 되어 통합된 계획을 신속하게 진행한다는 의미를 담아 '신속통합기획'으로 브랜드화하였다.

법령/조례상 주택정비형 재개발정비구역 지정요건에 맞고, 토지등소유자 30% 이상 동의로 구역지정을 희망하는 지역이 서울시 공모가 가능하다.

2021년 흑석11구역 등 4개 구역의 시범사업을 시작으로, 2021년 12월 21개소, 2022년 25개소를 공모방식으로 자치구의 추천을 받아 서울시가 최종 후보지 선정하는 방식으로 진행해 오고 있다. 서울시는 2022년까지 연1회 공모를 통해 신청받았던 재개발 후보지 선정방식을 2023년 5월부터 '수시신청 선정' 방식으로 전환했다. 재개발 희망지역 주민이 신청요건을 갖춰 자치구로 후보지를 신청하면 자치구 사전검토와 추천, 매달 열리는 시 선정위원회 심사를 거쳐 최종 후보지가 선정된다.

2023년 7월 기준 신속통합기획은 2년이 채 안 되는 기간 동안 주민들의 높은 관심 속에 총 88개소 중 44개소의 '신속통합기획안'을 확정해 정비사업을 빠른 속도로 추진 중에 있다. 2021~2023년 가장 핫했던 정비사업 중의 하나였고, 앞으로도 그러할 것이다.

[서울시 신속통합기획 후보지 및 진행단계 보기]

서울 정비사업정보몽땅 홈페이지 〉 공공지원제도 〉 신속통합기획

(https://cleanup.seoul.go.kr/)

[2021년 신속통합기획 21개소 중 대표선정구역]

(가칭) 종로 창신동 23 / 숭인동 56 일대

현황
- 구역면적 : 84,354㎡ (1종~2종)
- 토지등소유자 : 711명
- 입지 : 창신역(6호선) 역세권

(가칭) 용산 청파2구역

현황
- 구역면적 : 83,788㎡ (1종~3종)
- 토지등소유자 : 1,505명
- 입지 : 배문중,고등학교 인접

[2022년 신속통합기획 25개소 중 대표선정구역]

상도15구역(동작구 상도동 279 일대)

현황
- 구역면적 : 126,218㎡
- 용도지역 : 제1종,2종(7층)

신림5구역(관악구 신림동 412 일대)

현황
- 구역면적 : 160,392㎡
- 용도지역 : 제1종,2종(7층),3종

※ 이미지출처 : 서울 정비사업정보몽땅 홈페이지

모아타운의 모든 것

모아타운은 '소규모주택정비 관리지역'을 지정 하는 법정 계획을 통해 법적·제도적 효력을 부 여하는 동시에 정비기반시설 및 공동이용시설 의 확보 및 가로 중심의 디자인 차별성을 강조하 는 서울시의 새로운 저층주거지 정비모델로 제 시된 주택정책이다.

2022년 한 해 시민들에게 가장 사랑받은 서울시 정책은 '모아주택·모아타운'으로 나 타났다. 20222년 '서울시 10대 뉴스' 투표결과, '모아주택·모아타운'이 6,510표(7.35%) 를 받아 1위를 차지했다.

모아타운은 신·구축이 혼재돼 있어 대규모 재개발이 어려운 노후 저층주거지를 하 나의 단위로 '모아서' 대단지 아파트처럼 주택을 공급하는 정비모델이다. 주차난 등 저 층주거지의 고질적인 문제를 해소하고, 무분별한 개별 사업으로 인한 나 홀로 아파트를 방지할 수 있다는 장점이 있어 주목받고 있다.

'모아타운'의 정식명칭은 '소규모주택정비관리지역'이다.
어려운 법적 개념을 쉽게 풀어 현 서울시장이 일종의 정비사업 브랜드를 만든 것이 바로 '모아타운'이다.

마치 2000년대 초반, 도시재정비 촉진을 위한 특별법상의 재정비촉진지구를 '뉴타운' 이라고 브랜딩했던 것과 비슷한 개념으로 이해하면 된다. 모아타운 관련 투자 상담을 많이 하다 보면, 투자자 분들께서 많이 오해하고 있는 부분이 '모아타운 선정 즉시 정비사업이 진행될 것'이라는 기대감인데, 결코 그렇지 않다.

모아타운 선정구역 내에서 주민들이 스스로 가로주택정비사업이든, 소규모재개발사업이든 주민들이 스스로 조합을 결성해서 정비사업을 해야만 한다.

같은 모아타운 구역 내에 있는 빌라라 하더라도 조합이 설립된 곳과 그렇지 않은 곳의 사업 속도와 매매가격이 천차만별인 이유는 바로 모아타운 구역 내 '조합설립 여부'이다.

"국토부와 서울시 등 공권력은 모아타운 선정을 통해 주택정비를 위한 주차장, 도로, 공원 등 기반시설을 세팅해 주고, 자금도 지원해 주고, 각종 혜택도 많이 줄 테니, 주민 여러분은 스스로 모아타운 안에서 가로주택사업이든 소규모재건축이든 자율주택정비 등 조합 만들어서 아파트를 알아서 스스로 많이 지어 주세요." 정도 의미로 모아타운을 해석해야 한다.

1. 모아타운의 정식 이름 '소규모주택정비관리지역'이란?

'소규모주택정비관리지역'이란 노후·불량건축물에 해당하는 단독주택 및 공동주택과 신축 건축물이 혼재하여 광역적 개발이 곤란한 지역에서 정비기반시설과 공동이용시설의 확충을 통하여 소규모주택정비사업을 계획적·효율적으로 추진하기 위하여 '소규모주택정비법(제43조의2)'에 따라 소규모주택정비관리계획이 승인·고시된 지역을 의미한다.

일반 재개발사업의 '정비구역' 정도의 의미로 해석하면 된다. '관리지역' 지정이 있었다면, '뭘 어떻게 부수고 뭘 어떻게 짓겠다'는 계획이 있어야 되는데, 그것이 바로 '관리계획'이다.

2. 모아타운의 꽃 '관리계획'이란?

모아타운에 선정되었다고 당장 어떤 개발이 시작되는 것은 결코 아니다. 일반 재개발사업의 '정비계획'과 같은 개념은 '관리계획'이 수립되고 결정 고시되어야 본격적인 사업이 시작되는 것이다. 모아타운 선정일로부터 통상 1년~2년이 소요된다. '모아타운'은 관리계획으로 시작해 관리계획으로 끝난다고 해도 과언이 아닐 만큼 중요한 것이 바로 '관리계획'이다.

소규모주택정비관리계획은 소규모주택정비사업을 실현할 수 있는 기반을 마련하는 동시에 민간주도 소규모주택정비사업의 체계적 추진을 위하여 지역별 소규모주택정비 활성화를 위한 전략 및 구상에 기반하여 건축물의 밀도 상향을 통한 사업성 확보, 건축규제 완화를 통한 창의적 설계 등이 가능하도록 수립하여야 하며, 관리계획에 따라 가로주택정비사업 등의 인정기준 완화, 건축규제 완화, 정비기반시설 및 공동이용시설 설치지원 등 특례적용이 가능하다.

어떤 건축물을 얼마의 높이로 어떻게 짓고 배치하고 등등 일반 재개발사업의 '정비계획' 정도의 의미로 이해하면 된다.

[금천구 시흥3동 일대 모아타운 관리계획 (안)]

※ 출처 : 서울시 보도자료

3. 모아타운의 탄생 배경

지난 문재인 정부의 부동산정책은 시종일관 규제 정책이었다. '조정대상지역'이라는 개념을 도입하였고, 각종 규제 정책만 펼치다가 '전국적 부동산 폭등'이라는 성적표를 받게 되었다. 문재인 정권 말 2021년 2월, 2.4 대책 발표를 통해 주택공급정책의 필요성을 인식하고 4가지의 새로운 주택공급정책 일명 '3080+' 대책을 내놓게 된다.

- 공공직접시행정비사업
- 도심공공주택복합사업
- **소규모정비사업**
- 도시재생

그중 하나가 가로주택정비사업과 같이 나 홀로 아파트 탄생, 층수 제한 등 사업 여건의 한계로 활성화되지 못하고, 저층주거지의 난개발 방지하고 계획적 소규모 주택정비 추진을 위해 '소규모주택정비관리지역 신설 사업'이다.

지자체가 관리계획 등을 수립하고 민간이 체계적 정비하며, 소규모정비 요건완화, 도시·건축규제 완화 등 혜택이 있는 사업이었고, 이에 서울시는 2022년 1월 노후 저층주거지 정비방식인 '모아타운'과 '모아주택' 추진계획을 발표('21. 1. 13.)하고, 내부 방침을 통해 세부 실행방안을 마련하고 본격적으로 이 사업에 뛰어들게 된 것이다.

'나 홀로 아파트 만들지 말고, 모아모아 통합적으로 아파트 개발해 주겠습니다'가 바로 '모아타운'의 시초가 된 것이다.

4. 모아타운 법적 근거

모아타운의 법률적 근거기반은 바로 빈집 및 소규모주택정비에 관한 특례법이다. 일명 빈·집·법. 2021년 7월 20일 모아타운(소규모주택정비관리지역)에 대한 내용이 입법화되었다.

[빈집 및 소규모주택정비에 관한 특례법]

제7절 소규모주택정비관리계획 〈신설 2021. 7. 20.〉
제43조의2(소규모주택정비관리계획의 수립) ① 시장·군수 등은 다음 각호의 어느 하나에 해당하는 경우로서 대통령령으로 정하는 요건을 갖춘 지역에 대하여 소규모주택정비관리계획(이하 "관리계획"이라 한다.)을 수립(변경수립을 포함한다. 이하 이 조, 제43조의4제1항 및 제50조제2항에서 같다.)하여 시·도지사에게 승인을 신청할 수 있다. 이 경우 토지주택공사 등은 시장·군수 등에게 관리계획의 수립을 제안할 수 있다.

1. 노후·불량건축물에 해당하는 단독주택 및 공동주택과 신축 건축물이 혼재하여 광역적 개발이 곤란한 지역에서 노후·불량건축물을 대상으로 소규모주택정비사업이 필요한 경우
2. 빈집밀집구역으로서 안전사고나 범죄발생의 우려가 높아 신속히 소규모주택정비사업을 추진할 필요가 있는 경우

---

5. 모아타운 선정 방식 2가지

'자치구 공모 방식'과 '주민제안 방식'으로 2가지 방식이 있다.
현재 서울시 대부분의 모아타운은 자치구 공모방식의 형태로 진행되고 있다.

자치구 공모 방식은, 서울시에서 자치구를 대상으로 공모를 통해 모아타운 대상지를 선정하고 이후 자치구에서 모아타운 관리계획을 수립하는 것으로, 모아타운 대상지로 선정되면 관리계획 수립비 등을 지원받을 수 있으며, 이후 국토교통부 공모 등을 통해 주차장 등 정비기반시설 및 공동이용시설 조성비용을 국·시비 지원을 받을 수 있다.

2022년에 상·하반기 각각 공모가 있었고, 약 50여 곳의 후보지 선정이 있었다.

[2022년 하반기 모아타운공모 진행과정]

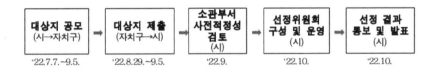

주민제안 방식은 조합 2개 이상 설립된 곳에서 일정 요건 등을 충족 시 주민이 직접 관리계획(안)을 마련하여 자치구에 제출하는 방식이며, 사전협의 및 전문가 사전자문을 통해 모아타운 적정 구역범위가 결정되면, 주민은 관리계획(안)을 마련하여 자치구청장에게 제출하고 자치구청장은 적정 여부를 검토하여 서울시에 관리계획 승인을 신청하는 형태로 진행된다.

서울시는 2023. 2. 28.(화)부터 「모아타운(소규모주택정비 관리지역) 대상지 선정 공모」를 공고하고 오는 2025년 6월 말까지 '수시 신청'에 들어간다고 밝혔다. 특정기간에만 받았던 신청 방식을 '수시 신청'으로 전환해, 주민 의견을 수렴하여 자치구 → 서울시 신청 방식으로 전환하였다.

자치구가 주민 의견을 수렴하여 서울시로 공모 신청서를 제출, 시는 신청서를 사전검토하여 사업추진이 적정하다고 판단되면 도시계획·건축·교통 등 분야별 전문가로 구성된 선정위원회 심사를 통해 대상지를 최종 선정하게 된다. 2025년까지 35개소를 추가 선정할 예정이다. (※ 2023년 6월 28일 모아타운 수시공모 첫 선정지 : 관악구 성현동 1021일대 / 양천구 목4동 724-1일대)

6. 모아타운 신청 요건
자치구 공모 방식 : 재개발이 어렵고 노후주택 및 기반시설 정비가 필요한 저층 주거

지라면 어디든 가능하다.

[2023년 모아타운 2.0 사업기준]

※ 2023. 2. 1. 서울시 발표

▶ 노후·불량건축물 1/2 이상인 지역

▶ 자치구 공모 신청 전, 지역 주민을 대상으로 하는 주민설명회를 필히 진행

▶ 공모 신청 대상지 안에 조합 또는 사업시행 예정지가 '최소 3개소 이상' 포함

　　(예 : ○○구역 내 8개의 가로주택정비사업을 진행하는 모아타운이라면, 최소 3개

　　이상 조합설립 등이 되어 있어야 함)

▶ 사업시행 예정지별로 주민의 30% 이상 동의(조합이 설립되어 있는 경우 제외)를

　　받은 경우만 공모 신청 가능

▶ 면적 10만㎡ 미만, 대상지 전체 면적합계 5만㎡ 이상, 사업 예정지 3개소 면적합계

　　가 3만㎡ 이상일 경우에 공모 신청

7. 모아타운 '입주권' 현금청산 기준일

모아타운 입주권 제한요건에는 크게 두 가지 있다.

'물적' 제한과 '인적' 제한인데, 물적 제한의 대표적인 예가 바로 '권리산정기준일' 개념

이다. 모아타운 내 해당부동산(빌라, 단독, 다가구 등)의 최초 소유권보존등기일을 기준

으로 입주권 여부가 결정된다. 구축 빌라, 구축 단독주택 등은 상관이 없지만 특히 신축

빌라의 경우 권리산정기준일의 다음 날까지 착공신고가 되어야만 하며, 그렇지 못할 경

우 모아주택(소규모주택정비사업)이 시행될 경우 현금청산대상자가 될 수 있으니 투자

에 유의해야만 한다.

'권리산정기준일'은 일반 매매, 증여 등의 거래와는 무관한 개념이며, '신축 지분 쪼개

기'에만 해당하는 기준일이다.

자치구 공모방식에서의 권리산정기준일은 공모대상지 선정 발표일 다음 날 기준으로 고시가 가능한 날로 하고 있으며, 주민제안 방식에서의 권리산정기준일은 전문가 사전 자문을 통해 적정 구역범위를 결정하여 자치구에 통보하는 날을 기준으로 고시가 가능한 날로 정해진다.

각 모아타운별 권리산정기준일이 모두 제각각이니, 투자하려는 곳의 정확한 권리산정기준일은 반드시 정확히 알고 투자해야 한다.

모아타운 투자 시 두 번째 주의사항은 '조합원 지위 양수양도 제한'이다.

모아타운 구역 안에서 소규모 구역별로 가로주택정비사업 조합 등 조합이 설립되고 사업이 진행이 되는데, 투기과열지구 이상에서는 조합설립인가 이후에는 조합원 지위 양수양도가 제한되니, 매매나 증여 계획 시 이점 또한 유념해야 한다.

투기과열지구 내 모아타운 투자 등 계획이 있다면, 조합설립인가 이전 시점에 반드시 전에 계약 체결해야만 한다.
(2023년 4월 기준 투기과열지구 : 서울 송파구, 강남구, 서초구, 용산구)

[빈집 및 소규모주택 정비에 관한 특례법 24조]

「주택법」 제63조제1항에 따른 투기과열지구(이하 "투기과열지구"라 한다.)로 지정된 지역에서 가로주택정비사업, 소규모재건축사업 또는 소규모재개발사업을 시행하는 경우 조합설립인가 후 해당 사업의 건축물 또는 토지를 양수(매매·증여 그 밖의 권리의 변동을 수반하는 모든 행위를 포함하되, 상속·이혼으로 인한 양도·양수의 경우는 제외한다. 이하 이 조에서 같다.)한 자는 제1항에도 불구하고 조합원이 될 수 없다. 다만, 양도인이 다음 각호의 어느 하나에 해당하는 경우 그 양도인으로부터 그 건축물 또는 토지를 양수한 자는 그러하지 아니하다. 〈개정 2020. 6. 9., 2021. 7. 20., 2022. 2. 3.〉

제1조(시행일) 이 법은 공포 후 6개월이 경과한 날부터 시행한다.
제2조(조합설립인가에 관한 적용례) 제23조의 개정규정은 이 법 시행 이후 조합설립인가를 신청하는 경우부터 적용한다.

8. 모아타운의 혜택(Benefit)

모아타운 후보지 선정 시 많은 혜택이 주어진다. 건축규제 완화는 물론이고, 국비지원 등의 특례를 받아 기반시설 조성에 필요한 비용을 최대 국비 150억 원을 지원받아 지역에 필요한 도로, 주차장, 공원 등을 조성할 수 있는 등 많은 혜택이 주어진다.

[관리지역 지정에 따른 혜택 (국토교통부 보도자료 2021. 11. 18.(목)]

구분		현행	개선
사업 요건 완화	가로구역 요건 완화	• 4면이 6m 이상 도로(또는 도시계획도로)로 둘러싸인 구역	• 6m 도로로 둘러싸이지 않아도 심의를 통해 인정
	가로구역 면적 확대	• 1만㎡ 미만 (공공시행 등 예외적으로 2만㎡ 미만)	• 관리지역 내 민간이 시행하는 경우라도 2만㎡까지 가능
	가로주택 수용권 도입	• 매도청구권(토지등소유자 80% 이상 동의 및 토지면적 기준 2/3 이상 동의)	• 공공 단독 시행 시 수용 가능(토지등소유자 2/3 이상 및 토지면적 1/2 이상 동의) * 민관 합동·민간 단독 시행 시에는 매도청구권(현행과 동일)
	자율주택 전원합의 요건 완화	• 주민 전원합의 시 추진가능	• 토지등소유자의 80% 이상 및 면적기준 2/3 이상 합의 시 매도청구권 부여
	자율주택 대상지역 확대	• 대상지역이 노후·불량 건축물 2/3 이상인 지구단위계획구역, 정비예정·해제지역, 도시재생활성화지역 등으로 한정	• 관리지역 내에서는 대상지역 제한 없음
건축 규제 완화	용도지역 상향	-	• 1종, 2종 일반주거지역에 대한 용도지역 상향
	대지경계선 이격거리 완화	• 7층 이하 건축물 1/2 범위에서 완화	• 7층 초과 15층 이하 건축물도 완화 적용
	인동간격 완화	• 건축물 높이의 0.5~1배 수준(지자체별 상이)	• 건축물 높이의 0.5배까지 완화
	공동이용시설 용적률 특례	-	• 용적률 산정 시 공동이용시설은 바닥면적 산정 제외
통합 개발 *특례	용적률 특례	-	• 통합구역 전체 세대수 20%의 임대주택을 한 가로구역에 건설 시 다른 가로구역에도 용적률 특례 부여
	주민대표기구 통합	-	• 전체 사업구역의 주민대표기구 통합 설치 가능

주택 수 포함 불포함 한판 정리

부동산을 투자하면서 가장 어렵고 조심해야 할 부분이 세금이다. 각 부동산 성격에 따라 주택 수에 포함이 되느냐 안 되느냐도 정말 헷갈리고 다양한 경우의 수가 발생하곤 한다.

지속적으로 바뀌는 세법 때문에 각 세법 기산점들이 달라져 부동산 세금을 완벽히 이해한다는 것은 하늘의 별따기이다. 세무사분들께서도 부동산 관련 세무 상담을 포기하는 경우도 있어, 세·포·사라는 말이 유행하기도 했다.

부동산의 기본 사이클인 취득-보유-양도 단계 따라 주택 수 포함 여부에 되는지 여부를 한판에 정리해 보았다. ※ 2023년 4월 각 현행법률 기준

	청약	취득단계		보유단계	양도단계	
		대출 심사 시	취득세 중과 여부 판정	종부세 중과 여부 판단	양도세 비과세 판정 시	양도세 중과세 판정 시
업무용오피스텔	불포함	불포함	불포함	불포함	불포함	불포함
주거용오피스텔	포함	불포함	포함	포함	포함	포함
분양권	포함 (2018. 12. 11. 이후 취득 시)	포함	포함 (2020. 8. 12. 이후 취득 시)	불포함	포함 (2021. 1. 1. 이후 양도 시부터)	포함 (2020. 6. 1)
입주권(조합원)	포함	포함	포함 (2020. 8. 12. 이후 취득 시)	불포함	포함 (2021. 1. 1. 이후 양도 시부터)	포함(2020. 6. 1)
소형저가주택	불포함	불포함	포함	포함	포함	-

임대주택	포함	포함	포함	포함	불포함	포함
근거법률	주택법 주택법 시행령 주택법 시행규칙	한국주택 금융공사법 은행업감독 규정 (금융위)	지방세법 지방세법 시행령 지방세법 시행규칙	종합 부동산 세법	소득세법 소득세법 시행령 소득세법 시행규칙	소득세법 소득세법 시행령 소득세법 시행규칙

1. 분양권/입주권 역시 취득단계에서 '주택'으로 포함되게 된 사연

2020. 7. 10. 세법개정안 발표, 2020. 8. 12.부터 적용되게 되는데, 따라서 이날 이후 취득한 분양권을 보유한 상태에서 다른 주택을 추가로 취득한다면 신규주택은 다주택에 해당되어, 취득세 중과될 수 있다. 다음 지방세법을 꼼꼼하게 살펴봐야 한다.

[근거법률]

지방세법
제13조의3(주택 수의 판단 범위) 제13조의2를 적용할 때 다음 각호의 어느 하나에 해당하는 경우에는 다음 각호에서 정하는 바에 따라 세대별 소유 주택 수에 가산한다.

2. 「도시 및 주거환경정비법」 제74조에 따른 관리처분계획의 인가 및 「빈집 및 소규모주택정비에 관한 특례법」 제29조에 따른 사업시행계획인가로 인하여 취득한 입주자로 선정된 지위[「도시 및 주거환경정비법」에 따른 재건축사업 또는 재개발사업, 「빈집 및 소규모주택정비에 관한 특례법」에 따른 소규모재건축사업을 시행하는 정비사업조합의 조합원으로서 취득한 것(그 조합원으로부터 취득한 것을 포함한다.)으로 한정하며, 이에 딸린 토지를 포함한다. 이하 이 조에서 "조합원입주권"이라 한다.]는 해당 주거용 건축물이 멸실된 경우라도 해당 조합원입주권 소유자의 주택 수에 가산한다.

3. 「부동산 거래신고 등에 관한 법률」 제3조제1항제2호에 따른 "부동산에 대한 공급계약"을

통하여 주택을 공급받는 자로 선정된 지위(해당 지위를 매매 또는 증여 등의 방법으로 취득한 것을 포함한다. 이하 이 조에서 "주택분양권"이라 한다.)는 해당 주택분양권을 소유한 자의 주택 수에 가산한다.

4. 제105조에 따라 주택으로 과세하는 오피스텔은 해당 오피스텔을 소유한 자의 주택 수에 가산한다.

부칙 〈법률 2020. 8. 12.〉
제1조(시행일) 이 법은 공포한 날부터 시행한다. 다만, 제103조의3제10항제2호 및 제4호, 제103조의31제1항의 개정규정은 2021년 1월 1일부터 시행하고, 제93조제4항, 제103조의3제1항 및 같은 조 제10항 각호 외의 부분의 개정규정은 2021년 6월 1일부터 시행한다.

제2조(일반적 적용례) 이 법은 이 법 시행 이후 납세의무가 성립하는 분부터 적용한다.

제3조(주택 수의 판단 범위에 관한 적용례) 제13조의3제2호부터 제4호까지의 개정규정은 이 법 시행 이후 조합원입주권, 주택분양권 및 오피스텔을 취득하는 분부터 적용한다.

2. 분양권/입주권 보유한 상태에서 다른 주택 양도 시 주의

분양권과 입주권을 주택 수에 포함시키는 경과조치가, 소득세법 부칙으로 적용되기 때문에 이날 이후 양도분에 대해서는 주의해야 한다. 정말 어려운 세법 경우의 수가 바로 분양권 입주권 보유한 상태에서의 셈법이다.

분양권 · 입주권 양도세 **'비과세'** 판정 시 2021. 1. 1. 기준
분양권 · 입주권 양도세 **'중과세'** 판정 시 2021. 6. 1. 기준

소득세법 부칙 〈2020. 8. 18.〉

제1조(시행일) 이 법은 **2021년 1월 1일부터** 시행한다. 다만, 제104조제1항제1호부터 제4호까지 및 같은 조 제7항 각호 외의 부분의 개정규정은 **2021년 6월 1일부터 시행한다.**

제2조(일반적 적용례) 이 법 중 양도소득세에 관한 개정규정은 이 법 시행 이후 양도하는 분부터 적용한다.

제3조(양도소득세의 세율에 관한 적용례) 제104조제1항제1호부터 제4호까지 및 같은 조 제7항 각호 외의 부분의 개정규정은 **2021년 6월 1일** 이후 양도하는 분부터 적용한다.

제4조(주택과 조합원입주권 또는 분양권을 보유한 자의 1세대 1주택 양도소득세 비과세 및 조정대상지역 내 주택에 대한 양도소득세의 세율에 관한 적용례) 제89조제2항 본문, 제104조제7항제2호 및 제4호의 개정규정은 2021년 1월 1일 이후 공급계약, 매매 또는 증여 등의 방법으로 취득한 분양권부터 적용한다.

3. 주거용 오피스텔은 주택 수 포함?

먼저 오피스텔 그 자체에 대한 취득할 때, 취득세는 단일 세율 적용 4.6%이 적용된다.

보유 중인 다른 주택이 있든 없든, 업무용이건 주거용이건 무관하게 '오피스텔 그 자체 취득세율은' 4.6%이기 때문이다. (취득세에 농특세 등 가산세 포함)

신축된 오피스텔 소유권 등기 시점에 주거용? 상업용? 여부가 결정되지 않았기 때문에, 기존 보유한 아파트, 빌라, 단독주택과는 무관하게 오피스텔 그 자체 취득세는 중과되지 않고 단일세율 4.6%의 취득세가 부과되는 것이다.

그러나 이러한 경우 오피스텔을 4.6% 취득세 납부 취득 이후부터는 주의해야 한다.

바로 주거용 오피스텔로 사용되는 순간, 보유 중인 다른 아파트를 먼저 양도하거나 할 때 그 아파트는 양도소득세 중과대상이 될 수도 있기 때문이다. 주거용으로 사용된 오피스텔이 주택 수에 산입되었기 때문이다.

※ 본 내용은 참고용으로만 활용하길 바라며, 부동산 취득-보유-양도 단계에서의 세금문제는 반드시 부동산 전문 세무사와 상담을 통해 최종 결정할 것을 추천한다.

조합원입주권 비과세 특례 4가지

조합원입주권 비과세 특례 조항 4가지 꼭 기억했다가, 활용하면 절세에 도움이 될 것이다. 탈세는 범죄이지만, 절세는 전략임을 잊지 말자.

〈종전주택 양도세 비과세 특례 I〉

1세대 1주택자가 추가로 '조합원입주권' 취득 시 '일시적 2주택자'로 인정되어 종전주택을 취득한 날로부터 1년 이상 지난 후 조합원입주권 취득하고 입주권 취득일로부터 3년 내에 종전주택 양도 시 종전 주택 비과세(* 단 12억 이상 초과분에 대해서는 고가주택으로 인정되어 소득세율 적용)

〈종전주택 양도세 비과세 특례 II〉

종전주택이 매도타이밍을 놓쳐 3년 경과한 경우에는 입주권에 해당하는 정비사업 주택이 준공 후 2년 이내 세대전원이 새 주택으로 이사하여 1년 이상 거주하면 종전주택 매도 시 비과세

〈종전주택 양도세 비과세 특례 III〉

새 주택 준공일 기준 준공 전이나 준공 후 2년 이내 종전주택을 양도하면 종전주택 비과세

〈조합원입주권 양도 시 비과세〉

조합원입주권을 1개 보유한 1세대가 양도일 현재 다른 주택을 보유하지 않거나 양도일 현재 1조합원입주권 외에 1주택을 소유한 경우 1주택을 취득한 날부터 3년 이내에 조합원입주권을 양도하는 경우

다만, 양도가액이 12억 원을 초과하는 경우에는 그 초과분에 대하여 양도소득세 일반세율 과세된다. 부동산 관련 세법은 수시로 변경되고, 그 법률 개정시점과 시행시점에 따라 기산점이 제각각이니 세금은 반드시 부동산 전문 세무사와 상담하길 권장한다.

[근거법률]

소득세법 제89조(비과세 양도소득)
제89조(비과세 양도소득) ① 다음 각호의 소득에 대해서는 양도소득에 대한 소득세(이하 "양도소득세"라 한다.)를 과세하지 아니한다.

4. 조합원입주권을 1개 보유한 1세대[「도시 및 주거환경정비법」 제74조에 따른 관리처분계획의 인가일 및 「빈집 및 소규모주택 정비에 관한 특례법」 제29조에 따른 사업시행계획인가일(인가일 전에 기존주택이 철거되는 때에는 기존주택의 철거일) 현재 제3호가목에 해당하는 기존주택을 소유하는 세대]가 다음 각 목의 어느 하나의 요건을 충족하여 양도하는 경우 해당 조합원입주권을 양도하여 발생하는 소득. 다만, 해당 조합원입주권의 양도 당시 실지거래가액이 12억 원을 초과하는 경우에는 양도소득세를 과세한다.
　가. 양도일 현재 다른 주택 또는 분양권을 보유하지 아니할 것

나. 양도일 현재 1조합원입주권 외에 1주택을 보유한 경우(분양권을 보유하지 아니하는
경우로 한정한다.)로서 해당 1주택을 취득한 날부터 3년 이내에 해당 조합원입주권
을 양도할 것(3년 이내에 양도하지 못하는 경우로서 대통령령으로 정하는 사유에 해
당하는 경우를 포함한다.)

※ 본 내용은 참고용으로만 활용하길 바라며, 부동산 취득-보유-양도 단계에서의 세
금문제는 반드시 부동산 전문 세무사와 상담을 통해 최종 결정할 것을 추천한다.

참고문헌

1. 국내문헌

1) 단행본

최재근, 「부동산 재테크 경매·공매 권리분석의 이해」, 내포문화사, 2022.

_____, 「부동산 개발사업 : 이론과 실제」, 서울 : 리북스, 2016.

_____, 「쾌적한 라이프의 안식처 친환경 전원주택」, 서울 : 리북스, 2015.

최재근 외, 「부동산 개발환경과 정보·시장분석 연구」, 서울 : 리북스, 2018.

_____ 외, 「부동산환경과 토지이용 : 맹지개발탐구」, 서울 : 리북스, 2017.

_____ 외, 「부동산학 개발·부동산거래활동 탐구」, 서울 : 리북스, 2017.

_____ 외, 「부동산용도지역·지구·구역탐구」, 서울 : 리북스, 2017.

_____ 외, 「부동산성공분석과 친절한투자전략 행복이야기」, 서울 : 리북스, 2016.

_____ 외, 「부동산학 실증 분석 탐구」, 서울 : 리북스, 2016.

_____ 외, 「초저금리시대의 건강한자산관리 행복이야기」, 서울 : 리북스, 2016.

_____ 외, 「부동산거래의 착한소통과 설득심리행복이야기 서울 : 리북스, 2016.

_____ 외, 「부동산 삶의 향기와 힐링 행복이야기」, 서울 : 리북스, 2015.

_____ 외, 「상권분석과 소비자행동 행복이야기」, 서울 : 리북스, 2015.

_____ 외, 「부동산 성공창업과 착한마케팅 행복이야기」, 서울 : 리북스, 2015.

_____ 외, 「新 중년세대 행복이야기」, 서울 : 리북스, 2015.

_____ 외, 「부동산학 연구」, 서울 : 리북스, 2015.

_____ 외, 「자산관리와 재테크 행복이야기」, 서울 : 리북스, 2014.

_____ 외, 「입지와 토지이용 행복이야기」, 서울 : 리북스, 2014.

_____ 외, 「귀농·귀촌 행복이야기」, 서울 : 리북스, 2013.

_____ 외, 「부동산서비스업 행복이야기」, 서울 : 리북스, 2013.

_____ 외, 「입지·부동산 행복이야기」, 서울 : 하우패스청람. 2012.

김상용, 「미국부동산법론」, 서울 : 삼지원, 1986.

김영진, 「부동산학원론」, 서울 : 건설연구사, 1972.

_____, 「부동산학총론」, 서울 : 경영문화원, 1980.

김천경, 「부동산권원조사론」, 서울 : 범론사, 1983.

김천경 · 남경홍, 「부동산권원분석과 보험론」, 서울 : 박문각, 1993.

김창본 · 이창석 외, 「부동산권리분석업」, 서울 : 형설출판사, 2002.

박병호, 「우리나라 부동산거래법약사」, 서울 : 민사판례연구회, 1979.

윤일식, 「부동산권리분석론」, 서울 : 기공사, 1986.

이계연 외, 「부동산권리보험과 권리분석」, 서울 : 부연사, 2002.

이창석, 「부동산학원론」, 서울 : 범론사, 1986.

_____, 「부동산학개론」, 서울 : 형설출판사, 1993, 2012.

_____, 「부동산컨설팅」, 서울 : 형설출판사, 2008, 2010.

이창석 외, 「부동산권리분석의 이해」, 서울 : 형설출판사, 2005.

_____ 외, 「부동산권리분석업」, 서울 : 형설출판사, 2002.

_____ 외, 「부동산경매컨설팅」, 서울 : 형설출판사, 2002.

_____ 외, 「부동산경 · 공매상담업」, 서울 : 형설출판사, 2004.

_____ 외, 「부동산정보서비스업」, 서울 : 형설출판사, 2006.

이창석 · 정재호 외, 「한국의 부동산전문업」, 서울 : 형설출판사, 2012.

_____ 외, 「부동산 세미나」, 서울 : 형설출판사, 2015.

이공원 외, 「부동산 실전투자 경매」, 서울 : 리북스, 2018.

정재호 외, 「부동산거래마케팅」, 서울 : 형설출판사, 2011.

전장헌 · 이동찬, 「부동산 권리분석과 법 실무」, 서울 : 리북스, 2014.

곽윤직, 「채권총론」, 박영사, 2009.

김영곤 · 오준석 · 이창석 · 정상철, 「부동산업경영론」, 형설출판사, 2009.

심형석, 「부동산마케팅론」, 두남출판사, 2007.

오준석 외, 「부동산거래마케팅」, 형설출판사, 2014.

윤혁경 외, 「법과 건축이야기」, 기문당, 2010.

이은영, 「채권총론」, 박영사, 2002.

이범관 · 이창석, 「부동산 권리분석업」, 형설출판사, 2002.

我妻 榮, "履行補助者の過失による債務者の責任", 法學協會雜誌 55卷, 7號, 1937.

平井 宣雄, 「債權總論」, 弘文堂, 1994, p, 84.

2) 논문 및 학회지 등

최재근, "부동산종합서비스산업에 따른 권리분석업의 전문화 방안에 관한 연구", 박사학위논문, 목원대학교, 2018. pp. 1~73.

최재근·박규화, "부동산 경매절차상 특수권리의 현황과 문제점 및 향후 개선방안에 관한 연구", 「부동산경매연구」제2권 2호, 한국부동산경매학회(KREAA), 2021.

최재근·박규화, "법정지상권제도의 필요성과 제도개선 방안에 관한 연구", 「부동산경매연구」제3권 1호, 한국부동산경매학회(KREAA), 2022.

최재근·나병진, "부동산권리분석의 전문성에 관한 소고", 「집합건물법학」, 제20집, 한국집합건물법학회, 2016. 11. pp. 63~175.

최재근·정재호, "부동산종합서비스산업에 따른 권리분석업의 전문화 및 활성화 방안", 「부동산학보」, 제75집, 한국부동산학회, 2018. pp. 50~62.

금병대, "부동산 법리에 관한 연구", 「연구논총」, 제4집, 건국대 행정대학원, 1976. p. 249, p. 390.

김영진, "부동산권리분석의 분류방법에 관한 연구", 「연구논총」, 제3집, 건국대학교행정대학원, 1975. p. 97, pp. 110~165.

김용민·이창석, "부동산권리분석의 이론적 접근", 대한부동산학회지」, 제19권, 대한부동산학회, 2001. p. 97.

김천경, "부동산소유권침해의 구제방안에 관한 연구", 박사학위논문, 단국대학교, 1984. p. 57.

김경태, "부동산권리분석에 관한 연구", 석사학위논문, 단국대학교 경영대학원, 1983, p. 25.

김태훈, "부동산권리분석에 관한 연구", 석사학위논문, 건국대학교, 1989. pp. 10~191.

김재덕, "부동산경영자의 기능과 사회적 책임", 「연구총론」, 제19집, 건국대학교 행정대학원, 1991, p. 46.

류해영, "부동산거래사고의 예방 및 사후구제책에 관한 연구", 석사학위논문, 건국대학교, 1986. p. 57.

이범관·전정숙, "우리나라 부동산권리분석업의 개선방향 연구", 「대한부동산학회지」통권제20권, 대한부동산학회, 2002. pp. 44~65.

이동찬, "부동산권리분석의 이론적 접근", 「부동산학보」, 제52집, 한국부동산학회, 2013. pp. 102~113.

이창석, "부동산업의 현상과 부동산권리분석업의 활성화 방안", 부동산권리분석사협회, 2003. pp. 25~26.

이규열·이동찬·이창석·임정규, "한국부동산권리분석이론에 비춰본 권리분석제도 도입에 관한 소고", 「부동산학보」, 2014. pp. 352~366.

정재근, "부동산권리분석에 관한 연구", 「부동산학보」, 제2집, 한국부동산학회, 1979. pp. 53~64.

최용규, "부동산권리분석제도의 활성화에 관한 연구", 「부동산학보」, 제21집, 한국부동산학회, 2003. pp. 108~122.

한인찬, "부동산권리분석에 관한 연구", 석사학위논문, 중앙대학교, 2004, pp. 68~70.

홍관희, "부동산권리분석의 필연성에 관한 연구", 「부동산학보」, 1984. pp. 68~78.

2. 외국문헌

金永鎭, 「不動産學汎論」, 東京:東京法経學院, 1978.

日本 國家試驗對策部 編, 「土地家屋調査士讀本」, 東京:日東書院, 1996.

(財)不動産適正取引椎進機構 編, 「不動産仲介の法律知識」, 東京住宅新報社, 1997.

蒲地紀生, 「日本の不動産業」, 東京:日本経済新聞社, 1970.

村田捻雄, 「米和不動産用語辭典」, 東京:住宅新報社, 1973.

道邊洋, 「土地 財産權」, 東京:岩波書店, 1980.

大澤正男, 「土地 所有 構図」, 東京:早稲田 大學校 出版部, 1985.

Gerald E. Hills, 「Market Analysis and Marketing in new Ventures : Venture Capitals' Perception.」 In John A. Homaday, Fred Tampley, Jr., Jeffry A. Timmons, and Karl H. Vesper, Frontiers os Entrepreneurship Research, 1984(Wellesley : Babson Center for Entrepreeurial Studies, 1984), : 홍성도, 「벤처기업론」(학문사, 2000)

MünchKomm\ /Seiler, §664, Rdnr, 4; Larenz, Lehrbuch des Schuldrechts II Band, 1. Halbband, 13.Aufl, 1986, §56 II, S. 414f;Medicus, Schuldrecht I, 16. Aufl, 2005, Rdnr.

Hamilton, Dan Real Estate Marketing & Sales Essentials : Steps for Success, First Edition Thomson Higher Eduction, 2006.

Stephen Fanning, Market Analysis for Real Estate : Concepts and Application in Valuation and Highest and Best Use, Appraisal Institute. 2005.

AmarV.Bhide, Analyzing new Ventures Havard Business School Note 9-393-053, 1992.

Adrian J. Slywotzky John Drzik, Countering the Biggest Risk of All, 하버드 비즈니스 리뷰.

Alvin L. Arnold & Chales H. Wurtgebach, Modern Real Estate, Warren, Gorham &Lamont, Inc.,N.Y.,1980.

Alan C. Isaak, Scope & Method of Poieic이 Sciene Homewood , Dorsey , 1969.

Benkhoff, B. "Disentangling Organizational Commitment : thedangers of the OCQ for Research and Policy", Personnel Review, 1997, 26(1/2).

Colarelli, S. M., and Bishop, R. C., Career Commitment, Group & Organization Management,1990,15(2).

Charles J. Jacobus, Real Estate Principles, NewJersey,Prentice-Hall, Inc., 1999.

Components. PsychologicalBulletin, 103, pp 276-279.

George J. Siedel & janis K. Cheegem, Real Estate Law(14th ed.), West Educational Publishing Co., N. Y. 1999.

Marianne M. Jennings, Real Estate Law(5th ed.), West Educational Publishing Co.,N. Y1999.

Maurce A. Unger, Real Estate, Ohio, South-Westen Publishing Co., 1959.

Marianne M. Jennings, Real Estate Law(5th ed.), West Educational Publishing Co.,N. Y1999.

M. E. Dimock & G. O. Dimok, Pulue Administatiun New York, Rinnehart, 1956.

Ring Alfred A. and North Nelson L., Real Estate Principle and Practics Englewood Cliffs, N. J ; Prentice-Hall. Inc., 1977.

Waldo, Dwight, the Study of Pullic Administation, Random House, Inc, New York,1955.

Zwick,W. R & Velicer,W. F. (1986) Comparison of Five Rules for Determining the Number of Components to Retain. Psychological Bulletin, 99, pp432-442.

3. 인터넷 웹 사이트

국토교통부 : http://www.molit.go.kr

국회도서관 홈페이지 : http://www.nanet.go.kr

네이버 지식백과 : http://terms.naver.com

다음 백과 : http://www.daum.net

옥션원 : http://www.auctio1.co.kr

두인경매 : http://www.dooinauction.com

대법원 : http://www.scourt.go.kr

법제처「자격기본법」: http://www.moleg.go.kr

국가법령정보센터 : https://www.law.go.kr/

서울시 정비사업몽땅 : https://cleanup.seoul.go.kr

서울시 도시계획포탈 : https://urban.seoul.go.kr

통계청 홈페이지 : http://kostat.go.kr

한국공인중개사협회 : http://www.kar.or.kr

한국학술정보정보원 : http://www.keris.or.kr

한국감정평가협회 : http://www.kapanet.or.kr

한국지식재단 : http://www.kkf.or.kr

한국산업교육원 : http://www.keta.net

한국자격검정평가진흥원 : http://korea-edu.net

한국주택관리사협회 : http://www.khma.org

한국부동산학회 : http://www.reacademy.org

不動産コンサルタントのトップリビング : http://www.topliving.co.jp

SciELO - Scientific Electronic Library Online : http://www.scielo.br